Werner Fuchs-Heinritz

Auguste Comte

Hagener Studientexte zur Soziologie
Band 2

Herausgeber:
Heinz Abels, Werner Fuchs-Heinritz
Wieland Jäger, Uwe Schimank

Die Reihe „Hagener Studientexte zur Soziologie" will eine größere Öffentlichkeit für Themen, Theorien und Perspektiven der Soziologie interessieren. Die Reihe ist dem Anspruch und der langen Erfahrung der Soziologie an der FernUniversität Hagen verpflichtet. Der Anspruch ist, sowohl in soziologische Fragestellungen einzuführen als auch differenzierte Diskussionen zusammenzufassen. In jedem Fall soll dabei die Breite des Spektrums der soziologischen Diskussion in Deutschland und darüber hinaus repräsentiert werden. Die meisten Studientexte sind über viele Jahre in der Lehre erprobt. Alle Studientexte sind so konzipiert, daß sie mit einer verständlichen Sprache und mit einer unaufdringlichen, aber lenkenden Didaktik zum eigenen Studium anregen und für eine wissenschaftliche Weiterbildung auch außerhalb einer Hochschule motivieren.

Werner Fuchs-Heinritz

Auguste Comte

Einführung in Leben und Werk

Westdeutscher Verlag

Der Westdeutsche Verlag ist ein Unternehmen der
Bertelsmann Fachinformation GmbH.

http://www.westdeutschervlg.de

Höchste inhaltliche und technische Qualität unserer Produkte ist unser Ziel.
Bei der Produktion und Verbreitung unserer Bücher wollen wir die Umwelt
schonen: Dieses Buch ist auf säurefreiem und chlorfrei gebleichtem Papier gedruckt. Die Einschweiß-folie besteht aus Polyäthylen und damit aus organischen
Grundstoffen, die weder bei der Herstellung noch bei der Verbrennung Schad-
stoffe freisetzen.

Umschlaggestaltung: Horst Dieter Bürkle, Darmstadt
Druck und buchbinderische Verarbeitung: Langelüddecke, Braunschweig
Printed in Germany

ISBN 3-531-13233-4

Inhaltsverzeichnis

Vorbemerkung

Die vorliegende Einführung in Leben und Werk von Auguste Comte ist als Lehrtext verfaßt worden; es handelt sich um die überarbeitete Fassung eines Studientextes der Fernuniversität Hagen.

Für Hilfe bei der Literatursuche danke ich Renate Kolvenbach MA, für die Satztechnik Sabine Moser. Zitate in französischer Sprache sind - mit Ausnahme von Schlagworten usw. - vom Verfasser ins Deutsche übersetzt worden. Zitate aus der englischsprachigen Literatur blieben erhalten.

Hagen, im Januar 1998

Werner Fuchs-Heinritz

1. Einleitung

Auguste Comte hat der Soziologie ihren Namen gegeben. Aber war er auch der Begründer dieser Wissenschaft, wie er das selbst behauptet? Bis heute besteht darüber keine Übereinstimmung. Wie kommt es, daß die Soziologie unsicher ist, wer ihr „Vater" ist? Hängt das mit Comtes Werk zusammen? Comtes Schriften enthalten Fragen, die bis heute nicht abschließend beantwortet sind: Soll die Soziologie so ähnlich betrieben werden wie eine Naturwissenschaft, kann sie mit einem ähnlichen Wirklichkeitsverständnis vorgehen wie die Physik oder die Biologie? Muß die Soziologie auf einer Theorie der Geschichte aufbauen, oder kommt sie ohne historische Fundierung aus? Muß das Soziale aus den vielen Beiträgen der Individuen und Gruppen erschlossen werden, oder muß man umgekehrt vom gesellschaftlichen Ganzen ausgehend die Handlungen, Interaktionen und Teilprozesse untersuchen? Was hält die Gesellschaft zusammen: das Ineinander von Arbeitsteilung und Kooperation oder die Geltung von Orientierungen, Normen und Werten? Wie steht die Soziologie zu Bemühungen, die Gesellschaft zu reformieren oder durch Revolution neu zu begründen? Comtes Schriften verstehen sich als Beiträge zu einer Reorganisation der modernen Gesellschaften; im Spätwerk entwirft er zu diesem Zweck sogar eine Menschheitsreligion (mit den Soziologen als Priestern). Seitdem begleitet die Soziologie die Frage, ob und wie sie den politischen Bemühungen um Reform oder Revolution verbunden sein will.

Comtes Schriften haben wegen des Anspruchs, in ihnen sei die Begründung der neuen Wissenschaft Soziologie gelungen, Einfluß auf fast alle späteren Soziologen gehabt. Gerade diejenigen, die ihn nicht als Gründungsvater ansehen wollten, mußten sich mit ihm auseinandersetzen. So führt die Beschäftigung mit seinem Werk in jedem Falle an einen Anfang der Soziologie.

Jeder Darstellungsversuch von Comtes Werk aus soziologischer Sicht steht vor folgenden Fragen: Welche Schriften gehören überhaupt zum Werk - nur die philosophisch-wissenschaftlichen oder auch die religiösen Spätschriften, in denen er
über die Amtstracht des künftigen Hohenpriesters der Menschheitsreligion nachdenkt und neue Sakramente entwirft? Welche
Gedanken stammen überhaupt von Comte und welche von seinem zeitweisen Lehrer und Freund Saint-Simon? Sind seine
Schriften aus sich heraus verstehbar, oder muß man seine
Biographie kennen, um seine Werke begreifen zu können?

Zur ersten Frage wird hier die Entscheidung getroffen, alle,
auch die religiösen Schriften zu berücksichtigen. Letztere sind
von manchen Kommentatoren offenbar gar nicht erst gelesen,
sondern gleich als „unsoziologisch" abgewiesen worden. Eine
solche Einschränkung könnte einen Nachteil haben: Der Versuch, die Soziologie zu begründen, und die Stiftung einer
Menschheitsreligion haben bei Comte vielleicht einen inneren
Zusammenhang. Man würde ihn übersehen, legte man das religiöse Spätwerk von vornherein beiseite.

Zweitens besteht die Problematik, daß sich manche Gedanken und Argumente in ähnlicher Fassung auch bei Saint-Simon
finden. Die Kommentatoren streiten seit langem darüber, wem
die Vaterschaft dieser oder jener Idee gebührt; Comte hatte
dazu selbst schon Stellung genommen. Wiewohl hierzu inzwischen Analysen vorliegen, ist ein systematischer Vergleich der
Werkgeschichte beider noch nicht unternommen worden. Diese
Aufgabe kann hier nicht angegangen werden. Sie braucht es
auch nicht. Für die Soziologie ist die Frage nach der Originalität eines Gedankens nicht von besonderer Dringlichkeit, sie
interessiert sich ja für die Einbettung der Ideen ins soziale Leben und für ihre Wirkungen dort. Also wird im folgenden auf die
Beziehungen Comtes zu Saint-Simon hingewiesen, wird auch
der einschlägige Streit der Kommentatoren berücksichtigt -
aber ohne das Ziel einer abschließenden Klärung. Es steht

nicht zu befürchten, daß diese Zurückhaltung die Darstellung und Erörterung von Comtes Werk beeinträchtigt. Drittens stellt sich die Frage, ob sein Werk ohne genaue Kenntnis seiner Biographie verstanden werden kann. Comte hat an verschiedenen Stellen und manchmal geradezu aufdringlich dazu geraten, sein Leben als Teil seines Werkes zu denken bzw. umgekehrt sein Werk von seinem Leben her zu verstehen. Die meisten Kommentatoren sind ihm darin gefolgt, sowohl die ihm freundlich wie die ihm feindlich gesonnenen. Nun verfügt die Soziologie aber über kein triftiges Konzept, wie die Beziehung von Leben und Werk wissenschaftlich verstanden werden könnte, auch nicht die soziologische Biographieforschung. Zu dieser grundsätzlichen Überlegung kommt eine didaktische: Die Darstellung seiner Biographie könnte die spätere Lektüre seiner Werke beeinträchtigen; es könnte geschehen, daß man seine Argumente unter dem Eindruck seiner bizarren Persönlichkeit aufnimmt und ihnen so nicht gerecht wird. Nach einigem Zögern habe ich mich dennoch dazu entschieden, zu Beginn eine Skizze von Comtes Lebensgang vorzulegen. Dadurch wird eine erste geistesgeschichtliche Einordnung möglich. Und außerdem: Nur so kann die Frage beantwortet werden, ob wir Comtes dringlichen Hinweisen, sein Werk und sein Leben müßten gemeinsam verstanden werden, wirklich folgen müssen.

„... neugestalten ohne Gott noch König"[1]

2. Leben und Werk im Überblick[2]

Herkunft, Familie, Schule

Geboren wird Comte am 19.1. 1798, am décadi 30 nivôse des Jahres VI nach damals geltendem Revolutionskalender, in Montpellier. Er erhält die Vornamen Isidore Auguste Marie François-Xavier, als Hauptvornamen also Isidore (ab 1819 wird er sich Auguste nennen). Er ist Erstgeborener von Louis-Auguste Comte und Félicité-Rosalie Boyer, die im Dezember 1796 geheiratet hatten. Im Juni 1800 wird seine Schwester Alix geboren, im August 1801 seine zweite Schwester Ermance (die bald stirbt), im Dezember 1802 der Bruder Adolphe.

Der Vater ist ein Finanzbeamter mit nicht allzu hohen Bezügen, der sehr auf Ordnung, Pünktlichkeit und Zuverlässigkeit hält und im Tageslauf einer genauen Zeiteinteilung folgt. Von ihm hat der Sohn gewiß die Liebe zu Ordnung und Regelmäßigkeit übernommen (vgl. Gouhier 1933, 33; Pickering 1993, 15; Heilbron 1995, 206). Ab 1830 leidet der Vater an mehreren schmerzhaften Krankheiten, wird dann aber 83 Jahre alt und stirbt 1859, zwei Jahre nach dem Tod seines Sohnes Auguste.

Die Mutter ist zwölf Jahre älter als ihr Ehemann, was sie aber vor ihren Kindern und wohl auch vor ihrem Mann zu verbergen sucht (vgl. Gouhier 1933, 38). Sie ist gläubige Katholikin (ebenso übrigens ihre Tochter Alix). In ihren Gefühlsäußerungen ist sie einigermaßen exaltiert. Ihre Briefe an den in Paris lebenden Sohn beschwören ihn, doch ja öfter zu schreiben; sie malen aus, wie schlecht es ihr geht, wenn sie längere Zeit keine Nachrichten von ihm erhält, erinnern ihn daran, daß

---

1) Système I, 127
2) Jede neuere Lebensbeschreibung von Comte verdankt den einschlägigen Arbeiten von Henri Gouhier viel, so auch die folgende.

alles zu spät sein wird, wenn sie einmal gestorben sein wird. Ihre Kopfschmerzen und Fieberanfälle führt sie auch darauf zurück, daß Auguste in Paris wohnt und längere Zeit nicht geschrieben hat.[3] Sie stirbt 1837 im Alter von 73 Jahren. Der Bruder Adolphe beginnt ein Medizinstudium, verwendet dann aber das Geld der Eltern, das fürs Studium vorgesehen ist, für Geschenke an eine Frau. Schließlich schifft er sich nach Martinique ein und stirbt dort 1820 bald nach seiner Ankunft (vgl. Gouhier 1933, 51f.). Die Schwester Alix bleibt bei den Eltern wohnen, nachdem die beiden Söhne eine Ausbildung erhalten haben. Ihr Leben lang hat sie verschiedene Krankheiten, in ihrer Jugend auch hysterische Anfälle. Später verläßt sie oft für lange Zeit nicht mehr das Haus.

Der katholische Glaube der Familie ist keine unreflektierte Tradition: Die Eltern konnten ihre Ehe 1796 nur zivilrechtlich, nicht aber kirchlich vollziehen. Viele Priester waren geflohen, die Kirchen waren weltlichen Zwecken gewidmet worden oder in der Hand der neuen revolutionären Bekenntnisgemeinschaften. Montpellier, insgesamt eher königstreu, hatte seit 1793 mehrfach unter bürgerkriegsähnlichen Auseinandersetzungen gelitten (vgl. Pickering 1993, 7ff.). Wenige Tage vor der Geburt ihres ersten Sohnes 1798 hatte das Pariser Direktorium den Belagerungszustand über Montpellier verhängt; es ist unklar, ob Comte überhaupt getauft werden konnte (Gouhier 1933, 55f.). Jedoch sind weder die Eltern noch die Schwester eifernde Katholiken oder solche, die sich gegenrevolutionären Vereinigungen anschließen. Die Mutter versteht ihr Leben lang einfach nicht, daß ihr Sohn sich von der Religion abgewandt hat, wie sie es der Lektüre seiner Schriften entnimmt. Aber nicht der Katholizismus seiner Familie bringt Auguste in Widerspruch zu ihr, sondern ihre kleinbürgerlich-kleinliche Lebensauffassung. Bis zu ihrem Tode können seine Eltern nicht

---

3) Vgl. die Zitate aus ihren Briefen in: Gouhier 1933, 39f., und Gouhier 1965, 33

begreifen, weshalb er in Paris in ungesicherter Position, aber mit großen philosophischen Plänen lebt: „... sie denken, daß ein Mann mit guter Ausbildung, intelligent, Absolvent einer berühmten Schule viel Geld verdienen muß. Beinahe alle ihre Briefe kommen auf dies Thema zurück: Warum suchst Du nicht eine gute Stelle? Wenn Du wolltest, wärest Du gut versorgt. Wieviel verdienst Du?" (Gouhier 1933, 59). Dabei zweifeln weder Eltern noch Schwester je daran, daß Auguste zu Großem in der Lage, daß er ein Genie ist.

Nach erstem Unterricht bei einem alten Lehrer kommt Comte 1806, gerade neun Jahre geworden, aufs Lyzeum von Montpellier. Warum er Internatsschüler wird, wo doch seine Familie am Ort wohnt, ist unklar.[4] Diese Schule war erst 1803 eingerichtet worden und hatte 1804 ihren Betrieb aufgenommen. Die Lyzeen waren von Napoleon in der Absicht gegründet worden, loyalen Nachwuchs für Verwaltungs- und Offiziersaufgaben heranzuziehen (vgl. Pickering 1993, 18). Die Schüler werden unter militärähnlichen Regeln beaufsichtigt.

Wie es kommt, daß Comte mit 13 oder 14 Jahren allen Glauben an Gott und ans Übernatürliche abtut, ist nicht klar. Unter Napoleon werden die Schulen, in denen von der Aufklärungsphilosophie geprägte Lehrer lehren und von den Nachwehen der Revolution geprägte Schüler lernen, veranlaßt, täglich im Neuen Testament zu lesen, gemeinsam zu beten, den katholischen Gottesdienst zu besuchen. Mag sein, daß den jungen Comte die Künstlichkeit dieser Anordnungen und Übungen abstößt.[5]

---

4) Es sei den Regeln der Schule zufolge geschehen, schreibt Pickering (1993, 18), während Ostwald (1914, 2) darin ein Anzeichen für eine feindselige Haltung der Eltern dem Sohne gegenüber erblickt.
5) Vgl. Gouhier 1933, 73. Pickering (1993, 20) vermutet hingegen, die vorwiegend antiklerikale Stimmung unter den Schülern und die Bindung mancher Lehrer an die Aufklärung hätten Comte diesen Schritt leicht gemacht.

Comte ist sowohl in den natur- wie in den geisteswissenschaftlichen Fächern ein sehr guter Schüler und wird mehrfach ausgezeichnet. In Daniel Encontre, einem protestantischen Mathematiklehrer, findet er ein Vorbild fürs Denken und auch fürs Unterrichten. Eine Quelle berichtet von Encontre, daß er Wissenschaft so gelehrt habe, als ob er sie selbst erfunden habe, also begeistert und begeisternd, konzentriert auf den Kern der Probleme und mit *clarté*.[6] Ende 1812 ist Comte so weit, um am *concours* für die Aufnahme in die *école polytechnique* teilzunehmen. Weil er aber noch so jung ist, wird er erst im folgenden Jahr zugelassen und bleibt noch ein Schuljahr auf dem Lyzeum.

Ecole polytechnique

Comte besteht als Viertbester des ganzen Landes im Sommer 1814 die Zulassungsprüfung für die *école polytechnique*. Im November des Jahres beginnt er seine Studien an dieser Schule in Paris. Sie dient der Ausbildung von Offizieren, die hauptsächlich technische Aufgaben haben (Artillerie usw.), sowie von Ingenieuren für den Bau von Schiffen, Brücken, Straßen. Die Schüler tragen (formell wenigstens) militärische Ränge. Hauptunterrichtsfächer sind Mathematik, Physik, Chemie und das Zeichnen von Plänen (Gouhier 1933, 94).

Als Comte seine Studien beginnt, ist die Schule in aufgewühltem Zustand: Ende 1813 hatten die Schüler eine Petition unterzeichnet, um bei der Verteidigung des Vaterlandes mittun zu dürfen. Ende März 1814 nehmen sie an der Schlacht von Paris teil; dabei fallen ihre Geschütze in die Hand von feindlichen Ulanen, es gibt Gefangene und Verletzte (vgl. Gouhier 1965, 42). Nach der Kapitulation von Paris laufen die Schüler auseinander. Ende 1814 dann ist die Schule zum ersten Mal

---

6) Vgl. Gouhier 1933, 88f., Pickering 1993, 21f. Comte widmet 1856 den ersten Band seiner „Synthèse subjective" diesem Lehrer.

eine königliche, nachdem sie 1794 vom Konvent gegründet und später vom Kaiser Napoleon übernommen worden war (vgl. Gouhier 1933, 95ff.). Wiewohl die Einteilung des Tageslaufs und die Ausgangsregeln ähnlich strikt sind wie in einer Kaserne,[7] findet sich Comte rasch zurecht, freut sich über die guten Professoren und über den republikanischen Geist, der bei Lehrern und älteren Schülern herrscht.[8] Wieder zeigt er in den meisten Fächern sehr gute Leistungen, beeindruckt manchen seiner Professoren, gilt bei seinen Mitschülern bald als „der Philosoph" (Gouhier 1933, 100). Ohne daß sich seine Leistungen verschlechtern, fällt er dann durch ungebärdiges Verhalten auf, durch Verfehlungen gegen die strengen Anstaltsregeln (vgl. Gouhier 1933, 103).

Bitter beschwert sich Comte in seinen Briefen über plumpe Maßnahmen der Royalisten zur politisch-gesellschaftlichen Restauration (vgl. Gouhier 1933, 106f.). Als Napoleon im März 1815 überraschend aus Elba zurückkommt, sieht Comte - wie viele Franzosen - in ihm den geläuterten Kaiser, der jetzt auf seinen Gigantismus verzichten und die Volksrechte achten wird. Begeistert berichtet er in einem Brief, daß die Schüler der *école* an einer Truppenbesichtigung durch den Kaiser teilgenommen haben.[9] Als Paris nach der Schlacht von Waterloo kapituliert, waren die Schüler der Anstalt nicht in Kriegshandlungen einbezogen worden (Gouhier 1933, 112). Comte wird kaum vergessen, daß er den Kaiser gesehen hat und innerlich auf seiner Seite stand.

---

7) Comte beschreibt den Tageslauf in einem Brief an seinen Schulfreund Valat am 2.1. 1815 (Corr.gen.I, 5).

8) Briefe vom 21.11. und vom 26.11. 1814 an Pouzin (Corr.gen.I., 3f.). „Gott! Wenn doch überall derselbe Geist herrschte wie an der Schule!", heißt es im Brief vom 2.1. 1815 an Valat (Corr.gen.I, 8). 1842 nennt er rückblickend die *école* „dieses vornehme revolutionäre Institut" (Soziologie III, III).

9) Brief an Valat vom 29.4. 1815 (Corr.gen.I, 9f.), vgl. Gouhier 1933, 108ff.

Nach der jetzt zweiten Rückkehr der Bourbonen muß sich die Schule wiederum umstellen, muß sie Loyalitätserklärungen abgeben und Benehmen wie politische Gesinnungen der Schüler zurechtstutzen. Die meisten Schüler stehen der Restauration ablehnend gegenüber. Mit Napoleon hatte sich die Hoffnung verknüpft, als Ingenieure und Naturwissenschaftler in einem großen Reich leicht verantwortliche und herausfordernde Berufspositionen finden zu können. Jetzt kommen wieder viele Geistliche in Lehrerstellen; besonders die Chancen für technisch-naturwissenschaftliche Absolventen, die wie Comte nicht aus „großen Familien", sondern aus dem Kleinbürgertum kommen, verschlechtern sich entscheidend (vgl. Heilbron 1995, 208 und 212 ff.). Anfang 1816 kommt es zu einem Konflikt zwischen den Schülern und der Schulleitung, der durch die Methoden und das Benehmen eines Lehrers ausgelöst wird. Comte ist an dieser Insubordination beteiligt (vgl. Littré 1863, 8; Marvin 1965, 35; Pickering 1993, 29). Die Schulleitung weiß, daß die königliche Regierung auf einen Anlaß wartet, um diese Anstalt aus Revolutions- und napoleonischen Jahren schließen zu können, und ordnet an, daß 15 Schüler, darunter auch Comte, die Schule verlassen müssen. Dennoch erfolgt am 14.4. 1816 die Anordnung zur (vorläufigen) Auflösung der Schule (vgl. Gouhier 1933, 116ff.). - In seiner „persönlichen Vorbemerkung" zum 6. Band des *Cours*, im Jahre 1842 also, wird Comte diesen Verweis von der Schule als entscheidendes Hindernis für seinen Berufsweg darstellen und den Vorgang auf „rückschrittliche Einflüsterungen der theologischen Schule" zurückführen (Soziologie III, XV). Gouhier zeigt, daß das eine einseitige Erinnerung ist: Schließlich hatte sich Comte an der Insubordination beteiligt, die gewiß auch auf die republikanische Gesinnung der Schüler zurückgegangen war. Er hätte die Schule sowieso verlassen müssen, auch wenn sie nicht durch Erlaß der königlichen Regierung geschlossen worden wäre.[10]

---

10) Gouhier 1933, 121. Dagegen ohne Begründung König (1978, 41), der ja

An der *école polytechnique* findet Comte außerordentliche Lernbedingungen vor. Seine Lehrer sind meist junge, schon durch bedeutende Leistungen ausgewiesene Wissenschaftler: Petit (Physik), Thénard (Chemie), Arago (Geometrie), Poinsot (Differential- und Integralrechnung), Poisson (Mechanik), Ampère, Gay-Lussac, Hachette, Cauchy. Daß die wissenschaftliche Leistung Kriterium für Berufszuweisung und -erfolg sein soll, das wird Comte hier gelernt haben, auch die Gewißheit, daß man schon in jungen Jahren Herausragendes erarbeiten kann. Mit mehreren seiner Lehrer bleibt Comte lange verbunden, erhält später Empfehlungen von ihnen, legt ihnen seine Schriften vor, erörtert ihre Arbeiten, nennt sie in Widmungen (vgl. Gouhier 1933, 126ff.). Der Mathematiker Poinsot z.B. ist 1826 unter den Zuhörern von Comtes erster Vorlesung über positive Philosophie und auch wieder 1829 bei der Fortsetzung der Vorlesungen nach Comtes Krankheit.

Was lernt Comte hier? Die *école polytechnique* vermittelt ihren Schülern ein Weltbild, in dem Gott keinen Platz mehr hat, in dem sich Fragen nach nicht von den Naturwissenschaften begreifbaren Kräften gar nicht erst stellen (so Gouhier 1933, 123). Sie lernen in der Gewißheit und in dem Stolz, daß alle Aufgaben mit der Arbeitshaltung naturwissenschaftlich gebildeter Ingenieure gelöst werden können.[11] Mehrere Lehrer der

---

Gouhier gelesen hat: „... Comte mußte als Opfer der Reaktion weichen."

11) von Hayek (1979, 154f.) behauptet, daß diese neue, den Sozialismus wie den Positivismus bestimmende ingenieurhafte Haltung zu wirtschaftlichen und sozialen Fragen zuerst an der *école poyltechnique* ausgebildet worden sei. „Hier wurde der echte Ingenieurtyp mit seinen charakteristischen Ansichten, Ambitionen und Grenzen geschaffen. Dieser synthetische Geist, der keinen Sinn in etwas anerkennen wollte, das nicht vorbedacht konstruiert worden ist, jene Liebe zur Organisation, die aus der zweifachen Quelle militärischer und technischer Praktiken entspringt, die ästhetische Bevorzugung alles bewußt konstruierten gegenüber dem «bloß gewordenen» war ein starkes neues Element, das sich dem revolutionären Eifer der jungen Polytechniker zugesellte - und im Laufe der Zeit ganz an seine Stelle trat." Vgl. auch Charlton 1963, 38f.

école arbeiten darüber, wie Mathematik (bzw. Naturwissenschaften) und Philosophie miteinander verbunden werden können, wie eine Philosophie der Wissenschaften aussehen kann. Hier bekommt Comte Grundgedanken vermittelt, die ihn bis zum *Cours* und darüber hinaus führen werden.[12] Mehrere seiner Lehrer sind den politischen Bewegungen und Strömungen zwischen Revolution und Rückkehr der Bourbonen verbunden, übernehmen zeitweise staatliche Aufgaben, gehören politischen Zirkeln an. Überhaupt fließt von der *école polytechnique* durch ihre Absolventen ein breiter Strom sozialreformerischer Ideen und Initiativen ins ganze 19. und auch noch ins 20. Jahrhundert hinein - Positivisten, Saint-Simonisten, katholische Sozialreformer (vgl. Gouhier 1933, 146f.).

Durch die Schule und durch die Mitschüler erhält Comte - wie andere auch - die Anregung, die Gesamtheit der sozialen, wirtschaftlichen und politischen Bedingungen rational und gegründet auf eine Kenntnis der Geschichte zu verändern. Der Gedanke, eine „wissenschaftliche Politik", eine soziale Wissenschaft den Naturwissenschaften an die Seite zu stellen, ist seit der *Encyclopédie* in der wissenschaftlichen wie politischen Debatte. Verbreitet ist die Hoffnung, daß man sich bald in politischen Fragen ebenso an Fachleute wenden werde, wie man dies bei naturwissenschaftlichen Problemen oder ingenieurwissenschaftlichen Aufgaben tut (vgl. Gouhier 1933, 151ff.).

Hoffnung auf Amerika

Die jetzt auseinandergehenden Schüler der *école* gründen eine Vereinigung zur gegenseitigen Unterstützung in Berufsfragen mit eigener Satzung. Comte wird Sekretär für Montpellier, wo-

---

12) So Gouhier 1933, 143 und 146f. Comte selbst geht, 1842 rückblickend, noch weiter: An der *école* sei er auf seinen wichtigsten Gedanken gekommen, nämlich die sozialen Phänomene mit Hilfe der gleichen „neuen Art zu philosophieren" zu untersuchen wie die Gegenstände der Naturwissenschaft (Soziologie III, III).

hin er dann zurückkehrt. Die Polizei überwacht seine Tätigkeiten in dieser Funktion, allerdings ohne Ergebnisse, wohl weil die Vereinigung bald einschläft (vgl. Gouhier 1933, 170ff.). Einigen Biographen zufolge (z.B. Pickering 1993, 33) besucht Comte in seiner Heimatstadt medizinische Kurse an der *école de médicine* und lernt dadurch Problemstellungen im Zwischenfeld von Medizin und Biologie kennen.

Über seine Kritik am Regime der Bourbonen unterrichtet uns ein Text, den er im Juni 1816 verfaßt (er wurde erst 1882 veröffentlicht): „Mes réflexions. Rapprochements entre le régime de 1793 et celui de 1816 adressés au peuple français".[13] Empört über die teilweise blutigen Abrechnungen der Royalisten mit Bonapartisten und Republikanern wirft der 18jährige Comte dem König und seinem Regime Vernunftfeindlichkeit und Unterdrückung vor. Dem französischen Volk, das nur schwer seine gegenwärtigen Umstände erkennen könne, bietet er Unterstützung durch die aufgeklärten Männer an.[14] Immerhin finden sich Anfänge späterer Grundgedanken: Das Volk sei immer erst im nachhinein in der Lage, eine Regierungsepoche oder ein Regime umfassend zu beurteilen. Also: Ohne Verständnis der Geschichte kein Verständnis der Gegenwart. Vieles wird

---

13) Wie viele spätere Texte ist dieser erste mit Devisen überschrieben: „Humanité. Vérité. Justice. Liberté. Patrie". Zitiert in: Gouhier 1933, 172

14) In diesem ersten Text von Comte finden sich Formulierungen, die einem revolutionären Aufruf oder der Rede eines Revolutionsführers nachgebildet sind - appelativ und mit großer Geste; Comte phantasiert sich in eine entscheidende Rolle an der Seite des Volkes hinein. So heißt es z.B., es komme darauf an, daß ein jeder bewußte Bürger die gegenwärtige Lage Frankreichs gründlich und kaltblütig überprüfe. „Franzosen ... Ich überprüfe mit euch zusammen." Zitiert in: Gouhier 1933, 174. Wenn auch Comte in wenigen Jahren die einseitige Parteinahme für die Revolution zurücknehmen wird - die großspurige Rhetorik der Revolutionsführer (und Napoleons) wird er beibehalten. Vgl. Pickering 1993, 38

abhängen von den wenigen „aufgeklärten" Menschen, die das Volk unterrichten wollen.[15]

Nach rund zwei Monaten reist Comte im Juli 1816 zurück nach Paris. In der Hauptstadt verdient er seinen Lebensunterhalt (von der Unterstützung durch seine Eltern abgesehen), indem er Privatunterricht in Mathematik gibt.

Im Winter 1816/1817 rechnet Comte damit, eine Professur an einer der *école polytechnique* entsprechenden Einrichtung in den Vereinigten Staaten von Amerika zu bekommen. Der amerikanische Kongreß, so ist ihm von einem napoleonischen General versprochen worden, der in amerikanische Dienste getreten ist, werde eine Studienanstalt dieser Art bald gründen.[16] Comte lernt Englisch, bereitet sich auf seine Lehraufgaben dort vor, befaßt sich mit der amerikanischen Verfassung und mit landeskundlichen Werken. Er ist hingerissen von den Pflichten und Möglichkeiten, die er in der einzigen großen Republik auf der Welt („dem gelobten Land") haben wird. „Mein Auswanderungsvorhaben" nennt er den Plan, nach Amerika zu gehen.[17] Benjamin Franklin wird sein Vorbild,[18] ihm will er in Lebensführung und Lebensplanung nacheifern, für ihn findet er überschwengliche Bezeichnungen („göttlicher Mensch", „moderner Sokrates"). Im Frühjahr 1817 dann stellt sich heraus, daß Comte nicht auf eine Berufung nach Amerika hoffen kann.

---

15) Vgl. Gouhier 1965, 57f. Pickering (1993, 37) stellt fest, in diesem Essay stecke der Kerngedanke des Positivismus, daß nämlich ein richtiges Verständnis der Vergangenheit zur sozialen Ordnung in der Gegenwart beitragen kann.
16) Vgl. Brief vom 13.10. 1816 an Valat (Corr.gen.I, 13f.).
17) Vgl. die Briefe vom 13.10. 1816, 29.10. 1816 und vom 12.2. 1817 an Valat (Corr.gen.I, 14, 17, 19), sowie Gouhier 1933, 186f., Hawkins 1936, 3ff., Pickering 1993, 42f.
18) Vgl. Brief vom 29.10. 1816 an Valat (Corr.gen.I, 16).

Der Kongreß hat die Eröffnung einer entsprechenden Schule auf unbestimmte Zeit zurückgestellt.[19]

Seine Beschäftigung mit der Entstehung und der politisch-sozialen Struktur der Vereinigten Staaten von Amerika bestärkt Comte vielleicht in dem Gedanken, daß neue Staatsformen und politisch-soziale Ordnungen durch Konstruktion geschaffen werden können.[20] Mußte doch die Entstehung dieser Republik auf dem anderen Kontinent im Vergleich zu den europäischen Ordnungen wie eine Schöpfung aus dem Nichts wirken.

Immerhin profitiert Comte von seinen inzwischen erworbenen Englischkenntnissen: Für M. Hachette, langjähriger Mathematik-Professor an der *école polytechnique* und wie Comte 1816 von der Schule verwiesen, übersetzt er ein Lehrbuch eines Mathematikers in Edinburgh. Ein paar Anmerkungen des Übersetzers in diesem Buch (1818 erschienen) sind die ersten gedruckten Zeilen von Comte (vgl. Gouhier 1933, 194ff.). Im übrigen nutzt er seine Zeit zum Lesen grundlegender Werke: Monge, Lagrange, Montesquieu, Condorcet, Adam Smith, D. Hume, die Politische Ökonomie von Say. Manches spricht dafür, daß er sich in diesen Monaten aus der Welt des 18. Jahrhunderts, der Welt der Aufklärung und der Revolution löst und daran denkt, die Geschichte der Zivilisation nicht länger aus dem Blickwinkel der Aufklärung zu beurteilen (und also größtenteils zu verurteilen). Die Politische Ökonomie (von der er

---

19) Brief vom 17.4. 1818 an Valat (Corr.gen.l, 25f.): Die Absage scheint ihm nicht allzuviel auszumachen. Wenn auch in Paris weniger politische Freiheit möglich sei als in Washington, so schätze er an Frankreich doch sehr die „liberté civile", also die Freiheit, so zu leben, wie es einem gut dünkt.

20) Comtes „... association through the medium of books with the handful of determined men who had converted the downtrodden thirteen Colonies into a free, happy nation, the institutions of which seemed perfection when compared with the crumbling institutions of Europe, showed him conclusively that a complete moral, political and social transformation, founded on a rational opposition to worn-out systems, was not merely a vague possibility but already an accomplished fact." (Hawkins 1936, 9)

sich später absetzen wird) dient ihm offenbar zur Vertiefung dieses relativen Standpunktes gegenüber der Aufklärung, der Revolution und der Geschichte insgesamt (so Gouhier 1933, 216ff. und 227ff.).

Im September 1816 hatte die Regierung die Wiedereröffnung der *école polytechnique* angekündigt. Den ehemaligen Schülern wird eine Prüfung zur Wiederaufnahme versprochen, wenn sie sich gut führen und dem König gegenüber loyal sind (zitiert bei: Gouhier 1933, 197). Comte rechnet nicht damit, daß man ihn und andere, an der damaligen Insubordination Beteiligte wiederaufnehmen wird. Aber das erweist sich als falsch: Die Kommission urteilt nicht besonders nachtragend. Mehrere der Schüler, die damals einen Schulverweis erhalten hatten, werden ohne weiteres aufgenommen.[21] Aber im Grunde will Comte jetzt nicht mehr zurück. Ein Ingenieur zu werden, das hatte ihn nie besonders gereizt. Und außerdem: Er hat Saint-Simon getroffen.

Zusammenarbeit mit Saint-Simon

Wer war Saint-Simon? Claude Henri de Rouvroy, Comte de Saint-Simon, wird 1760 in einer verarmten Adelsfamilie geboren, die mit dem Herzog von Saint-Simon verwandt ist, der seine Memoiren über den Hof Ludwigs des XIV. geschrieben hatte, und die ihre Abkunft auf Karl den Großen zurückführt.[22] Schon dem Kinde wird ein ungewöhnlicher Charakter nachgesagt. Belegt ist offenbar, daß der Junge die Teilnahme an der

---

21) Brief vom 13.10. 1816 an Valat (Corr.gen.I, 12f.). Comte stellt das 1842 andeutungsweise so dar, als ob man nur ihn nicht wieder aufgenommen habe (Soziologie III, XV). Pickering (1993, 41) vermutet, daß Comte inzwischen Gefallen am Leben eines Bohemiens gefunden hat und nicht an die *école* zurück will.

22) Saint-Simons autobiographischen Angaben könne man nur bedingt folgen; sie dienten oft der „Selbststilisierung", so Salomon-Delatour 1964, 132. Ähnlich Gouhier 1965, 64f. Recht unkritisch hingegen: Durkheim 1971, 111ff.

Kommunion verweigert und daraufhin von seinem Vater für kurze Zeit ins Gefängnis gesteckt wird. Daß er von d'Alembert erzogen wurde, hat er hingegen wohl später erfunden (so von Hayek 1979, 161), ebenso, daß ihn sein Diener jeden Morgen mit den Worten geweckt hat: „Erheben Sie sich, Herr Graf, Sie haben heute große Dinge zu tun." (vgl. Gouhier 1936, 64f.; Salomon-Delatour 1964, 133).

Mit 16 Jahren tritt Saint-Simon in den Militärdienst ein. 1779 geht er als Hauptmann nach Nordamerika und kämpft an der Seite der amerikanischen Rebellen gegen England. Frankreich hatte die Unabhängigkeit der Kolonien anerkannt und unterstützt sie. Saint-Simon ist am Kampf um Yorktown beteiligt. Später stilisiert er sich zu demjenigen, der neben Lafayette entscheidend zur Freiheit der Vereinigten Staaten beigetragen habe (Auszug in: Dautry 1957, 74; vgl. Salomon-Delatour 1964, 133). 1782 fällt er in englische Gefangenschaft und lebt bis 1783 als Gefangener in Jamaica.[23] Von den Amerikanern nimmt er das Bild mit, sie seien eine Nation ohne erbliche Privilegien und Kasten, friedfertig den Aufgaben von Industrie und Wirtschaft zugewandt (vgl. Dumas 1905, 16f.).

Nach seiner Rückkehr plant er den Bau eines großen Kanals durch Spanien und bietet den Niederlanden (im Einverständnis mit der französischen Regierung) seine Dienste bei einer Expedition gegen Britisch-Indien an (vgl. Gouhier 1936, 69ff.).

In den ersten Jahren der Revolution ist Saint-Simon bei den Sansculottes.[24] Er legt seinen adligen Namen Anfang 1790 ab

---

23) Gouhier 1936, 65ff. Dem Vizekönig von Mexiko soll er (erfolglos) einen Kanalbau von Meer zu Meer vorgeschlagen haben.
24) So Gouhier 1936, 74ff.; von Hayek 1979, 161; Pickering 1993, 61. Durkheim vertraut den autobiographischen Mitteilungen von Saint-Simon zu sehr, wenn er mitteilt, der habe sich aus den Revolutionskämpfen herausgehalten (Durkheim 1971, 112; ebenso Dumas 1905, 18f.).

und nennt sich Claude-Henri Bonhomme.[25] Mit Geschick beteiligt er sich an der Spekulation mit Boden, die durch die Säkularisierung des kirchlichen Besitzes in Gang kommt.[26] Sein Partner und Geldgeber wird der Diplomat Graf von Redern, Botschafter Preußens in England. Im November 1793 wird Saint-Simon auf Anordnung des Wohlfahrtsausschusses ins Gefängnis gebracht - ob wegen seiner finanziellen Machenschaften, wegen seiner Verbindungen zu dem ausländischen Diplomaten oder weil Mitglieder seiner Familie vor dem Terror ins Ausland geflohen waren, ist nicht klar (so Gouhier 1936, 79ff.). Ende 1794 kommt er wieder frei. Er entwirft neue Spielkarten, auf denen statt König und Königin die Symbole der Republik zu sehen sind, und läßt sie patentieren (Gouhier 1936, 86). Auch sucht er Geschäftserfolg durch einen Betrieb von eleganten Mietwagen (vgl. Salomon-Delatour 1964, 139). Ansonsten setzt er seine Spekulationsgeschäfte mit Ländereien und Immobilien fort. Ist Saint-Simon in diesen Jahren ein Spekulant auf eigene Rechnung, oder will er durch seine Handelstätigkeit mithelfen bei der Umverteilung des Bodens an die Bauern?[27]

Nach dem Bruch mit seinem Kompagnon von Redern 1798 - diesem erscheint Saint-Simons Geschäftsführung als nicht solide - entscheidet sich Saint-Simon für eine radikale Wende in seinem Leben und will sich hinfort mit Philosophie und Wissenschaften befassen. Später wird er diese Wende in seinem Leben darauf zurückführen, daß ihm nachts sein Vorfahr Karl der Große erschienen sei und ihn aufgefordert habe, große Leistungen in der Philosophie zu vollbringen. Er bezieht eine

---

25) und erinnert dadurch an einen Aufstandsführer des 14. Jahrhunderts (König 1978, 23). Vgl. auch Dautry 1957, 16.

26) Salomon-Delatour 1964, 135. Der Umfang der Geschäfte läßt darauf schließen, daß er einer der größten Spekulanten dieser Jahre ist (Gouhier 1936, 77ff.).

27) König (1978. 23f.) sieht in erster Linie eine politische Absicht.

Wohnung gegenüber der *école polytechnique*, zwei Jahre später eine Wohnung in der Nähe der *école de médicine*. Dies, um seine besondere Form des Studiums betreiben zu können: Er lädt Professoren und junge Dozenten zu sich zum Essen ein, unterstützt einige von ihnen finanziell, will aus dem Gespräch mit ihnen lernen.[28] Um einen Salon führen zu können, heiratet er eine kluge, später erfolgreiche Schriftstellerin unter der Abmachung, es werde eine Vernunftehe sein. Die Scheidung findet dann schon 1802 statt.[29]

Den Übergangsphasen der Revolution übers Konsulat bis zum Regime Napoleons fügt sich Saint-Simon politisch bis hin zur Gefolgschaft für den Kaiser.[30]

1803 erscheint seine erste Schrift („Lettres d'un habitant de Genève"). In ihr schlägt er vor, alles Denken und allen Glauben auf das von Newton formulierte Gravitationsgesetz zu gründen. 21 gewählte Wissenschaftler, Künstler und Musiker sollten einen Newton-Rat bilden, die Erziehung des Volkes anleiten sowie die öffentliche Meinung formulieren. Sie (und nicht mehr die Kleriker) werden im Namen Gottes handeln, an dessen Seite Newton sitzt. Der Gründer der neuen Religion, die ihm von Gott geoffenbart wurde, wird dem Newton-Rat vorstehen und nach seinem Tode am Grabe Newtons bestattet werden.[31] Der Gedanke, das Gravitationsgesetz könne als verallgemeinerte Gesetzlichkeit aller Vorgänge aufgewiesen werden, als Ersatz also für die deistische Annahme von Gott, bestimmt

---

28) Gouhier 1936, 102 und 179; von Hayek 1979, 160 und 163. Saint-Simon habe studiert und zusätzlich den täglichen Umgang mit den Gelehrten gesucht, schreibt Salomon-Delatour (1962, 10).

29) Gouhier 1936, 112ff. Saint-Simon soll in dieser Zeit Madame de Staël einen Heiratsantrag gemacht haben; möglicherweise steht die Scheidung damit im Zusammenhang.

30) Zu Saint-Simons Verehrung für Napoleon vgl. Littré 1863, 89f. Hinweise auf eine kritische Haltung zu Napoleon bei Dautry 1957, 25f.

31) Gouhier 1936, 233. Dautry (1957, 218) hält den Newton-Rat nur für eine Allegorie.

Saint-Simons erste Schriften. „Physicisme" nennt er diese Spekulation (vgl. Gouhier 1936, 200ff. und 296). Dazu kommen die
Idee, die Wissenschaftler (und Künstler usw.) sollten die spirituelle Oberherrschaft übernehmen (vgl. Gouhier 1936, 226ff.),
sowie die Skizze einer Gesellschaft nach Art einer großen
Werkstatt, in der alle Arbeiter sein und ihren nützlichen Beitrag
zum Wohle der Menschheit erbringen werden, geleitet nach
Gottes Wille durch den Newton-Rat.[32]

1805 ist Saint-Simon finanziell am Ende. Durch Fürsprache
eines Grafen, der am Hof Napoleons Einfluß hat, erhält er die
Stelle eines Kopisten (Gouhier 1936, 235ff.). Zufällig trifft er
einen früheren Diener wieder, der inzwischen vermögend geworden ist; dieser nimmt ihn bei sich auf, trägt auch die Druck-
kosten seiner ersten größeren Arbeit (vgl. Gouhier 1936, 237).
Nach dessen Tod 1810 lebt Saint-Simon erneut im Elend.

In der Schrift „Introduction aux travaux scientifiques du XIXe
siècle" (1807/1808) wird statt des Newton-Rates ein Herausge-
bergremium für die Erarbeitung einer neuen Enzyklopädie vorgeschlagen, wiederum mit dem Ziel, eine physikalistisch struk-
turierte Einheitswissenschaft zu begründen (vgl. Voegelin
1975, 193). Vor jeder Reorganisation der Gesellschaft müsse
die Wissenschaft reorganisiert werden, die dann, systematisiert
und synthetisiert, die Grundlage für die moralische Vorherrschaft der Gelehrten sein werde (vgl. Dumas 1905, 32; von
Hayek 1979, 168f.). Die Schrift enthält manche Verbeugungen
vor Napoleon: Der sei der neue „Karl der Große"; ihm dient
sich Saint-Simon als „wissenschaftlicher Leutnant" an, der seine Pläne durchführen werde (Dumas 1905, 36f.; Gouhier 1936,
241ff.). Weder der Kaiser noch die Gelehrten reagieren auf die
Schrift.

1813 richtet Saint-Simon (erfolglos) einen Bittbrief an Napoleon: Seit Wochen esse er nur trocken Brot und trinke Wasser, während er einzig und allein mit dem allgemeinen Interes-

---

32) Vgl. Dumas 1905, 25ff.; von Hayek 1979, 166f.; Voegelin 1975, 192f.

se befaßt sei (vgl. Gouhier 1936, 267f.). Ende des gleichen
Jahres wendet er sich ein zweites Mal an den Kaiser: Daß die
Völker Europas Krieg miteinander führen, gehe vor allem darauf zurück, daß keine spirituelle Gewalt vorhanden sei. Eine
jede Wissenschaftlergemeinschaft in Europa möge Delegierte
nach Rom senden und dort einen neuen Papst wählen. Saint-
Simon kennt schon die Absichten des künftigen Hohenpriesters, er entwirft nämlich bereits seine Ansprache (vgl. Gouhier
1936, 271f.).

1813 erscheint „Mémoire sur la science de l'homme", worin
Saint-Simon überlegt, wie die Wissenschaft vom Menschen
(auch Ethik und Politik) positiv werden könne (im Sinne von
Einheitswissenschaft). Diese positive Philosophie werde als
neue spirituelle Macht (als neuer „Klerus") und getrennt von
der weltlichen Macht institutionalisiert werden; das Tor in eine
neue, dritte Epoche der Menschheitsgeschichte sei damit ge-
öffnet (vgl. Dumas 1905, 56ff.). Sich selbst stellt Saint-Simon in
dieser Schrift als wiedergeborenen Sokrates vor.

Nach dem Ende der napoleonischen Herrschaft wendet sich
Saint-Simon ergeben an den Bourbonen und nennt sich wieder
Comte Henri de Saint-Simon (Gouhier 1965, 24f.).

1816 hält Saint-Simon die Politische Ökonomie (statt Physik
oder Physiologie) für die allgemeine Wissenschaft vom Menschen (vgl. Gouhier 1941, 139). Die Idee, das Gravitationsgesetz könne für alle Bereiche des Wissens (einschließlich der
Moral) als gültig aufgewiesen werden, wird nicht weiter verfolgt.
Er sieht jetzt in den Industriellen die neue weltliche Macht und
tritt für deren Interessen ein (ohne jedoch die Notwendigkeit
einer neuen spirituellen Macht aufzugeben). Erst jetzt werden
seine Schriften gelesen und kritisiert, jetzt gewinnt er zeitweise
sogar die Unterstützung von Bankiers und Industriellen.

Ein starkes Motiv bei Saint-Simon ist die Vorstellung, die industrielle Gesellschaft könne ohne geborene (adlige) Elite aus-

kommen - ein Gedanke, der vielleicht von seinem Aufenthalt in den Vereinigten Staaten von Amerika stammt.[33] Von hieraus ergibt sich eine Kritik des Erbrechts und der Privilegien des Adels. Die neue Elite der industriellen Gesellschaft soll aufgrund von Verdienst und Leistung zusammengesetzt sein, der Zugang zu ihr soll auch den Unternehmern und Bankiers, den Philosophen und Künstlern offenstehen (vgl. Gouhier 1936, 155ff.).

Seine experimentierfreudige Lebensführung hat Saint-Simon zu einem Konzept ausformuliert und von hieraus seine besonderen Erkenntnismöglichkeiten begründet. Im Abriß seiner Lebensgeschichte von 1809 heißt es: „Ich habe alle Anstrengungen gemacht, um so genau wie möglich die Sitten und Anschauungen der verschiedenen Klassen der Gesellschaft kennenzulernen; ich habe geforscht, ich habe jede Gelegenheit ergriffen, mich mit Menschen jeglichen Charakters und jeglicher Moral zusammenzutun. Dieses Forschen hat mir in der öffentlichen Meinung sehr geschadet, aber ich bin weit davon entfernt, es zu bedauern ... Ich habe allen Anlaß, mich zu meiner Haltung zu beglückwünschen, weil ich nun imstande bin, meinen Zeitgenossen neue und positive Ansichten zu unterbreiten ..."[34]

---

33) So vermutet Gouhier 1936, 162.

34) Um in der Philosophie neue Erkenntnisse gewinnen zu können, sei es angebracht, aktiv zu leben, „alle Klassen der Gesellschaft zu durchlaufen; selbst eine möglichst große Zahl von gesellschaftlichen Positionen einzunehmen und endlich auch für die anderen und für sich selbst Beziehungen zu schaffen, die bisher noch nicht bestanden haben ..." Auszug in: Dautry 1957, 81f.- Im Rückblick auf seine Pariser Jahre zeigt sich Nicolaus Sombart (1995, 28) von diesem Lebensprogramm („vie expérimentale" übernimmt er von Saint-Simon) begeistert: „Das hatte mir sofort eingeleuchtet. Das war ein Programm der pragmatisch-empirischen Wahrheitssuche, das ebenso meinen Bedürfnissen wie meinen Neigungen entsprach." Ähnlich Salomon-Delatour (1964, 131): „Man könnte sein Leben als eine «vie inductive» bezeichnen, ein Leben der Erfahrung, das durch alle Höhen und Tiefen gesellschaftlichen Lebens hindurchführt."- Auch Comte wird seine

Saint-Simon ist kein systematischer Denker, weder Philosoph noch Wissenschaftler, sondern ein ideenreicher Dilettant. In Übereinstimmung mit den meisten Kommentatoren urteilt König: „Rings um sich herum sog er die eben erst entstandenen neuen Worte auf, prägte sie zu markanten Formeln, gelegentlich auch zu Titeln, zu denen die Bücher entweder niemals geschrieben worden sind, oder die nur aus ein paar unorganisierten fliegenden Blättern bestehen. Aber die Formeln selber sind nicht vergangen, sondern Eigentum der Welt geworden …"[35]

Im August 1817 wird Comte - 19 Jahre alt, Saint-Simon ist 57 - für drei Monate (bezahlter) Sekretär von Saint-Simon. In dieser Zeit arbeitet er als Redakteur am dritten Band von *L'Industrie* (vgl. Gouhier 1941, 172ff.). Danach aber arbeitet er weiter für Saint-Simon („ich mache noch die politische Ökonomie für ihn") und hofft, daß er, wenn jener seine finanziellen Probleme überwunden haben wird, wieder bezahlt werden wird.[36] Für etwa zwei weitere Jahre sieht er sich als Schüler von Saint-Simon, um danach für weitere Jahre eine große Zuneigung zu ihm zu behalten.[37]

Comte ist sehr angetan von Saint-Simon und lobt ihn hoch in seinen Briefen;[38] mehr als bisher aus Büchern habe er über

---

besonderen Erkenntnismöglichkeiten mit seiner (allerdings ganz andersartigen) Lebensführung in Verbindung bringen.

35) König 1978, 15. Vgl. hierzu Gouhiers (1965, 22f.) Auffassung, Saint-Simon habe als einer der ersten die Möglichkeiten eines Publizisten erprobt. Einen „synthesizer of ideas" nennt ihn Pickering 1993, 60.

36) Brief vom 17.4. 1818 an Valat (Corr.gen.I, 27)

37) Vgl. Gouhier 1933, 231; Gouhier 1941, 167. Rückblickend spricht Comte 1842 (Soziologie III, V, Fußn. 1) von „etwa sechs Jahren eines innigen Verhältnisses".

38) „Das ist ein Mann von mehr als fünfzig Jahren; aber, ich kann Dir sagen, ich habe nie einen jungen Mann von solchem Schwung und solcher Großzügigkeit gekannt wie ihn. Er ist ein Original in jeder Beziehung." „Vater Simon" heißt es von jetzt an oft (Brief vom 17.4. 1818 an Valat. Corr.gen.I, 27).

politische Philosophie im Gespräch und durch die Freundschaft mit Saint-Simon gelernt. Allerdings ist Comte zu diesem Zeitpunkt kaum über Saint-Simons politische Vergangenheit unterrichtet. Er weiß nicht, daß sich Saint-Simon Napoleon angedient hatte und danach den Bourbonen, weiß offenbar auch nichts von den Bodenspekulationen in der Revolutionszeit. Saint-Simons frühere Schriften ignoriert er (vgl. Gouhier 1965, 71; Pickering 1993, 128). Für ihn ist Saint-Simon Träger eines großen Namens, ein Liberaler, einer, der es nicht mit dem Terrorismus gehalten hat und auch nicht mit Napoleon, ein Soldat noch der vorrevolutionären Armee, befreundet mit Washington und Lafayette, beteiligt an der Gründung der Vereinigten Staaten von Amerika, ein lebendes Vorbild, kurz und gut: „la Révolution vivante." (Gouhier 1933, 15)

Im Herbst 1817 verliebt sich Comte in Pauline, eine 25-jährige verheiratete Frau italienischer Abstammung. Er, der bisher nicht recht daran geglaubt hat, daß er für eine Frau liebenswert sein könne, erlebt ein großes Glück.[39] Mit dieser Frau bekommt er 1818 eine Tochter, Louise. Nach mehr als einem Jahr endet die Beziehung mit Pauline; die Tochter stirbt mit neun Jahren an einer Angina (Gouhier 1941, 350f.). An Pauline wird sich Comte später noch öfter beglückt erinnern, eine Liebe zur italienischen Sprache wird er behalten.

Anfang 1819 entscheidet sich Comte für eine Änderung seines Vornamens; er nennt sich nicht mehr Isidore, sondern Auguste. Gouhier legt nahe, daß er das tat, weil er sich in dieser Zeit als Sekretär Saint-Simons seiner Persönlichkeit bewußt wurde und seine Lehrzeit als beendet ansah.[40]

---

39) Brief vom 17.4. 1818 an Valat (Corr.gen.I, 29f.)
40) Gouhier 1933, 31.- „He may have decided to mark the beginning of a new era of his own development ..." (Pickering 1993, 141). Immerhin sollte nicht übersehen werden, daß Comtes Vater Louis-Auguste hieß, sowie, an wen die Vornamen Isidore bzw. Auguste erinnern.

1819/1820 betrachtet sich Comte nicht länger als Schüler von Saint-Simon und glaubt, von dem Älteren nichts mehr lernen zu können.[41] Das heißt jedoch nicht, daß seine freundschaftlichen Gefühle aufhörten und seine Achtung vor dem ehemaligen Meister. Seine eigenen Arbeitsrichtungen werden deutlicher; er skizziert ein größeres Werk und formuliert in Fragmenten und in seinen Briefen Positionen, die sein ganzes Lebenswerk hindurch wirksam sein sollen (unter anderem die Kritik an der Introspektion).[42]

Im Mai 1821 flaniert Comte in den Galeries de bois du Palais-Royal, der Gegend, in der leichte Mädchen zu finden sind (dorthin war er schon in den vergangenen Jahren öfter gegangen), und geht mit der 19-jährigen Caroline Massin aufs Zimmer. Zwei Jahre später trifft er die junge Frau zufällig wieder, er ist von ihrer Klugheit und Schönheit angetan. Ab Februar 1824 leben beide in gemeinsamem Haushalt wie Mann und Frau.[43] Am 29. Februar 1825 heiraten sie, offenbar auf Drängen von Caroline hin, standesamtlich und ohne kirchliche Zeremonie[44] - gegen den Widerstand seiner Familie. Diese kennt die Lebensgeschichte von Caroline nicht, sondern wendet ein, daß die Braut keine Mitgift mitbringt.

Warum heiratet Comte diese Frau? Er liebt sie, schätzt ihre Erscheinung und ihren Charakter. „Die Heirat war somit durch-

---

41) Rückblickend im Brief vom 5.4. 1824 an Tabarié (Corr.gen.I, 76). Vgl. Gouhier 1988, 61

42) Die Kritik der Introspektion und die Position, daß der menschliche Geist nur anhand seiner Ergebnisse, also vor allem anhand der Wissenschaften beobachtet werden könne, im Brief vom 24.9. 1819 an Valat (Corr.gen.I, 58f.).

43) Brief an Tabarié vom 5.4. 1824 (Corr.gen. I, 75). Zweifel daran, daß Caroline eine Prostituierte war, bei Pickering 1993, 377

44) Gouhier 1941, 352. Unter den Trauzeugen ist auch jener Advokat Cerclet, an den Caroline mit sechzehn Jahren verkauft worden war und der sie später hin und wieder „unterstützt" hatte. Vgl. Gouhier 1965, 118. Daraus schließt Dumas (1905, 129), Comte habe damals das Leben eines Bohemien geführt.

aus eine Liebesheirat zu nennen und ist auch von beiden Teilen in solcher Weise aufgefaßt und dargestellt worden." (Ostwald 1914, 65). Sich selbst hält er für so ungesellig und auch für so wenig attraktiv, daß er nicht damit rechnet, eine andere Frau für die Ehe finden zu können. Es scheint ihm auch als Philosoph, der dabei ist, sich als Professor oder anderswie zu etablieren, angemessen, verheiratet zu sein (vgl. Pickering 1993, 318). Comte schätzt an Caroline auch, daß sie ohne Eltern groß geworden ist, besser: daß er sich nicht einer Schwiegerfamilie anbequemen muß.[45] Schließlich gefällt sich Comte in der Rolle des Retters einer „gefallenen Frau" und rechnet auf ihre dauerhafte Dankbarkeit. Er ist sich der Außerordentlichkeit seiner Entscheidung bewußt: Im Brief an Valat vom 16.11.1825 charakterisiert er, ohne Valat im einzelnen zu unterrichten, sein Leben als „roman" (Corr.gen.I, 163).

Comte rechnet damit, wenn auch in zunehmend enttäuschterer Haltung, daß er bald einen Lehrstuhl an einer Hochschule in Paris erhalten wird.[46] Andere sind, das weiß er, auch schon in sehr jungen Jahren zum Professor ernannt worden. Alternative berufliche Möglichkeiten, die ihm seine Familie und Freunde der Familie nahelegen, schlägt er aus. Er will frei bleiben, bis er seinen wissenschaftlichen Plänen von der sicheren Basis einer Professur nachgehen kann. Er hat sich entschieden für ein Leben, das der Wissenschaft und der Philosophie gewidmet ist: „... meine Arbeiten sind die große Aufgabe meines Lebens."[47] Seine Einkünfte aus dem Unterricht von Privatschülern reichen nicht aus zur Lebensführung; seine Eltern unterstützen ihn mit Geld. Sie zweifeln nicht an dem baldigen Erfolg seiner Bemühungen um einen Lehrstuhl (vgl. Gouhier 1941, 346ff.). Einmal hat seine Frau plötzlich eine Summe Gel-

---

45) Brief vom 22.8. 1824 an Tabarié (Corr.gen.I, 115)
46) So im Brief vom 17.4. 1818 an Valat (Corr.gen.I, 29)
47) Brief vom 21.5. 1824 an Valat (Corr.gen.I, 90). Vgl. Gouhier 1941, 337ff.

des, deren Herkunft ungeklärt bleibt, die aber den Lebensunterhalt beider für einige Monate sichert.[48] Manchmal klingen seine Darlegungen zur Lebenssituation jetzt auch verzweifelt; er überlegt, ob er nicht eines Tages in England sein Auskommen wird suchen müssen, wenn er in Frankreich eine berufliche Stabilisierung nicht erreichen sollte.[49]

Seine intellektuelle Selbständigkeit von Saint-Simon gewinnt Comte 1822 durch das „opuscule fondamental", auch „premier système de politique positive" genannt. Hier legt er zum ersten Mal das Dreistadiengesetz vor und löst sich von dem Gedanken, eine verbesserte Politische Ökonomie werde die Grundwissenschaft vom Sozialen sein (vgl. Littré 1863, 14; Gouhier 1941, 394).

Mit dieser Schrift beginnt auch der Bruch mit Saint-Simon.[50] Comte verlangt von Saint-Simon, der wie immer für die Drucklegung usw. verantwortlich ist, daß die Schrift nicht länger unter der Herausgeberschaft von Saint-Simon erscheinen solle, sondern mit seinem Namen als Autor. Bisher hat Comte auf die Nennung seines Namens in den von ihm verfaßten Veröffentlichungen auch aus Rücksicht auf seine Eltern verzichtet, die seiner Zugehörigkeit zum Kreis von Saint-Simon ablehnend gegenüberstehen.[51] Saint-Simon läßt von der Schrift eine klei-

---

48) Gouhier 1965, 121f. Eine „zufällige Erbschaft" ist es nach Ostwald (1914, 67) gewesen. Vielleicht hat Carolines ehemaliger Liebhaber Cerclet geholfen, so Pickering (1993, 324).

49) Brief vom 6.11. 1824 an d'Eichthal (Corr.gen.I, 134f.)

50) Es muß beachtet werden, daß wir nur von Comtes Seite über den Hergang des Zerwürfnisses unterrichtet sind. Allgemein zur Geschichte des Manuskripts, wegen dem die Freundschaft zwischen Saint-Simon und Comte zerbrach: Gouhier 1988, 61f.

51) Gouhier 1941, 355ff. Zum bisherigen Verzicht auf Zeichnung als Autor vgl. die Briefe an Valat vom 15.5. 1818 und vom 21.5. 1824 (Corr.gen.I, 35 und 88f.): Er habe durch ein wichtiges Werk als Autor an die Öffentlichkeit treten wollen, und nicht durch Gelegenheitsarbeiten. Möglicherweise war aber auch die Sorge im Spiel, in den Jahren der bourbonischen Restauration politische Verfolgung zu vermeiden.

ne Auflage herstellen, setzt aufs Titelblatt seinen Namen, beläßt innen aber den von Comte und dessen Titel der Schrift; er leitet sie durch ein Vorwort ein, in dem er Comte mit d'Alembert auf eine Stufe stellt.[52]

Comte drängt zwei Jahre lang darauf, daß eine größere Auflage gedruckt wird. Er vermutet, daß Eifersucht auf die Leistung des Jüngeren bei der Verzögerung eine Rolle spielt, daß sich Saint-Simon nicht mit der Unabhängigkeit von Comte als Autor abfinden kann. Andere Gründe sind aber ebenso plausibel: Möglicherweise hat Saint-Simon einfach zu wenig Geld für die geplanten Vorhaben (vgl. Gouhier 1965, 104f.). Möglicherweise fürchtet Saint-Simon politische Verfolgung.[53] Möglicherweise passen Comtes grundsätzliche Überlegungen nicht in Saint-Simons gerade begonnene Politik, den Industriellen (und nicht den Wissenschaftlern) die Herrschaft in der künftigen industriellen Gesellschaft zu versprechen (so Pickering 1993, 228). 1824 erfährt Comte, daß Saint-Simon die Schrift neu drucken lassen will, und zwar ohne Nennung des eigentlichen Autors. Darauf reagiert Comte wütend und setzt sich mit seinen Forderungen durch. Saint-Simon allerdings teilt ihm mit, daß er sich nicht weiter um die Veröffentlichung von Comtes Schriften kümmern könne, will also nicht länger der Vermittler von Comtes Schriften an Verleger usw. sein. Comte unternimmt dann einen Besänftigungsversuch, indem er sich in der Vorbemerkung zu seinem Text ausdrücklich als Schüler von Saint-Simon bekennt.[54] Die Schrift erscheint dann in zwei Versionen: In hundert Exemplaren für Comte ist dessen Autorenschaft ver-

---

52) Nichts spreche dafür, daß Saint-Simon die Leistung von Comte schmälern wollte, so Gouhier 1965, 104.

53) So eine Überlegung (samt Belegen) bei Pickering 1993, 227

54) Brief an d'Eichthal vom 1.5. 1824 (Corr.gen.I, 85; auch in: Littré 1863, 23ff.). Diese Selbstbezeichnung will er allerdings in künftigen Auflagen wieder zurücknehmen, so Brief vom 21.5. 1824 an Valat (Corr.gen.I, 90f.). Vgl. hierzu Durkheims (1971, 134f.) Meinung, daß die Selbstbezeichnung als Schüler Saint-Simons durchaus zutreffend gewesen sei.

merkt, ist der von ihm gewollte Titel *Système de politique positive* gedruckt. In der anderen Variante setzt Saint-Simon zwei Seiten eigener Einleitung davor und läßt auf dem Umschlag mitteilen, daß es sich um das dritte Heft seines „Catéchisme des Industriels" handele (vgl. Gouhier 1941, 375).

Von jetzt an findet Comte findet nur noch böse Worte für Saint-Simon.[55] Den Bruch erklärt er seinen Freunden und Bekannten als verursacht durch die Neigung von Saint-Simon, alles bestimmen zu wollen, durch dessen Eifersucht auf seine wachsende Reputation als Publizist und Wissenschaftler, durch dessen Einbildung, nur er habe neue Ideen.[56]

Comte verteilt seine Exemplare an seine Familie und an Freunde, an Philosophen, Wissenschaftler, Bankiers und Politiker, schickt ein Exemplar auch an Thomas Jefferson.[57] Er bekommt lobende und begeisterte Reaktionen: Alexander von Humboldt, Guizot, mehrere anerkannte französische Wissenschaftler nehmen seine Gedanken auf.[58] Einige suchen das Gespräch mit ihm. Er gilt aufgrund seiner Schrift jetzt als wichtiger Denker. Als Grundidee seines Ansatzes nennt er „... die Anwendung der positiven Methode auf die Sozialwissenschaft" bzw. die Unterwerfung des sozialen Phänomenbereichs unter „la méthode scientifique."[59]

---

55) In einem Brief an Tabarié vom 17.7. 1824 meint Comte gar, es sei ihm so, als ob Saint-Simon nie existiert hätte (Corr.gen.I, 102).

56) So im Brief vom 5.4. 1824 an Tabarié (Corr.gen.I, 76); vgl. auch den Brief vom 1.5. 1824 an d'Eichthal (Corr.gen.I, 80f.)

57) Auch an Cerclet, den ehemaligen „Bekannten" seiner Frau Caroline, schickt Comte ein Exemplar. Vgl. die Liste einiger Adressaten bei Pickering 193, 245f., Fußn. 4

5) Vgl. Comtes Brief an d'Eichthal vom 1.5. 1824 (Corr.gen.I, 83f.), den Brief vom 21.5. 1824 an Valat (Corr.gen.I, 92), sowie Gouhier 1965, 109; Pickering 1993, 247f.

59) Brief vom 1.5. 1824 an d'Eichthal und vom 9.5. 1824 an G. Cuvier, Secrétaire perpétuel de l'Académie des Sciences (Corr.gen.I, 84 und 86).

Comte hat inzwischen einen ersten Schüler, den sechs Jahre jüngeren Gustave d'Eichthal. Der entstammt einer ursprünglich jüdischen Familie aus München und war, seiner Mutter folgend, zum katholischen Glauben übergetreten. Beide freunden sich miteinander an. Comte sieht in dem anderen den einzigen Menschen, der ihn versteht, und will ihn zu ähnlicher Lebensweise bewegen, wie er sie pflegt, nämlich zur Hingabe an philosophisch-wissenschaftliche Arbeiten. Ende 1824 jedoch gibt d'Eichthal den Vorhaltungen seines Vaters nach und schlägt die Laufbahn eines Bankiers ein (vgl. Pickering 1993, 260f.).

Comte hofft nach Erscheinen seiner Schrift auch auf politische Wirksamkeit, vor allem auf Unterstützung durch den Ministerpräsidenten de Villèle. Durch Vermittlung versucht er, diesem sein Buch mit einem erläuternden Brief zukommen zu lassen, was schließlich auch gelingt, aber ohne Reaktion bleibt (vgl. Pickering 1993, 252ff.). Er sieht in der auf Stabilität bedachten Regierung dieses Royalisten gute Ausgangsbedingungen für die allmähliche Verwirklichung der positiven Philosophie. In seinen Briefen deutet sich eine Lösung von der liberalen Bewegung an. Er sieht durchaus Übereinstimmungen seiner Gedanken mit der Politik der königlichen Regierung.[60] Mehr und mehr versteht er seinen eigenen Ansatz als weder liberal-fortschrittlich noch gegenrevolutionär-rückschrittlich, sondern als beiden Strömungen überlegen.

Eine nach allem Überblick faire Beurteilung des Streits von Saint-Simon und Comte gibt Pickering: Die Auseinandersetzung habe auch darauf beruht, daß sich die Ansichten beider auseinanderbewegten. Saint-Simon habe sich mehr und mehr auf die Industriellen als Organisatoren der künftigen Gesellschaft (sowie als Publikum für seine Traktate und als Geldgeber für seine Absichten) verlassen. Comte hingegen habe auf dem älteren Gedanken beider beharrt, daß es neben der weltli-

---

60) So in den Briefen an Valat vom 21.5. und vom 8.9. 1824 (Corr.gen. I, 92 und 121f.)

chen Macht eine spirituelle geben müsse: die der Wissenschaftler (Pickering 1993, 235).

1824 begeht Saint-Simon aus Verzweiflung über seine finanzielle Lage einen Selbstmordversuch und schießt sich dabei ein Auge aus. Wenige Wochen später trifft er den jungen
jüdischen Bankier Olinde Rodrigues, der fortan sein Schüler
und Mäzen ist (vgl. Dumas 1905, 89f.; Dautry 1957, 51; Salomon-Delatour 1962, 11). So kann er an seiner Schrift „Le Nouveau Christianisme" (erschienen 1825) in Ruhe arbeiten. Darin
schlägt er ein erneuertes Christentum als Glauben für die künftige Gesellschaft vor, ein Christentum, das auf der Nächstenliebe gründet. Weder Katholizismus noch Protestantismus
hätten diesen Kern des Christentums lebendig erhalten (vgl.
Dumas 1905, 102ff.; Charlton 1963, 67f.). Religion ist in diesem
Sinne im Grunde Moralität, und zwar die der Nächstenliebe und
der Brüderlichkeit: „Gott hat gesagt: *Die Menschen sollen untereinander wie Brüder sein.* Dieses hohe Prinzip schließt alles
ein, was an Göttlichem in der christlichen Religion enthalten
ist." (Dautry 1957, 224) Wichtige Glaubenssätze des Christentums haben in diesem neuen Glauben keinen Platz: die Offenbarung, die Erbschuld, das Leben nach dem Tode, die Sünd-
haftigkeit der irdischen Existenz, der Erlöser. Die Vervollkommnung kann in dieser Welt erreicht werden, wenn nur
Nächstenliebe, Brüderlichkeit und gemeinsame Arbeit verwirklicht sind (vgl. Charlton 1963, 69). Im Grunde hat auch der
Gottesbegriff in diesem Vorschlag keine Bedeutung; er dient
eher als Symbol für die vereinigten Kräfte der Menschen.

Am 19.5.1825 stirbt Saint-Simon. Auguste Comte ist beim
Leichenbegängnis dabei.

Die deutsche Philosophie als Bündnispartner?

Aus Comtes Briefen ergibt sich, daß er jetzt weiß, was der Sinn
seines Lebens ist: „... ich bin entschieden, mein Leben lang an
der Bildung und am Sieg der positiven Philosophie zu arbeiten,

denn das ist meine Bestimmung."[61] Er setzt sein Leben auf die
Ausarbeitung und Durchsetzung seiner Gedanken.

1824 beginnt er eine durch Auszüge und Übersetzungen
vermittelte (Comte kann nicht Deutsch lesen) Kenntnisnahme
der deutschen Philosophie. Zuvor schon hatte er zusammen
mit d'Eichthal Auszüge von Fichte gelesen. Über Kant und
Herder war er einigermaßen informiert aus seinen Gesprächen
mit Guizot (vgl. Pickering 1993, 276). Aber jetzt ist sein Freund
d'Eichthal zu Geschäften in Deutschland. Comte rät ihm, den
Aufenthalt dazu zu nutzen, die dort wichtigen philosophischen
Gedanken kennenzulernen, und freut sich, daß ihm d'Eichthal
künftig Informationen über deutsche Denker, „die unserer
Richtung am nächsten stehen", geben will.[62] D'Eichthal sieht in
Deutschland ähnliche Denkbewegungen wie bei Comte. Mehrmals deutet er an, daß hier die Richtung auf eine positive Philosophie schon früher als in Frankreich eingeschlagen worden
sei.[63] Comte nimmt das mit Skepsis, aber starkem Interesse
auf.

Comte erhält zunächst Auszüge aus einer Schrift des einflußreichen Berliner Publizisten Friedrich Buchholz. Die wichtigsten Passagen läßt er sich übersetzen und schließt sich
dann d'Eichthals Einschätzung an, daß Buchholz der positiven
Philosophie sehr nahestehe und zu ihrem Durchbruch in
Deutschland beitragen könne. Buchholz bekommt ein Exemplar
des *Système de politique positive* in Comtes Namen überreicht
und verspricht, einen Artikel über diese Schrift in der Berliner

---

61) Brief vom 22.8. 1824 an Tabarié (Corr.gen.I, 112). Deutlicher noch im
Brief vom 8.9. 1824 an Valat (Corr.gen.I, 120)

62) Brief an d'Eichthal vom 1.5.1824 (Corr.gen.I, 80)

63) „Ich behaupte keineswegs, daß die positive Philosophie dort schon existiert; aber sie kann dort im nächsten Moment entstehen; die Grundideen
Ihres Werkes haben schon lange Wurzeln geschlagen, und das wird, so
hoffe ich, den abschließenden Fortschritt beschleunigen." Brief von d'Eichthal an Comte vom 4.9. 1824 (zitiert in: Corr.gen.I, 392).

Zeitschrift *Hermes* zu veröffentlichen. Der erscheint in drei Teilen ab Sommer 1824.[64] Eine Besprechung durch Wilhelm Krug, Philosoph in Leipzig, erscheint am 21.9. 1824 in der *Leipziger Literatur-Zeitung* (vgl. Pickering 1993, 275). Als nächstes macht d'Eichthal Comte mit Herders Schriften durch Auszüge bekannt. Comte ist von ihnen sehr angetan, möchte das Gesamtwerk Herders kennenlernen, will darüber vielleicht in seiner nächsten Schrift kritisch berichten, beurteilt Herder als Vorläufer von Condorcet. Den Unterschied zu Kant sieht er so: Historisches Denken bei Herder statt Spekulieren übers Absolute bei Kant und im Kantianismus.[65] Comte rechnet damit, daß sich die „historische Schule" der Philosophie in Deutschland gegen die Metaphysik durchsetzen und damit dort auch der positiven Philosophie zu einem großen Erfolg verhelfen wird.[66]

Daneben erhält Comte von d'Eichthal die Übersetzung von Kants Abhandlung „Idee zu einer allgemeinen Geschichte in weltbürgerlicher Absicht" und fragt d'Eichthal, ob er die Zeit aufbringen könne, die zwei Kritiken von Kant ins Französische zu übertragen.[67] Nach Lektüre der Abhandlung „Idee zu einer ..." ist Comte sehr beeindruckt von Kants Grundgedanken einer einheitlichen und wissenschaftlich begreifbaren Menschheitsgeschichte. Hätte er diesen Text ein paar Jahre früher gekannt, so schreibt er an d'Eichthal, hätte ihm das manche Mühe er-

---

64) Vgl. Brief vom 22.8. 1824 an Tabarié (Corr.gen.I, 117). Zu Buchholz vgl. Einleitung in: Schäfer 1975, 11f. Eine Teilübersetzung des *Systéme de politique positive* erscheint als „Grundlinien einer nicht-metaphysischen Staatswissenschaft" 1824 in der von Buchholz herausgegebenen *Neuen Monatsschrift für Deutschland, historisch-politischen Inhalts*, 1826 folgen in derselben Zeitschrift „Philosophische Betrachtungen über die Wissenschaften und über die Gelehrten" und „Betrachtungen über die geistliche Gewalt", alle abgedruckt in Schäfer 1975, I.
65) Brief an d'Eichthal vom 5.8. 1824 (Corr.gen.I, 105)
66) Brief vom 22.8. 1824 an Tabarié (Corr.gen.I, 118)
67) Brief vom 6.11. 1824 an d'Eichthal (Corr.gen.I, 136)

spart. Seine eigene Leistung im Verhältnis zu Kants Schrift sieht er vor allem in der Formulierung des Dreistadiengesetzes.[68]

Schließlich macht ihn d'Eichthal auf Hegel aufmerksam, vor allem auf dessen Geschichtsphilosophie.[69] D'Eichthals Beurteilung, daß zwischen Hegel und Comte möglicherweise sogar in den Grundsätzen Übereinstimmung bestehe, folgt Comte nicht, aber er vermutet bei Hegel starke Züge positiven Denkens und wünscht sich, bald längere Textauszüge in Französisch lesen zu können.[70]

Bei allen hoffnungsvollen Überlegungen von Comte und d'Eichthal, sie könnten in deutschen Philosophen Verbündete zur Durchsetzung der positiven Philosophie finden, nimmt Comte die Nachrichten und Texte aus Deutschland nicht eigentlich intellektuell neugierig auf, läßt er sich durch sie nicht direkt anregen.[71] Später wird er leugnen, daß er die deutsche Philosophie näher kennengelernt hat. Im *Cours* heißt es nebenbei, daß er weder Herder noch Kant oder Hegel jemals gelesen hat.[72]

---

68) Brief an d'Eichthal vom 10.12. 1824 (Corr.gen.I, 143)
69) Brief von d'Eichthal an Comte vom 4.9. 1824 (zitiert in: Corr.gen.I, 392)
70) Brief an d'Eichthal vom 10.12. 1824 (Corr.gen.I, 144)
71) Insofern ist Pickerings (1993, 301) Auffassung plausibel: „In the midst of breaking with Saint-Simon, he was using German philosophy mainly to confirm his own system ... Comte and d'Eichthal were apparently engaged in a game of seeking antecedents in order to appear to be on firmer ground."
72) „Ich habe in keiner Sprache weder Vico, noch Kant, noch Herder, noch Hegel usw. gelesen; ich kenne ihre verschiedenen Werke nur auf Grund einiger indirekter Beziehungen und gewisser höchst ungenügender Auszüge." (Soziologie III, XXXII, Fußn. 1). Dem entspricht die Praxis von Pierre Laffitte, dem Nachfolger von Comte in der Leitung der positivistischen Bewegung: „Although he scrupulously published most of the other important material in the Positivist Archives, he was not interested in making d'Eichthal's translations available to the public for fear they would rival Comte's thought and detract from his originality." Später galten sie als verschwunden. Pickering (1993, 278f.) hat einige Unterlagen wieder aufgefunden.

1825 und 1826 veröffentlicht Comte zwei Aufsätze in der von Saint-Simons Schülern gegründeten Zeitschrift *Le Producteur*. Ihnen zufolge müsse die Gesellschaft bewußt umorganisiert werden, damit soziale Ordnung wieder entsteht. Notwendig sei weiter eine neue Moral, die mehr oder weniger verordnet werden müsse (vgl. von Hayek 1979, 193f.).

Die finanzielle Situation des Ehepaars Comte bessert sich nicht. Der Unterricht von Privatschülern erbringt kein verläßliches Einkommen. Anfang 1825 muß Comte ein Darlehen aufnehmen (vgl. Corr.gen.I, 153ff.).

Zusammenbruch, Stabilisierung und Weiterarbeit

In Comtes Arbeiten der Jahre 1822 bis 1826 ist der Gedanke formuliert, daß die positive Philosophie insgesamt entstehen wird, wenn erst einmal die „politique positive", also die Wissenschaft vom Sozialen, entwickelt sein wird. Weshalb aber beginnt Comte dann 1826 seinen *Cours de philosophie positive* als Vorlesungsreihe, statt an der positiven Wissenschaft vom Sozialen zu arbeiten? Gouhier verweist auf einen Brief an Valat vom 18.1. 1826, in dem Comte seine finanzielle Situation erneut darlegt und die Hoffnung ausspricht, daß er durch eine ausreichende Zahl von zahlenden Hörern seiner Vorlesungsreihe der finanziellen Misere künftig wird entgehen können.[73]

Offenbar ist es dieser Widerspruch in seinen wissenschaftlichen und politischen Absichten, der Comte zu starker Überarbeitung bei der Vorbereitung seiner Vorlesungsreihe veranlaßt: Einerseits ergibt sich denklogisch, daß die positive Philosophie erst dann auftreten kann, wenn die enzyklopädische Ordnung der Wissenschaften (und ihrer Philosophien) durch die Be-

---

73) Gouhier 1941, 309f. In dem Brief an Valat heißt es: „Seit einiger Zeit habe ich schließlich die Vorstellung von einer bedeutenden Vorlesung gehabt, die mich, in finanzieller Hinsicht, vielleicht aus den Schwierigkeiten herausbringt und deren Gegenstand die positive Philosophie ist ..." (Brief vom 18.1. 1826, Corr.gen.I, 182).

gründung der Sozialwissenschaft erfüllt ist. Andererseits stellt sich unterm Gesichtspunkt der Reorganisation der Gesellschaft mittels der positiven Philosophie die Aufgabe, diejenigen zusammenzuführen und zur neuen spirituellen Macht zu bündeln, die als Philosophen positiv denken und in den Philosophien der Wissenschaften geschult sind; diesem Gedanken zufolge müßte zunächst die positive Philosophie etabliert werden.[74]

An diesem Problem laborierend und an der Systematik seines Denkens zweifelnd gerät Comte in eine schwere Krise (vgl. Gouhier 1941, 309-320; Pickering 1993, 362ff.). Wenige Tage vor Beginn des Kurses schreibt er an den befreundeten Naturforscher de Blainville: Aufgrund starker Überarbeitung (zwanzig Stunden am Tag) sei er seit acht Tagen in eine nervliche Krise geraten, durch die ihm sein Leben als Ganzes überschaubar geworden sei. De Blainville bittet er im Tone eines Menschen, dessen Leben auf dem Spiel steht, um Rat, auf welchem Weg er seine bisherigen Gedanken zu einem System zusammenfügen könne (Corr.gen.I, 185-190). Wenige Tage vor Beginn der Vorlesungsreihe - und alles steht in Frage!

Der Kurs, der in Comtes Wohnung gehalten werden soll, ist auf 72 Sitzungen angelegt, die vom 1. März 1826 bis zum 1. März 1827 stattfinden sollen. Davon sollen nach zwei einführenden Vorlesungen 16 der Mathematik, zusammen 30 der Astronomie, Physik und Chemie, 10 der Physiologie und 10 der „Sozialen Physik" gewidmet sein.[75] Die Eröffung der Vorlesungsreihe findet am 2.4. 1826 in Anwesenheit von berühmten Denkern und Wissenschaftlern (de Blainville, Alexander von Humboldt, Comtes früherer Professor Poinsot, jetzt Académie

---

74) Zu ähnlich zirkulären Grundüberlegungen von Comte vgl. Plé 1996, 241ff.

75) Vgl. den Programmentwurf im Brief an A. d'Eichthal vom 27.1. 1826 (Corr.gen.I, 185) und in Ostwald 1914, 61f. Comtes Vorlesungsreihe hat vermutlich die Schüler Saint-Simons dazu angeregt, ihr Verständnis von den Lehren des Meisters gleichfalls durch eine Vorlesungsreihe (ab Dezember 1828) vorzustellen. Vgl. Charlton 1963, 70f.

des Sciences, der liberale Ökonom und Publizist Charles Du-
noyer vom *Censeur*) und einer Reihe von Jüngeren statt.[76] Zur
vierten Vorlesung kommen die Teilnehmer vergebens. Comte
ist seelisch zusammengebrochen.

Für diesen Zusammenbruch gibt es außer den ungelösten
Fragen seiner wissenschaftlichen Pläne wahrscheinlich weitere
Auslöser: Comte leidet seit langem an Magen- und Verdau-
ungsproblemen (vgl. Littré 1863, 112). Allein 2 500 Franken
schuldet er zwei Saint-Simonisten, also Mitgliedern einer
Gruppe, zu der er Distanz halten will (Pickering 1993, 372).
Dazu kommen Eheprobleme: Seine Frau hat sich unwürdig
verhalten, schreibt er.[77] Offenbar hatte Caroline die Beziehung
zu jenem Cerclet nie ganz aufgegeben, an den sie mit 16 Jahren „verkauft" worden war.[78] Möglicherweise hatte sie in Zeiten, in denen Comte nicht in der Lage war, den Lebensunterhalt beider zu verdienen, auf eine Weise dazu beigetragen, die
ihren früheren Möglichkeiten entsprach (vgl. Gouhier 1965,
128f.; Pickering 1993, 373). Vielleicht aber ist Comtes Eifersucht und sein Gefühl, durch seine Frau gedemütigt worden zu
sein, auch nur eine Phantasie, ausgelöst durchs ungeklärte
Verhältnis zu ihrem früheren Beruf (so Pickering 1993, 374ff.).

Am 18.4. 1826 wird Comte unter Aufsicht eines Gendarmen -
seine Krise ist heftig - von seiner Frau und von de Blainville in
die Klinik von Dr. Esquirol gebracht.[79] Hier bleibt er bis Anfang

---

76) Dabei ist übrigens auch Cerclet, der frühere „Bekannte" von Frau Comte, der jetzt bei den Saint-Simonisten mitarbeitet (Gouhier 1965, 125).
77) Corr.gen.I, Introduction, XXV. Starke Verstimmungen der Gemütsver-
fassung hatten sich vorher schon angedeutet, offenbar im Zusammenhang
mit Dingen, die er Valat nicht schreiben, sondern höchstens bei einer Begegnung mitteilen könne, also Eheproblemen vermutlich. Vgl. den Brief
vom 27.11. 1825 an Valat (Corr.gen.I, 177f.). Littré (1863, 113 und 126)
hingegen sieht Eheprobleme nicht als Auslöser für die psychische Krise an.
78) Einige Belege bei Dumas 1905, 134f., und Pickering 1993, 379f.
79) An dem Ereigniszusammenhang, der zu Comtes Einlieferung führt, ist
wiederum jener Cerclet beteiligt (Gouhier 1965, 129; Ostwald 1914, 78).

Dezember des Jahres und wird durch kalte Duschen, Bäder, Schröpfungen - nach seiner eigenen Meinung wie der seiner Frau unsachgemäß - behandelt.[80] Eine eher psychologische Behandlung war jedoch wegen seines Zustandes offenbar nicht möglich (so Dumas 1905, 141).

Einige Wochen nach Ausbruch der Krankheit erfährt seine Familie in Montpellier davon. Seine Mutter reist sogleich nach Paris. Sie will ihren kranken Sohn entmündigen und in ein kirchliches Haus bringen lassen, wendet sich hierzu sogar ans Gericht, allerdings wegen des Widerstandes von Caroline Comte erfolglos.[81] Die Mutter bleibt hier bis Dezember, um täglich an seiner Seite zu sein, und verträgt sich dann mit der Schwiegertochter etwas besser. Er wird als nicht geheilt entlassen. Am Tage seiner Entlassung findet übrigens die nachträgliche kirchliche Eheschließung mit Caroline Comte statt, arrangiert von seiner Mutter.[82]

Seiner Frau gelingt es durch sorgsame Betreuung, eine wenn auch zunächst langsame Heilung in Gang zu bringen. Einige Zeitlang hat Comte noch Ausbrüche, monatelang noch bleibt er melancholisch. Auch mit fortschreitender Beruhigung leidet er darunter, seinen Verstand nicht wie früher benutzen zu können, und befürchtet, das vielleicht nie wieder tun zu können. Im Frühjahr 1827 springt er in die Seine, wird aber von einem königlichen Gardisten aus dem Wasser geholt (vgl. Littré 1863, 135f.). Erst Ende 1827 kann er seine Arbeiten wieder aufnehmen. Im August 1828 veröffentlicht er im *Journal de Paris* die Rezension eines Buches von Broussais über den

---

80) Die Behandlung erst, so Comte rückblickend, habe „zu einer sehr charakteristischen Geistesstörung" geführt (Soziologie III, VI, Fußn. 1).

81) Zu diesen Vorgängen Littré 1863, 117ff.; Dumas 1905, 142ff.; Gouhier 1965, 131; Pickering 1993, 388ff.

82) Comte, noch immer zeitweise verwirrt und wütend, unterzeichnet mit „Brutus Bonaparte Comte." So Littré 1863, 131; Dumas 1905, 145; Gouhier 1965, 133. Pickering (1993, 392, Fußn. 161) hält das möglicherweise für eine Legende, weil sie die entsprechende Eintragung nicht auffinden konnte.

Wahnsinn - darin hat er später selbst das Zeichen gesehen, daß er seine Krise überstanden hat (Soziologie III, VII, Fußn.). Mindestens wird ihm das besprochene Buch insofern geholfen haben, mit seiner gerade beendeten Verstörung zurechtzukommen, als Broussais die Ansicht vertrat, daß normale und pathologische Zustände nicht Gegensätze sind, sondern daß sie sich in erster Linie durch Grade der Intensität unterscheiden. In späteren Arbeiten hat Comte diesen Gedanken, normal und pathologisch seien nur graduell verschieden, soziologisch verallgemeinert.[83]

Welcher Art Comtes Erkrankung war - „Nervenleiden", „Nervenkrise" oder „crise cérébrale" und „maladie cérébrale" (so Comte selbst) wird sie genannt, ist unklar (so Fetscher 1966, XVIII). Von einem Tobsuchtsanfall spricht von Kempski (1974, XV), Voegelin von einem „nervous breakdown" (1975, 138), von manisch-depressiver Erkrankung Pickering (1993, 400f.).

Auch als dann die Krankheit überstanden ist, wird sie doch Folgen haben fürs Leben und Denken dieses Mannes. Von jetzt an wird er wissen, daß in ihm etwas wirkt, das er schwer beherrschen kann, wird er Sorge wegen möglicher Rückfälle haben. Und in der Tat haben sich später in intensiven Arbeitsphasen und auch bei der Begegnung mit Clotilde de Vaux erneut Zeichen der Übernervosität gezeigt.[84] Manche Äußerungen, in denen Comte die Kontinuität seiner philosophisch-wissenschaftlichen Arbeiten betont, spielen auf den Zusammenbruch 1826 an: Es habe sich bei der Krankheit nur um eine „Oszillation" gehandelt, nicht um einen Bruch in seiner persön-

---

83) Vgl. Pickering 1993, 411f. Zu den Wechselwirkungen zwischen Biologie, Medizin usw. einerseits und den Sozialwissenschaften (Comte) andererseits in diesem Zusammenhang vgl. Lepenies 1974, 495ff.
84) So Gouhier (1988, 67), der zusammenfaßt: „In der Biographie von Auguste Comte sollte man nicht diesen Kampf gegen ein Leiden vergessen, dessen Wirkungen zu verhindern er nur selbst in der Lage war."

lichen Entwicklung bzw. in seinem Werk (Système III, 76). Sicher wird man auch Comtes Nachdruck auf Geordnetheit der Lebensführung und auf Hinordnung der psychischen Regungen auf soziale Regelungen als Folge seines Mißtrauens in die eigene Seele verstehen können. An vielen Stellen betont er die Notwendigkeit, unsere Vorstellungen weniger vage, unsere Neigungen weniger kapriziös, unsere Lebensführung weniger willkürlich zu gestalten.[85]

Andererseits wird ihm die Krankheit später nicht nur als Bedrohung gelten, sondern auch als Chance für sein Denken. Wiewohl die Krankheit falsch behandelt und dadurch verlängert worden sei, so heißt es im *Système*, habe sie ihm doch zur Verifikation seines Dreistadiengesetzes gedient: Zunächst habe sein Geist die Stadien rückwärts bis zum Fetischismus durchlaufen, sodann umgekehrt wieder bis zum Positivismus. Dabei habe sich ihm die Einsicht bestärkt, daß alle unsere Begriffe relativ sind, habe er die Fähigkeit erworben, sich in eine jede Phase der Menschheitsentwicklung hineinzuversetzen.[86] Und dann hat die Krise in ihm auch ein Selbstbewußtsein bestärkt, trotz der Ungesichertheit des Daseins in Würde leben zu können: Wiewohl der Lebensweise aller anderen Wesen überlegen, sei doch die soziale Lebensweise der Menschen ohne absolute Sicherheit. Alle unsere äußeren und inneren Bedingungen, auch Verstand und Moral, könnten bloßgestellt wer-

---

85) Die soziale Außenwelt gilt ihm geradezu als Anker: „Der wichtigste Kunstgriff der menschlichen Vervollkommnung besteht darin, ... den Wankelmut, die Inkonsequenz und den Widerstreit aller unserer Absichten zu vermindern, indem wir die Motive unserer intellektuellen, moralischen und praktischen Gewohnheiten, die zuvor ganz aus inneren Quellen kamen, an äußere Motive binden. Denn alle gegenseitigen Bande unserer verschiedenen Neigungen sind unfähig, ihnen Festigkeit zu geben, außer wenn sie einen äußeren Halt finden, der für unsere spontanen Schwankungen unzugänglich ist." (Système I, 28)

86) Système III, 75f. Dumas (1905, 189f.) hält diese Beschreibung des Krankheitsverlaufs für eine nachträgliche systematisierende Deutung.

den. „Inmitten solcher Möglichkeiten, die jederzeit wirklich werden können, muß man die Kraft zu einem Leben in Würde finden, also lieben, denken und handeln für das wahrhafte Grand-Etre, indem man die bedrückende Unruhe und die sinnlosen Vorwürfe zerstreut." (Système I, 354)

Im Jahre 1828 beginnen die Saint-Simonisten (um Olinde und Eugène Rodrigues, Enfantin und Bazard), aus der Lehre ihres Meisters eine Religion zu machen (unter hauptsächlichem Bezug auf Saint-Simons *Nouveau Christianisme*) und sektenähnliche Organisationsformen zu entwickeln. Offenbar tun sie das auch aus Konkurrenz mit der positiv-wissenschaftlichen Denkrichtung Comtes. Sie geben eine Darstellung ihrer Lehre als *Doctrine de Saint-Simon* in öffentlichen Vorlesungen, an denen rund fünfzig Hörer teilnehmen (Pickering 1993, 422). Darin richten sie sich gegen Comtes Lehre, nennen diese eine falsche, weil nur wissenschaftliche Interpretation der Lehre Saint-Simons und betonen die Bedeutung von Religion und Gefühlswelt. In einer der Vorlesungen wird Comte als Häretiker beschimpft und geradezu exkommuniziert. Für Comte ist es ärgerlich, daß diese Interpretation der Lehre Saint-Simons bei vielen Studenten der *école polytechnique* Zuspruch findet und daß einige seiner bisherigen Freunde sich ihr anschließen, so auch Gustave d'Eichthal.

Comte eröffnet seine Vorlesungsreihe zum zweiten Mal am 4.1. 1829. Wieder sind bedeutende Professoren und Mitglieder der Akademie der Wissenschaften unter der Zuhörerschaft.[87] Natürlich geht es Comte auch um den Nachweis, daß er seine geistige Krise ganz überwunden hat. Der Kurs von 72 Lektionen dauert bis zum 9.9. 1829. Er hält seine Vorlesungen, ohne eine einzige Zeile niedergeschrieben zu haben (so Gouhier 1965, 150).

---

87) Auch Cerclet, der frühere „Freund" seiner Frau, ist wieder unter den Zuhörern (Gouhier 1965, 137).

Im folgenden Jahr beginnt er mit der schriftlichen Ausarbeitung der Vorlesungen zum *Cours de philosophie positive*, der in sechs Bänden zwischen 1830 und 1842 erscheint.[88] Zunächst neben seiner Arbeit als Privatlehrer, dann neben seiner Arbeit als Repetitor und Examinator verfaßt er dies umfangreiche Werk und muß dazu seine tägliche Zeit genau einteilen.

Die Kosten seiner Krankheit und der Rehabilitation hatten vor allem seine Eltern bezahlt. Comte weiß, daß das nicht so weitergehen kann. Anfang 1828 bewirbt er sich auf den neu eingerichteten Posten eines Handelsinspektors; seine Bewerbung wird von vielen einflußreichen Männern unterstützt. Aber die Sache scheitert, das Parlament bewilligt die Mittel für diesen Posten nicht (vgl. Gouhier 1965, 139f.). Schlägt seine Frau jetzt vor, einen reichen Liebhaber zu suchen, damit die finanzielle Unsicherheit ende und Comte in Ruhe arbeiten kann?[89]

Comte begrüßt die Juli-Revolution 1830, schließt sich aber keiner republikanischen Organisation an.[90] Jetzt beginnt er, als Lehrer einer breiteren Öffentlichkeit zu wirken: Er gibt eine öffentliche kostenlose Vorlesung in einem Saal der Bürgermeisterei des 3. Arrondissements über elementare Astronomie (und wird diesen Kurs am gleichen Ort 18 Jahre lang geben, vgl. Gouhier 1965, 143). Astronomie lehrt Comte deshalb, weil sie diejenige Wissenschaft sei, die durch und durch positiv geworden ist und also z.B. Arbeiter am direktesten in die positive Philosophie einführen könne (vgl. Pickering 1993, 436).

---

88) Zur Veröffentlichungsgeschichte des *Cours* vgl. Gouhier 1965, 149ff.
89) So schreibt Comte im geheimen Zusatz zu seinem Testament (Dumas 1905, 130; Gouhier 1965, 140).
90) Pickering 1993, 433f. Auch die Saint-Simonisten begrüßen die Juli-Revolution; sie hoffen, ihre Lehre besser verbreiten zu können, wenn mehr Freiheiten bestehen (von Hayek 1979, 213).

Ausbleiben der Professur, Abrechnung und Trennung

1831 bewirbt er sich erfolglos auf einen Lehrstuhl an der *école polytechnique* für Analysis und rationelle Mechanik (vgl. Gouhier 1965, 146). 1832 schlägt er dem Ministerium (erfolglos) die Einrichtung eines Lehrstuhls für Allgemeine Geschichte der Physik und der Mathematik am Collège de France vor (vgl. Littré 1863, 201ff.). Dann stellen sich Möglichkeiten auf mittlerem Niveau ein: 1832 wird er Lehrer an der *école polytechnique*, wenn auch nur als Repetitor für Analysis und rationelle Mechanik (vgl. Littré 1863, 228f.). 1835 hat er gute Hoffnung auf einen Lehrstuhl in diesem Fach. Trotz aller Fürsprache erhält er ihn jedoch nicht, sondern wird, gewissermaßen zum Ausgleich, 1837 an der *école polytechnique* zusätzlich zu seinen Aufgaben als Repetitor Zulassungsprüfer, der nach Prüfung der Pariser Bewerber im Lande herumreist und dort die Bewerber prüft (vgl. Pickering 1993, 469f.). 1839 besteht wieder eine Aussicht auf einen Lehrstuhl, erneut wird Comte nicht berücksichtigt.

Diese Vorgänge erbittern ihn. In Briefen und Stellungnahmen legt er seinen Anspruch auf eine Professur dar, beschreibt, daß er nach vielen Jahren der geistigen Produktivität mit ungesichertem Einkommen jetzt eine berufliche Sicherheit brauche. Wahrscheinlich wächst in ihm die Einstellung, von jetzt an keine Rücksicht mehr zu nehmen (auch nicht auf die eigene Berufssituation) und auszusprechen (bzw. öffentlich zu schreiben), was er von solchen Vorgängen hält.[91] Seine Enttäuschung, mehrfach von Fachwissenschaftlern abgelehnt worden zu sein, trägt gewiß auch dazu bei, daß er die Spezialisierung der Wissenschaften im *Cours* heftig kritisiert und fürs positive Stadium eine Vorherrschaft der Generalisten, der in vielen Gebieten Gebildeten postuliert (vgl. Pickering 1993, 505).

---

91) Seine Benachteiligung und sein berufliches Mißgeschick versteht Comte übrigens explizit aus dem Widerstand theologischer und metaphysischer Strömungen gegen seine positive Philosophie. Vgl. die „persönliche Vorbemerkung" in Band 6 des *Cours*.

Hinzu kommt, daß seine positive Philosophie fast keine Resonanz findet. Seine Vorlesungsreihe schon hatte nicht zu einer Weiterentwicklung durch andere geführt. Die jetzt erschienenen ersten Bände der gedruckten Fassung finden kaum Aufmerksamkeit,[92] weder in Frankreich noch im Auslande (abgesehen von einer Besprechung der beiden ersten Bände durch den Physiker David Brewster[93]). Weder in Deutschland noch in Italien oder Spanien wird das Werk wahrgenommen (vgl. Littré 1863, 261). Im 5. Band des *Cours* stellt Comte fest, daß das „positive System in der Politik" „bisher wesentlich auf mich allein beschränkt" sei (Soziologie II, 242, Fußn.).

1838 hört Comte auf, Bücher (mit Ausnahme weniger klassischer Werke), Zeitschriften und Zeitungen zu lesen; allein in die wöchentlich erscheinenden Mitteilungen der Akademie der Wissenschaften wirft er einen Blick. Er nennt diese Arbeitsregel, der er von jetzt an folgen will, „hygiène cérébrale", Gehirnhygiene. Sie soll ihm Konzentration auf seine wichtigen intellektuellen Aufgaben erlauben und ihn von kleinlichen Polemiken und Kontroversen fernhalten.[94]

In diesem Jahr hat er die Teile des *Cours* abgeschlossen, die von den Naturwissenschaften handeln. Nunmehr steht die Aufgabe der „physique sociale" vor ihm. Comte scheint zu spüren, daß er sich selbst verändern muß, um dieser Aufgabe gerecht werden zu können: 1838 hört er zu rauchen auf. Er beginnt sich für Kunst und Literatur zu interessieren, liest Milton, Shakespeare, Byron, Walter Scott. 1839 lernt er Italienisch,

---

92) Comte führt das darauf zurück, daß die metaphysische Schule das Werk verschweigen wolle (Soziologie III, XVIIf.).

93) Was Comte befriedigt in seiner „persönlichen Vorbemerkung" zu Band 6 des *Cours* heraushebt (Soziologie III, XVIII).

94) „For a person aspiring to become a member of the Academy of Science and a professor at the Ecole Polytechnique and the Collège de France, this systematic cultivation of ignorance seems inappropriate." (Pickering 1993, 485)

1842 beginnt er, Spanisch zu lernen. Zeitweise mehrfach in der Woche besucht er die Oper.[95] Wieder stellen sich nervliche Probleme ein, diesmal nicht so stark wie 1826 (vgl. Dumas 1905, 153). Wieder macht Comte seiner Frau Vorwürfe wegen ihrer ehelichen Untreue; für einige Zeit verläßt sie die gemeinsame Wohnung und wohnt in einem eigenen Appartment (vgl. Pickering 1993, 477f.). Schließlich fällt in diese Zeit auch ein Streit mit seinem alten Vater: Comte verdächtigt seine Schwester Alix, sich beim Vater wegen des Erbes einzuschmeicheln, behauptet, seine Frau Caroline sei beleidigt worden, schreibt seinem Vater von da an acht Jahre lang keine Zeile und besucht ihn auch nicht, wenn er als Zulassungsprüfer in Montpellier ist (vgl. Pickering 1993, 480f.).

In einer langen „persönlichen Vorbemerkung" zum 6. Band des *Cours* (erschienen 1842) gibt Comte eine Art intellektueller Autobiographie und begründet, weshalb die Abfassung des Werkes so lange gedauert hat.[96] Er schildert seine Situation an der *école*: Von Semester zu Semester muß er durch den Rat der Schule neu in seinen Aufgaben als Repetitor und als Examinator bestätigt werden (Soziologie III, XIff.). Mit Hinweis auf seine philosophisch-wissenschaftlichen Leistungen verlangt er in bitterem Tone, daß er nicht länger der jährlichen Wiederwahl ausgesetzt und vielleicht auch nicht länger genötigt sei, nebenbei durch Mathematik-Unterricht Geld zu verdienen. Er ha-

---

95) Aus der Absicht von 1842, Deutsch zu lernen, „um die notwendigen Beziehungen meiner neuen geistigen Einheit zu den systematischen Bestrebungen der hauptsächlichen deutschen Schulen besser zu würdigen" (Soziologie III, XXXII, Fußn. 1), ist nichts geworden. Vgl. hierzu Brief Mills an Comte vom 13.3.1843 und Comtes Antwort vom 25.3.1843 (Corr.gen. II, 382 und 146).

96) Soziologie III, II. Pickering (1993, 548) macht deutlich, wie sehr diese Textform der des in Lektionen eingeteilten *Cours* insgesamt widerspricht: „In fact, in calling attention to his own individuality, he almost subverted his main text, whose whole purpose was to highlight the primacy of society." Vgl. auch Comtes Brief an Mill vom 12.7.1842 (Corr.gen. II, 57).

be „seit sechs Jahren nicht zwanzig aufeinanderfolgende Tage
völliger Entlastung ... finden können, die ich wahrer Erholung
oder ausschließlicher Verfolgung meiner philosophischen Arbeiten völlig hätte weihen können." (Soziologie III, XI) Mit Namen nennt er Professoren, die ihm und seiner Leistung miß-
günstig gesinnt seien. Mit beleidigender Schärfe kritisiert er die
intellektuelle Enge der Mitglieder der Akademie. Sich selbst
unterstellt er mit großer Geste dem Schutz des europäischen
Publikums: „Wie einsam ich auch lebe, ich weiß, daß die Elite
des europäischen Publikums namentlich in England und
Deutschland durch ihre bedeutendsten Vorläufer bereits klar
und deutlich ihre spontane Entrüstung gegen die persönlichen
Hemmnisse bezeugt hat, die mein rechtmäßiges Aufkommen
erfährt ..." (Soziologie III, XXIX)

Offenbar rechnet Comte damit, eine solche Veröffentlichung
werde für Abhilfe sorgen, vielleicht durch einen Druck aus der
Leserschaft auf Universität und Ministerien (so Ostwald 1914,
137f.). Vielleicht gibt es aber auch weniger rationale Beweg-
gründe - etwa den Versuch, so oder so mit Gewalt aus einer
unerträglichen Situation herauszukommen.[97] Seine Frau hatte
dringend von der Veröffentlichung dieser Vorbemerkung abge-
raten; sie fürchtet die Folgen und hat Angst vor einem Rückfall
in die Geldnot, in der das Ehepaar zu Anfang gelebt hatte (vgl.
Pickering 1993, 543f.). Aber Comte läßt sich nicht umstimmen.
Wegen dieser Streitereien zieht sich Caroline von den gemeinsamen Mahlzeiten zurück. Comte ist mit ihrem baldigen Auszug
aus der Wohnung einverstanden, verlangt aber, daß sie bleibt,
bis der letzte Band seines *Cours* geschrieben sein wird - er will
sich bei den abschließenden Arbeiten nicht dadurch stören
lassen, daß er sich auf eine selbständige Haushaltsführung
umstellen muß (vgl. Ostwald 1914, 212f.; Pickering 1993, 544).

---

97) Mit beleidigender Kritik wird man kein Gremium und kein Ministerium
auf der Welt zur Änderung seiner Haltung bewegen können. Zu fundamentalen Fehleinschätzungen in diesem Text vgl. Littré 1863, 314f. und 331f.

Comtes Auseinandersetzungen mit seinen Gegnern in der
Akademie und im Rat der *école polytechnique* setzen sich fort.
Im Mai 1844 wählt ihn der Rat der Schule nicht wieder in die
Funktion eines Zulassungsprüfers. Eingaben beim zuständigen
Minister helfen nicht.[98] Er faßt diese Abwahl nicht nur als Ausdruck der Rachsucht der von ihm angegriffenen Wissenschaftler auf, sondern vor allem als Versuch von Theologie und Metaphysik, die weitere Entwicklung der positiven Philosophie zu
behindern.

Der finanzielle Einbruch kann vorerst ausgeglichen werden:
Der englische Philosoph John Stuart Mill, mit dem er seit 1841
brieflich befreundet ist, hatte ihm schon 1843 angeboten, im
Notfall durch Zuwendungen zu helfen. Jetzt gelingt es Mill innerhalb kurzer Zeit, entsprechende Spenden von drei englischen Verehrern Comtes zu erreichen (vgl. Littré 1863, 353ff.).
Comte versteht diese zeitweilige Unterstützung falsch; er sieht
darin weniger eine Hilfe, weil er überraschend in Not geraten
ist, sondern ein Zeichen für die Entwicklungsmöglichkeiten des
Positivismus, ein Subsidium der weltlichen Macht an die neue
spirituelle Macht.[99] In den folgenden Jahren beklagt er sich bei
Mill mehrfach wortreich, daß ihm die englischen Gönner die
zunächst gewährte Unterstützung nicht Jahr für Jahr geben
wollen, wo solche Unterstützung doch die moralische Pflicht
der Vermögenden gegenüber der Philosophie sei. Auch scheut
er vor Vorwürfen an Mill nicht zurück. Anfang 1846 enden die
Freundschaft und der Briefwechsel zwischen Comte und Mill.

Während der letzte Band des *Cours* in Druck geht, im zweiten Halbjahr 1842, trennen sich die Eheleute Comte. Comte

---

98) Zu den Vorgängen im einzelnen und zu den Hintergründen vgl. Littré
1863, 333ff.; Gouhier 1965, 167ff.
99) Gouhier 1965, 174f. Möglicherweise hat Comte den Gedanken, auf der
Grundlage von freiwilligen Zuwendungen von Gönnern und Unterstützern zu
leben, von Saint-Simon übernommen. In dieser Richtung eine Andeutung
bei Littré 1863, 353

bleibt jedoch bis 1850 mit seiner Frau in brieflichem Kontakt. Er zahlt ihr Unterhalt; sie nimmt jeden Sonntag an seiner Vorlesung teil (vgl. Gouhier 1965, 206). Allerdings findet er jetzt immer seltener gute Worte über seine Frau. Während seiner Ehezeit habe Comte, so gesteht er Littré, immer wieder an Selbstmord gedacht und sei davon nur abgehalten worden durch das wachsende Bewußtsein von seiner sozialen und geschichtlichen Aufgabe (zitiert bei Arnaud 1973, 283).

Abgesehen von Eifersuchtsproblemen bietet die Sekundärliteratur weitere Deutungen zum Scheitern der Ehe an: Gouhier vermutet, daß Caroline wegen ihrer Vergangenheit nach Respektabilität und nach sozialer Absicherung gesucht hat. So wird sie sich Comte als Streber gewünscht haben, der mit den Autoritäten an der *école* und an der *Académie* hätte geschickter umgehen können, um endlich zu einem sicheren Posten zu kommen (Gouhier 1988, 58f.). Arnaud vermutet, daß Comte kein Verständnis und kein Mitleid für die ehemalige Prostituierte hat, sondern sich das Zusammenleben und die Ehe eher als Fortsetzung einer Kundenbeziehung denkt.[100] Pickering sieht Anhaltspunkte dafür, daß Comte spätestens ab 1834 impotent geworden ist und daß darin ein Anlaß für seine Eifersucht und seine Vorwürfe an seine Frau liegt (Pickering 1993, 490ff.).

Bisher hat keine Zeitschrift Frankreichs auf den *Cours* reagiert. Dazu mag die zeitlich weitgespannte Abfolge der Drucklegungen (1830 bis 1842) beigetragen haben (vgl. Pickering 1993, 488). Das ändert sich Ende 1844, als Emile Littré im *Le National* eine Reihe von Artikeln über Comte bringt. Littré ist anerkannter Gelehrter, Übersetzer von Hippokrates, Dante und Schiller, ein linker Journalist, und hat einflußreiche Verbindungen. Comte sieht in seiner Wendung zum Positivismus den Beginn einer Schule und nennt ihn 1851 „meinen wichtigsten

---

100) Arnaud 1973, 295ff. Ähnlich Dumas (1905, 198): Er habe sie geheiratet, um sie ganz für sich allein zu haben.

Kollegen" (Système I, Préface, 14). Zuvor schon, 1843, hatte sich zu Comtes Genugtuung der englische Philosoph Mill, mit dem er seit 1841 in Korrespondenz stand, in seinem Buch *A System of Logic* voller Anerkennung über Comtes Gedanken geäußert und seine Zustimmung zu den meisten dargelegt. Diese Passagen bei Mill waren „die erste öffentliche Belohnung, die er für seine langen und schwierigen Arbeiten erhielt ..." (Littré 1863, 266)

Clotilde de Vaux, Religionsgründung

1844 erscheint, entstanden aus Comtes öffentlichen Vorlesungen über Astronomie, die Einleitung zu einem *Traité philosophique d'astronomie populaire* als *Discours sur l'esprit positif*, gewissermaßen ein Zwischenakt zwischen dem *Cours* und der Erarbeitung des zweiten Hauptwerkes (vgl. Gouhier 1965, 179). Mitte 1844 beginnt Comte, dieses zweite große Werk zu schreiben, das er am Ende des *Cours* angekündigt hatte, das *Système de politique positive*. Er rechnet damit, den ersten Band in wenigen Monaten abgefaßt zu haben. Eine Erkrankung unterbricht seine Pläne (Gouhier 1965, 181).

Im Oktober 1844 trifft Comte die um 15 Jahre jüngere Clotilde de Vaux. Sie ist mit einem Mann verheiratet, der wegen Steuerunterschlagung im Gefängnis sitzt (vgl. Marvin 1965, 42), ist unglücklich und leidet an Tuberkulose. Sie schreibt Romane und Novellen „mehr mit gutem Willen als mit Erfolg", wie Dumas anmerkt (1905, 193). Im Frühling des folgenden Jahres gesteht ihr Comte seine Liebe. Zu dieser Zeit, im Mai 1845, durchlebt er zwei Wochen lang erneut eine psychische Krise, allerdings ohne manische Ausbrüche.[101] Ein Jahr lang („das Jahr ohnegleichen") schreibt er ihr täglich zwei Briefe und darf sie zweimal in der Woche sprechen (vgl. Fetscher 1966,

---

101) Abgesehen von der Liebe zu Clotilde wird auch das intensive Nachdenken über sein neues großes Werk auslösend gewesen sein. Vgl. Dumas 1905, 154 und 194

XVIII). In seinen Briefen spricht er sie als seine Gattin an und zeichnet als ihr Ehemann (vgl. Corr.gen. III). Am 5.4. 1846 stirbt sie. In der Zeit bis zu ihrem Tode ist Comte täglich bei ihr, mischt sich in die Behandlung durch den Arzt ein, will gar der Mutter von Clotilde den Zutritt zum Krankenzimmer verbieten. Er wird schließlich des Hauses verwiesen und erst wieder gerufen, als Clotilde stirbt (vgl. Gouhier 1965, 201ff.).

Diese Liebe hatte für Comte (wenn nicht auch für sein Werk) eine außerordentliche Bedeutung: Seine Schriften (in den Vorworten und Widmungen, aber auch an anderer Stelle) und Selbstzeugnisse sind voll von seiner Verehrung für diese Frau. Sie wirkt für ihn wie noch lebend, wie eine Schutzheilige, die über sein Leben und seine Arbeit wacht: „... die Schutzheilige, die subjektiv bei allen meinen Arbeiten dabei ist." (Système III, VI) Ihrem Einfluß schreibt er es zu, daß er sich von seinem philosophisch-wissenschaftlichen Ansatz ab- und der Verkündung einer Religion der Menschheit und des Altruismus als Moral zugewandt hat. Für seine Verehrung von Clotilde zieht er zum Vergleich Dantes Anbetung der unerreichbaren Beatrice heran.[102] Im Religionsentwurf tritt sie an die Stelle von Maria im katholischen Glauben und wird zum Symbol der *Humanité*, der Gottheit der neuen Religion. Auch seine gegenüber dem *Cours* neue Betonung der Rolle der Frauen im positiven Gesellschaftsstadium spielt auf seine Begegnung mit Clotilde de Vaux an.

Was für eine Beziehung hatte Comte zu Frau de Vaux? Clotilde bringt Comte Zuneigung entgegen. Sie versagt sich ihm aber sexuell, wiewohl sie ihm gegenüber den Wunsch ausspricht, Mutter zu werden, und ihn auch auf andere Weise im Unklaren über ihre Liebe zu ihm läßt. Hingegen ist seine Liebe

---

102) Z.B. Système I, Préface, 9. Voegelin (1975, 161, Fußn. 2) macht darauf aufmerksam, daß Comte Dantes Gedicht Beatrice möglicherweise als Liebeserlebnis verharmlost: Dante dürfte bei Beatrice an eine Symbolisation der *ecclesia spiritualis* gedacht haben.

ganz und gar nicht „rein" (vgl. Dumas 1905, 196f.; Arnaud 1973, 306ff.). Die Bedeutung der Begegnung für Comte besteht wohl darin, daß er die tiefe Erfahrung einer unglücklichen Liebe macht, und dies in einem Alter, in dem er damit rechnet, daß die Zeit für Leidenschaft vorbei sei (so Arnaud 1973, 309ff.). Aber daß er sie „rein" liebte, das wurde ihm abgenötigt. Insofern kann in dieser persönlichen Erfahrung schlecht die Voraussetzung für die von ihm bald darauf vertretene altruistische Gesellschaftsmoral liegen, wie dies manche Kommentatoren behaupten und wie dies Comte selbst andeutet. Hingegen hat die Begegnung mit Clotilde sicher sein Denken über die Frau verändert und ihn darin bestärkt, dem Weiblichen in künftigen Schriften und Plänen eine ganz andere Bedeutung zuzumessen als in bisherigen.[103]

Am 10.4.1846 führt Comte regelmäßige Gebete, gerichtet an die Verstorbene, in seinen Tageslauf ein und übt sie sein ganzes weiteres Leben hindurch aus. Im gleichen Jahr noch verfaßt er die ausführliche Widmung an Clotilde, die den Band I des *Système* eröffnen wird (vgl. Gouhier 1965, 206).

1847 ist Comte entschieden, eine Kirche zu gründen, seine Philosophie als eine Religion zu lehren, offen die Nachfolge des Katholizismus zu beanspruchen (vgl. Gouhier 1965, 211). Damit stellt er sich in die Kontinuität von entsprechenden Versuchen während der Französischen Revolution. Er weiß, so Gouhier (1933, 12), daß er eine Frage aufnimmt, die 1793 gestellt wurde, ohne durch die damaligen Institutionalisierungsversuche eine befriedigende Antwort gefunden zu haben: Im November 1793 war der Kult der Vernunft ausgerufen worden, 1794 die Verehrung des *Etre suprême*, 1796 bis 1799 dominierte die Theophilanthropie (vgl. Gouhier 1933, 5).

---

103) Hochbegeistert heißt es bei Nicolaus Sombart (1995, 55): „Es war die Epiphanie des Weiblichen im Horizont des seit zwei Jahrtausenden durch den männlichen Logos geprägten menschlichen Selbstverständnisses."

In einem Flugblatt fordert Comte am 8.3. 1848 zur Bildung einer abendländischen *Société positiviste* auf. Unter der Devise „Ordre et Progrès" werde diese Vereinigung positivistische Volksbildung anbieten. Sie werde für die zweite Hälfte der Revolution, für ihre „organische", also aufbauende Phase die gleiche Aufgabe übernehmen, wie dies die *Société des Jacobins* so nützlich für die erste, die kritische Phase der Revolution übernommen habe (zitiert bei Gouhier 1933, 17f., Fußn.8). Comte allein befindet über die intellektuellen und moralischen Fähigkeiten von Bewerbern zur Aufnahme in diese Gesellschaft; alle bisherigen Mitglieder müssen jedoch jeder Neuaufnahme zustimmen.[104]

Er rechnet im Jahre 1848 damit, in den revolutionären Bewegungen und Aufbrüchen vor allem unter den Proletariern Anhänger für seine Lehre zu gewinnen (vgl. Littré 1863, 592; Ostwald 1914, 242). Diese Hoffnung erfüllt sich nicht. Der Saal für seine populären Vorlesungen über Astronomie steht ihm nicht mehr zur Verfügung. Durch Protektion eines Senators kann er ab 1849 in einem Saal des Palais-Royal seine öffentlichen Vorlesungen wieder aufnehmen, jetzt nicht mehr ausdrücklich aufs Fachgebiet der Astronomie eingeschränkt. 1851 dann wird ihm die Möglichkeit, in diesem Saal vorzutragen, unwiderruflich durch die Behörde genommen (vgl. Littré 1863, 631).

Seitdem er als Religionsgründer auftritt, lebt er hauptsächlich, ab 1852 ganz von Zahlungen, die seine Anhänger und Freunde in mehreren Ländern in einen Fonds einzahlen, der der Unterstützung seiner Arbeiten und Ziele dient („positivistisches Subsidium").[105] Zwölf dieser Anhänger und Freunde legen in einem Rundschreiben dar, weshalb Comte Geld

---

104) Auch welche Schriften des Positivismus der Bewerber mindestens gelesen haben muß, ist festgelegt (Littré 1863, 597).
105) Gouhier 1988, 57. Littré hatte die Initiative dazu übernommen (Littré 1863, 609ff.)

braucht und wieviel, und würdigen seine bisherigen Leistungen
(„Er führte die Geschichte in den Bereich der positiven Wissenschaft ein ...").[106] Offenbar nimmt Comte diese Zahlungen
selbstverständlich an in dem Bewußtsein, daß sie ihm als Begründer des Positivismus und der Religion der *Humanité* zu-
stehen.

1851 stirbt de Blainville, der von Comtes erstem Auftreten an
sein Freund, Berater und Förderer gewesen war. An seinem
Grabe spricht nach Priestern und Vertretern der Kollegenschaft
Comte. Er wirft sich in die Rolle des Hohen Priesters der
Menschheit und beurteilt de Blainvilles Leben zusammenfas-
send als mißlungen: Der Verstorbene habe seine Fähigkeiten
und Gedanken zu wenig entwickelt im Sinne der positiven Philosophie (vgl. Littré 1863, 638f.; Voegelin 1975, 153). Dieser
Auftritt Comtes bewirkt einen Skandal.

1851 bis 1854 erscheint in vier Bänden Comtes zweites großes Werk, das den Titel seiner wichtigsten Jugendschrift wieder aufnimmt: *Système de politique positive.* Einige Kapitel daraus hatte er vor Drucklegung in der positivistischen Gesellschaft vorgelesen.[107] Die Kommentatoren sind sich einig, daß
das *Système* „zahlreiche Wunderlichkeiten und groteske Urteile" (von Kempski 1974, XVIII) enthält. Das vorsichtigste Urteil gibt noch König (1975, 188): Das *Système* sei „unter dem
Einfluß einer mystischen Krise" geschrieben worden. Das Werk
soll der Einführung der Religion der *Humanité* dienen.

Am Schluß vom 4. Band des *Système* kündigt Comte drei
weitere Bücher an: für 1856 das „Système de logique positive,
ou Traité de philosophie mathématique", für 1859 das
„Système de morale positive, ou Traité de l'éducation univer-

---

106) abgedruckt in: Système IV, XXXI (Anhang zum Préface)
107) Diesen Vortrag begann er „mit der Forderung, daß seine Zuhörer sich
durchaus auf die Aufnahme des Gehörten beschränken und jeder persönlichen Bemerkung über den Inhalt enthalten möchten, da er keine zulassen
würde." (Ostwald 1914, 247).

selle", für 1861 das „Système d'industrie positive, ou Traité de l'action totale de l'Humanité sur sa planète". Hiervon wird nur der erste Plan verwirklicht werden, wenn auch unter einem anderen Titel („Synthèse subjective"). In einem Brief vom 22.4. 1851 kündigt Comte an, er werde noch vor Ablauf dieses Jahrzehnts in der Kathedrale Notre-Dame die positivistische Religion predigen.[108] Am 19.10. 1851 erklärt er am Ende einer fünfstündigen öffentlichen Vorlesung im Palais-Cardinal seine Machtübernahme auf Erden: „Im Namen der Vergangenheit und der Zukunft haben die theoretischen und praktischen Diener der HUMANITÉ auf würdige Weise die allgemeine Leitung der irdischen Angelegenheiten übernommen, um endlich die wahrhafte Vorsehung zu bilden, in moralischer, intellektueller und materieller Hinsicht, indem unwiderruflich die politische Voherrschaft all der verschiedenen Sklaven Gottes ausgeschaltet wird, der Katholiken, Protestanten wie Deisten, als gleichermaßen zurückgeblieben und Unruhe stiftend." (zitiert in: Catéchisme, 5)

In dem im gleichen Jahr erschienenen Band I des *Système* entwirft er eine provisorische Regierung Frankreichs für den Übergang ins positive Stadium (Système I, 381ff.) und behauptet, die Aufgabe der Konstruktion des definitiven Regimes stehe jetzt an („die grundlegende Zerstörung des Theologismus und des Krieges ...", Système I, 401). In seinen politischen Stellungnahmen distanziert er sich nun von den republikanisch-linken Strömungen. Ende 1851 verlassen einige seiner Anhänger, Littré an der Spitze, die *Société positiviste*; als Liberale billigen sie Comtes gelassene, nahezu zustimmende Haltung zum Staatsstreich Bonapartes nicht. Zudem sind sie irritiert

---

108) zitiert bei Gouhier 1933, 5. Gouhier erinnert daran, daß 1793 eine Schauspielerin in der Kathedrale, die der Konvent unter den Schutz der *raison* gestellt hatte, die Freiheit personifizierte, und daß ab Februar 1798 der Pontifex der Theophilanthropie das Hauptschiff der Kathedrale für seinen Kult nutzen konnte (Gouhier 1933, 5f.).

über Comtes Selbstverständnis als Hohem Priester.[109] Littré und andere führten Comtes religiöse Wendung auf eine seelische Ursache zurück, nämlich auf seine Gefühlsverstörung in der Begegnung mit Clotilde de Vaux und nach ihrem Tod.

In den Rundschreiben Comtes an diejenigen, die ihn finanziell unterstützen, werden Einnahmen und Ausgaben penibel aufgelistet.[110] Der Bruch mit einem Teil seiner Anhängerschaft im In- und Ausland bringt eine Verminderung der Unterstützungszahlungen für seinen Lebensunterhalt mit sich. Er appelliert auch an diejenigen Positivisten, die seine Wende zur Religion nicht mittragen, sich an den Zahlungen zu seiner persönlichen Unterstützung zu beteiligen (Système III, XXV). Die Subsidien für ihn stellt er als Keim für eine spätere allgemeine Lösung dar: Er erwartet eine freiwillige Unterstützung durch die abendländische Öffentlichkeit als Vorform für die Sicherung der Lebensführung der Wissenschaftler-Priester im späteren positiven Stadium.[111]

Während der Arbeit am *Système* verfaßt Comte nebenbei eine Schrift, die der Verbreitung der neuen Religion dienen soll, den *Catéchisme positiviste* (erschienen 1852). Er ist als Frage-Antwort-Dialog aufgebaut: Eine Frau fragt, ein Priester antwortet - gewiß eine Nachbildung der Beziehung zwischen Clotilde und Comte.

---

109) Gouhier 1933, 18; Voegelin 1975, 138. Vgl. auch die kurze Fußnote in: Littré 1863, 617. Zu Littrés weiterem Weg u.a. als Begründer einer Spielart des Positivismus vgl. Plé 1996, 120ff.

110) Allerdings hatte Comte schon in Briefen in seiner Jugend hin und wieder genauestens über seine Geldangelegenheiten berichtet, vgl. etwa den Brief an Valat vom 15.6. 1818 (Corr.gen. I, 39).

111) Système II, VIII. Immerhin sei er jetzt, mit 54 Jahren, in einer Situation, in der er endlich frei über seine Zeit und seine Arbeiten disponieren könne (Système II, IX).

Außenpolitik, späte Schriften, Tod

Ende 1852 eröffnet Comte seine Außenpolitik im Namen des Positivismus: Er richtet offene Briefe an den Zaren Nikolaus von Rußland (20.12. 1852)[112] und an Raschid-Pascha, den Großwesir des türkischen Reiches (4.2. 1853)[113].

Im Brief nach St. Petersburg lobt Comte den Zaren: Der habe als Autokrat sein Land vor den westlichen Erschütterungen bewahrt und es sich seinen eigenen Gegebenheiten entsprechend entwickeln lassen. Comte legt ihm Vorschläge für eine republikanische Übergangsregierung zum positiven Stadium vor. Vorderhand aber wäre es absurd, das russische Reich aufzulösen (wiewohl es später sich auflösen werde). Es wäre auch unsinnig, die großen Güter in Rußland abzuschaffen, denn dadurch würde man eine bereits erreichte Konzentration des Besitzes rückgängig machen. Abschließend schlägt er dem Zaren vor, sich zum Protektor des Positivismus zu erklären; im Unterschied zu den westlichen Herrschern, die allesamt dem Anarchismus oder rückwärtsgerichteten Bestrebungen verfallen seien, hält er den Zaren für den einzigen wahrhaften Staatsmann des 19. Jahrhunderts.

Das sind ungewohnte Worte für eine politische Öffentlichkeit, die es gewohnt ist, im Zarenreich den Hort des dunklen Mittelalters zu sehen. Die Irritationen unter Comtes Anhängern und in der breiteren Öffentlichkeit sind stark. Im 4. Band des *Système* stellt Comte richtig, daß es sich bei dem in Band 3 abgedruckten Brief an den Zaren nicht um eine Widmung des Buches gehandelt habe (Système IV, Préface, XVI). Zwar nimmt er sein Lob für den Zaren nicht zurück; dadurch habe er gezeigt, daß er aller revolutionären Vorurteile und Gewohnheiten ledig ist. Aber die aktuelle Außenpolitik des russischen

---

112) abgedruckt in: Système III, XXIXff. Bereits Saint-Simon hatte sich 1814 an den Zaren gewandt und ihm seine Schrift über die Reorganisation Europas mit Erläuterungen zugesandt (Gouhier 1941, 94).
113) abgedruckt in: Système III, XLVIIff.

Herrschers (Krimkrieg) hält er für blamabel (Système IV Préface, XVIIf.).

Im Brief an den türkischen Großwesir empfiehlt Comte diesem die Lektüre seines *Catéchisme* und seines *Système*. Die türkischen Herrscher müßten mit der baldigen Auflösung ihres Reiches rechnen, diesen Prozeß sollten sie hinnehmen. Bei aller früheren und jetzigen Konfrontation zwischen dem christlichen und dem islamischen Monotheismus gebe es doch eine bedeutende Übereinstimmung zwischen beiden Teilwelten, nämlich die Kultivierung der Wissenschaften. Zudem seien die orientalischen Völker sehr geeignet, die praktischen Folgen des Positivismus anzunehmen - wegen der sozialen Natur von Mohammeds Lehre vor allem.

In der gleichen Zeit plant Comte die Gründung einer Zeitschrift, der *Revue Occidentale* (Système III, XV). Die notwendigen Mittel können nicht zusammengebracht werden, der Plan wird schließlich fallengelassen. Außer Büchern seien zur Verbreitung der positivistischen Religion allein Broschüren sinnvoll, die von Fall zu Fall erscheinen, sowie mündliche Unterweisungen (Système IV, Préface, XI).

1853 erscheint in London eine von Harriet Martineau gekürzte und ins Englische übersetzte Ausgabe des *Cours*. Comte, der so lange auf Anerkennung seines Werkes gewartet hat, dürfte irritiert sein, daß der *Cours* und nicht sein zweites Hauptwerk, das *Système*, diese Anerkennung endlich findet. Der Herausgeberin jedenfalls dankt er sehr.

1854 verlangt Comte, man solle die Vendôme-Säule in Paris, die Napoleon gewidmet war, niederreißen und an ihrer Stelle ein Denkmal für Cäsar errichten.[114] In dem in diesem

---

114) Dumas (1905, 5) mit Hinweis auf Système IV, 397. Bei Voegelin (1975, 141, Fußn. 11) die irrtümliche Anmerkung, Dumas hätte behauptet, die Vendôme-Säule solle durch ein Denkmal von Comte selbst ersetzt werden. Die irrtümliche Lesart, Comte habe ein Denkmal für sich selbst verlangt, wird bis in die letzte Zeit hinein fortgeschleppt, so bei Lepenies (1985, 17).

Jahr erschienenen 4. Band des *Système* stellt er fest, daß sich seit Errichtung der Diktatur Bonapartes die Möglichkeiten für eine Zusammenarbeit der Regierung mit dem Priester der *Humanité* verbessert haben. Übrigens habe er das Heraufkommen dieser Diktatur Jahre zuvor öffentlich angeraten (*Système* IV, 376). Das Kapitel 5 in diesem Band liest sich auf weite Strecken wie ein Vorschlag zur Zusammenarbeit an Bonaparte.

1855 erscheint der *Appel aux conservateurs*, gerichtet an jene Staatsmänner, die nach Comtes Meinung weder revolutionär noch rückschrittlich sind. Ihnen schlägt er den einzig richtigen Weg zur Beendigung der revolutionären Epoche Europas vor und bietet sich selbst als spirituellen Führer an. Sie müßten vorerst nicht entschiedene Positivisten werden, um aus dieser Schrift und aus anderer Beschäftigung mit dem Positivismus brauchbare Ratschläge für ihre Aufgaben zu ziehen (*Appel*, 15). Auch der Diktator Bonaparte gehört zu den Adressaten dieser Schrift; in den Schlußabsätzen wendet sich Comte direkt an ihn mit dem Rat, eine Politik zu betreiben, die der Beendigung des revolutionären Zeitalters und der Heraufkunft des positiven Regimes dienlich sein kann.[115]

Das Jahr 1855 erklärt Comte zum Beginn des neuen Zeitalters (vgl. Gouhier 1965, 225). Jetzt schlägt er auch den Katholiken ein Zusammengehen mit dem Positivismus vor: Alle, die religiös fühlen, sollten sich gegen die revolutionären Tendenzen zusammenschließen und dogmatische Differenzen übergehen (eine „große Allianz ... gegen die irreligiösen Instinkte", eine „religiöse Liga" sind die Stichworte. *Appel*, 74ff.). Eine Bedingung für dies Bündnis sei allerdings, daß die katholischen Priester ebenso wie er nur noch von Spenden leben und also keine institutionelle Macht mehr ansammeln können. Auch eine

---

115) *Appel*, 127ff. Das ist nicht einfach Opportunismus gegenüber dem Machthaber; schließlich hatte Bonaparte ehedem engen Kontakt zu den Saint-Simonisten gehabt und war mit ihren Hauptideen gut vertraut. Vgl. Charlton 1963, 70

Zusammenarbeit mit den Jesuiten sei vorstellbar. Schließlich könne der katholische Marienkult leicht in die Verehrung der *Humanité* transformiert werden (Appel, 77). Comte erwägt, auch Mohammedaner in dieser „ligue religieuse" mitwirken zu lassen. Die Präsidentschaft in diesem Bündnis sei allerdings den Positivisten vorbehalten, weil allein sie die umfassende Religion mitbringen und so das Bündnis zustandebringen können.

1856 erscheint die *Synthèse subjective*, die er im Ende des letzten Bandes des *Système* 1854 als Logik bzw. Philosophie der Mathematik angekündigt hatte. Im Vorwort zu diesem Buch beklagt sich Comte indirekt, daß Bonaparte nicht auf seine Vorschläge zur Zusammenarbeit eingegangen ist (Synthèse, XI).

Am 5.9.1857 stirbt Comte in Paris „nach schweren körperlichen Leiden."[116] In seinem Testament hatte er alle Einzelheiten festgelegt, die nach seinem Tode zu beachten sind. Am 8.9. wird er auf dem Friedhof Père-Lachaise beigesetzt (Gouhier 1965, 232).

Bis zu seinem Tode hatte er keine akademische Anerkennung erlangt. Er führt das immer wieder auf die Mißgunst von einflußreichen Professoren zurück, auf eine Verfolgung durch die universitäre „pédantocratie" (z.B. Système I, Préface, 6). Mehrmals hatte er den Ministerien erfolglos die Einrichtung eines Lehrstuhls für Allgemeine Wissenschaftsgeschichte vorgeschlagen. Comtes Weg erinnert an die Schicksale von anderen, deren Leistungen uns heute bedeutend erscheinen und die zeitlebens vom universitären Betrieb zurückgestoßen wurden (vor allem Marx und Freud, vgl. auch Simmels späte Professur).

In seinem Testament legte Comte fest, daß seine Wohnung, Rue Monsieur-le-Prince Nr. 10, Sitz der nachfolgenden Hohen-

---

116) Waentig 1923, VII. Darmkrebs ist dies Leiden. Vgl. Littré 1863, 642, und Ostwald 1914, 269

priester sein soll. In dieser Wohnung müssen alle Erinnerungs-
stücke an Clotilde de Vaux bewahrt werden, in erster Linie der
rote Sessel, auf dem sie bei ihren Besuchen gesessen hatte
und den er dann später für religiöse Zeremonien eingenommen
hatte (vgl. Voegelin 1975, 154).

Comtes Witwe garantieren die Testamentsvollstrecker eine
Unterhaltszahlung, verlangen von ihr jedoch, ohne ihr Einsicht
in das Testament zu gewähren, die Anerkennung aller seiner
Bestimmungen. Littré berichtet, daß man Comtes Frau in diesen Verhandlungen auch gedroht habe, eine verschlossene
Beilage des Testaments, die sie betreffe und die ihrem Ruf
sehr schaden könne, zu veröffentlichen (Littré 1863, 644ff.).
Dieser geheime Zusatz enthält Comtes Darstellung seiner Ehe
mit Caroline Massin, in der er u.a. schreibt, daß diese von ihrer
Mutter mit 16 Jahren an einen Advokaten verkauft worden war,
daß er sie als Prostituierte kennengelernt und daß sie ihn
mehrfach verlassen hat. Dieser Zusatz soll nach seinem Willen
nur im Notfalle bekannt gemacht werden, also dann, wenn sein
Werk oder seine Ehre in Gefahr kommen sollten (vgl. Gouhier
1988, 58).

Die Witwe Caroline Massin will erreichen, daß sie als Erbin
anerkannt wird. Im Jahre 1869 strengt sie einen Prozeß gegen
die Testamentsvollstrecker an, um sich in den Besitz der Briefe, Manuskripte und der Rechte an seinen Schriften zu bringen.
Sie will das Testament ihres Mannes mit der Begründung, er
sei bei der Abfassung geistig verwirrt gewesen, für ungültig
erklären lassen, verliert den Prozeß jedoch (vgl. Dumas 1905,
124f.; Gouhier 1933, 19). Während des Prozesses spielt
Comtes Zusatz zu seinem Testament, der die Geschichte seiner Ehe mit Caroline betrifft, zwar eine Rolle, wird aber nicht
veröffentlicht. Dies geschieht erst 1896, lange nach dem Tode
seiner Witwe (Pickering 1993, 377).

„Gehirnhygiene", Knappheit der Lebenszeit

Mit Ausnahme einiger frühen Schriften, die nur mühsam fertig werden, schreibt Comte auch lange Texte rasch. Er hat vorher alle Einzelargumente und die Abfolge der Darstellung gründlich durchdacht und sich einen genauen Plan für das Schreiben zurechtgelegt.[117] In fünf Wochen z.B. schreibt er die dreihundert Seiten des *Cours* über Astronomie nieder (vgl. Gouhier 1965, 151). Wenn andere beim Schreiben denken, schreibt Comte erst, wenn er alles durchdacht hat. Der Text geht dann ohne Umarbeitung an den Setzer. Voraussetzungen für eine solche Arbeitsweise sind ein hervorragendes Gedächtnis sowie die Fähigkeit, komplexe Argumentationsstrukturen ohne jede Materialisierung auf Papier zu entwerfen (vgl. Littré 1863, 257f.).

Während der Arbeit am *Cours* hört Comte auf, die Werke anderer zu lesen, die sein eigenes Vorhaben berühren; schließlich liest er gar keine wissenschaftlichen Bücher mehr (mit wenigen Ausnahmen, z.B. Mills „A system of logic"), keine wissenschaftlichen Periodika und auch keine Zeitungen.[118] Seine Lektüre beschränkt er auf große Werke der europäischen Poesie und Literatur, die er immer wieder zur Hand nimmt, als tägliche Meditationsanleitungen gewissermaßen. „Hygiène cérébrale" nennt Comte diese Regel seiner Arbeit.[119]

---

117) Ostwald (1914, 118) erinnert daran, daß Mozart „gleichfalls die Fähigkeit besaß, sich den ganzen Inhalt und Verlauf eines größeren Musikstückes mit dem verwickeltsten Stimmgewebe, etwa eines vollständigen Orchesters so zu vergegenwärtigen, daß er es hernach nur aufzuschreiben brauchte."
118) Soziologie III, XXXI. Vgl. Dumas 1905, 243; Gouhier 1933, 131; Ducassé 1939a, 162, Fußn. 5; Arnaud 1973, 36; Lepenies 1985, 20. Zuvor schon hatte er die Lektüre der Schriften anderer als widersprüchlich zum eigenen Denken erlebt, vgl. im Brief an Valat vom 15.6. 1818: „... seit ich mich besonnen habe zu denken, lese ich viel weniger ..." (Corr.gen.I, 39)
119) Übrigens hatte Saint-Simon eine ähnliche Regel: Um selbständige Gedanken zu haben, dürfe man möglichst wenig lesen. Von ihm ist überliefert, daß er allein Romane las (Pickering 1993, 485).

Vergleichbare Ratschläge kennen wir aus der Sozialforschung und aus Erfahrungsregeln für die Abfassung wissenschaftlicher Arbeiten:

In der qualitativen Sozialforschung vor allem gibt es hin und wieder den Rat, die erhobenen Daten zunächst ohne Rückgriff auf die vorliegende Literatur und ohne Anleitung durch Theorie zu erschließen, um das eigene Interpretationspotential optimal auszuschöpfen. Allerdings: Comte ist kein Sozialforscher, sein Material besteht nicht aus empirischen Daten im üblichen Sinne.

Dann erinnert Comtes Arbeitsregel an die jedem, der ein längeres wissenschaftliches Manuskript verfaßt hat, vertraute Entscheidung, im Interesse der Fertigstellung des Manuskripts mit dem Lesen der Texte anderer vorübergehend aufzuhören. Läuft man immer wieder dem neuesten Stand der Dinge hinterher, so kann es geschehen, daß das eigene Manuskript nicht fertig wird (so Ostwald 1914, 116f.). Und wer wieder und wieder den Stand der Gedanken anderer beobachtet, könnte bei der Formulierung der eigenen behindert werden. So ist Lepenies zu verstehen, der meint, daß sich Comte „ausschließlich auf die Vollendung des eigenen Werkes konzentrieren" wollte.[120] Allerdings dürfte solche Konzentration aufs eigene Werk, wenn sie dauerhaft wird, Konsequenzen für seine Gestalt haben: die Arbeit an der Systematisierung der schon bekannten Tatsachen und Überlegungen erhält ein Übergewicht gegenüber der Berücksichtigung von neuen, schwer oder gar nicht einzuordnenden Tatbeständen.

Schließlich kann man Comtes Arbeitsregel insofern als begründet ansehen, als in der Tat viele wissenschaftlichen Veröffentlichungen schlecht geschrieben bzw. mangelhaft durch-

---

120) Lepenies 1985, 20. Ähnlich berichtet S. Freud, daß er sich die Werke von Nietzsche zwar gekauft, aber nicht gelesen habe, „obwohl - nein, weil es klar war, daß bei ihm Einsichten sehr ähnlich den psychoanalytischen zu finden sein würden." Zitiert in: Gay 1989, 58, Fußn.

dacht sind und man auf solche Schriften keine Aufmerksamkeit
verwenden sollte.[121] Jedoch: Um die unnötige Lektüre von solchen Schriften zu vermeiden, braucht man jahrelang erworbene
Erfahrungswerte, wird man also auf die Lektüre der als gut und
wichtig vermuteten Bücher keinesfalls verzichten. Indem Comte
gar nichts mehr liest, begibt er sich der Möglichkeit, einschlägige Erfahrungswerte zu entwickeln.

Gouhier faßt die Entscheidung, nichts mehr zu lesen, werkbiographisch als Zeichen für ein Sichabschließen von der Außenwelt, für ein Sicheinspinnen in die eigenen Denkhorizonte
auf. Der pädagogische Ehrgeiz Comtes habe sich darin radikalisiert zum Recht auf den Monolog, zur Belehrung aller Zeitgenossen.[122] Einen Schritt weiter in Richtung selbst auferlegter
Unfruchtbarkeit geht Waentig: Comtes *hygiène cérébrale* habe
seine geistige Kraft nach Abschluß des *Cours* sich erschöpfen
lassen. Comte habe nicht bedacht, „daß gerade er seine früheren Erfolge zum nicht geringsten Teile seiner Belesenheit, seiner Gelehrsamkeit verdankte, und daß auch bei einem Soziologen der Born der intuitiven Eingebungen versiegen mußte,
wenn er sich wie dem befruchtenden Strome des Lebens so
den Anregungen der Wissenschaft verschlägt.“[123]

Die *hygiène cérébrale* kann man als Verfahren ansehen,
jegliche Ablenkung vom eigenen Werk, jegliche Zeitver-
schwendung zu vermeiden. Diese Absicht, sparsam mit der

---

121) Comte (Soziologie III, XXV) spricht von „der großen Menge derjenigen,
die heute fast maschinenmäßig diese angeblich wissenschaftlichen Arbeiten
vollziehen, von denen meistens der menschliche Geist nach zehn Jahren
nicht die geringste Spur mehr bewahren kann ...“
122) Gouhier 1965, 151f. Negt (1964, 25) zufolge ging es darum, „die
«Originalität» des Denkens gegen die Veränderungen der Gesellschaft ab-
zudichten ...“
123) Waentig 1923, VI. Ähnlich auch Mill (1973, 130): Wer den Kontakt zu
anderen Denkern aufgibt, wird auf Dauer nur provisorisch-einseitige Ge-
sichtspunkte herausfinden. „The natural result of the position is a gigantic
self-confidence, not to say self-conceit. That of M. Comte is colossal.“

eigenen Lebenszeit umzugehen, tritt uns auch an anderen Stellen entgegen:

Ab etwa 1839 macht sich Comte Gedanken, ob er seine Pläne wird vor seinem Tode verwirklichen können. Bei Überlegungen über den Zusammenhang zwischen Lebensdauer der Menschen, Generationswechsel und Geschwindigkeit des Fortschritts kommt er zu einer Feststellung mit autobiographischem Unterton: „Die außerordentliche Schnelligkeit eines Menschenlebens, wovon kaum dreißig Jahre inmitten zahlreicher physischer und moralischer Hindernisse anders voll ausgenutzt werden können, als mit Vorbereitungen auf das Leben oder den Tod, begründet in jeder Art ein ungenügendes Gleichgewicht zwischen dem, was der Mensch in angemessener Weise ersinnen, und dem, was er tatsächlich ausführen kann. Alle jene, die sich vor allem edelmütig der direkten Entwicklung des menschlichen Geistes gewidmet, haben ohne Zweifel immer mit tiefer Bitterkeit gefühlt, wie sehr die Zeit, selbst die am weisesten angewandte, im wesentlichen für die Ausführung ihrer best ersonnenen Ideen fehlte, von denen sie für gewöhnlich nur den kleinsten Teil verwirklichen konnten." (Soziologie I, 464f.)

Am Ende der „Persönlichen Vorbemerkung" zum 5. Band des *Cours* kündigt er an, daß er „niemandem je die unheilvolle Gewalt gestatten werde, durch irgendeine fruchtlose Polemik eine naturgemäß schon infolge der Kürze meines Lebens oder durch die strengen Anforderungen meiner persönlichen Lage genügend gehemmte große philosophische Arbeit zu stören." (Soziologie III, XXXIV). Nicht von der Kürze *des* Lebens spricht Comte hier, sondern von der Kürze „*meines* Lebens"! In Band I des *Système* schlägt er den Kommunisten vor, nicht länger über die Entstehung des Eigentums zu debattieren, sondern moralische Regeln für seinen Gebrauch in Geltung zu bringen, damit wir nicht „... unser kurzes Leben mit unfruchtbaren und endlosen Debatten verbrauchen ..." (Système I, 163)

Ähnliche Abschätzungen seiner noch verfügbaren Lebenszeit
macht Comte im Hinblick auf die neue Religion. Gegen Ende
des 19. Jahrhunderts werde der Übergang zum positiven Stadium abgeschlossen sein. Falls er, der Gründer der Religion
der *Humanité*, langlebig sein sollte, werde er dann den Kult des
Grand-Etre inmitten von Delegationen aus den verschiedenen
Teilen des Okzidents einrichten (Système IV, 501f.). Drängend
ist besonders die Suche nach einem Nachfolger als Hohem
Priester, auch deshalb, weil seine Lehre ja verlangt, daß ein
jeder „chef" seinen eigenen Nachfolger bestimmen muß. Weil
es ihm bisher nicht gelungen ist, einen geeigneten Nachfolger
für sich zu finden, müsse er die Verwirklichung dieser Pflicht
aufschieben (Système IV, 542). Noch ein Jahr vor seinem Tode, im 7. Jahresrundschreiben vom 15.1. 1856, erörtert er das
ungelöste Nachfolgeproblem und hofft, noch lange genug leben zu können, um eine kleine Priesterschaft ausbilden, prüfen
und in ihr Amt einführen zu können.[124]

Comtes Stil

Comte Stil wirkt nicht erst in der deutschen Übersetzung, sondern schon im französischen Original umständlich, „unelegant",
nicht literarisch. Übermäßiger und monotoner Gebrauch von
Eigenschaftswörtern, zu lange Satzkonstruktionen und die Neigung, alles umfänglich und vollständig darzulegen, bewirken
den Eindruck des Pedantischen und Philisterhaften (so Ostwald 1914, III und 119f.; ähnlich Littré 1863, 258). Waentig
führt die zögernde Rezeption von Comtes Schriften hauptsächlich „auf die Breite und Schwerfälligkeit, ja Verschwommenheit
ihrer Darstellung zurück ..., die leider auch heute noch dem
Leser fast unüberwindliches Unbehagen bereitet." (Waentig
1923, VII) Ähnlich urteilen viele.

---

124) 7. Jahresrundschreiben vom 15.1. 1856, abgedruckt in: Synthèse, XLf.

Schon sein Freund Valat hatte ihn 1824 deswegen kritisiert; Comte verteidigt sich im Brief vom 8.9. 1824 damit, daß er auf den Stil seiner Darstellung nicht achte, daß er keine über die Notwendigkeit der Sache selbst hinausgehenden Darstellungsgesichtspunkte respektiere (Corr.gen.I, 130f.). Valat gegenüber gibt er zu, wie sehr er bei jedem Denkschritt ins Neuland den Wunsch hat, neue Begriffe zu prägen, die nicht, wie unsere ganze Sprache, vom Theologismus und von der Metaphysik bestimmt sind. Aber es sei außerordentlich schwierig, treffende neue Begriffe zu entwickeln.[125] Im *Cours* wird diese Position selbstbewußt. Hier plädiert Comte für eine traditionsbewußte Begriffsverwendung und gegen unnötige Neuerungen. Es sei „... nicht unnütz, so viel als möglich und ohne jede unfruchtbare Affektation die heutigen Formeln an die alten Gewohnheiten anzuknüpfen, um besser das grundlegende Gefühl der sozialen Kontinuität wachzurufen, das man heute so verkehrterweise geneigt ist gering zu achten."[126]

Der erste Grund für Comtes schwerfälligen Stil dürfte in seinen Schreibgewohnheiten liegen: Wer, ohne eine einzige Zeile zu schreiben, lange Texte im Kopf entwirft, um sie dann in einem Zuge hinzuschreiben und ohne redaktionelle Bearbeitung an den Drucker zu geben, verfertigt im Grunde keine Texte (die Darstellung als Text nimmt er kaum vor die Augen), sondern Gedankenzusammenhänge. Jegliches Abschmecken anhand einer ersten oder zweiten schriftlichen Fassung bleibt aus.[127]

Zweitens: Das philosophisch-wissenschaftliche Werk und die Lebensgeschichte seines Autors gehören nach Comtes

---

125) Brief vom 25.12. 1824 an Valat (Corr.gen.I, 150)
126) Soziologie I, 517, Fußn. 1. Von einer „humilité voulue du vocabulaire" spricht in diesem Sinne Ducassé (1939b, 29).
127) Ducassé (1939a, 38) führt im Zuge seiner Verteidigung des Schreibstils von Comte an, daß es sich um einen „gesprochenen Stil" handele.

Selbstauffassung innig zusammen.[128] Die Denkleistung des
Denkers ist, weil originär, die seiner ganzen Persönlichkeit.
Eine solche Selbstauffassung kann erklären, weshalb der
Cours und aufdringlicher noch die späteren Werke in Vorworten, Abdrucken von Rundbriefen und Briefen, in Einschüben
und Erläuterungen zur Lebenssituation des Autors immer wieder von Comte selbst sprechen. Dabei handelt es sich nicht um
autobiographische Einsprengsel. Keinen Augenblick soll der
Leser vergessen, daß er nicht irgendwelche Bücher in der
Hand hat, auch nicht Bücher, die zu den wichtigen in Philosophie und Wissenschaft gehören, sondern solche, die im Wen-
depunkt der Menschheitsgeschichte geschrieben wurden und
selbst die Wende einleiten sollen. In solchen Büchern darf keine Seitenlinie, keine Nebensächlichkeit und keine Färbung im
Denken des Autors ungesagt bleiben, eben weil der Autor mehr
als ein Autor ist: Er sieht ins nächste Stadium der Menschheitsgeschichte, und er erdachte diesen Weg als erster.[129] Der
Leser hat es nicht nur mit einem Gedankengebäude zu tun,

---

128) Fetscher (1974, XXIf.) beschreibt dies Ineinander von denkerischer und
persönlicher Entwicklung am Thema der Versöhnung von Ordnung und
Fortschritt: „Darin liegt ja zugleich die Forderung nach Wiederherstellung
seiner eigenen seelischen Einheit, denn schon früh hatte er die doppelte
Nachfolge eines *Condorcet* und eines *de Maistre* antreten wollen, deren
Tendenzen jedoch einander gerade entgegengesetzt waren. Persönliches
Anliegen und wissenschaftliche Aufgabe gingen hier also Hand in Hand."
Ducassé (1939a, 5) spricht von „diesem *gewollten* Bezug, dieser bewußten
Verknüpfung einer individuellen Bildungserfahrung mit einer Revolution im
menschlichen Denken ..."
129) Leicht anders die Interpretation bei Pickering (1993, 372): Comtes
aufdringliche Offenheit im Hinblick auf seine seeliche Verfassung, die ge-
suchte Einheit von Werk und Biographie orientiere sich am Vorbild von
Rousseau („Confessions") und der Revolutionäre: „In revolutionary discour-
se, inspired by Rousseau, the truly virtuous republican was free of guile and
had nothing to conceal. Like Rousseau's admirer, Robespierre, Comte ac-
cepted the challenge of showing that the future republic would be morally
correct because he himself was a model of virtue."

sondern zugleich mit dessen Autor, weil dieser Autor ein Gedankengebäude von menschheitsgeschichtlicher Bedeutung erdacht hat. Comte, so Voegelin, „monumentalisiere" auf diese Weise sein Leben und sich selbst. „Nothing is too intimate to escape this monumentalization. The details of his relation with Clotilde de Vaux, the most intimate movements of his soul, have been spread before the public in a manner that could not be called anything but tactless and repulsive, unless this publicity is understood as the eternal embodiment into the memory of a spiritual event that is of greater importance than the birth of Christ." (Voegelin 1975, 152)

Es handelt sich also um mehr als um Eitelkeit des Autors. Die Entstehung des Positivismus als Denkform sowie als Nachweis der bevorstehenden gesellschaftlichen Zukunft und seine persönliche geistige Entwicklung sieht Comte als ein und denselben Vorgang an. Insofern verstehen sich seine Schriften auch als Tagebücher von der Suchbewegung seines Denkens, als Konfessionen aus der Werkstatt eines Führers der Menschheit.

Wer sich selbst und seiner Arbeit solch menschheitsgeschichtliche Bedeutung gibt, das bedarf keiner Begründung, schreibt immer zutiefst ernsthaft, dem Schicksal der ganzen Menschheit verpflichtet. Witz, Humor und Ironie werden wir hier nicht erwarten.[130] Sie sind nur möglich, wenn man demütig ist, wenigstens bescheiden oder resigniert.

War Comte verrückt?

War Comte geistig gestört, war er verrückt? Die Antwort interessiert natürlich vor allem wegen der sich anschließenden Fra-

---

130) „... there are passages in his writings which, it really seems to us, could have been written by no man who ever had laughed." (Mill 1973, 154) An der *école polytechnique* jedoch hatte Comte als witzig-frech und als Satiriker gegolten. Vgl. Pickering 1993, 27f.

ge: Ist die Soziologie von einem kranken Geist begonnen worden?[131]

Sein Leben und sein Werk enthalten allerhand Extravaganzen, Schrullen, Verstiegenheiten und auch Anzeichen für Allmachtsphantasien.

Mit den Großen der europäischen Geistesgeschichte geht er
als von gleich zu gleich um, verhehlt nicht, daß er sich selbst
auf der gleichen Ebene wie Aristoteles, Galilei, Descartes
sieht. Einmal spricht er von der positiven Theorie der Regierung „... von Aristoteles bis zu mir." (Système II, 299) Mehrfach
vergleicht er sich mit Aristoteles - für die Zeit, in der er den
Cours verfaßt hat - und mit dem heiligen Paulus - für die Le-
bensphase, in der er die neue Religion begründet.[132] Stolz
berichtet er seinem Freund Valat am 16.11. 1825, daß ihn ein
Brief aus Berlin erreicht habe, der folgende Adresse trug: „An
Herrn A. Comte, Autor des Système de politique positive, Paris", vergißt aber nicht, bedauernd hinzuzufügen, daß Newton
ein Brief aus Indien erreicht hatte, der nur folgende Anschrift
trug: „An Hochwohlgeboren Isaac Newton, in Europa" (Corr.
gen.I, 168. Vgl. Lepenies 1985, 17). Der Berliner Historiker und
Publizist Buchholz, dem d'Eichthal Comtes Schrift von 1824
überbracht hatte, schreibt Comte einen schmeichelhaften Brief

---

131) Wegen dieses naheliegenden Zusammenhangs zur Fachgeschichte
habe ich lange gezögert, diese Einführung in Comtes Werk mit einem
Überblick über sein Leben zu beginnen. Wie eindrücklich würden sich dem
Leser Comtes Verwirrtheiten und Extravaganzen einprägen, wie leicht
könnte der Eindruck zurückbleiben, die Soziologie sei von einem Größen-
wahnsinnigen begonnen worden! Man kann aber auch dem selbstkritischen
Fletcher (1966, 4) folgen: „As a person, Comte was precocious, egotistical
in the extreme, possessed of an almost boundless megalomania ... He
couldn't get on with his colleagues. He couldn't get on with his wife. He
couldn't get on with anyone. He was violent in his personal relationships and
violent in intellectual disputation. He hated all authority other than his own.
He was, in short, the stuff of wich the social sciences are made - only more
so."
132) Ganz ähnlich übrigens Saint-Simon, vgl. Dumas 1905, 311

und findet darin die Formel: „... der Geist des Jahrhunderts arbeitet für Sie." Comte nimmt diese Formel in seiner Antwort unumwunden zustimmend auf.[133] Großherzig heißt es im Spätwerk, als er sich schon in die Rolle des Hohenpriesters der Menschheit hineingedacht hatte: „Der Gründer der Religion der Humanité wird es immer als seine heilige Pflicht ansehen, alle seine Vorgänger angemessen zu rühmen." (Système III, 204)

Seine Gedanken und sein persönliches Leben stellt er sich als innig aufeinander angewiesen vor. Dadurch entstehen geradezu groteske Sprünge zwischen Menschheitsgeschichte und seiner Person. Im Zusammenhang mit der Ansicht, der Übergang ins positive Regime werde durch ein Bündnis der Philosophie mit den Frauen und den Proletariern erreicht werden können, heißt es: „Vor allem wird es nötig sein, daß das Gefühl des Priesters der Humanité immer seinem Geist vom Ganzen entspricht. Die Zustimmung des fühlenden Geschlechts und das Bündnis mit dem Volke wird er nur erlangen, indem er ebenso mitfühlend und rein wie eine Frau und zugleich ebenso energisch und auch unbekümmert wie ein Proletarier sein wird." (Système I, 272)

Ein bezeichnendes Detail berichtet Lepenies (1985, 48): In Comtes Wohnung, die aufgrund seiner testamentarischen Bestimmung so, wie sie war, erhalten blieb, steht der Schreibtisch an einer Wand. „An dieser hängt, die ganze Breite des Tisches einnehmend, ein Spiegel. Schreibend sah Auguste Comte immer sich selbst."

Nun wird man daran denken, daß viele Großen der Geistesgeschichte und der Geschichte Selbstüberschätzungen und Allmachtsphantasien hatten. Zudem, so Eugen Dühring (1869, 483), sein Selbstverständnis als Religionsgründer war in seiner Zeit so außergewöhnlich nicht: „Wenn sich Comte schliesslich als Haupt einer Secte betrachtete, welche eine neue Gestal-

---

133) Brief von Buchholz vom 28.9. 1825 (zitiert in: Corr.gen.l, 395); Brief an Buchholz vom 18.11. 1825 (Corr.gen.l, 170)

tung der Religion zu vertreten habe, so ist dies im Vergleich mit andern Erscheinungen innerhalb der Philosophie des neunzehnten Jahrhunderts keine auffällige Ungeheuerlichkeit." Man wird auch in Rechnung stellen müssen, daß Comte in der Tat außergewöhnliche intellektuelle Leistungen vollbracht hat und insofern zu Recht ein Bewußtsein davon hatte, daß er ein außergewöhnlicher Mensch war. „Stuart Mill stellt ihn auf eine Ebene wie Descartes und Leibniz, und Stuart Mill ist gewiß kein orthodoxer Positivist." (Dumas 1905, 249)

Pathologische Züge in seiner Persönlichkeit jedoch lassen sich nicht leugnen (so von Kempski 1974, XVIII). Mindestens die große Krise 1826/1827 spricht dafür, daß in Comte eine Verrücktheit wirkte (vermutlich die Manie), die sich danach mehrfach noch meldete. Jedoch hat Comte seitdem von dieser Gefahr gewußt und mit großer Willensanstrengung eine Lebensweise gesucht, die jegliche Überreizung vermeiden sollte: Keine Anregungsmittel mehr (Tabak, Wein, Kaffee), eine genau geplante Diät beim Essen, ein genau geplanter Tageslauf, die Bemühung, alle starken emotionalen Erregungen zu meiden. Dumas (1905, 159) faßt zusammen: „Ohne jeden Zweifel ist Auguste Comte verrückt gewesen, und er sah sich zu recht Rückfällen ausgesetzt; aber nachdem er einmal der Manie entkommen war, ist er ihr mit allen Mitteln aus dem Wege gegangen, hat er mit ihr gekämpft und, am Ende, hat er sie besiegt."

Aber hier sind wir ja nicht zuständig für eine Psychodiagnose. Und so interessant ist die Frage nach Comtes Seelenzustand nun auch wieder nicht. Ja, es möchte wohl sein, daß die so naheliegende Frage nach Comtes Verrücktheit ablenkt von einer anderen, viel wichtigeren: Von welchem Geiste ist sein Werk?[134] Von weitaus größerer Bedeutung ist es, ob die Soziologie mit einem gestörten Geist auf die Welt kam, als ob Comte verrückt war. Diese Frage wird man erst nach dem

---

134) In dieser Richtung die Argumentation bei Dumas 1905, 174f.

Durchgang durch seine Überlegungen und seine Schriften erörtern können, am Schluß dieser Einführung also.

Die wichtigsten Schriften im Überblick

1822 erscheint die erste grundsätzliche Schrift von Comte (1824 erneut gedruckt): das *opuscule fondamentale*, auch *premier système de politique positive* genannt. Sie „enthält sein System in der Nußschale", die Hauptgedanken des *Cours* und die des späteren *Système*.[135] Comte selbst hat diese Schrift für grundlegend gehalten: In ihr habe er die Lösung für das Problem gefunden, wie eine Doktrin entwickelt werden kann, die wissenschaftlich fundiert und zugleich dazu fähig ist, den Übergang zu geordneten gesellschaftlichen Verhältnissen anzuleiten (Appel, 4). Hier wendet er sich von der zuvor gemeinsam mit Saint-Simon verfolgten Idee ab, eine erneuerte Politische Ökonomie könne die positive Wissenschaft von den sozialen und politischen Phänomen sein (so Gouhier, 1941, 284). Stattdessen schlägt er jetzt eine neue Wissenschaft vor, die *physique sociale*. Die Wissenschaftler Europas fordert er auf, sich zu seinem Plan, wie die Politik eine positive Wissenschaft werden könne, öffentlich zu äußern, damit durch Diskussion die richtige Lösung gefunden werde.

Der *Cours de philosophie positive*, von 1830 bis 1842 in sechs Bänden erschienen, besteht aus insgesamt 60 Lektionen, wovon die beiden ersten grundlegenden Problemen gewidmet sind, die folgenden 43 der Mathematik, der Astronomie, der Physik, der Chemie und der Biologie, die letzten 15 der Soziologie (wie die *physique sociale* jetzt heißt).

Der *Discours sur l'esprit positif* (in Fetschers Übersetzung: Rede über den Geist des Positivismus) bildete zunächst die

---

135) von Kempski 1974, XIIIf. Den „point of departure for his future work" nennt Pickering (1993, 223) diese Schrift. „He would devote his life to developing the essential tenets of the positive philosophy contained in this early essay ..."

Einleitung zum *Traité philosophique d'astronomie populaire*, der aus Comtes öffentlichen Vorlesungen über Astronomie entstanden ist, die er seit 1831 im Rathaus des 3. Pariser Arrondissement hält. Die Einleitung erscheint 1844 separat.

Das *Système de politique positive*, das zweite große Werk, erscheint von 1851 bis 1854 in vier Bänden. Das Titelblatt von Band I trägt zwei Motti. Zuoberst steht:

„Abendländische Republik. Ordnung und Fortschritt. Nicht für sich, sondern für den anderen leben".

Nach dem Namen des Autors liest man:

„Die Liebe als Prinzip;

Die Ordnung als Grundlage,

Und den Fortschritt als Ziel."

Die vier Bände des *Système* arbeiten Themen des *Cours* noch einmal aus (Begründung der Soziologie, soziale Statik, soziale Dynamik usw.), jetzt aber konzentriert auf die Frage: Wie kann der Übergang ins positive Gesellschaftsstadium erreicht werden? Dazu hält Comte eine neue Sozialmoral (Altruismus) für nötig, eine neue Religion (mit der *Humanité* als Gottheit) und eine *politique positive*, die als „gesellschaftliche Ingenieurskunst ... auf dem Fundament der Soziologie ruht" (von Kempski 1974, XV).

Dem 4. Band fügt Comte sechs seiner Frühschriften als Abdrucke an. In Band I nimmt er eine lange persönliche Widmung auf: „Zum heiligen Gedächtnis meiner ewigen Freundin, Madame Clotilde de Vaux". Der Widmung angefügt sind die Abdrucke des einzigen literarischen Textes, den Clotilde de Vaux veröffentlicht hatte, eines Briefes von Comte an sie über das „soziale Totengedenken" und eines unveröffentlichten Gedichtes von Clotilde. Im eigentlichen Text von Band I hebt er die Bedeutung von Clotilde de Vaux für die Entwicklung der positiven Moral hervor, zitiert aus ihren Briefen, nennt sie „Kollegin" (z.B. *Système* I, 267ff). Band IV schließt mit einer „abschließenden Anrufung", gerichtet an Clotilde.

Der *Catéchisme positiviste* (1852) soll der Verbreitung der positiven Religion dienen; Comte adressiert ihn vor allem an die Proletarier und an die Frauen, die beiden bei die Einrichtung des positiven Regimes tragenden Gruppen (Catéchisme, 16). Der Text ist ausdrücklich als Traktat geschrieben, aufgebaut als Dialog zwischen einer fragenden Frau und einem antwortenden Priester. Wir ahnen, wen die beiden Gesprächspartner vorstellen: Der Priester ist Comte, die Frau ist Clotilde de Vaux.

Den *Catéchisme* hat Comte verfaßt während einiger Wochen, in denen er die Arbeit am *Système* unterbrach. Offenbar dachte er, der Staatsstreich Louis Napoleons, - seiner Einschätzung nach der erfolgreiche Übergang vom parlamentarischen System zur „diktatorischen Republik" - habe eine günstige Situation für die Durchsetzung der positiven Religion geschaffen, die rasch genutzt werden müsse.[136]

Weshalb Katechismus? Schon Saint-Simon hatte einen *Catéchisme des industriels* verfaßt; ein anderer Versuch ist aus der Revolution bekannt (vgl. Fisichella 1965, 287f., Fußn.73). Und für diese Schrift ist der Titel durchaus angemessen, denn Comte nimmt das Vorbild der religiösen Unterweisungsschrift sehr ernst. Z.B. schlägt er dem Leser vor, wieviel Zeit er der Lektüre insgesamt widmen soll (ungefähr zwei Wochen), und wie die Lektüre der Abschnitte pro Tag eingeteilt werden möge (Catéchisme, 381).

Den 1855 erschienenen *Appel aux conservateurs* richtet Comte an die Staatsmänner und Politiker, die zu den „Bewahrern" zählen (also weder revolutionär noch rückschrittlich sind), um sie über den richtigen Weg in die politisch-gesellschaftliche Zukunft zu unterrichten. Insofern erfülle der

---

136) Wenn er auch durch diesen Staatsstreich nicht alle Voraussetzungen für den Übergang zum Positivismus erfüllt sieht, insbesondere fehle volle Freiheit der Diskussion, die für die spirituelle Reorganisation anfangs unverzichtbar sei (Catéchisme, 14f.).

Appel eine ähnliche Funktion wie der *Catéchisme*, der sich an die Frauen und an die Proletarier gewandt hat (Appel, Vf.).

Von der *Synthése* hat Comte nur Band I verfaßt und publiziert. Er ist der Mathematik gewidmet und will diese Wissenschaft von Fragen her entwerfen, die den Lebensbedürfnissen der *Humanité* („point de vue humain") entstammen. Comte teilt mit, er habe sich beim Schreiben des Buches in das Jahr 1927 versetzt, in ein Jahr, in dem der Normalzustand der Menschheit längst erreicht sein werde; weil er dann längst gestorben sein wird, nennt er seine Haltung beim Schreiben „meine gewohnheitsmäßig posthume Haltung".[137]

Dies Buch ist sprachlich exakt durchkonstruiert. Die Zahlen 3 und 7 dienen als Kompositionsprinzipien: Außer der Einleitung und dem Schluß gibt es sieben Kapitel, die aus jeweils drei Teilen bestehen. Auch die Absätze, sogar die Wortwahl folgen entsprechenden Regeln.[138]

---

137) Synthèse, VIIIf. Entsprechend heißt es im 7. Jahresrundschreiben vom 15.1. 1856 (in: Synthèse, XLVI), er habe bisher im Namen der Vergangenheit gesprochen; jetzt wende er sich im Namen der Zukunft an die Öffentlichkeit.

138) Synthèse, 755ff. Schon Band IV des *Système* hat Comte nach festen Regeln komponiert: Sätze durften nicht länger als fünf Druckzeilen lang sein. Spätestens nach sieben Sätzen mußte ein Absatz folgen. Wiederholung von Wörtern in zwei aufeinanderfolgenden Sätzen (außer von einsilbigen Hilfswörtern) wurden vermieden (Système IV, IX, Préface).

3. Comtes Argumente und Untersuchungen

Die folgende Darstellung von Comtes Argumenten und Untersuchungen ist thematisch und nicht werkbiographisch angelegt,
will nicht ihre Entstehung und Veränderung im Laufe seines
Schaffens nachzeichnen. Für das Problem, wie die zum Teil
ganz anderen Gedanken des Spätwerkes berücksichtigt werden können, wurde folgende Lösung gewählt: Die Darstellung
beruht zuerst auf den Schriften, die Comte bis 1845 verfaßt hat
(im Kern also auf dem *Cours de philosophie positive*). Überlegungen und Argumente aus dem Spätwerk werden dann hinzugenommen, wenn sie sich in ihrer Perspektive nicht grundlegend von denen bis 1845 unterscheiden. Erst danach werden
jene Thesen des Spätwerkes (im Kern des *Système de politique positive*) beschrieben und erörtert, die sich von den zuvor
vertretenen stark unterscheiden („Erweiterungen im Spätwerk,
Ausbau zur Religion").

Krisenerfahrung

Comtes Denken ist durchdrungen von der Erfahrung einer ge-
schichtlich-gesellschaftlichen Krise, die mit der Französischen
Revolution nicht angefangen hat, aber durch sie manifest wurde; diese Krise sei noch nicht zu einer Lösung gekommen. Die
Ausgangserfahrungen sind dabei natürlich die Französische
Revolution, ihre Nachwirkungen und die bisherigen Versuche,
wieder zu sozialer Ordnung zu gelangen.[1] Comte diagnostiziert
ein Neben- und Gegeneinander von zwei grundlegenden Be-
wegungskräften in den europäischen Gesellschaften seiner
Gegenwart: Die eine wirkt hin auf soziale Auflösung, auf politi-

---

1) „Ohne dies leitende Krisenbewußtsein und zugleich ohne den Willen zur
Krisenüberwindung ist Comtes ganzes Wissenschaftssystem nicht zu verstehen." (König 1975, 199). - „Die Soziologie! Eine Pariser Erfindung ..., die
nur in der Hauptstadt der Revolution konzipiert werden konnte", schreibt
Sombart (1995, 48).

sche und moralische Anarchie; die andere tendiert zu einem
geordnet-endgültigen sozialen Zustand der (zivilisierten)
Menschheit. Die Krise besteht im gleichzeitigen Wirken der
beiden gegensätzlichen Bewegungskräfte bzw. darin, daß die
Zerstörung des alten theologischen Systems inzwischen weit
vorgeschritten ist, ohne daß bislang die Einrichtung eines neu-
en Systems des Denkens und der Sozialordnung gelungen ist.[2]

Wer wenige Jahrzehnte nach der Revolution einen derart
sachlichen Blick auf sie werfen und sie in einen größeren geschichtlichen Zusammenhang einordnen kann, gehört gewiß
keiner der Bürgerkriegsparteien in Frankreich an. Umgekehrt:
Die Beurteilung der Revolution und der geschichtlich auf sie
hinführenden Prozesse als Krise der Gesellschaft, die zu neuer
sozialer Stabilität führen kann, gestattet Comte, sich intellektuell aus dem Gegeneinander von Reaktionären und Fortschrittlern zu befreien.[3]

Im Brief an seinen Schulfreund Valat vom 25.12.1824
(Corr.gen.I, 147) schreibt Comte: Der gegenwärtige Zustand
der Gesellschaft sei „... ein sehr heftiger Krisenzustand, der,
wiewohl er seit einigen Jahren nicht mehr äußerlich anarchisch
ist (und ich hoffe, für immer), nicht minder äußerst kritisch ist in
moralischer Hinsicht. Es ist dies ein Zustand, der sich notwen-

---

2) „... indem sie mehr und mehr das feudale und theologische System zerstören, ohne es jemals zu ersetzen, marschieren die Völker mit großen
Schritten auf eine vollständige Anarchie zu - das einzig natürliche Ziel eines
solchen Weges." (Comte 1822, 65)

3) Sombart (1955, 88) beschreibt dies schön für Saint-Simon (und auch für
Comte): „Die Revolution ist eine Zeit des *Wandels*, des *Wechsels*, des
Übergangs ... Schlagartig ist damit der Bann gelöst, in dem die kämpfenden
Bürgerkriegsparteien mit ihrem Für und Wider erstarrt waren. Es ist sinnlos,
die Revolution zu mystifizieren oder zu dämonisieren; man braucht sie nicht
zu verurteilen oder zu feiern; sie ist jeder politischen Wertung entzogen und
kann *objektiv* und *neutral* als «époque de passage» untersucht werden. Politische Kontroversen, mögen sie sich auch auf noch so furchtbare Weise
verschärfen, sind nur eine Begleiterscheinung des Übergangs. Keine Position kann Anspruch darauf erheben, absolut zu sein ..."

digerweise ändern muß, sonst müßte man zugeben, daß die Gesellschaft von heute aus in einem Jahrhundert oder mehr untergehen wird, was ich aber nicht glaube; denn es ist unmöglich, daß eine Gesellschaft, vor allem eine so ausgedehnte wie die europäische, lange Zeit ohne feste, allgemein gebilligte Anschauungen überleben kann ..." Das heißt: Die öffentliche Moral verfällt, wenn allgemeine Maximen nicht beachtet werden; ohne gemeinsam geteilte moralische und kognitive Orientierungen befindet sich eine Gesellschaft in der Krise. Umgekehrt: Im Normalzustand wird eine Gesellschaft durch gemeinsame moralische Haltungen, Meinungen und Orientierungen zusammengehalten.

Wenn dem so ist, muß die Ursache der modernen Krise im Bereich der Ideen und Maximen zu finden sein (und nicht im ökonomischen oder institutionellen Bereich). Die Hauptursache der Krise bestehe in einer „Anarchie des ganzen intellektuellen Systems", die sich seit Beginn des jahrhundertelangen Verfalls der theologischen Philosophie eingestellt hat (Soziologie I, 6). So kam es, daß im Hinblick auf alle grundlegenden Ideen und Maximen, deren Eindeutigkeit und Geltung Voraussetzungen für eine stabile soziale Ordnung wären, seit langem Meinungsstreit und Divergenz herrschen. Meinungsstreit und Divergenz herrschen, weil nebeneinander drei miteinander unverträgliche Denkweisen (bzw. Philosophien) verwendet werden, die theologische, die metaphysische, die positive; solange sie nebeneinander angewendet werden, ist jede Einigung unmöglich (Cours I, 39). Die Krise ist also geistiger Natur und kann nur durch geistige Lösungen überwunden werden.

Historisch betrachtet entstand die Krise in erster Linie, weil das mittelalterliche Nebeneinander von weltlicher und spiritueller Macht (also von Kaiser, Königen, Fürsten einerseits, Kirche und Papst andererseits) zerstört worden ist, zunächst durch die Hereinnahme spiritueller Funktionen in die weltliche Macht (durch Unterordnung der protestantischen Kirchen unter den Staat, durch Verstaatlichung der Erziehung und Bildung usw.), dann durch die

Zerstörung jeder spirituellen Autorität. Den modernen Gesellschaften mangelt es also nicht nur an allgemein gültigen Orientierungen und Maximen; es fehlt in ihrem Aufbau auch eine selbständige spirituelle bzw. geistige Macht, die diese Orientierungen
und Maximen lehren und vertreten könnte.

Die Lösung: eine neue Doktrin erdenken

So ergibt sich die Notwendigkeit, einen neuen „Code von politischen und moralischen Anschauungen" zu formen, der von
allen sozialen Klassen angenommen werden kann, die Notwendigkeit, „einen völlig neuen Geist einzuführen, der durch
seinen allmählich universellen Einfluß dazu geeignet ist, unsere Gesellschaften dem definitiven Ende des revolutionären Zustandes zuzuführen ..." (Soziologie I, 7). Dieser neue Geist
werde ein wissenschaftlicher sein bzw. mit wissenschaftlichen
Mitteln entworfen werden.

Seine Formung (bzw. seine Durchsetzung in der Gesellschaft) hat eine innerwissenschaftliche Voraussetzung: Die
politischen und sozialen Phänomene müssen endlich in das
Arbeitsfeld der (Natur-) Wissenschaften einbezogen, die Politik
muß nach Art der Physik behandelt werden (Brief vom 25.12.
1824 an Valat, Corr.gen.I., 148). Die positive Philosophie (als
Inbegriff wissenschaftlichen Denkens) wird die geistige und
moralische Integration der Gesellschaft erbringen, nachdem
die *physique sociale* begründet sein wird, nachdem sich dadurch die positive Philosophie auf alle Gegenstandsbereiche
des Erkennens ausgedehnt und endgültig konstituiert haben
wird.

Diesem „neuen Geist" schreibt Comte offenbar eine weltge-
schichtlich erlösende Funktion zu: Er wird das Durcheinander
seit Ende des Mittelalters beenden, wird die Folgen der Reformation aufhalten, die Revolutionszeit beenden und eine erneuerte Weise ruhig-geordneten Zusammenlebens ermöglichen,

wird ins letzte und höchste Entwicklungsstadium der Menschheit führen.

Comte verlangt zunächst nur eine spirituelle, eine geistige Erneuerung; sie sei das „oberste Bedürfnis unseres Zeitalters" (Soziologie III, 422). Er schlägt keine neuen Institutionen vor und will das Regierungssystem nicht verändern. Erst wenn die neue Doktrin geformt und durchgesetzt sein wird, in sechzig Jahren ungefähr, so veranschlagt er 1824, könne man an die Veränderung der Institutionen denken. Für die Zeit bis dahin rät er den Regierten zu Respekt vor den Einrichtungen und den Regierenden zu Entschiedenheit in der Verteidigung der Ordnung.[4] Die Begründung für diese Reihenfolge von geistiger und von institutioneller Neuordnung gibt er in seiner scharfen Kritik an der „allgemeinen Tendenz, alle politischen Übelstände auf die Unvollkommenheit der Institutionen zurückzuführen, anstatt sie vor allem den sozialen Ideen und Sitten zuzuschreiben, die heutzutage der fundamentale Sitz der Hauptkrankheit sind." (Soziologie I, 111f.)

Es bleibt die Frage, warum Comte davon ausgeht, daß die gemeinsamen kognitiven und moralischen Orientierungen einer krisenfreien Gesellschaft ausgedacht, gewissermaßen konstruiert werden müssen. Man könnte ja darauf vertrauen, daß sich die entsprechenden Integrationscodes von selbst bilden werden. Hier spielt die Überlegung eine Rolle, welches Wissens- und Orientierungssystem angesichts des unumkehrbaren Zerfalls der Religion überhaupt noch beim Volke auf Anerkennung stoßen kann. Könnten die Anerkennung und das Vertrauen, das die Naturwissenschaften seit langem genießen, auf eine Disziplin von den sozialen und politischen Phänomenen ausgedehnt werden, so wären die Wissenschaften gemeinsam

---

4) Brief vom 25.12. 1824 an Valat (Corr.gen.I., 148f.). Im 1851 erschienenen Band I des *Système* (378) schreibt er diese Planung fort: Die Erneuerung der Meinungen und Sitten werde ungefähr eine Generation (ca. 30 Jahre) dauern; dann erst könnten die sozialen Institutionen erneuert werden.

in der Lage, einen verbindlich anerkannten Orientierungsrah-
men für die Gesellschaft zu bilden (vgl. Fetscher 1966, XXII).
Hieraus ergibt sich als Aufgabe der Wissenschaften, alle logischen und systematischen Voraussetzungen für die geplante
soziale Leistung zu schaffen - also die soziale Integrationsfä-
higkeit der Wissenschaften zu erdenken.

Die Gelehrten, die der positiven Philosophie verpflichtet
sind, sollen die „geistlichen Leiter" der Gesellschaft sein. Sie
werden nicht im politischen Sinne oder im Sinne einer Theokratie herrschen.[5] Vorgesehen ist eine Gewaltenteilung: Die
spirituelle Macht wird in der Hand der Gelehrten und Wissenschaftler liegen, die weltlich-politische in der Hand der „chefs"
der Industrie.

Längst habe das Volk das Vertrauen, das es ehedem dem
Klerus entgegengebracht hatte, auf die Wissenschaftler übertragen. Dies ergab sich, weil offensichtlich wurde, daß die
Theologie die täglichen Arbeiten nicht anleiten kann, wohl aber
die Wissenschaft. Das neue Verhältnis zu den Wissenschaftlern ist im Kern ebenso wie das frühere zu den Theologen von
Vertrauen (und nicht von Wissen) getragen. Seit einiger Zeit
hat das Volk z.B. den Glauben an die Unbeweglichkeit der Erde aufgegeben und die moderne astronomische Theorie als
Orientierung angenommen. Kam dies aufgrund von Experi-
menten oder wissenschaftlichen Nachweisen zustande? Nein,
nur einige tausend Personen in ganz Frankreich kennen solche
Experimente. Das Volk vertraut der modernen Astronomie, weil
alle Wissenschaftler in dieser Frage übereinstimmen (ebenso
war es bei der Entdeckung des Blutkreislaufs oder der Erklä-

---

5) Comte 1825, 171f. Der Geist, das Denken sei schon aus anthropologi-
schen Gründen zu schwach, um eine Gesellschaft dauerhaft lenken zu können (Soziologie II, 176). Dazu kommt die Überlegung, daß die „rein kontemplativen Naturen" beim Volke weniger Anerkennung finden als
tatkräftige mittelmäßige Intelligenzen in den Bereichen Politik, Wirtschaft
usw., daß sie also nicht auf günstige Legitimierungschancen rechnen können (Soziologie II, 225ff.).

rung des Blitzes). Dies Vertrauen ist dem ganz ähnlich, das zwischen Wissenschaftlern besteht: Der Mathematiker z.B. glaubt dem Physiologen meist aufs Wort; Wissenschaftler des gleichen Faches glauben ihren Kollegen meist ohne Überprüfung der Aussagen. Anders als im Mittelalter dem Klerus vertraut das Volk den Wissenschaftlern also nicht blind, sondern in der Gewißheit, deren Theorien und Aussagen seien im Prinzip überprüfbar (Comte 1920, 40f.).

Die positiven Wissenschaftler bilden jetzt die einzige Gruppierung, die für einen Vorschlag zur Reorganisation bei der Bevölkerung überhaupt entsprechende Autorität finden kann; denn überall herrscht ja das Vorurteil, ein jeder sei zu vernünftigen Urteilen in öffentlichen Dingen in der Lage (Comte 1822, 73). Nur der Behauptung, daß die Lösung politischer Fragen wissenschaftlicher Voraussetzungen bedarf, traut Comte noch die Kraft zu, gegen den Gedanken anzukommen, ein jeder, wie schlecht er auch informiert und gebildet sei, könne *in politicis* mitreden und entscheiden (Soziologie I, 141).

Allerdings werden nicht die heute arbeitenden Wissenschaftler die politische Neuordnung vollbringen, dazu taugen sie nach Bildung, Haltung, Spezialisierung nicht. Eine „neue Klasse von Gelehrten" muß ausgebildet werden, kompetent in den allgemeinen Wissensbeständen der verschiedenen Wissenschaften, befaßt aber ausschließlich mit der Wissenschaft von der Politik (Brief an Valat vom 8.9. 1824, Corr.gen.I, 128). Die Menschen, die die neue spirituelle Macht bilden werden, sind also derzeit noch nicht in ausreichender Zahl vorhanden; sie müssen erst herangebildet werden. Im Hinblick auf ihre Organisationsform als neue spirituelle Macht denkt Comte an die Vorbilder der Jesuiten und der Jakobiner, stellt er sich den Zusammenschluß von positiven Philosophen bzw. Wissenschaftlern also als Orden bzw. als durch Zirkel und Komitees wirkende Gesinnungsgemeinschaft vor (Brief an d'Eichthal vom 6.6. 1824, Corr.gen.I, 97f.).

Die positiven Wissenschaftler werden zwei Gruppen ablösen, die seit einem halben Jahrhundert die „intellektuelle Leitung der ... politischen Welt" innehaben, die Advokaten und die Literaten (Soziologie I, 120). Auf Dauer sei es unhaltbar, diesen Gruppen die Lösung der öffentlichen Probleme zu überlassen: „Indem die Gesellschaft so heute bei den grundlegendsten Fragen ... der Gabe der Rede oder des Stils den ersten Platz einräumt, tut sie etwas, was für gewöhnlich kein vernünftiger Mensch rücksichtlich seiner geringsten persönlichen Angelegenheiten wagen würde." (Soziologie I, 122) Stattdessen müssen die positiven Wissenschaftler die Fragen der gesellschaftlichen Reorganisation bearbeiten; sie sind von ihrer Denkweise (nachprüfbare Untersuchung) und von ihrem Habitus her dazu am besten geeignet (Comte 1822, 71f.). Zudem bilden allein sie heute eine die Grenzen der Nationen überschreitende Gemeinschaft, die sich leicht verständigen kann; nur sie sind deshalb in der Lage, die Überwindung der Krise in ganz Europa zu erreichen.

In einem Brief an seinen Schulfreund Valat von 1824 nennt Comte folgende Absichten: „Die Hauptidee ist ..., daß heute die Politik eine positive und Naturwissenschaft werden muß und kann, ebenso wie es die Astronomie, die Chemie usw. sind; daß mein Werk dies zum Ziel hat; und daß hier das einzige Mittel liegt, um die revolutionäre Epoche zu beenden, in der wir uns noch befinden, indem alle Denkenden zu einer einzigen Weltanschauung konvergieren; daß dadurch eine neue spirituelle Macht entstehen wird, die dazu in der Lage sein wird, den Klerus zu ersetzen und Europa durch Erziehung neuzugestalten; und schließlich, daß man mit Bedacht von allen Erneuerungsversuchen der bestehenden Regierungsformen Abstand nehmen muß, bis die Ausbildung dieser Weltanschauung abgeschlossen sein wird ... In einem Wort: meine Linie ist es, die Denkenden zur Ausarbeitung von Doktrinen zu bewegen, was heute das Wichtigste ist und was langsam die Aufgabe der uns folgenden Generationen vorbereiten muß, die die neuen prakti-

schen Institutionen ausarbeiten werden."[6] Hier sind Comtes
Grundgedanken beisammen. Die Begründung positiven Denkens auch im sozialen Gegenstandsfeld, die Vereinigung aller
positiv gewordenen Disziplinen zu einem einheitlichen Wis-
sensgebäude und die Inangriffnahme der sozialen Neuordnung
nach der großen Krise sind von vornherein miteinander verknüpft, bilden in gewisser Weise ein und dieselbe Aufgabe.[7]
Comte war nicht nur Wissenschaftstheoretiker, nicht nur Sy-
stematiker der Wissenschaften, nicht nur Geschichtsphilosoph.

Erkenntistheoretischer Realismus

Das positive Denken untersucht die Gesetzmäßigkeiten, die
die Phänomene regieren, fragt aber nicht nach den letzten Ursachen der Phänomene oder nach ihrem eigentlichen Sinn (wie
das Theologie und Metaphysik tun). Dem menschlichen Er-
kenntnisvermögen sind nur die Phänomene in den Gesetzmäßigkeiten gegeben, wie sie miteinander verknüpft sind und wie
sie aufeinander folgen (Cours I, 25f.). Dieser Grundsatz findet
immer neue Formulierungen, z.B.: „Ob es sich nun um die geringsten oder die höchsten Wirkungen, um Stoß und Schwerkraft oder um Denken und Sittlichkeit handelt, wahrhaft erkennen können wir hier nur die verschiedenen wechselseitigen
Verbindungen, die ihrem Ablauf eigentümlich sind, ohne jemals

---

6) Corr.gen.I, 91. Der Positivismus, so Serres (1975, 1), ist nicht nur eine
Wissenschaftstheorie, sondern „eine Wissenschaftspolitik und eine Politik
vermittels der Wissenschaften".
7) Vgl. Barth 1956, 105. König (1975, 201) schreibt: „Comte wollte nicht
eine neue Wissenschaft gründen, *sondern er wollte ein Organon der Krisenbannung schaffen*, und gerade im Bezug darauf erweist sich die reine Wissenschaft als ungenügend, wenn nicht zugleich mit ihr eine neue Autorität
geschaffen wird. Das ganze Schwergewicht der Untersuchung liegt auf der
Autoritätsbegründung, wobei allerdings vorausgesetzt wird, daß dies nicht
phantasiemäßig und willkürlich ... geschieht, sondern im Zusammenhang
und unter Führung einer fundierten Methode." Ähnlich Gurvitch 1957, 11ff.

das Geheimnis ihrer Erzeugung zu ergründen." (Rede 1966,
29) - Es geht darum, das „Wie" zu untersuchen, nicht das
„Warum".[8] - Jeder Versuch, die (letzten) Ursachen der Phänomene zu bestimmen, führe notwendigerweise zur Annahme von
„leitenden Willenskräften", von hinter den Phänomenen wirksamen Willenskräften (Système III, 29). - Das menschliche
Denken soll sich endlich von Fragen abwenden, die es nie wird
lösen können, und stattdessen an jenen arbeiten, die im Bereich seiner Fähigkeiten liegen (Rede 1966, 43).

Die Naturwissenschaften seit Bacon, Descartes und Galilei
haben sich um Vorhersagefähigkeit bemüht; dazu ist die Erkenntnis des Wesens der Dinge nicht notwendig, sondern allein, wie die Phänomene in Abfolge und Verknüpfung miteinander verbunden sind. Comtes Grundgedanke, so Mill, ist ein
Gedanke des ganzen Zeitalters; in ihm sind die Denkweisen
der neuzeitlichen (Natur-)Wissenschaften zusammengefaßt
(Mill 1973, 8f.). Daneben hat Comtes Position, die letzten Ursachen und den wahren Sinn der Dinge brauche man nicht zu
kennen, Wurzeln in der Aufklärung: Für den Wissenschaftler
soll die Welt nicht mehr die Schöpfung sein, für Gott soll es in
seinem Gegenstandsfeld keinen Platz mehr geben „... die (Natur-)
Wissenschaft entdeckt keine Spur, die man Gott zuschreiben
müßte; sie wirft sogar die Ursachen jener Reste des Schöp-
fungsaktes, die Finalität und die Wirksamkeit von sich."
(Gouhier 1936, 16)

Positiv bedeutet auch relativ im Gegensatz zu absolut, weil
das Verbot von Fragen nach Anfang und Ende der Dinge und
nach ihrem eigentlichen Sinn absolutes Wissen für unmöglich
und unnötig erklärt. Darin sieht Comte den entscheidenden
Unterschied zur bisherigen Philosophie. „Jedes Studium der
innersten Natur der Dinge, ihrer ersten und letzten Ursache

---

8) Système I, 47. Comte sei ein „Fanatiker des Realitätsprinzips", heißt es
bei Massing (1976, 28). Auf den Einfluß des Physikers Fourier auf Comtes
Verständnis von „positiv" weist Heilbron (1995, 243) hin.

usw., muß offenbar immer absolut sein, während jede Erforschung der bloßen Gesetze der Erscheinungen außerordentlich relativ ist, da sie einen ununterbrochenen Fortschritt der Forschung förmlich voraussetzt, der von der allmählichen Vervollkommnung der Beobachtung abhängt, ohne daß die strenge Wirklichkeit auf irgend einem Gebiete jemals vollkommen enthüllt werden könnte ..." (Soziologie I, 217) Erkenntnis wird sich der Wirklichkeit immer nur nähern können; ein jeder Schritt der fortschreitenden Erkenntnis wird relative Erkennntnis hervorbringen, relativ zur im Grunde nie abschließend entschlüsselbaren Wirklichkeit.

Welches Bild von der Wirklichkeit ist in Comtes grundsätzlichen Bestimmungen enthalten? Die Welt soll ohne die Annahme von höheren Wesen gedacht werden. Sie ist keine Schöpfung, ist keine für die Menschen gemachte Wirklichkeit. Deshalb wird sie uns immer fremd bleiben, deshalb kann sie nie vollständig, sondern nur sukzessive im Hinblick auf unsere Lebensbedürfnisse erkannt werden.

Im *Discours* (1844) stellt er sechs Bedeutungen von „positiv" zusammen; es sei kein Schade, daß es sich um mehrere handelt, alle kennzeichneten die neue Philosophie auf ihre Weise (Rede 1966, 85):

− „das *Tatsächliche* im Gegensatz zum Eingebildeten",
− das Nützliche im Gegensatz zum Überflüssigen (im Bereich der Erkenntnis),
− die Gewißheit im Gegensatz zum Ungewissen,
− das Genaue im Gegensatz zum Ungewissen,
− die Fähigkeit zum Organisieren statt zum Zerstören (Rede 1966, 85-87),
− relativ im Gegensatz zu absolut, im Bereich des Denkens (Rede 1966, 91).

Im Spätwerk dann versteht Comte unter positiv vor allem den Zusammenklang von „nützlich" und von „mit der Wirklichkeit übereinstimmend" (vgl. Fisichella 1965, 309), gewissermaßen das erreichte Gleichgewicht zwischen intellektueller und moralischer Sphäre in der positiven Gesellschaft.

Damit ist deutlich: Mit dem in der Soziologie heute landläufigen Verständnis von Positivismus hat Comtes Lehre wenig zu tun, auch nicht mit dem, was im sog. Positivismusstreit von Adorno und Habermas bekämpft wurde, auch nicht mit dem Neupositivismus von Mach und Avenarius Ende des 19. Jahrhunderts.[9]

Comte will die Gesetze der Phänomene untersuchen, aber die Gefahren eines Empirismus vermeiden, der alles zuverlässige Wissen auf Beobachtungen der Wirklichkeit gründet. Sein Nachdruck auf Untersuchung der Phänomene und der sie regulierenden Gesetze kann also nicht als induktive Erkenntnismethode aufgefaßt werden. Ein „absoluter Empirismus" sei mit den Möglichkeiten unserer Intelligenz unvereinbar; Beobachtungen der Phänomene sind nur möglich unter Anleitung durch eine Theorie. Die Theorie werde uns nicht durch Beobachtungen eingegeben (Soziologie I, 483). Theorie muß auf Beobachtungen fußen, Beobachtungen sind nur mit Hilfe von Theorie möglich. Wie aber vermitteln sich Theorie und Beobachtungen im Erkennen? Von Kempski (1974, XX) faßt das so auf: „Zur Entdeckung von festen Beziehungen zwischen den Erscheinungen, sei es in deren Koexistenz (Statik), sei es in deren zeitlicher Abfolge (Dynamik), bedarf es der Einbildungskraft; erst indem diese den Zusammenhang antizipiert, sind geordnete Beobachtungen möglich, die die Annahmen zu verifizieren vermögen."

Comtes Verständnis von Gesetz ist nicht ganz klar. Manchmal stellt sich heraus, daß er mit Gesetz nicht ein Wesensmerkmal der Gegenstände (im Sinne, daß aufgewiesen sei, daß diese sich gesetzmäßig verhalten), sondern eher eine den Gegenständen angetragene Annahme meint, eine Zumutung an die Wirklichkeit im Sinne des Rationalismus. Sei einmal ein

---

9) Vgl. auch Plé 1996, 12f.

erster Gegenstandsbereich (der der Astronomie) gemäß Naturgesetzen analysiert, werde der Grundgedanke (Unwandel-
barkeit von Naturgesetzen) auf andere Gegenstandsbereiche
provisorisch übertragen, ohne daß diese Bereiche im einzelnen
schon daraufhin untersucht worden sind (Rede 1966, 39-41).
Die Gesetze, die die Gegenstandsbereiche regieren, sind auf
nicht ganz übersichtliche Weise auch Produkte des menschlichen Geistes. - Bei der Charakterisierung des wichtigsten Un-
terschiedes zwischen theologischer (samt metaphysischer) und
positiver Philosophie, der darin besteht, daß erstere von der
Kenntnis des Menschen her die äußere Welt, die zweite von
der Kenntnis der äußeren Welt her den Menschen erschließen
will, weist Comte die Konsequenzen beider Denkweisen auf:
Das erste Herangehen führe notwendigerweise dazu, die Phänomene an hinter ihnen wirkende Willenskräfte zu binden; die
zweite Herangehensweise habe hingegen bei der Erforschung
der äußeren Welt zur Entwicklung der „großartigen Vorstellung
von den Naturgesetzen" geführt, die nun nach und nach auch
auf die weniger regelmäßigen Phänomene einschließlich der
sozialen angewandt werden könne (Cours I, 666). Das heißt,
daß die Denkweise in Gesetzen Moment und Folge einer Philosophie ist. Das schließt ihre Begründung aus der Verfaßtheit
der Wirklichkeit nicht aus; diese fehlt aber an entsprechenden
Stellen bzw. wird rasch überführt in eine Begründung aus den
fundamentalen Denkweisen des menschlichen Geistes.

Die wissenschaftliche Erkenntnis sei nicht grundverschieden
vom Denken im sozialen Leben: Die wahre Wissenschaft „...
kann niemals etwas anderes als eine einfache besondere Verlängerung der Vernunft und der Erfahrung im allgemeinen sein;
folglich liegt ihr wahrer Ausgangspunkt immer bei der Gesamtheit der Vorstellungen, die von der Allgemeinheit der Menschen im Hinblick auf die entsprechenden Gegenstände spon-

tan erworben worden sind."[10] Das wissenschaftliche bzw. philosophische Denken muß also immer bei Begriffen der „allgemeinen Vernunft" beginnen, diese dann aber systematisch ausarbeiten und verallgemeinern.

Insgesamt sind Comtes erkenntnistheoretische Positionen nicht besonders differenziert. Das zeigt z.b. die Formulierung, das wichtigste und schwierigste Ziel unserer intellektuellen Existenz bestehe darin, das Gehirn in einen genauen Spiegel der äußeren Ordnung zu transformieren (Système II, 382), das zeigt z.b. der Grundsatz, daß es zwischen unserem Begriffsvermögen und den Gesetzmäßigkeiten der äußeren Welt eine Entsprechung geben muß (Catéchisme, 54). Einen „ganz naiven und unkritischen Realismus" nennt das von Hayek.[11]

Dreistadiengesetz

Dem Dreistadiengesetz zufolge durchläuft das menschliche Denken, durchlaufen die Vorstellungen von der Welt und die Bereiche der Erkenntnis in der Geschichte der Menschheit nacheinander drei Stadien: zuerst das theologische bzw. fiktive Stadium, dann das metaphysische bzw. abstrakte Stadium, um schließlich ins wissenschaftliche bzw. positive Stadium zu gelangen. Der menschliche Geist verwendet also in der Menschheitsgeschichte nacheinander drei verschiedene, einander ausschließende Weisen des Philosophierens: Die theologische

---

10) Cours I, 523; entsprechend Rede 1966, 93. Im Catéchisme (225) heißt es: „Die Wissenschaft stellt immer eine einfache Verlängerung des allgemeinen Wissensstandes dar. Sie erschafft im Grunde niemals irgendeine wesentliche Lehre. Die Theorien können nur die empirischen Einfälle der allgemeinen Vernunft generalisieren und ordnen..."
11) von Hayek 1979, 238f. „Erkenntnistheoretischer Dilettantismus" hieß es schon bei Barth (1922, 191, Fußn.4). Negt (1964, 21) meint, „daß der Positivismus überhaupt keine expliziten erkenntnistheoretischen Fragen stellt, weil für ihn a priori die objektive Geltung der Erkenntnis, die Allgemeingültigkeit und Notwendigkeit der Gesetze, durch die Naturwissenschaften verbürgt ist ..."

Philosophie steht am Anfang der Entwicklung des menschlichen Geistes (und der Menschheitsgeschichte), die positive Philosophie bildet das dritte und definitive Stadium, die metaphysische Philosophie macht den Übergang zwischen beiden aus. Seit seinen frühen Schriften hält Comte dies Gesetz für „... den Ausgangspunkt jeder philosophischen Untersuchung des Menschen und der Gesellschaft." (Comte 1825, 146)

Die Stadien lösen einander nicht abrupt ab; mit Stadium soll eher die jeweils dominierende Art des Philosophierens gekennzeichnet werden. Früher übliche Denk- und Erklärungsweisen stehen später für mögliche Rückfälle noch zur Verfügung. Auch heute komme man z.B. „oft auf die kindliche Neugierde zurück, die vor allem den Anfang und das Ende aller Dinge zu kennen beansprucht" (Soziologie I, 486) - „vor allem bei solchen (Phänomenen), deren wirkliche Gesetze wir noch nicht kennen." (Rede 1966, 11) Anders könnte man sich ja nicht vorstellen, daß bis in die Gegenwart hinein alle drei Denkweisen wirksam und mehr oder weniger gesellschaftsmächtig sind.

Das Dreistadiengesetz ordnet die Entwicklung des menschlichen Geistes - im Grunde die ganze Menschheitsgeschichte - anhand der Leitlinie von Wissenschaft und Philosophie.[12] Comte versteht die Geschichte der Menschheit als einen jahrtausendelangen Bildungsprozeß („allgemeine Erziehung der menschlichen Vernunft", heißt es in: Cours I, 463), versteht sie als Geschichte des wachsenden menschlichen Geistes (vgl. Marvin 1965, 102). Innerhalb der geistigen Entwicklung der Menschheit sieht Comte die Entwicklung der Wissenschaften als einflußreichste an. Mindestens bildet die Geschichte der Wissenschaften ein erstrangiges Feld von Indikatoren für die geistige Gesamtentwicklung.

---

12) „Das Gesetz der geschichtlichen Entwicklung der Menschheit ist das Gesetz der Entwicklung des menschlichen Geistes." Barth 1956, 127

Das theologische Stadium

Im theologischen Stadium sucht der menschliche Geist nach Erkenntnis der eigentlichen Natur der Dinge und der Wesen, nach den ersten Ursachen und dem wahren Sinn der Welt, nach absoluter Erkenntnis also. Die Phänomene versteht er als unmittelbar und absichtlich bewirkt durch übernatürliche Wesen (Cours I, 21). Eine solche Zuschreibung ist zu Beginn notwendig: Der Mensch, der sich als Mittelpunkt aller Wirklichkeit denkt, versucht die Dinge und Wesen so zu verstehen, wie er sein eigenes Handeln im Hinblick auf andere Menschen kennt.[13] Comte behauptet nicht, am Anfang hätten Projektionen von Erfahrungen aus der sozialen Interaktion bzw. der praktischen Einwirkung des Menschen auf die Welt gestanden: Am Anfang sind dem menschlichen Geist keine anderen Verständnisformen von der Welt zurhand als solche, die er aus der sozialen Interaktion und aus seiner Einwirkung auf die Welt intuitiv erworben hat. Dennoch - die Parallele zu Feuerbachs Projektionstheorie der Religion ist deutlich!

Für die Notwendigkeit der theologischen Philosophie zu Beginn bringt Comte noch eine erkenntnislogische Begründung vor: Allgemeine Bedingung des Erkennens ist, daß Beobachtung auf Theorie und Theorie auf Beobachtungen angewiesen ist. Zu Beginn der Menschheitsgeschichte kann das Denken weder auf vorgängige Theorien noch auf vorgängige Beobachtungen zurückgreifen. Die Leistung der theologischen Spekulation besteht darin, „den menschlichen Geist tatsächlich aus jenem Dilemma zu befreien, in den (sic!) er zunächst unwiderruflich verstrickt erschien, zwischen den beiden entgegengesetzten, gleich gebieterischen Notwendigkeiten, vorher zu be-

---

13) Vgl. Rede (1966, 7): „... unsere anfängliche Neigung, menschliche Art und Weise auf alles zu übertragen, indem wir alle nur möglichen Phänomene denen angleichen, die wir selbst produzieren und welche uns deshalb auch als erste, infolge der unmittelbaren Intuition, von der sie begleitet sind, ziemlich bekannt erscheinen."

obachten, um zu richtigen Vorstellungen zu gelangen, und zuerst irgend welche Theorien zu ersinnen, um zusammenhän-
gende Beobachtungen mit Erfolg unternehmen zu können."
(Soziologie I, 484f.) Der Glaube an übernatürliche Wesen hinter den Phänomenen also setzt die Menschen zu Beginn ihrer
Entwicklung instand, einen (wenn auch fiktiven) Weg aus dem
noch durch keine Theorie geordneten Chaos der Wahrneh-
mungen zu finden.

Auch in anderer Weise ist die theologische Philosophie hilfreich: Durch die Zentrierung der Welt und der übernatürlichen
Wesen auf den Menschen hin gibt sie ihm die Hoffnung, die
Welt erkennen und nach seinen Vorstellungen einrichten zu
können. Hätten die Menschen zu Beginn die Welt als von unveränderlichen (und dazu noch unerkannten) Gesetzen regiert
aufgefaßt, wären sie mutlos geworden, ihre intellektuellen Fähigkeiten wären nicht angeregt worden. Die theologische Philosophie gibt den Menschen durch „Illusionen" das Vertrauen,
die Dinge und Wesen der Welt (mit Hilfe der Macht der übernatürlichen Wesen) verstehen und beeinflussen zu können
(Soziologie I, 487f.). Der menschliche Geist entwickelt sich also
mit Hilfe eines fundamentalen Irrtums, aus einer anfänglichen
Täuschung. Er wird auf den richtigen Weg irregeführt.

In diesem ersten Stadium entsteht Gesellschaft als Organisationsform der Menschen überhaupt. Die Leistung der theologischen Philosophie hierfür besteht darin, daß sie die lose ver-
bundenen Familiengruppen durch ein „System gemeinsamer
Anschauungen" zu größeren Sozialformen einigt (Soziologie I,
493). Es ist die Religion, die den auseinanderdriftenden Gruppen in der Frühzeit der Menschheit Gemeinsamkeit des Denkens und Glaubens gibt und sie dadurch in einen die Gruppe
überschreitenden Rahmen fügt, in die Gesellschaft.

Die zweite wichtige Leistung dieses Stadiums besteht darin,
daß nach und nach eine Klasse von Menschen entsteht, die,
relativ unabhängig von den Notwendigkeiten der Lebensführung, philosophische und wissenschaftliche Fragen bearbeitet

(Soziologie I, 496f.). Ohne die Herausbildung einer Priester-
klasse wäre die geistige Entwicklung der Menschheit kaum
vorangekommen, wäre die spätere Herausbildung einer Klasse
von Gelehrten und Wissenschaftlern nicht möglich gewesen.
Drei Epochen des theologischen Stadiums unterscheidet
Comte: Fetischismus, Polytheismus, Monotheismus.

Am Beginn der Menschheitsentwicklung steht nach Comte
die fetischistische Epoche,[14] in der die Menschen alle Wesen
und Dinge als ähnlich wie sie selbst wahrnehmen, als in ähnlicher Weise lebendig, mit Willen begabt und auch als kommu-
nikationsfähig. Hier sind die theologischen Vorstellungen sehr
intensiv mit den Denk- und Handlungsweisen der Menschen
verknüpft: hier „... wiegen die eingebildeten Tatsachen unendlich viel schwerer als die wirklichen, oder es gibt vielmehr sozusagen keine Erscheinung, die damals in ihrem wahren Lichte
gesehen werden könnte." (Soziologie II, 47) Außerhalb der
theologischen Vorstellungen gibt es nur wenige „praktische
Kenntnisse von den verschiedenen Klassen natürlicher Erscheinungen ..." (Soziologie II, 37) Eine nüchterne Naturer-
kenntnis und überhaupt die Entwicklung wissenschaftlicher
Welterfahrung werden in dieser Phase der universellen Sinnestäuschung unterdrückt.

Allerdings geht die Intensität der theologischen Ideen nicht
mit einer entsprechend intensiven Wirkung auf die soziale Organisation einher. Weil die „Götter" des Fetischismus zahlreich
und nach Kraft, Bedeutung und Sitz höchst individuell sind,
bietet diese Form der theologischen Philosophie „viel weniger
Hilfsmittel ..., sowohl um die Menschen zu vereinigen, wie sie
zu regieren." (Soziologie II, 41) Dies hängt auch damit zusammen, daß der entsprechende Kult zwar das soziale Leben
durchdringt, aber wegen des direkten Verhältnisses von anbe-

---

14) Den Begriff Fetischismus hatte Comte von Charles de Brosses übernommen, dessen Buch „Cult des Dieux Fétiches" 1760 erschienen war
(Marvin, 1965, 68).

tendem Mensch und angebetetem Fetisch kaum die Herausbildung einer besonderen Priesterschaft nötig macht.

Während dieser Epoche gelingt eine vollständige Veränderung der Lebensweise der Menschen, nämlich der Übergang zur Seßhaftigkeit.[15] Vermutlich unterstützt das religiöse Verhältnis zu den Dingen und Lebewesen auch die Erhaltung nützlicher Tiere als Haus- und Nutztiere und die Pflege von Nutzpflanzen (Soziologie II, 66ff.).

Mit der Entwicklung erster mathematischer Begriffe und mit der Seßhaftigkeit als neuer Lebensform beginnen die Menschen, sich für die Himmelskörper zu interessieren und sie zu verehren; erst eine seßhafte Bevölkerung kann den Bewegungen von Sonne, Mond, Sternen und Planeten Aufmerksamkeit schenken (Soziologie II, 64). Mit dieser Verehrung der Himmelskörper als übernatürlicher Wesen (Astrolatrie) ist der Übergang vom Fetischismus zum Polytheismus erreicht.

Waren die übernatürlichen Mächte im Fetischismus prinzipiell als uns fremde vorgestellt, so sind die Götter des Polytheismus dem Menschen nachgebildet. Entstanden sind sie jedoch durch allmähliche Ablösung von den personifizierten Sternen und Himmelskörpern, als verallgemeinerte Fetische gewissermaßen (Système III, 169). Diese allgemeine Ablösung des Göttlichen aus den Dingen und Wesen der Welt und seine Konzentration in den Göttern dreht die Auffassung von der Welt, wie sie im Fetischismus bestanden hatte, um: Die Dinge (und die Lebewesen) gelten nun als von sich aus untätig und ohne Willen, bewegt werden sie durch den Willen einer der göttlichen Mächte (Rede 1966, 9). Diese Auffassung bietet bessere Ausgangsbedingungen für die Entstehung wissenschaftlicher Denkweisen als die fetischistische Annahme von der Belebtheit der ganzen Welt (Soziologie II, 76). Zwar läßt

---

15) Comte hält dafür religiöse Einflüsse (Ortsbezug des fetischistischen Glaubens) für viel wichtiger als wirtschaftliche (Soziologie II, 60ff.; Système III, 145f.).

die Idee, die Dinge und Lebewesen würden durch je zuständige Gottheiten bewegt, den Gedanken an Gesetzmäßigkeiten der Natur nicht zu. Aber ihre Implikation, daß die Dinge und Lebewesen belebt und bewegt *werden* (also getrennt existieren von den göttlichen Mächten), läßt sie unter bestimmten Aspekten zu Gegenständen der nüchternen Beobachtung werden (Soziologie II, 92). Die gleiche Implikation ist auch der Entfaltung der praktisch-technischen Einwirkung auf die Welt günstiger als die fetischistische Vergöttlichung aller Dinge und Lebewesen (Soziologie II, 119). Auch einige dem polytheistischen Kult zugehörige Praktiken können als Vorläufer wissenschaftlicher Bemühungen angesehen werden: Die Wahrsagerei ist eine Vorform der wissenschaftlichen Prognose, die Astrologie richtet die Aufmerksamkeit auf astronomische Beobachtungen, die Opferschau bereitet anatomische Untersuchungen vor (Soziologie II, 96). Noch aber überwiegt die imaginäre Welt im Verhältnis zur wirklichen sehr; bis hinein in die praktischen Handlungen und Erfahrungen gelten Götter als wirksam, besteht ein anbetendes Verhältnis zur Welt.

Im Polytheismus tritt ein Gegeneinander von weltlicher und spiritueller Macht auf. Die weltliche Macht ist aus den Stammes- und Kriegsführern erwachsen. Die spirituelle Macht, die Priester und Weisen als Vermittler zwischen Menschen und Göttern, ist aus den Bünden der Alten entstanden,[16] und zwar im Übergang vom Fetischismus zum Polytheismus, in der Phase der Astrolatrie: Die Sterne als verallgemeinerte Fetische können für größere Menschengruppen gültige Objekte der Anbetung sein und sind zugleich (anders als die bisherigen Fetische) ganz unerreichbar. Die daraus entstandenen Götter stellen geheimnisvoll-unerreichbare Mächte dar; deshalb bildet sich eine Kaste von Vermittlern, die Priesterschaft, die einen

---

16) Système III, 203. Condorcets Erklärung der Entstehung der Klasse der Priester hatte stark das Motiv des Priestertrugs betont. Ohne Condorcet zu nennen, kritisiert Comte den Gedanken (Soziologie II, 56ff. und 134f.).

Gottesdienst einrichtet und gestaltet (Soziologie II, 43 und 123).

Diese Herausbildung einer Priesterschaft, die sich ausschließlich mit spekulativen und ästhetischen Problemen befaßt, hält Comte für eine außerordentlich wichtige Entwicklung: Damit beginne die Arbeitsteilung von Theorie und Praxis, beginne eine festere Vereinigung der Familiengruppen und die Durchsetzung „gemeinschaftlicher Ansichten über die den menschlichen Geist am meisten interessierenden Fragen ..." (Soziologie II, 126), ein höheres Niveau der Vergesellschaftung also.

Theokratie einerseits, Königsherrschaft bzw. Kriegerstaat andererseits sind von da an die Alternativen der Sozialorganisation. In der Entwicklung des Altertums hat zunächst (bei den Ägyptern) die Theokratie dominiert, danach (bei den Römern) die andere Sozialorganisation.[17]

Der Polytheismus entwickelt die Geometrie, die als Vorbedingungen nicht nur eine seßhafte Lebensweise, sondern auch die persönliche Aneignung des Bodens hat (Système III, 177). Das Übergewicht der Einbildungskraft über den Verstand begünstigt die Entwicklung der schönen Künste, eine ästhetische Erziehung der Menschen beginnt (Soziologie II, 104ff.). Im Hinblick aufs Gefühlsleben und die Moral akzeptiert der Polytheismus die affektive Vielfalt der menschlichen Natur, indem er für jedes Begehren, jede Leidenschaft, jede Absicht eine eigene Gottheit kennt (Système III, 197). Im ganzen aber wirkt der Polytheismus wegen der Einrichtung der Sklaverei ungünstig für die Entwicklung der Moral. Abgesehen von den auf der

---

17) Comte sieht, daß der Judaismus (weil zuerst theokratisch, aber monotheistisch) nicht in dieses Schema paßt. Um die Ausnahme zu erklären, greift er zu der Spekulation, beim Judaismus habe es sich um eine Kolonie der zum Monotheismus tendierenden Priesterschaften in Ägypten und Mesopotamien (als Schutz gegen die Kriegerkaste) gehandelt (Soziologie II, 216f.; Système III, 242).

Hand liegenden Folgen für die Sklaven wird bei den Freien die
Selbstbeherrschung nicht gefördert, sind die Familienbezie-
hungen ungeordnet (gemessen an der Monogamie), bleiben
die soziale Moral, die allgemeine Menschenliebe unentwickelt
(Soziologie II, 153f.). Eine indirekte Errungenschaft des Polytheismus hingegen ist die Vaterlandsliebe. Die unaufhörli-
chen Eroberungskriege des Alterstums lassen einen jeden
dauernd in der Gefahr leben, getötet oder in die Sklaverei ver-
schleppt zu werden, „wovor in der Regel nur die völlige Hingabe an das Vaterland beschützen konnte." (Soziologie II, 160)

Im Monotheismus gelangt die theologische Philosophie auf
ihren Höhepunkt, weil jetzt die Einflüsse zahlreicher, voneinander unabhängiger Gottheiten ersetzt werden durch einen einzigen Gott, der die Bewegung der Phänomene steuert (Cours I,
22). Der Monotheismus ist das Ergebnis einer Reduktion und
Konzentration des Polytheismus: Die Schicksalsgottheit des
Polytheismus wird zur Hauptgottheit, die speziellen Gottheiten
werden zu ihren Dienern.[18]

Vorbereitet worden ist der Monotheismus durch die griechi-
sche Philosophie seit Sokrates und Platon. Später entsteht „..
aus der glücklichen Entfaltung der römischen Herrschaft auch
das mehr und mehr gefühlte Bedürfnis nach einer wahrhaft universellen Moral, die fähig wäre, die Völker entsprechend zu
einigen ..." (Soziologie II, 213) Wie aber kommt es dazu, daß
die christliche Neudeutung des jüdischen Glaubens zum Inhalt
des abendländischen Monotheismus wird? Der jüdische Glaube hat mehrere Vorteile: Er hatte die Konzentration des Polytheismus auf einen Gott schon seit langem vollzogen; er verfügt über einen Fundus an geschichtlichen Erinnerungen und
über heilige Bücher, er hat eine Heilserwartung. Auch die wich-

---

18) Soziologie II, 206f. So waren die Engel ehemals selbständige Götter
(Système III, 407). Mill (1973, 23) verweist ergänzend auf den Teufel, um
die im Christentum und im Mohammedanismus noch deutlichen polytheistischen Züge zu belegen.

tigsten Feste und manche Kultformen kann der neue Monotheismus vom mosaischen Glauben übernehmen.[19]
Für die Gefühlswelt und die Moral bringt der Monotheismus eine Vereinseitigung mit sich: Der Gläubige will seinen Gott gnädig finden, sein persönliches Heil sichern, sein ewiges Leben gewinnen. „Der Monotheismus kam so dazu, die natürliche Existenz der sympathischen Instinkte dogmatisch zu leugnen ...“ (Système III, 197) Ein Egoismus des Individuums wird gefördert, der, weil er seine Ziele nicht auf dieser Welt findet, anti-soziale Kraft gewinnen kann. Daraus erkläre sich die Feindschaft der Römer gegen das Christentum: Das Leben in einer anderen Welt als Ziel der Lebensführung der Christen (s. Märtyrer) ist geeignet, jegliche Lenkung der Menschen durch Staat und Gesellschaft außer Kraft zu setzen, das öffentliche Leben zu zerstören. Zudem verlangt der neue Glaube die Lossagung von allen bisherigen Vorfahren, eine Verletzung der sozialen Solidarität also auch bezüglich der Kette der Generationen.[20]
Andererseits zeitigt der Glaube ans ewige Heil zum Mittelalter hin auch positive Wirkungen. Er hilft mit, die Aufdifferenzierung in zwei nebeneinander stehende Gewalten, die weltliche und die spirituelle, zu ermöglichen; in der Sorge für das ewige Heil erhält die spirituelle Macht (Kirche und Papst) einen Kompetenzbereich unabhängig von den Zuständigkeiten der weltlichen Macht. Diese Ausbildung einer selbständigen spirituellen Macht, die im Wetteifer und im Ausgleich mit der weltlichen Macht wirkt, also weder von ihr abhängig ist, noch im Sinne der griechischen Utopie von der Herrschaft der Philoso-

---

19) Système III, 407f. Der neue Monotheismus werde fälschlich Christentum genannt; es handele sich um eine Kirchen- und Religionsgründung durch Paulus, der nur wegen einer charismatischen Legitimation auf Jesus Christus zurückgegriffen habe.
20) Système III, 411ff. Weil jeder Gläubige nur mit seinem eigenen Heil beschäftigt war, konnte er ohne weiteres hinnehmen, daß alle anderen Menschen und vor allem seine Vorfahren zur Verdammnis bestimmt waren (Système III, 453).

phen nach einer Theokratie strebt, hält Comte für die größte Errungenschaft des Mittelalters, ja für „die größte Vervollkommnung, welche die wahre allgemeine Theorie vom sozialen Organismus bisher hat erfahren können ...“ (Soziologie II, 239)

In dieser Konstellation ergibt sich zum ersten Mal in der Geschichte die Möglichkeit, die Moral systematisch und ohne Rücksicht auf Interessen der weltlichen Macht zu entwickeln; selbst die Politik wird mehr und mehr von der Moral beeinflußt und durchdrungen (Soziologie II, 243). Diese auf Universalität angelegte Moral des katholischen Mittelalters, die eine „allgemeine Menschenliebe“ anzielt, gilt Comte als „das fundamentalste Prinzip des sozialen Lebens“ überhaupt. Sie soll den Egoismus der Individuen bändigen und die Intelligenz sowie die künstlerischen Talente auf eine soziale Bedeutung ihrer Tätigkeiten verpflichten (Soziologie II, 318f.). Weiters hat der mittelalterliche Katholizismus ein „allgemeines System der intellektuellen und vor allem der moralischen Erziehung organisiert, das sich unerbittlich und ausnahmslos auf alle Klassen der europäischen Bevölkerung, ja sogar auf die Hörigen erstreckte.“ (Soziologie II, 270f.) Mittels der Beichte sichert sich der Klerus zudem einen ständigen Beratereinfluß in Fragen der Lebensführung auf die Bevölkerung - auch dies eine geschichtliche Neuerung gegenüber Gewalt und Zucht in früheren gesellschaftlichen Zuständen.

Für die Entwicklung der Wissenschaften ist der Katholizismus[21] nicht nur ein Hindernis. Angeregt durch die Annahme eines einzigen Gottes kommt die Suche nach allen möglichen Beziehungen zwischen den Dingen und Wesen in Gang, die später in naturphilosophische Theorien mündet. Zudem gesteht man Gott zwar prinzipiell Allmacht zu, sieht seinen Willen aber

---

21) Wir schließen uns hier der Einfachheit halber der Begrifflichkeit von Comte an, der mit Katholizismus eine Kontinuität vom Urchristentum bis zum Papsttum seiner Zeit meint. Comtes Begründung dafür: Soziologie II, 221f., Fußn.1

vor allem im Bereich der Menschen wirksam, weniger deutlich im Bereich der Natur. So bleibt der Naturforschung ein breites Arbeitsfeld offen (Soziologie II, 340; Rede 1966, 77). Der Hinweis auf den Glauben an Wunder kann diese Feststellung nicht entkräften; denn die Vorstellung vom Wunder beruht ja auf seiner Außerordentlichkeit und Seltenheit (anders als im Fetischismus und im Polytheismus, als noch alles bzw. vieles wunderbar war) und erkennt so implizit die Geltung der Naturgesetze für die große Mehrzahl der Vorgänge an (Soziologie I, 489f.).

Das theologische Stadium bzw. seine dritte Stufe, das theologische Regime des Mittelalters, verfällt deshalb, weil Kräfte, die in ihm entstehen, über seine Fassungskraft hinausweisen: „... die fortgesetzte Entwicklung und die wachsende Ausbreitung der Wissenschaften, der Industrie und selbst der schönen Künste ..." (Soziologie I, 17) Dabei stehen Wissenschaft und Theologie lange Zeit nicht in offenem Gegensatz zueinander, „da sie sich nicht die gleichen Aufgaben stellten ..." (Rede 1966, 69) Erst nach und nach wird die Unverträglichkeit von Theologie und Wissenschaft, wird der Gegensatz zwischen Rückführung auf Willenskräfte oder auf Gesetze manifest. Die Ausbreitung der industriellen Vergesellschaftungsform dann macht die Vorstellung von willkürlichen übernatürlichen Mächten einfach unbrauchbar.[22]

Anfällig für Zerfall ist der Monotheismus des Mittelalters auch, weil er trotz der Kultivierung einer universellen Liebe doch auf einem Egoismus (Heil der eigenen Seele) beruht, der den Einzelnen von der Menschheit abtrennt: „... die menschliche Gesellschaft kann dann nur eine Anhäufung von Individuen darstellen, deren Vereinigung ebenso zufällig wie flüchtig ist, und die je ausschließlich mit ihrem eigenen Heile beschäftigt,

---

22) Système III, 494f. Hier sieht Comte einen Einfluß der Produktionsform auf die grundlegenden Vorstellungen, argumentiert also keinesfalls „idealistisch".

die Teilnahme an dem des anderen nur als ein mächtiges Mittel
auffassen, ihr eigenes umso besser zu verdienen ..." (Rede
1966, 153) Es sind also auch Inkonsistenzen innerhalb der
theologischen Philosophie, die zum Verfall der organisatori-
schen und erzieherischen Leistungen des mittelalterlichen Katholizismus führen.

Das metaphysische Stadium

In diesem zweiten Stadium werden die übernatürlichen Wesen
durch abstrakte Kräfte ersetzt, die den Dingen und Wesen der
Welt innewohnen. Von ihnen nimmt man an, daß sie die beob-
achtbaren Phänomene hervorbringen und in ihrem Lauf bewegen; die Erklärung der Phänomene besteht darin, jedem von
ihnen eine korrespondierende Kraft bzw. abstrakte Entität zuzuordnen.[23] Strukturell ähnelt die metaphysische Philosophie
so der theologischen, auch sie will „die innerste Natur der Wesenheiten, Ursprung und Bestimmung aller Dinge und die wesentliche Erzeugungsweise aller Phänomene ... erklären".[24]
Auf ihren Höhepunkt gelangt die Metaphysik mit der Annahme
von „der Natur" als der Macht, die die Bewegung der Phänomene steuert (Cours I, 22).

Geschichtlich handelt es sich bei diesem Stadium um die
Jahrhunderte der Reformation und des Kampfes gegen das
theologisch-feudale Regimes mittels der Postulate der Gedankenfreiheit, der Gleichheit und der Volkssouveränität. In der
Französischen Revolution schließlich macht die Metaphysik

---

23) Cours I, 21. - Mill (1973, 11) zählt in seiner Interpretation Beispiele für
diese Abstrakta auf: das vitale Prinzip; den horror vacui; die Tendenz der
Dinge, an ihren natürlichen Ort zu gelangen; natura non saltat; die heilende
Kraft der Natur.
24) Rede 1966, 17-19. Die Metaphysik, so Dühring (1869, 484), „setzt ihre
Kategorien an die Stelle der Dämonen; aber sie hört nicht auf, Entitäten,
d.h. erdichtete Wesenheiten, im Hintergrunde der Erscheinungen vorauszu-
setzen."

den energischen Versuch, die metaphysischen Abstraktionen
durch Politik zu verwirklichen. Sie begeht darin den Fehler, die
abstrakten Prinzipien, die dazu gedient haben, die theologische Denkweise zu kritisieren und aufzulösen, für die Funda-
mente einer neuen Ordnung zu halten. Denn die Metaphysik ist
von kritisch-negativem Charakter und kann nicht zu eigener
geistiger oder sozialer Gestaltungskraft finden.[25]

Die beschränkte Kraft der metaphysischen Philosophie, daß
sie nämlich zur gesellschaftlichen Neuordnung nicht taugt, erläutert Comte so: Um die theologische Denkweise auflösen zu
können, hat die metaphysische Philosophie ihre kritischen Kategorien verallgemeinert bzw. verabsolutiert. Nur so konnte sie
gegen die Macht des theologischen Systems ankämpfen; die
kritischen Lehren mußten geradezu bedingungslos auftreten,
denn sie waren, anders als ihr Gegner, nicht in einer Sozialordnung verankert (Soziologie I, 31). Die so verabsolutierten
kritischen Kategorien, systematisiert zur metaphysischen Philosophie, gelten nun als geistige Alternative zur theologischen
Denkweise. Der Fehler besteht darin, die kritischen Prinzipien,
die zum Verfall des alten Systems beigetragen haben, als organische Prinzipien für ein neues System des Denkens und der
Sozialordnung aufzufassen (Comte 1822, 52). Wegen der Verabsolutierung wenden sich jetzt die kritischen Prinzipien nicht
mehr nur gegen das theologische System, sondern gegen Gesellschaft überhaupt; sie haben zu einer Einstellung geführt,
derzufolge eine jede Sozialorganisation falsch und dem Menschen unzuträglich sei.[26]

---

25) „Ganz und gar unfähig, irgendetwas zu gestalten, außer den Zweifel, die
Unordnung und den Verfall ...", heißt es über die Metaphysik bzw. den On-
tologismus (Synthèse, 719). Wegen ihres allein kritisch-zerstörenden Charakters war die Metaphysik nie zur Entwicklung einer verbindlichen Doktrin
genötigt, sondern konnte in sich verschiedene Lehren dulden, solange nur
der Kampf gegen das alte System gemeinsames Ziel war (Soziologie I, 51).
26) Comte 1826, 181. Dies habe sich zugespitzt „bis zu dem Punkte, daß
man die allgemeine Nützlichkeit des sozialen Zustandes an sich direkt in

Am „Recht auf individuelle Prüfung" (der Meinungs-, Gedanken- und Forschungsfreiheit) läßt sich das zeigen: Als Waffe gegen die Theologie erwies sich diese zunächst von der Reformation vorgebrachte und später als politisches und Menschenrecht formulierte Maxime als sehr wirksam. Vom Kampf gegen die Theologie abgelöst ist dies Mittel später zu einer selbständigen Doktrin geworden und macht das Zentrum der metaphysischen Denkweise aus.[27] Durch die Erfindung des Buchdrucks hat der Rat der Reformatoren, jeder Gläubige möge selbst die heiligen Schriften lesen und sich seine eigene Auffassung bilden, rasche Verbreitung und Annahme gefunden.[28] Auf alle Sachgebiete verallgemeinert handele es sich um das „... anarchische Prinzip, das einen jeden Europäer dazu bringt, sich zum Richter über alle Fragen aufzuwerfen."[29] Es erkennt jedem das Recht zu Entscheidungen in jedweden politischen und sozialen Fragen zu, ohne nach seiner Kompetenz zu fragen. Keine andere Autorität als die des individuellen Verstandes anzuerkennen, das mache die gegenwärtige „Krankheit des Abendlandes" aus (Système IV, 368). Comte spitzt

---

Frage zog, da sich beredte Sophisten, wie man weiß, nicht gescheut, die Superiorität des Wildenlebens, wie sie es erträumt hatten, systematisch anzupreisen." (Soziologie I, 225) Ähnlich die Saint-Simonisten (Lehre 1962, 52): „Man schien zu glauben, daß die Lösung des Problems darin bestünde, vor jedes Glied der Formeln des Mittelalters das *Minus*-Zeichen zu setzen, und diese merkwürdige Lösung hat nur die *Anarchie* zur Folge haben können."

27) Soziologie I, 35. Im Grundsatz ist Comte damit einig mit katholisch-konservativen Autoren wie de Maistre, de Bonald und Lamennais. Vgl. hierzu Charlton 1963, 10.

28) Comte 1820, 14f. Zur Bedeutung des Buchdrucks für die Herstellung einer öffentlichen Meinung vgl. schon Condorcet 1976, 123ff.

29) Appel, 63. Schon 1822 hatte Comte geschrieben: Das Wesen des Dogmas von der unbegrenzten Freiheit des Bewußtseins sei „... es in der Tat, die Bildung eines jeglichen Systems allgemeiner Ideen zu verhindern, ohne das es aber Gesellschaft nicht gibt, indem es die Souveränität eines jeden individuellen Verstandes proklamiert." (Comte 1822, 53)

sein Argument zu: Durchs Recht auf freie Prüfung schreibt sich jeder einzelne Gläubige die Unfehlbarkeit des Papstes zu (Soziologie II, 261).

Eitelkeit vermutet er als Grund für die rasche Durchsetzung dieser Idee: „Das individuelle Recht der unumschränkten Prüfung aller sozialen Fragen mußte der anmaßlichen Schwäche unserer Intelligenz zu sehr schmeicheln, als daß selbst die konsequentesten Erhalter des alten sozialen Regimes einem solchen Anreiz widerstehen könnten ..., inmitten von Geistern, die sich dem unwiderstehlichen Schwunge ihrer vollständigen Befreiung hingaben."[30] Daneben identifiziert er in dieser Lehre ein ungerichtetes Potential von mißgünstigen Gefühlen. Die Energie der revolutionären Lehre beruhe „zum Teil auch auf der besonderen Tendenz zu spontaner und dauernder Entwicklung jener Gefühle des Hasses und sogar des Neides gegen jede soziale Überlegenheit ..., deren ungehindertes oder verhaltenes Ausbrechen eine Art Zustand chronischer Wut begründet, der in unseren Tagen selbst bei vorzüglichen Naturen sehr verbreitet ist ..." (Soziologie I, 124) Mit diesen Überlegungen ist Comte nahe an Max Schelers spätere Lehre vom Ressentiment herangekommen.

Ergebnis ist jedenfalls, daß ein jeder sich freihändig in Fragen ergeht, die entweder prinzipiell unlösbar sind oder unlösbar mit den Mitteln seines Verstandes. Verwirrungen sind die Folgen. Als Beispiele für Verwirrungen und Irrtümer dieser Art führt Comte u.a. an: den Gedanken, das Geld abzuschaffen und die industrielle Gesellschaft auf den direkten Tausch zurückzuwerfen; die Idee, die großen Hauptstädte Europas als Zentren der Zivilisation aufzugeben; die Forderung nach einem

---

30) Weiter heißt es: Auch die philosophischen Verteidiger des theologischen Systems „anerkennen im Grunde, wie die Revolutionäre, die sie angreifen, keine andere wirkliche Autorität, als die ihrer eigenen Vernunft, deren reizbare Unfehlbarkeit stets bereit ist, sich gegen jeden Widerspruch zu erheben ..." (Soziologie I, 35f.)

Tageslohn, der von den Gewinnen nicht überschritten werden darf; die Forderung nach gleicher Entlohnung unterschiedlicher Arbeiten; die Forderung nach Abschaffung der Todesstrafe „im Namen einer ... Gleichstellung der nichtswürdigsten Bösewichter mit einfachen Kranken." (Soziologie I, 90) Die Verbreitung des Gedankens, ein jeder könne über die Grundregeln des sozialen Lebens entscheiden, hat vor allem die öffentliche Moral zersetzt, da diese, „weil sie sich bei den meisten Menschen nur wenig auf ein direktes Gefühl stützt, vor allem verlangt, daß deren Gewohnheiten beständig durch die gleichmäßige Zustimmung der Einzelwillen zu unveränderlichen und gemeinsamen Vorschriften beherrscht werden, die geeignet sind, in jedem ernsten Falle den wahren Begriff der öffentlichen Wohlfahrt festzustellen." (Soziologie I, 91f.)

Hingegen sei die im Privatleben geltende Moral noch weniger angegriffen von metaphysischen Verwirrungen. Es liegt dies vor allem daran, daß das Privatleben (die Familie also) viel stärker auf das „natürliche Gefühl" gegründet ist als das öffentliche Leben (Soziologie I, 94f.). Allerdings sei jetzt auch die Privatmoral durch eine negativ-kritische Erörterung in Gefahr geraten, „die, ohne irgend eine Lösung zu bringen, die geringsten Pflichtbegriffe in Frage zu ziehen strebt."[31]

Ein wichtiges Kampfmittel der Metaphysik gegen die Theologie war die Behauptung von den Rechten des Menschen. Wenn es denn im theologischen Stadium Rechte gab, so waren sie konzentriert bei den Führern und garantierten den Gehorsam aller anderen (Catéchisme, 299). Die Unterstellung, alle Menschen hätten solche Rechte, hat mitgeholfen, das theologische Stadium zu überwinden. Als man aber daran ging, von diesen Rechten her einen sozialen Neuaufbau zu beginnnen (in der Französischen Revolution), haben sie sich rasch

---

31) Soziologie I, 96. Comte nennt Angriffe auf die Binnenstruktur der Familie (Alters- und Geschlechtsunterschiede) sowie den Vorschlag, die Leidenschaften gezielt auszuleben.

als dafür ungeeignet erwiesen; denn sie heiligen die Individualität und taugen also zu sozialen Lösungen nicht (Système I, 361).

Entsprechend die Idee von der Gleichheit aller Menschen: Die Verabsolutierung zum „Gleichheitsdogma" sei geschichtlich notwendig gewesen, hat bei der „Auflösung der alten sozialen Klasseneinteilung" mitgeholfen und neue politische Führungsgruppen entstehen lassen (Soziologie I, 45f.). Als Prinzip, das die gesellschaftliche Neuordnung anleiten soll, ist das Gleichheitsdogma jedoch unvereinbar mit Entwicklungsrichtungen der industriellen Gesellschaft. Abgesehen von der inzwischen erreichten Achtung der allgemeinen Menschenwürde und der Anerkennung freier Entwicklungsmöglichkeiten aller Menschen nach ihren Möglichkeiten sind die Menschen weder gleich noch gleichwertig und können „folglich in der Vergesellschaftung nicht gleiche Rechte besitzen ..." Neue Ungleichheiten entwickeln sich gerade in der industriellen Gesellschaft: Der Fortschritt der Zivilisation tendiere, „... weit entfernt uns einer chimärischen Gleichheit näher zu bringen, vielmehr seiner Natur nach dahin, diese fundamentalen Verschiedenheiten aufs äußerste zu entfalten, während er gleichzeitig die Bedeutung der materiellen Unterschiede bedeutend abschwächt, die jene zuerst nicht aufkommen ließen." (Soziologie I, 47)

Auch die Idee von der Volkssouveränität zählt Comte zu jenen metaphysischen Ideen, die überwunden werden müssen. Während des Zerfalls des alten Systems gab es noch keine Vorstellungen von einer neuen Ordnung, also „konnten die modernen Völker nur rein provisorische Einrichtungen vertragen, die nach Gutdünken zu verändern sie sich das unbedingte Recht beilegen mußten ..." Dazu war die Demokratie geeignet: Sie bedeutet Unentschiedenheit im Hinblick auf die Grundprinzipien der sozialen und politischen Organisation und hält deshalb die Zukunft für eine endgültige Lösung offen (Soziologie I, 48) Die schädliche Wirkung der Idee von der Volkssouveränität liegt darin, daß dadurch alles von der Willkür der Menge abhängig werde.[32]

In die gleiche Reihe gehört auch die Idee von der nationalen Unabhängigkeit. Diese Idee hat Frankreich in der Revolution unabhängig gemacht von den weniger fortgeschrittenen Völkern und also die Auflösung des alten Regimes befördert. Würde dieser Gedanke aber weiter vorherrschen, würde das „die moderne Politik hinter diejenige des Mittelalters zurückzuschrauben, und zwar gerade zu einer Zeit, wo die einzelnen zivilisierten Völker ... notwendig dazu berufen sind, schließlich eine zugleich umfassendere und regelmäßigere Vereinigung zu bilden, als es jene war, die ehemals durch das katholische und feudale System unvollkommen angebahnt wurde." (Soziologie I, 50)

Comte will so nachweisen, daß die Französische Revolution diese metaphysischen Prinzipien irrtümlich als Grundlage für einen gesellschaftlich-politischen Neubau nahm. Darüberhinaus stellt er die sachliche Widersprüchlichkeit der die Revolution begründenden Metaphysik heraus: Rousseau mit seiner wirren Idee von einer Vorwärtsbewegung nach rückwärts („Zurück zur Natur!") ist ihm dafür Hauptbeleg (Soziologie I, 53ff.). Weitere Belege sind die Versuche der Revolutionäre, den Katholizismus zu bekämpfen und gleichzeitig den Polytheismus wieder einzuführen, hinter das verhaßte Mittelalter zurück wieder Anschluß an die Griechen und Römer zu finden; die Anpreisung eines auf Gottglauben reduzierten Christentums als „natürliche Religion" und also der Rückfall in theologische Denkweisen; die Verherrlichung des Krieges in der Revolution und unter Napoleon und also die Wiederbelebung des militärischen Geistes des alten Systems (Soziologie I, 54-60). So habe der Verlauf der Französischen Revolution allen ge-

---

32) Die Idee der Volkssouveränität ersetze nur „die Willkür der Könige durch die Willkür der Völker, oder vielmehr durch die der Individuen."(Comte 1822, 54)

zeigt, daß der Versuch zur Verwirklichung der Metaphysik in Anarchie bzw. in Rückschritt enden muß (Comte 1822, 57). Weil bis in die Gegenwart hinein die theologische Philosophie zu einer vorrevolutionären Ordnung zurückkehren will, ist es gut, daß die metaphysische Philosophie dem bis in die Gegenwart hinein widerstrebt. Ein Verzicht aufs Dogma der freien Forschung würde derzeit den Vertretern des alten Regimes freie Hand geben, „die tyrannischsten Maßregeln anzuwenden, um ihre eitle, reaktionäre Einheit materiell zu begründen." (Soziologie I, 70) Die Vertreter des theologischen und des metaphysischen Denkens also halten sich derzeit im Denken, in Politik und Gesellschaft ein instabiles Gleichgewicht, was immerhin erlaubt, daß sich die neue positive Denkweise entfalten kann.

Das positive Stadium

Im positiven Stadium verzichtet der menschliche Geist auf überzogene Erkenntnisabsichten und untersucht nur das, was ihm wirklich gegeben ist und was dem verändernden Eingriff offensteht.

Wenn Wissenschaften positiv werden, so ordnen sie die Imagination der Beobachtung unter. Der Mensch rückt aus dem Zentrum der Welt; er sieht ein, daß seine Handlungen von begrenzter Wirkungsmacht sind. Während alle Varianten der theologischen Philosophie angenommen haben, daß die Phänomene von Willenskräften regiert werden und sich also (mindestens der Möglichkeit nach) unregelmäßig verhalten, geht die positive Philosophie davon aus, daß die Phänomene unveränderlichen Gesetzmäßigkeiten unterliegen, vermittels derer man ihr Verhalten voraussagen kann. Die Wirklichkeit verliert so jede „caprice" (Cours I, 377).

Wenn Wissenschaften positiv werden, verschiebt sich ihre Haupttätigkeit von der Erforschung der Tatsachen hin zum Schluß auf noch nicht erforschte Tatsachen, zur Voraussicht; dies deshalb, weil jetzt genügend Fakten beobachtet und die sie strukturierenden Gesetzmäßigkeiten formuliert sind. Es ist geradezu das Ziel der positiven Wissenschaft, „so weit wie möglich von der unmittelbaren Erforschung zu entbinden, indem sie diese durch ... rationale Voraussicht ersetzt ..." (Rede 1966, 35) Voraussicht besteht immer darin, „... eine Tatsache unabhängig von ihrer unmittelbaren Erforschung auf Grund ihrer Verbindung mit anderen bereits gegebenen Tatsachen zu erkennen." (Rede 1966, 45) Bei den Kommentatoren wird dieser Gesichtspunkt oft einseitig im Sinne einer Voraussicht in die Zukunft dargestellt. Es handelt sich aber zunächst und hauptsächlich um den allgemeinen erkenntnispragmatischen Gedanken, daß, je besser die Gesetzmäßigkeiten der Phänomene erforscht sind, umso weniger Forschung (im Sinne von Beobachtung der Phänomene) notwendig ist.

In der Frage, ob die positive Wissenschaft eines Tages dazu gelangen wird, alle Phänomene auf nur ein einziges Gesetz zurückführen zu können, oder ob mehrere grundlegende Gesetzmäßigkeiten nebeneinander bestehen werden, hofft Comte in der ersten Lektion des *Cours* verhalten, man werde irgendwann ein Einheitsgesetz für alle Phänomenbereiche aufweisen können (Cours I, 22). Einige Seiten später schreibt er, er wolle nicht davon ausgehen, daß die Phänomene einem einzigen Gesetz unterworfen sind und insofern keinen Universalismus vorschlagen. Der menschliche Geist sei zu schwach und das Universum sei zu kompliziert, als daß man jemals zur Formulierung eines Einheitsgesetzes gelangen könne (Cours I, 40f.). Für den systematischen Aufbau der positiven Philosophie sei nur Einheitlichkeit der Methode erforderlich, nicht aber die Unterstellung einer Homogenität in verschiedenen Gegenstandsbereichen.[33] Zudem bringe die Annahme eines Einheitsgesetzes bzw. die Hoffnung, es eines Tages formulieren zu können,

---

33) Cours I, 41. Damit löst sich Comte von der Hoffnung Saint-Simons, das Gravitationsgesetz werde sich als Grundprinzip aller Gegenstandsbereiche erweisen (so Voegelin 1975, 191; vgl. Dumas 1905, 299).

einen Nachteil mit sich: Der Erkennende wird dazu verführt, mehr Zusammenhänge zwischen den Phänomenen zu sehen als wirklich vorhanden sind.[34] Diese eher resignierte Position zum Thema Einheitsgesetz wird an späterer Stelle zur Forderung verändert, die Vielfalt der Gegenstandsbereiche in ihrer fundamentalen Eigenheit anzuerkennen. Bei der Diskussion der Theorien vom Licht in der Optik wünscht Comte: „Wenn doch der menschliche Geist endlich die irrationale Suche nach einer nutzlosen wissenschaftlichen Einheit aufgeben und anerkennen würde, daß die ganz unterschiedlichen Kategorien der heterogenen Phänomene viel zahlreicher sind, als es eine fehlerhafte Systematisierung vorgibt." (Cours I, 534)

Das positive Stadium des Philosophierens (und der Sozialorganisation) gilt Comte als das höchste und als das letzte - und damit als das Ende der Geschichte. Dies Stadium hat nur noch Möglichkeiten der inneren Weiterentwicklung und der Kumulation: „... ohne jemals seinen Charakter ändern zu können, wird es sich nur unbegrenzt entwickeln durch immer wachsende Errungenschaften, die sich unausweichlich aus neuen Beobachtungen oder aus gründlicheren Überlegungen ergeben werden."[35] Wenn jetzt alle Wissenschaft positiv wird, so ist damit für die Zukunft ein weiterer großer Umbruch im menschlichen Denken (und in der Sozialorganisation) ausgeschlossen, so ist das Plateau der Vollendung erreicht (wenn auch nicht abgeschritten).

---

34) „In seinem blinden, instinktiven Bedürfnis nach Verbindung geht unser Geist fast immer darauf aus, zwei beliebige gleichzeitige oder aufeinander folgende Erscheinungen miteinander zu verbinden; aber die Untersuchung der Außenwelt beweist, daß im Gegenteil viele dieser Verbindungen ganz unbegründet sind und, daß eine Menge Ereignisse ständig in völliger wechselseitiger Unabhängigkeit ablaufen ..." (Rede 1966, 47)
35) Cours I, 29. Zur Implikation, daß, weil die Fortschrittsbewegung in der Zukunft nur Verbesserungen und Erweiterungen, nicht aber radikale Brüche kennen wird, die Gegenwart überragende Möglichkeiten haben muß, vgl. Voegelin 1975, 83ff.

Wann hat positives Denken angefangen?

Genau könne man den Anfang des positiven Denkens nicht
datieren. Nach Beginn der Mathematik bei den Griechen
(Soziologie II, 186ff.), nach Aristoteles und der Schule von
Alexandria hat die Einführung der arabischen Mathematik und
Naturwissenschaften in Europa eine entscheidende Rolle gespielt.[36] Bacon, Descartes und Galilei haben dann zur Verbreitung der grundlegenden Gedanken und zu ihrer Herauslösung aus theologischem Denken beigetragen (Cours I, 27;
Soziologie III, 219). Seitdem habe die positive Philosophie einen stetigen Aufstieg genommen.

Jedoch ist das Dreistadiengesetzes nicht so zu verstehen,
als ob in den beiden ersten Stadien jeweils nur eine Denkweise, nur ein Weltbild bestanden hätte. Im ersten Stadium hat die
theologische Philosophie zwar dominiert, aber nicht alle Denk-
und Handlungsprobleme der Menschen reguliert; sie war nicht
universell wirksam. Adam Smith habe angemerkt, „daß man zu
keiner Zeit und in keinem Lande einen Gott der Schwerkraft
fände ... Auf dem moralischen und sozialen Gebiete ... hat es
zu jeder Zeit bezüglich der einfachsten Erscheinungen des täglichen Lebens die Idee der Naturgesetze gegeben, wie es die
allgemeine Führung unserer tatsächlichen, individuellen und
sozialen, Existenz offenbar erfordert ...“[37] Insofern begleitet
positives Denken die Menschheitsgeschichte von Anfang an.

Weil aber die Menschen im theologischen Stadium ihre eigenen Kräfte so stark überschätzt haben, hat sich ihr Nachdenken den unlösbaren Fragen zugewandt, während die lösba-
ren kaum einer ernsthaften Untersuchung für wert erachtet

---

36) Die „sciences positives" seien im 11. und 12. Jahrhundert durch die
Araber in Europa eingeführt worden (Comte 1820, 5ff.). Im *Cours* hingegen
(Soziologie II, 335f.) hebt Comte die eigenständigen Leistungen des mittelalterlichen Denkens hervor.
37) Soziologie I, 504. „... der Mensch war niemals ganz und gar Theologe",
heißt es im Système (IV, 139).

wurden (Cours I, 23). Deshalb blieb das positive Denken nach-
geordnet und hat sich unter der Vorherrschaft des theologischen langsam entwickelt, wobei letzteres „stets wesentlich für
die immer weniger zahlreichen Erscheinungen vorbehalten
blieb, deren Naturgesetze noch auf keine Weise erkannt werden konnten." (Soziologie I, 505) Lange Zeit blieben beide miteinander vereinbar, weil die Kenntnis der Naturgesetze noch
wenig entwickelt war und also die theologische Deutung der
Welt nicht in Frage stellte.

Erst als Naturgesetze von einiger Tragweite entdeckt wurden, stellte sich die Unvereinbarkeit beider heraus.[38] Allerdings: Auch das Denken der genialen Naturwissenschaftler war
nicht nur durch die positive Philosophie bestimmt. Weil sie damals als umgreifende Denkweise noch nicht formuliert war,
sind auch die großen Gelehrten (Descartes, Newton) manchmal in theologische und metaphysische Konzepte zurückgefal-
len, deren Grundlage sie durch ihre Entdeckungen gerade untergraben hatten (Cours I, 529f.).

Wegen dieser Verzögerungsmomente und allgemein, weil
die spekulativen Kräfte der Menschen so schwach sind, wäre
die Entwicklung des positiven Denkens viel langsamer gewesen, wären nicht unterstützende Bedingungen aufgetreten. Von
diesen „Hilfsfaktoren" sind jene am wirksamsten gewesen, die
aus dem Bedürfnis nach Anwendung kommen. Von hier, von
Handwerk und Technik her ist die forschende Spekulation genötigt worden, nur solche Fragen zu bearbeiten, die sich auch
lösen lassen (Cours I, 670f.). Das positives Denken hat deshalb keinen Gründer oder „Vater"; es hat sich als Gemein-
schaftswerk der Menschheitsgeschichte nach und nach aus der

---

38) Soziologie I, 507. Die Vorstellung von einem Gott bzw. einer Vorsehung,
der bzw. die sich selbst Gesetze auferlegt hat und ihnen folgt, war gewissermaßen das letzte theologische Kompromißangebot an die positive Philosophie (Soziologie I, 508f.).

praktischen Vernunft des Alltags, der „öffentlichen Vernunft",
wie Comte sagt, herausentwickelt.

Das metaphysische Stadium als Übergang

In der Konstruktion der Großschritte der Menschheitsentwicklung ist der mittlere recht undeutlich beschrieben: Ist das metaphysische nur ein Übergangsstadium? Und weshalb brauchte
es ein solches?

Die metaphysische Philosophie sei eine „Philosophie des
Übergangs", das zweite Stadium sei „nur eine allgemeine Modifikation des ersten", heißt es in der ersten Lektion des Cours
(Cours I, 24 und 21), weil es ähnlich wie das theologische
Wirkkräfte annimmt, die über oder hinter den Phänomenen existieren. So könne man die metaphysische Wesenheit „Natur"
als „eine theoretische Entartung des theologischen Prinzips"
ansehen (Soziologie I, 224). Es handele sich um ein Über-
gangs- oder Zwischenstadium, weil das Denken in den Wesenheiten, die in den Phänomenen stecken, ohne in ihnen auf-
zugehen, „nach Belieben ... entweder eine wirkliche Emanation
der übernatürlichen Macht oder nichts als eine abstrakte Bezeichnung des in Betracht gezogenen Phänomens ..." sehen
kann (Rede 1966, 19. Vgl. Ducassé 1939b, 494ff.).

Bei großflächigen Vergleichen stellt Comte oft nur das theologische und das positive Stadium gegenüber: Hatte zunächst
die theologische Philosophie den Menschen durch die Annahme von übernatürlichen Wesen Selbstvertrauen gegeben, so
könne heute nur die positive Philosophie „in uns eine uner-
schütterliche Energie und eine zielbewußte Standhaftigkeit ...
entwickeln, die ohne irgend eine äußere Hilfe und ohne irgend
welches eingebildetes Hemmnis unmittelbar aus unserer eigenen Natur geschöpft werden." Hatte die theologische Philosophie zu Beginn der Geschichte die Vereinigung der Menschen
zu größeren Sozialorganisationen ermöglicht, so sei heute nur
die positive Philosophie imstande, „von einem Ende der Welt
zum andern auf ebenso dauerhaften wie ausgedehnten

Grundlagen spontan eine wirkliche intellektuelle Gemeinschaft herzustellen, die der unermeßlichsten politischen Organisation als festes Fundament dienen kann." (Soziologie I, 501f.)

Warum war ein Übergang zwischen theologischem und dem positivem Stadium notwendig? Erstens ganz allgemein, weil sich die menschliche Intelligenz immer nur zögernd umstellt; und weil theologische und positive Denkweisen radikal verschieden voneinander sind, brauchte es Denkweisen, die den Übergang erleichterten (Cours I, 24). Wegen ihrer Interpretierbarkeit im Sinne der theologischen wie der positiven Philosophie hat die metaphysische Philosophie diese Umstellung ermöglicht.

Zweitens: Eine Phase der Anarchie sei immer unvermeidbar, wenn ein politisch-geistiges System verfällt und ein neues noch nicht Kraft genug hat, um an seine Stelle zu treten. Diese Phase der Anarchie mußte am Ende des theologisch-feudalen Systems besonders tiefgehend sein, weil es sich dabei um die größte Revolution der Menschheitsgeschichte handelte (Comte 1826, 180; Soziologie I, 27ff.). Mit diesem Gedanken hat Comte die unübersichtlichen Zustände seiner revolutionären und nachrevolutionären Zeit erklärt: Der bis in die Gegenwart reichende anarchische Zustand war einerseits notwendig, um den Niedergang des alten Systems zu befördern, und andererseits, um das neue (positive) zu ermöglichen.

Das Dreistadiengesetz in der Ontogenese

Das Dreistadiengesetz gilt Comte zufolge auch für die Ontogenese. Daß auch sie durch drei Stadien hindurch verläuft, verwendet er geradezu als Beleg für die Richtigkeit des menschheitsgeschichtlichen Gesetzes: „...wenn man seine eigene Geschichte überdenkt, erinnert sich dann nicht jeder von uns, daß er nacheinander ... *Theologe* in seiner Kindheit, *Metaphysiker* in seiner Jugend und *Physiker* in seinem Erwachsenen-

alter gewesen ist?"[39] Der Fetischismus stehe am Beginn der
Menschheits- wie der individuellen Lebensgeschichte. In der
Entwicklung der Menschheit wie in der des Individuums erhalte
die Vernunft zunehmend mehr Gewicht gegenüber der Einbildungskraft, verlieren die physischen Begierden an Macht gegenüber den intellektuellen Fähigkeiten (Soziologie I, 457 und
502f.).

Es sind auch Rückfälle in Denkweisen möglich, die dem erreichten Lebensstadium nicht mehr entsprechen. Selbst hoch-
gebildete Menschen können im reifen Erwachsenenalter wieder
auf die Denkweise der Kindheit, den Fetischismus zurückgreifen (Soziologie II, 33f.). Ein Rückfall ins fetischistische Stadium
liegt dann nahe, wenn uns das Gesetz der Dinge noch nicht
bekannt ist. Und weil wir in sehr vielen praktischen Fragen
niemals die wirkenden Gesetze kennen werden, werden wir
immer wieder auf die „fiktive Synthese" des Fetischismus zurückgreifen.[40]

Diese Idee, auch die Ontogenese werde durchs Dreistadiengesetz strukturiert, hat Comte kaum ausgearbeitet; er nutzt
sie als illustrativen Hinweis, als für plausibel gehaltenen Beleg
aus der Lebenserfahrung. Eine systematische Theorie oder
eine gründliche Beschreibung der Lebensentwicklung des Individuums durch die Stadien hindurch fehlen. Offenbar unterstellt
er kurzerhand, eine Entsprechung von Ontogenese und Phylo-
genese sei immer gegeben: Das individuelle Leben, so heißt
es, verifiziere das Gesetz der menschlichen Evolution, weil
beide notwendigerweise einander ähnlich sein müssen (Système III, 46).

---

39) Cours I, 22. Auch Saint-Simon war von einer Ablaufhomologie von Lebensgeschichte des Individuums und Menschheitsgeschichte (wenn auch in
anderer Fassung) ausgegangen; vgl. Littré 1863, 50f.
40) Système III, 83. Dieser Gedanke könnte die moderne „Alltagsmagie" im
Umgang mit technischen Maschinen und Apparaten erklären. Vgl. Überlegungen hierzu: Soziologie II, 29

Korrelate des Dreistadiengesetzes

Sozialgeschichtlichen Dimensionen sind nicht konstitutiv für die Konstruktion des Dreistadiengesetzes, so jedenfalls Comtes Darstellungsweise. Dementsprechend werden diese Dimensionen wie Korrelate der Geschichte des menschlichen Geistes eingeführt. Jedes der drei Stadien, so Barth, „stellt ein geistiges System dar, dem eine politische und ökonomische Ordnung entspricht. Die politische und wirtschaftliche Verfassung wird gemäß den Ideen, die das geistige System beherrschen, konstruiert." (Barth 1956, 129) Comtes Begründung dafür ist einfach, er behauptet, „daß die ganze materielle Entwicklung unvermeidlich einen Gang nehmen muß, der demjenigen, den wir ... an der intellektuellen Entwicklung nachgewiesen haben,... nicht nur analog, sondern sogar vollkommen entsprechend ist." (Soziologie I, 516f.)

Vom Krieg zur Industrie

Der Entwicklung vom Fetischismus zum positiven Stadium ordnet Comte eine Entwicklung vom Krieg zum Frieden zu, besser: von militärischer Organisation der Gesellschaft zu industrieller. Die drei Stadien dieser Entwicklung sind: „ die Eroberung, die Verteidigung und die (industrielle) Arbeit ..." (Systéme III, 63) Zu Beginn der Menschheitsgeschichte ist die Lebensführung ganz militärischer Art. Im Mittelalter schlägt der Eroberungskrieg in den Verteidigungskrieg um, wodurch das militärische Moment an Gewicht verliert und allmählich der industriellen Lebensform Raum läßt, die die Zukunft im positiven Stadium bestimmen wird.

Im Fetischismus gehörte der Krieg zur Lebensführung der Familiengruppen und Stämme. Die Menschen waren zu Beginn der Menschheitsentwicklung nicht zu regelmäßiger und anstrengender Arbeit in der Lage (s. die Neigung zur Trägheit in der menschlichen Natur); so blieb ihnen vor allem der Krieg als Mittel zur Sicherung des Lebensunterhalts (Soziologie I, 519).

Die durch Angriff und Verteidigung notwendige Assoziation mehrerer Familiengruppen und die entsprechende Organisation für den Kampf ließ sie Disziplin und Unterordnung lernen, die nach und nach zur Gewohnheit wurden (Soziologie I, 521). Jedoch führten die Fehden und Stammeskriege nicht zur Entstehung territorial größerer Gesellschaften und übergreifender staatlicher Ordnungen; sie hatten keine politisch-gesellschaftliche Entwicklungspotenz (Soziologie II, 61).

In der theokratischen Phase des Polytheismus ist die weltliche Macht insgesamt und das Militär insbesondere der Priesterkaste untergeordnet. Der Krieg wirkt hier eher störend, weshalb die Priesterschaft „dann und wann durch große Expeditionen nach entlegenen Gegenden und unwiderrufliche Ansiedlungen der Rastlosigkeit der Krieger ein geeignetes Feld eröffnete." (Soziologie II, 172) In den späteren Phasen des Polytheismus, in denen nicht mehr die Priesterschaft regiert (Comte denkt an die griechisch-römische Antike), dominiert hingegen der Eroberungskrieg. Er setzt seßhafte Lebensweise sowohl der Eroberer wie der Eroberten voraus - anders wäre die politische Einordnung der Eroberten in das Staatswesen des Eroberers nicht möglich. Jetzt gewinnt der Krieg seine „wahre soziale Bestimmung" (Système III, 186) als Mittel der Integration von Städten und Völkerschaften in große politische Organisationen, ins Römische Reich also.[41]

Dies militärische Regime der Antike setzt den Sklavenstatus derer voraus, die arbeiten. Die Sklaverei ist notwendig, um den Kriegern die Konzentration auf ihre Aufgaben zu ermöglichen; die militärische Zusammenfassung der Völker der Antike zu einer einzigen Staatsordnung (dem Römischen Reich) setzt die dauerhafte Unterwerfung der Vielen voraus (Soziologie I, 523).

---

41) Soziologie II, 129f. In der Zusammenfügung der verschiedenen Völker zum Römischen Reich liege die Ausgangsbedingung für die weitere Entwicklung „der Elite der Menschheit" (Soziologie III, 401).

Auch gewöhnt die Sklaverei die Menschen an regelmäßige ausdauernde Arbeit.[42]

Allgemein hält Comte die Zusammenfassung von unterworfenen Völkerschaften zu großen Herrschaftsgebieten für den wichtigsten Weg, um intern Pazifizierung zu erreichen und die Unterworfenen zu regelmäßiger Arbeit anzuhalten (Système III, 60f.). Das Hauptziel des antiken militärischen Systems war erreicht, „als endlich der größte Teil der zivilisierten Welt unter ein und derselben Herrschaft vereinigt war, wie das in unserer europäischen Entwicklungsreihe die fortschreitenden Eroberungen Roms herbeigeführt haben." (Soziologie I, 524) Von da an ergaben sich ein Rückgang der militärischen Tätigkeit und ein allmähliches Aufsteigen der industriellen.

Im Mittelalter wandelt sich der Eroberungskrieg in den Verteidigungskrieg, eine Entwicklung, die sich schon in den letzten Jahrhunderten des Römischen Reiches angebahnt hatte (Vorrang der Grenzsicherung). Auch die Kreuzzüge beurteilt Comte als defensive Kriege, weil es darum ging, sich des Mohammedanismus zu erwehren (Soziologie II, 297f.). Damit verbunden entstand eine differenzierte Moralität, die am besten mit dem Begriff der Ritterlichkeit bezeichnet wird. Die Sklaverei verwandelte sich in Hörigkeit, denn das System des antiken Eroberungskrieges, das einerseits für Nachschub an Sklaven gesorgt hatte und andererseits strukturell auf Sklaverei angewiesen war, war entfallen. Die Hörigen wurden an den Boden gebunden (Soziologie II, 300f.).

Vom 11. Jahrhundert an melden sich die „industrielle Leistungsfähigkeit" und die „(natur-)wissenschaftliche Leistungsfähigkeit" und versuchen, sich gegen die feudal-militärische Sozialform durchzusetzen (Comte 1820, 5 und 21). Zuvor war das Handwerk ganz in der Hand des Feudalherren gewesen,

---

42) Soziologie I, 522. Die Sklaverei bildete „damals den einzigen allgemeinen Weg zur industriellen Entwicklung der Menschheit ..." (Soziologie II, 138f.).

die Wissenschaft ganz Bestandteil der theologischen Macht.
Durch die nun erreichte Freiheit der Gemeinden und Städte
wird die Basis für die heutige Vorherrschaft der Industrie gelegt: Die Handwerker entkommen dem Machtbereich der Seig-
neurs, neben dem Grundbesitz entwickelte sich eine selbständige Eigentumsform. Zunehmend werden Industrie und auch
Wissenschaft von vom Feudalsystem relativ unabhängigen
Klassen getragen.[43] Weder die Handwerker und Industriellen
noch die Wissenschaftler haben jedoch eine Chance, an der
politischen Macht teilzuhaben. Es bleibt ihnen keine andere
Wahl, als sich der Erkenntnis der Natur und der praktischen
Veränderung der äußeren Bedingungen des Lebens zuzuwen-
den. Sie überlassen die Macht den Feudalherren, Militärs und
Theologen und entwickeln stattdessen die technischen, organi-
satorischen und wissenschaftlichen Grundlagen für eine neue
Vergesellschaftungsform (Comte 1820, 25ff.). Weil sie von der
Teilhabe an der Macht ausgeschlossen sind, haben sie die
Möglichkeit, das Neue zu entwickeln.

Die Befreiung der Gemeinden also ist eine wichtige Ursache
für den Verfall des Feudalsystems (Comte 1820, 6; Comte
1822, 50). Seitdem stehen sich die alte und die neue Vergesellschaftungsform gegenüber, bekämpfen sich. Nachdrücklich
hebt Comte heraus, daß die Bewegung hin zur modernen Gesellschaft nicht erst im 16. Jahrhundert begonnen habe, sondern weit früher, Anfang des 14. Jahrhunderts. Die falsche
Auffassung gehe darauf zurück, daß man den Beginn der Bewegung hin zur Moderne mit dem Auftreten der kritisch-
negativen Lehren ansetzt und hierbei die vorherigen sozialen
Konflikte übersieht, überhaupt den Einfluß der geistigen Ent-

---

43) Comte 1820, 22. - Saint-Simon hatte unter *industriels* alle produktiv
Tätigen (also auch die Industriearbeiter) verstanden, Comte verwendet den
Begriff nur noch für die *chefs* in Industrie und Bankbereich (vgl. Salomon-
Delatour 1962, 14).

wicklung aufs Handeln der Menschen überschätzt (Système III, 528).

Der offene Kampf beider Vergesellschaftungsformen beginnt im 16. Jahrhundert. Die Gemeinden und Städte verbünden sich in Frankreich mit dem König gegen die Feudalherren, in England mit den Feudalherren gegen den König. Die Auseinandersetzung zwischen dem alten und dem industriellen System wird allerdings verzerrt, weil die aufstrebenden Handwerker und Industriellen häufig von Gruppen geführt werden, die aus den alten Klassen stammen (Comte 1820, 10ff.).

Weil das militärische System vom industriellen grundverschieden ist, bedurfte es - wie beim Übergang vom theologischen zum positiven Stadium - einer Übergangsphase. Diese Übergangsphase skizziert Comte undeutlich als jene, die die „verschiedenen Klassen von Juristen" geleitet haben und die derzeit noch nicht ganz abgeschlossen sei (Soziologie I, 524f.). Notwendig wurde diese Übergangsphase auch, damit sich neue Eliten herausbilden. Die Feudaladligen konnten sich nicht in landwirtschaftliche Unternehmer, in Händler und Bankiers umbilden, sie hatten keine Voraussetzungen, um die neue industrielle Sozialform zu leiten. So hatte das Abendland für längere Zeit keine Führungsgruppe, die die neue gesellschaftliche Entwicklung tragen konnte (Système III, 497ff.).

Die Gegenwart und endgültig die Zukunft im positiven Stadium sind ganz von der industriellen Lebensform bestimmt. Der Krieg ist „endlich rein nebensächlich geworden ...", er bildet „im tiefsten Grunde nur mehr eine Ausnahme ..." (Soziologie II, 121 und 130) Als Beleg dafür, wie wenig das Militärische mit dem Industriellen verträglich sei, führt Comte vor allem den Widerstand im Volke gegen die Zwangsrekrutierung zum Soldaten an.[44]

---

44) Soziologie I, 518. Derselbe Gedanke bei den Saint-Simonisten: „Mühsam entreißt man den Menschen seiner Landarbeit, damit er die Waffen ergreife." (Lehre 1962, 59)

Natürlich übersieht Comte nicht die zurückliegenden Jahre der Kriege und der umfassenden militärischen Mobilisierung in der Revolutionszeit und unter Napoleon. Aber sie erscheinen ihm wie eine Episode, die rasch wieder von der Hauptbewegung zum industriell-friedlichen Zustand überwunden wurde (Soziologie I, 518f.). Auch seien seit dem 17. Jahrhundert vor allem Handelskriege geführt worden, was bedeute, daß der Krieg ganz der industriellen Tätigkeit untergeordnet worden sei (Soziologie III, 101f.). Comte ist überzeugt, daß die industrielle Gesellschaft nicht auf den Krieg als Interaktionsmedium und als Medium des Gütererwerbs angewiesen ist.

Für die Parallelität von Militär und theologischem Geist und von Industrie und positivem Geist gibt er nicht eigentlich eine Begründung, sondern behauptet eher eine „natürliche Verwandtschaft" zwischen dem militärischen und dem theologischen Stadium, dem juristischen und dem metaphysischen Übergangsstadium und dem industriellen und dem wissenschaftlich-positiven Stadium (Soziologie I, 525).

Für die Parallele von theologischem und militärischem Stadium führt Comte an, daß beide trotz ihrer Verschiedenheit gleichzeitig entstanden, gewachsen und verfallen sind. Wiewohl beide Mächte miteinander zeitweise rivalisiert haben, gehören sie ein und demselben System an (Soziologie I, 526). Dazu kommt, daß beide auch eine innere Wahlverwandtschaft zueinander hatten: „... die nicht beweisbaren Glaubensinhalte und die jeder Diskussion entzogenen Befehle müssen sich gegenseitig unterstützen."[45] Zur Parallelität von Metaphysik und Juristen bringt Comte wenig vor.

Geläufig sind die Begründungen dafür, weshalb Industrie und theologischer Geist nicht zueinander passen: Erstens weil jede absichtliche Einwirkung des Menschen auf die Welt mit

---

45) Système III, 64. Das militärische Regime war auf eine theologische Sanktionierung angewiesen, um Unterordnung zu erreichen, und hat seinerseits die theologische Autorität gestützt (Soziologie I, 527ff.).

der Annahme von einer Vorsehung unvereinbar ist.[46] Zweitens wirkt der „industrielle Geist" von seinem Anfang an im Mittelalter „gegen die vorherrschende Sorge um die ewige Seligkeit". Drittens wird allen Gesellschaftsmitgliedern deutlich, daß die industrielle Denk- und Handlungsweise mit theologischem Denken, das eine Regierung der Welt durch höhere Mächte annimmt, unvereinbar ist (Soziologie III, 108f.). Schließlich hat die industrielle Denk- und Handlungsweise einen der Theologie feindlichen Charakter, weil sie unser Alltagshandeln bestimmt: Die „Opposition" gegen das theologische Vertrauen in Gott taucht „ständig unter den verschiedensten Formen im Vollzug unserer besonderen Tätigkeit wieder auf, bei denen wir die Außenwelt nicht als von irgendwelchen launischen Mächten gelenkt, sondern als Gesetzen untertan ansehen müssen, die geeignet sind, uns eine hinlängliche Voraussicht zu gestatten, ohne die unsere praktische Tätigkeit der rationalen Basis entbehren würde." (Rede 1966, 67)

Daneben kann die Beziehung zwischen Industrie und wissenschaftlichem Geist auch geschichtlich belegt werden: Beide begannen gleichzeitig ihren Aufschwung und gehen seither zusammen (Systéme III, 523). Beide haben einander als Gegner des militärischen Regimes und des theologischen Geistes unterstützt (Soziologie I, 530). So wie der wissenschaftliche Geist in der Gegenwart vor neuem Erstarken des theologischen schützt, so schützt der industrielle vor einer „Rückkehr des militärischen oder feudalen Geistes." (Soziologie I, 17f.)

Comte will zeigen, daß grundlegende Entwicklungen in der Menschheitsgeschichte für eine friedliche Zukunft sprechen.

---

46) „Vom rein religiösen Standpunkte aus ... muß die willkürliche Modifikation der Erscheinungen nach den Regeln einer rein menschlichen Weisheit im Grunde nicht weniger ruchlos scheinen, wie ihre unmittelbare rationale Voraussicht; denn das eine wie das andere setzt gleicherweise unveränderliche Gesetze voraus, die schließlich mit irgendwelchen Willenskräften unvereinbar sind ..." (Soziologie I, 530f.; ähnlich Systéme III, 65)

Die militärischen Sozialformen in der Geschichte und die Bedeutung des Krieges erfahren dabei eine ruhige Würdigung.
Der Krieg wird als zentrales Medium der Zivilisationsentwicklung dargestellt, die militärische Lebensform war menschheitsgeschichtlich notwendig und produktiv. Nur durch die von ihr
erzwungenen Assoziationen und dauerhaften sozialen Bindungen, durch Staatenbildung und Sklavenarbeit konnte der Widerstand der Menschen gegen geregelte Arbeit überwunden
werden (Soziologie I, 520). Die zivilisatorische Leistung der
militärischen Tätigkeit bestand weiter in der Gewöhnung an
Disziplin und Ordnungssinn, ohne die politische Systeme nicht
existieren können, und allgemein in der Schaffung von groß-
räumigen Sozialformen. Die seit dem späten Mittelalter entstehende Industrie war darauf angewiesen, sich in großen Gesellschaften zu entwickeln; diese zu formen, das hatte die
kriegerische Aktivität (im Falle Europas der Römer) zustande
gebracht (Soziologie I, 521f.).

Auch die antike Sklaverei wird entsprechend beurteilt: Sie
war ein bedeutsamer Zivilisationsfortschritt, weil sie auf der
Verschonung des Lebens von Kriegsgefangenen beruhte und
so mit der Sitte, die Unterworfenen zu töten, brach (Soziologie
II, 137f.), weil sie die Menschen an regelmäßige und ausdauernde Arbeit gewöhnte. Der moderne Abscheu gegen die Sklaverei richte sich hingegen gegen die Sklaverei in den Kolonien
der europäischen Staaten, die mit der antiken nicht vergleichbar sei. Die moderne Sklaverei sei „ihrem Wesen nach eine
wahre politische Ungeheuerlichkeit ..., eine im Schoße der Industrie selbst organisierte Sklaverei des Arbeiters gegenüber
dem Kapitalisten, die für beide gleich entwürdigend ist ..."
(Soziologie I, 523) Die Sklaverei in den Kolonien ist monströs,
weil sie den ökonomischen und moralischen Möglichkeiten der
industriellen Gesellschaft nicht entspricht.[47]

---

47) „Nicht weil die moderne Sklaverei im Widerspruch zu einer fixierten
Idee des Individuums, einem abstrakten Menschenbild stünde, verwirft

Von heute aus fällt es wahrlich nicht schwer, Comtes Prognose von einem Ende des Krieges als falsch zu bezeichnen.[48] „Der Kadaver des Krieges" (Catéchisme, 377) hat sich im 20. Jahrhundert als sehr lebendig erwiesen. Strukturwidersprüche zwischen Militär und Industrie jedoch hat Comte überzeugend beschrieben; seine einschlägigen Argumente werden auch von der heutigen Militärsoziologie beachtet.

Von der Erblichkeit zur Leistung

Im Zeitalter der Theokratie bestand Erblichkeit der sozialen Funktionen. Nur sie konnte damals die Kontinuität der Fertigkeiten, Kenntnisse und Traditionen garantieren, weil entsprechende Ausbildungswege und traditionssichernde Wissensformen noch nicht bestanden (Soziologie II, 166). Die gleiche Funktion erfüllte die Institution der Kasten, indem sie jede Familie einer erblichen sozialen Aufgabe verschrieb und so ihren sozialen Charakter bestimmte, die Kontinuität über die Generationen hinweg sicherte (Système III, 206).

Nachdem die Priester aus der Herrschaft und aus den anderen Bereichen der praktischen Tätigkeit verdrängt worden sind, gelangt der Polytheismus in die Phase des „militärischen Polytheismus" (auch „fortschrittlicher Polytheismus") - gemeint sind Griechenland und Rom, die lange Zeit nebeneinander bestanden, um sich schließlich zu einer Bewegung zu vereinigen (Système III, 377). Griechenland bildet in dieser Konstellation die „intellektuelle", Rom die „soziale" Variante: Anders als die Römer sind die Griechen aus verschiedenen Gründen nicht in der Lage, durch Krieg zu größeren politischen Einheiten zu gelangen. Jedoch tritt hier die neue Klasse von Philosophen

Comte sie, sondern weil sie auf Grund der entfalteten materiellen und geistigen Möglichkeiten nicht mehr dem gesellschaftlichen Fortschritt dienen kann." (Negt 1964, 79)
48) Löwith (1973, 84f.) nimmt das zum Anlaß, Comte allgemein durch die Geschichte bis heute widerlegt zu sehen.

und Wissenschaftlern hervor, die unabhängig von der theokratischen Kaste ist und überhaupt keiner bestimmten sozialen
Aufgabe zugeordnet (Soziologie II, 185f.).

Im Vergleich mit Rom schneidet Griechenland bei Comte
schlecht ab: Die Griechen stellen die Intelligenz über alles und
setzen den Niedergang ihrer Sozialform in Gang, weil Disziplin
und Ordnung relativiert werden (Système III, 271). Besonders
Sokrates gilt Comte als Inbegriff eines „revolutionären Einflusses" auf die Polis.[49] So ergeben sich bei den Griechen Tendenzen zur Anarchie, die bis heute fortwirken, insbesondere
der Versuch, das Geburtsprinzip abzuschaffen, ohne es durch
das meritorische ersetzen zu können (Système III, 275). Die
Römer hingegen richten ihr Denken auf die Lösung sozialer
und politischer Fragen und erlangen so eine große Kraft zur
Festigung und Erweiterung der Staats- und Sozialorganisation.
Die römische Zivilisation arbeitet nach Familie und Kaste die
nächsthöhere Organisationsform des Sozialen heraus, das
Vaterland, und gewinnt dann durch die Inkorporation anderer
Völker einen zunehmend universellen Blick (Soziologie II, 202).
Weil alle Aktivität strikt auf kollektive Ziele ausgerichtet ist,
ordnen die Menschen ihr persönliches Leben auf seine soziale
Bestimmung hin, unterwerfen sie sich freiwillig den kollektiven
Handlungszusammenhängen.[50]

Das römische Kaisertum bleibt prinzipiell auf Wahl und nicht
auf Erblichkeit gegründet (wenn manchen Kaisern auch die
Bestimmung ihrer Nachfolger zugestanden wird). Versuche,
das Kaisertum theokratisch einzurichten (durch Vergöttlichung
u.ä.), möge man, so Comte, in ihrer Bedeutung nicht über-

---

49) Système III, 342. Auch die Saint-Simonisten meinen, Sokrates und
Platon hätten nur eine individuelle Moral entwickelt und jeden Bezug auf die
Menschheit weglassen; immerhin gestehen sie Sokrates zu, daß er das
Christentum vorbereitet hat (Lehre 1962, 234 und 48).
50) Système III, 372f. „Diese tägliche Herrschaft über sich selbst ..." heißt
es hier, nahe an Selbstzwang bzw. Selbstkontrolle in späteren Theorien
(z.B. Elias) kommend.

schätzen (Système III, 390f.). In gewisser Weise hat der militärische Polytheismus moderne Züge: Er vereinfacht das Kasten-
system und ersetzt es tendenziell durch den Gegensatz Freie -
Sklaven; er betont das meritorische Prinzip im Verhältnis zum
Abstammungskriterium, bereitet das moderne Leistungsprinzip
vor - die erfolgreichen Militärs und die neuen Landbesitzer von
nicht adliger Herkunft passen nicht zu den Abstammungsregeln
des römischen Patriziats (Système III, 259f.).

Die Gesellschaftsstruktur des Mittelalters setzt die Tendenzen fort, die im römischen Kaiserreich bereits wirksam waren.
Die feudale Struktur hatte sich im römischen Kaiserreich vorbereitet durch die Föderatenpolitik und durch die Ansiedlung von
feindlichen Völkern an den Grenzen des Reichs mit der Auflage, die Grenzen zu verteidigen. Die politische Ordnung des
Mittelalters löst sich von allen theokratischen Elementen, die
spirituelle Gewalt ist als Papsttum und Kirche separat organisiert (Système III, 462). Weltliche und spirituelle Macht bilden
in ihrem Nebeneinander (und auch Gegeneinander) ein System
(Comte 1820, 4). Der Papst stellt eine Art europäische Regierung dar, jedenfalls sorgt er für einen geregelten Umgang der
Staaten miteinander und manchmal (Kreuzzüge) auch für
staatenübergreifendes gemeinsames Handeln (Comte 1826,
184). Indem für den Klerus das Zölibat durchgesetzt wird, wird
ein Bruch in den Rekrutierungsregeln sozialer Eliten - wenigstens im spirituellen Bereich - erreicht: Das Priesteramt ist von
jetzt an nicht mehr erblich (anders als in den alten Theokratien
und auch in der Antike), und dies inmitten der Feudalgesell-
schaft, die ja auf Erblichkeit beruht.[51] Eine „große und mächti-
ge Klasse" entsteht, „in der die intellektuelle und moralische

---

51) Soziologie II, 169f. und 263ff. Die Saint-Simonisten sehen im katholischen Klerus des Mittelalters „die erste Anlage einer auf die Verbindung
friedlicher Kräfte gegründeten Gesellschaft, und aus ihrem Schoße ist das
Prinzip der Ausbeutung des Menschen durch den Menschen völlig ausgeschlossen ..." (Lehre 1962, 91, auch 59)

Überlegenheit als erstes Anrecht auf wirklichen Einfluß offen sanktioniert wurde ..." (Soziologie II, 250)

Die Bewegung hin zur modernen Gesellschaft ist durch Zerstörung der unabhängigen spirituellen Gewalt gekennzeichnet: Die Aufgaben und Kompetenzen von Papst und Kirche werden von der weltlichen Regierung angeeignet und politisch umgeformt. Die Erziehung und Bildung kommen in staatliche Hand (Système III, 558). Die Kirche verliert das Recht zum Teil, die Rekrutierung der Kleriker selbst vorzunehmen. Der Klerus wird abhängig von der weltlichen Macht. Gleich ob als Monarchie oder als Aristokratie - die weltliche Gewalt ordnet sich die spirituelle unter (gewöhnlich in der Form von National- und Landeskirchen).

Auf diese Weise entsteht „die moderne Diktatur" (Système III, 557), die absolutistische Herrschaft, ausgeübt meist von den Königen (in England von der Aristokratie). Die weltliche Macht wird nun zuständig auch für die moralischen Aufgaben, die zuvor von der spirituellen wahrgenommen worden sind. Allerdings hat „die weltliche Diktatur, sei es die monarchische, sei es die aristokratische, seit dem 16. Jahrhundert die ungeheure soziale Verantwortlichkeit gewöhnlich nicht verstehen können, die sie so allein dadurch unwillkürlich auf sich nahm, daß sie alle Fragen zu politischen machte, die bis dahin nur moralische hatten sein können." (Soziologie II, 500) Daraus entstehen mancherlei Verwirrungen und auch eine strukturelle Schwächung der weltlichen Macht.

Insgesamt erblickt Comte in der Geschichte überzeugende Hinweise dafür, daß das Erbrecht und die Vererbung sozialer Positionen beständig an Bedeutung verloren haben und weiter verlieren. Man rufe „... sich ins Gedächtnis zurück, daß ursprünglich alle Professionen der Hauptsache nach erblich waren, daß man zuerst sogar die Sklaverei und die Freiheit erbte, und daß bis in die jüngste Zeit die Geburt die Hauptbedingung für jedwede Macht bildete ...[52] Für das künftige positive Regime erwartet Comte Maßnahmen, die das Erbrecht und die Vererbung sozialer Positionen so gut wie ausschalten werden.

Gesichtspunkte zum Dreistadiengesetz

Daß das Dreistadiengesetz zutreffend sei, hat Comte immer wieder versichert. In der ersten Lektion des *Cours* setzt er auf Plausibilität: „Erstens scheint es mir auszureichen, ein solches Gesetz darzulegen, auf daß seine Triftigkeit von all denen unmittelbar anerkannt wird, die eine vertiefte Kenntnis von der allgemeinen Geschichte der Wissenschaften haben." (Cours I, 22) Im 4. Band des *Cours* (1839) blickt er auf „siebzehn Jahre fortgesetzten Nachdenkens" (nämlich seit der ersten Formulierung des Gesetzes im *opuscule fondamentale* 1822) zurück und erachtet das Dreistadiengesetz als „jetzt ebenso vollkommen erwiesen ... wie irgend eine der heute in den anderen Teilen der Naturphilosophie anerkannten allgemeinen Tatsachen." (Soziologie I, 476)

In der Fähigkeit der positiven Philosophie, die gesamte Geschichte der gesellschaftlichen Entwicklungen zu erklären, sieht Comte einen entscheidenden Vorzug gegenüber der „revolutionären" und der „reaktionären" Lehre. Erstere beschäftige sich mit der Vergangenheit nur, „um alle der revolutionären Epoche vorausgehenden früheren Zeiten mit einem gemeinsamen blinden Tadel zu überschütten." Letztere begnüge sich damit, „die fundamentale Lage der modernen Gesellschaften gleichmäßig zu verwünschen, die ihr nur unter der

---

52) Soziologie I, 345f., Fußn.1. In seiner Kritik am Erbrecht und an der sozialen Vererbung stimmt Comte mit Saint-Simon und den Saint-Simonisten überein. Die Weitergabe von Vermögen in der Familie verhindert Saint-Simon zufolge die Durchsetzung des Grundsatzes, daß jeder nach seinen Fähigkeiten eingesetzt und entlohnt werde (Salomon-Delatour 1962, 14). Entsprechend beklagen die Saint-Simonisten Behinderungen des freien Wechselns von Personen zwischen den Klassen (Lehre 1962, 105f.).

Voraussetzung verständlich erscheint, daß die Menschheit, man weiß nicht wie, bei einer Art chronischen Wahnsinn angelangt ist, der nur durch einen besonderen wunderbaren Eingriff der Vorsehung zu heilen wäre." (Soziologie I, 131) Comte ist sicher, mit dem Dreistadiengesetz einen Weg gefunden zu haben, der beide Sackgassen vermeidet.

Versteht man die Menschheitsgeschichte als gestufte Entwicklung hin zu den modernen Gesellschaften (und weiter zum künftigen positiven Stadium), so müssen die Entwicklungen von Völkern und Kulturen, die an der Bewegung hin zur Moderne keinen Anteil hatten, ausgeblendet werden, müssen sie als mißlungene, abgebrochene oder verzögerte Entwicklungspfade gelten. Daraus folgt für Comte: Die Befassung mit der Geschichte Indiens oder Chinas etwa, die kaum Einfluß auf die der westlichen Gesellschaften gehabt haben, sei hinderlich für die Konstruktion eines allgemeinen Entwicklungsgesetzes der Menschheit. Erst wenn dies Gesetz anhand der westlichen Gesellschaften hinreichend begründet sei, könne man sich den „Modifikationen" zuwenden und untersuchen, welche Bedingungen zu ihnen geführt haben (Soziologie II, 3f.).

Es bleibt das Problem, daß die Entwicklung der westlichen Gesellschaften hin zur Moderne nicht von ein und demselben Volke vollzogen wurde. Die heutigen Völker des Abendlandes sind in mehrfacher Hinsicht nur Erben von Völkern, die vor ihnen die Zivilisationsentwicklung begonnen und weiter getragen haben. Dies Problem löst Comte mit dem Konzept der „sozialen Reihe": „In jeder Epoche wird unsere rationelle Betrachtung hauptsächlich die wahren politischen Vorfahren dieses privilegierten Bevölkerungteiles betreffen müssen, welches im übrigen auch ihr Vaterland sein mag." (Soziologie II, 3) Dieser Gedanke wirft natürlich Probleme auf bei der Bestimmung der „wahren politischen Vorfahren" der modernen westlichen Gesellschaften: Gehören die Hethiter, die Etrusker, die Perser dazu? Wichtiger aber: In diesem Gedanken von der „sozialen Reihe" werden ohne nähere Begründung Prozesse angenommen, die das Leben einzelner Gesellschaften weit übergreifen, wird gewissermaßen die Vorstellung von der *translatio imperii* gesellschaftsgeschichtlich gewendet. Wie die *translatio* im einzelnen zustande kam bzw. welche Bedingungen in den einzelnen Gesellschaften die Weiterführung ein und desselben übergreifenden Entwicklungspfades ermöglicht haben, deutet Comte nicht einmal an.

Die Konstruktionslogik des Dreistadiengesetzes ist teleologisch: Die Darstellung und Beurteilung früherer Epochen, Entwicklungen und Stadien geschieht immer im Blick aufs Endstadium, aufs Ziel der Menschheitsentwicklung. Der Hauptgesichtspunkt der Analyse bestehe „... darin, den Normalzustand der Menschheit immer als notwendigerweise durch eine lange Einführung vorbereitet aufzufassen, während der die schließliche Soziabilität unter einer primitiven Wesensart verdeckt ist." (Système II, 175). Zu den Nachteilen von teleologischen Geschichtskonstruktionen muß ja nichts gesagt werden, sie liegen auf der Hand. In den Sozialwissenschaften sind sie im 20. Jahrhundert ziemlich aus der Mode gekommen. Ein Vorteil läßt sich bei Comte immerhin erkennen: Weil alle früheren Epochen der Menscheitsgeschichte das endgültige positive Stadium vorbereitet haben, kann er allen Stadien und Epochen Gerechtigkeit widerfahren lassen. Sowohl die theologische als auch die metaphysische Philosophie können als je angemessene Lösungen betrachtet werden.[53] Dieser unvollständig durchgeführte Relativismus - frühere Gesellschaftsformen werden als wertvoll anerkannt, aber nur weil sie die Moderne vorbereitet haben - bestimmt bis heute jene soziologischen Theorien, die evolutionistisch denken (vor allem den Strukturfunktionalismus und die aus ihm stammenden Modernisierungstheorien).

---

53) Vgl. Comte 1825, 140; Soziologie II, 83. - Der Positivismus denke historisch, während z.B. die Französische Revolution antihistorisch gedacht und die Vergangenheit gehaßt habe (Système I, 85).

In diesem Sinne versteht Comte auch die Theologie als eine „Philosophie", läßt er auch fetischistische, polytheistische und monotheistische Deutungen von der Welt und vom Menschen als ähnlich wertvolle und wirksame Deutungssysteme (neben der positiven Philosophie) gelten. Allerdings kommt so eine Irreführung ins Spiel: Dadurch nämlich reduziert Comte die Religionen auf „Weltbilder", auf „Deutungs-" oder „Erkenntnissysteme", sieht er an den älteren Religionen und auch an der christlichen vor allem ihre Orientierungsleistungen sowie - daraus folgend - ihre Leistungen für die soziale Integration.

Diese Auffassung versucht er z.B. bei der Frage zu begründen, wodurch der Katholizismus des Mittelalters moralisch wirksam war, ob durch Furcht bzw. Hoffnung im Hinblick auf das Leben nach dem Tode oder ob durch die „damals ausschließlich seinen Lehren anhaftende Eigenschaft..., der regelmäßigen Bildung gewisser, von Natur gemeinsamer Anschauungen als unentbehrliche Organe zu dienen, deren Macht im öffentlichen Leben, einmal begründet, allein durch ihre Universalität notwendig mit einem unwiderstehlichen moralischen Einflusse begabt war...", also durch die Grundlegung universeller Anschauungen und moralischer Kriterien (Soziologie II, 310). Comte knüpft an eine von Condorcet gemachte Überlegung an, daß nämlich viele gläubige Ritter trotz religiöser Strafandrohung der Sitte des Zweikampfes gefolgt sind, also ihr Seelenheil zugunsten der Einhaltung gemeinsamer Anschauungen riskiert haben. Das stimme ganz mit der menschlichen Natur überein, „die uns in hinlänglich ernsten Fällen immer veranlassen wird, eher einer fernen Gefahr zu trotzen, möge sie noch so schwer sein, als sich sofort der unvermeidlichen Brandmarkung durch eine feststehende und ganz einstimmige öffentliche Meinung auszusetzen." (Soziologie II, 312f.) Hier wird Comtes Gedankenrichtung sichtbar: Er befaßt sich nicht mit den religiösen Vorstellungen, Praktiken und Institutionen in ihrem eigenen Sinn, sondern mit ihrem Beitrag zum sozialen Leben. Mit diesem funktionalistischen

Blick auf die Religionen dürfte er dem Bereich des Religiösen nicht gerecht werden.[54] Manchmal faßt Comte die Leistungen der Religionen sogar so auf, als ob sie beabsichtigt, als ob sie sozialtechnisch geplant worden wären. Durch die „Einrichtung des Fegefeuers" z.B. habe „der katholische Genius ... jenen geschickten Ausweg geschaffen ..., der die Möglichkeit bot, die tatsächliche Anwendung des religiösen Verfahrens mit gewissenhafter Genauigkeit unmittelbar den Erfordernissen jedes tatsächlichen Falles stufenweise anzupassen", statt immer mit der ewigen Verdammnis drohen zu müssen (Soziologie II, 281). Die Lehre von der Gegenwart Christi in der Heiligen Messe betrachtet Comte ausschließlich unter kirchenpolitischem Aspekt: Sie habe politischen Erfolg mit sich gebracht (im Sinne der Selbständigkeit der spirituellen Macht), „indem es dem geringsten Priester täglich die Gewalt wunderbarer Konsekration verlieh, die ihn Führern höchst ehrwürdig machen mußte, deren materielle Macht, mochte sie auch noch so weit reichen, niemals noch so erhabene Verrichtungen anstreben konnte." (Soziologie II, 283) Hier werden intendierte Wirkung und soziale Funktion religiöser Vorstellungen und Einrichtungen vermischt, leitend ist ein sozialtechnisches Verständnis.

N. Sombart bestreitet, daß es sich beim Dreistadiengesetz um ein „welthistorisches Periodisierungsschema" handelt; vielmehr sei es eine geschichtsphilosophisch begründete Gegenwartsdiagnose: „«Theologen» und «Metaphysiker» sind Zeitgenossen. In ihrem von Comte mit Erbitterung und nicht ohne Sarkasmus geschilderten Kampf erkennen wir unschwer den ideologischen Widerschein der Bürgerkriegsparteiung, von der

---

54) Treffend schreibt Voegelin (1975, 158): „Religiousness, for Comte, is not a participation in transcendental reality, a communication in which the spirituality of man is constituted as the autonomous, organizing center of his personality; rather, religiousness is a movement of the *vie sentimentale* which results in a more or less true interpretation of the world."

die *Gegenwartssituation* bestimmt wird." (Sombart 1955, 96). Diese Beurteilung wirkt zunächst einseitig: Comtes Schriften sind ja ganz durchdrungen von der Idee, daß nur ein Verständnis der Menschheitsgeschichte eine Diagnose der Gegenwart (und eine Lösung für die Zukunft) erlaubt; sie sind ja überall darauf aus, die durchs Dreistadiengesetz gegebenen Ordnungsmöglichkeiten des geschichtlichen Materials zu nutzen. Allerdings lautet die Antwort, die Comte schon 1822 auf die Frage gibt, weshalb die ganze Menschheitsgeschichte untersucht werden soll: Weil derzeit in der Gesellschaft drei Philosophien miteinander konkurrieren, die theologische, die metaphysische und die positive. Diese Konfusion der Gegenwart müsse geklärt werden, damit deutlich werden kann, wohin die weitere Entwicklung gehen wird (Comte 1822, 100; vgl. auch Rede 1966, 125-127). Das Motiv für die Befassung mit der Menschheitsgeschichte also richtet sich auf Gegenwart und Zukunft, soweit hat Sombart recht.

Comte führt anthropologische Gründe dafür an, weshalb Entwicklung die Daseinsform der Menschheit ist.

Eine Triebfeder ist die Langeweile (hier folgt er G. Leroy): Ohne Betätigung seiner verschiedenen Fähigkeiten kann der Mensch nicht glücklich sein; die Langeweile erbringt Unruhe und den Wunsch nach praktischer wie intellektueller Betätigung.[55] Ein zweiter Grund für Entwicklung und Fortschritt liegt nach Comte darin, daß die Menschen sterben: „Im Prinzip darf man sich nicht verhehlen, daß unser sozialer Fortschritt wesentlich auf dem Tode beruht; d.h. daß die successiven Schritte der Menschheit notwendig die fortgesetzte, genügend schnelle Erneuerung der wirkenden Kräfte der allgemeinen Bewegung voraussetzen, die, im Verlaufe jedes individuellen Lebens gewöhnlich fast unbemerkbar, erst beim Übergang von

---

55) Soziologie I, 461. - Georges Leroy (1723-1789) ist durch Schriften über die Tiere und einen Artikel in der *Encyclopédie* hervorgetreten (Enthoven, Cours II, 205, Fußn.2 d. Hrsg.).

einer Generation zur anderen wirklich auffallend wird."
(Soziologie I, 461f.) Zur Illustration dieser Überlegung spielt
Comte die möglichen Auswirkungen einer viel längeren und
einer viel kürzeren Lebensdauer durch: Erstere würde zum
Stillstand des Fortschritts führen, die zweite würde zu übermä-
ßig schneller und unorganisierter Transmission nötigen
(Soziologie I, 462ff.). Die Sterblichkeit der Menschen ist dieser
Überlegung zufolge eine wesentliche Bedingung für den Fort-
schritt der Gattung, weil sie zu geregelter Transmission anhält.
Der Tod gilt als Triebkraft der Zivilisationsgeschichte, als Kraft,
die Innovation und Entwicklung bewirkt.[56]

Warum unterliegen nicht nur die natürlichen, sondern auch
die sozialen Gegebenheiten Gesetzmäßigkeiten? Weil die
Entwicklung von Generation zu Generation, von Epoche zu
Epoche, von Stadium zu Stadium sich aus dem jeweils vorhergehenden Zustande ergibt. Comtes Entwicklungsbegriff kennt
keine Spielräume, keine unerwarteten Neuentwicklungen: Das,
was morgen sein wird, ist in der Gegenwart angelegt; das, was
heute ist, war in der Vergangenheit angelegt. Damit ist die
Möglichkeit zur sicheren Prognose von künftigen Gesell-
schaftszuständen gegeben. Im 3. Band des *Système* heißt es:
„Indem die Soziologie für jede Epoche die Gegenwart als not-
wendiges Ergebnis der Vergangenheit gewürdigt hat, kann sie
von da aus vorstoßen zur direkten Bestimmung der Zukunft
..."[57]

Dem Entwicklungsbegriff wie dem des Fortschritts hat man
vorgehalten, sie unterstellten eine unendlich-unabgeschlos-
sene Bewegung in die Zukunft. Dieser Vorwurf trifft Comte nur

---

56) Das erinnert an den zentralen Gedanken von Charles Darwin: Die Se-
lektion der Arten funktioniert mittels des Todes; wer stirbt bzw. wer überlebt,
das macht die Evolution aus.
57) Système III, 623. Ähnlich im 6. Jahresrundschreiben vom 15.1. 1855
(Synthèse, XXVIII): „Nach der Erklärung der Vergangenheit hat der Positivismus die Zukunft bestimmt ..."

eingeschränkt, denn er rechnet prinzipiell mit einem Ende der
Menschheitsentwicklung, mit dem Tode der Gesellschaft:
„Obwohl diese große Evolution, die sich eben erst von einem
langsamen vorbereiteten Aufschwung loszumachen beginnt,
gewiß noch während einer langen Reihe von Jahrhunderten im
fortschreitendem Zustande bleiben muß, ... ist es doch ... wichtig, bereits im Prinzipe so klar und deutlich wie möglich einzu-
sehen, daß der zusammengefaßte Organismus notwendig
ebenso wie der individuelle ... einem unvermeidlichen spontanen Verfall unterworfen ist." Allerdings stehe derzeit die Frage
nicht an, wie die positive Philosophie auf den absehbaren
Verfall reagieren wird. „Denen, welche eben erst den Kinder-
schuhen entschlüpft sind, kommt es nicht zu, schon ihr Grei-
senalter vorzubereiten ..." (Soziologie III, 732f.) Damit läßt
Comte die Gesellschaft bzw. die Menschheit als „bis auf weiteres unsterblich" erscheinen; der Verfall in ferner Zukunft bleibt
für heute und für die absehbare Zukunft eine irrelevante Prognose.

Comte beansprucht, das Dreistadien-Gesetz entdeckt zu
haben. 1822 schreibt er mit selbstbewußter Geste: „Ich wage
es, den Gelehrten diese grundlegende Einteilung der Vergangenheit vorzuschlagen, die nach meiner Meinung die großen
Bedingungen einer guten Klassifikation der Gesamtheit der
politischen Tatbestände erfüllt."[58]

Das aber ist umstritten. Durkheim schon hat versucht nachzuweisen, daß die erste Formulierung des Gesetzes von Saint-

---

58) Comte 1822, 113. - Mill (1973, 12) folgt Comte hierin; nach seiner
Kenntnis sei das Gesetz zuerst von Comte formuliert worden. Einem von
Lafitte überlieferten Bericht zufolge ist Comte auf die Formulierung des
Dreistadiengesetzes nach einer mit „Meditationen" verbrachten Nacht ge-
stoßen (vgl. Corr.gen. I, Introduction, XVII; Gouhier 1965, 102). Pickering
(1993, 199) interpretiert, Comte habe versucht, die Entdeckung des Gesetzes als quasi-religiöse Offenbarung darzustellen; für ihn „coming across this
law was almost a religious experience because it became the keystone of
his philosophy."

Simon stammt (Durkheim 1971, 154). König folgt dem mit der Einschränkung, daß Saint-Simon wohl nicht in der Lage gewesen sei, diese „letztlich auf Turgot und einige andere zurückgehende Idee zu einer umfassenden und zusammenhängenden Geschichtsphilosophie auszuarbeiten", wie das Comte getan habe.[59] Saint-Simon benutzte meist ein Modell des Abfolge von organischen und kritischen Phasen in der Geschichte. Das Argument, dies Modell sei identisch mit dem Dreistadiengesetz, so Bock (1980, 60, Fußn.30), wirkt nicht überzeugend: Wie kann ein Konzept von abwechselnd kritischen und organischen Phasen mit der Lehre von drei Stadien identisch sein?

Gouhier hat darauf hingewiesen, daß Saint-Simon den Gedanken, daß die Wissenschaften eine nach der anderen positiv werden, ab 1798 von dem Mediziner Dr. Burdin übernommen hat (Gouhier 1936, 182ff. Vgl. schon Littré 1863, 92ff.). Wahrscheinlich hat auch Comte Burdin kennengelernt. Allerdings: Weder Saint-Simon (oder die Saint-Simonisten) noch Burdin haben Comtes Behauptung widersprochen, er habe das Dreistadiengesetz als erster formuliert (so von Kempski 1974, XXII). Wie auch immer, sicher ist, daß Comte das Dreistadiengesetz viel genauer formuliert und konsistenter verwendet als etwa Saint-Simon und daß er es systematisch zur Erklärung aller Bereiche der Geschichte einsetzt (vgl. Pickering 1993, 202f.).

Die Dreizahl als Grundlage fürs Geschichtsverständnis geht auf eine sehr viel ältere Quelle zurück, auf Joachim von Fiore im 12. Jahrhundert.[60] Der hatte nach dem Alten Bund Gottes mit den Juden (Altes Testament) und dem Neuen Bund Jesu Christi eine dritte heilsgeschichtliche Epoche entworfen, die

---

59) König 1978, 42; vgl. schon König 1968, 201. Auch Löwith (1973, 88) sieht Turgot und Saint-Simon als eigentliche Väter des Gedankens.
60) Darauf macht Löwith (1973, 146) aufmerksam; vgl. auch Rosenmayr 1961.

dem Heiligen Geist unterstehen und im Jüngsten Gericht enden wird. Im 13. Jahrhundert haben die Franziskaner Spiritua-
len diese neue Epoche (als Vorspiel zum Jüngsten Gericht)
sehnsüchtig erwartet. Sie rechneten u.a. damit, daß Kaiser
Friedrich II. als Antichrist die Abschlußepoche der Geschichte
einleiten werde. Die Kirche hat diese radikale Bewegung zwar
zerschlagen können, der Grundgedanke aber hat sich durch
die Jahrhunderte fortgepflanzt: Daß das Ende der Zeiten, prinzipiell ja als absoluter Bruch mit der weltlichen Geschichte vorgestellt, mittels weltlich-geschichtlicher Ereigniskonstellationen
und Vorgänge sich anzeigen werde bzw. erreicht werden könne, daß „Geschichte durch Geschichte zu vollenden" sei
(Löwith 1973, 147).

Das enzyklopädische Gesetz

Die zweite Lektion des *Cours* legt das enzyklopädische Gesetz
vor. Frühere Versuche, die Wissens- und Erkenntnisgebiete zu
systematisieren, seien erfolglos bzw. vorläufig geblieben, weil
sich die einzelnen Wissenschaften noch in weit auseinander-
liegenden Entwicklungsstadien befanden (einige bereits positiv, andere noch theologisch oder metaphysisch) und so eine
kohärente Ordnung nicht erstellt werden konnte. Jetzt aber
könne eine Klassifikation der Wissens- und Erkenntnisgebiete
vorgelegt werden, die nicht aus Überlegungen a priori stammt
oder sonstwie willkürlich erstellt wird, sondern aus der Beobachtung der Beziehungen, in denen die Gegenstandsbereiche
der Wissenschaften zueinander stehen (Cours I, 43f.).

Gelten soll und kann das enzyklopädische Gesetz nur für die
grundlegenden bzw. abstrakten Wissenschaften; von den an-
gewandten Disziplinen muß abgesehen werden (Cours I, 45ff.).
Prinzipiell: Der menschliche Geist entwickelt sich in theoretischen Studien, die ohne Rücksicht auf Anwendung betrieben
werden und für die sich Anwendungsmöglichkeiten möglicherweise erst viel später herausstellen. Nur in diesen Grundwissenschaften werden die Gesetze der Phänomenbereiche erar-

beitet; alle anderen Wissens- und Erkenntnisbereiche wenden sie an. Erstere formulieren die „Gesetze der möglichen Phänomene", letztere die „Gesetze der wirklichen Phänomene" (Cours I, 42).

Die Grundwissenschaften sind: Astronomie, Physik, Chemie, Biologie und die jetzt zu begründende Soziale Physik (bzw. Soziologie), und zwar in dieser Reihenfolge. Enzyklopädisch heißt: Die Zuständigkeiten dieser fünf Wissenschaften umfassen gemeinsam alle Phänomenbereiche.[61]

Enzyklopädisches und Dreistadiengesetz sind miteinander verknüpft: Die enzyklopädische Ordnung der Wissenschaften bildet die unterschiedlichen Geschwindigkeiten ab, in denen sie zu positiver Denkweise gelangen. Als erste hat die Astronomie das theologische und das metaphysische Stadium hinter sich gelassen, als letzte wird die Soziologie das tun.[62] Daß alle Zweige des Wissens auf dem Wege sind, positiv zu werden, daran könne kein Zweifel bestehen. Es gäbe keinen Sinn, damit zu rechnen, daß der menschliche Geist auf einem Gebiet „seine primitive Weise zu philosophieren" beibehält, während überall sonst eine neue Denkweise gilt.[63]

---

61) Gouhier 1941, 290f. Gouhier macht hier darauf aufmerksam, daß Comte mit dieser Gliederung der Wissenschaften das Lehrprogramm der *école polytechnique* aufnimmt und allein durch die fünfte, die soziale Wissenschaft erweitert.

62) Cours I, 59. Zu früheren Andeutungen dieses Gesetzes bei Saint-Simon vgl. Pickering 1993, 203. Friedrich Engels notiert in seinen Notizen zur „Dialektik der Natur", Comte könne nicht als „Verfasser seiner von St. Simon abgeschriebenen enzyklopädischen Anordnung der Naturwissenschaft" gelten. (MEW Band 20, 515)

63) Cours I, 28. In diesem Zusammenhang gelangt Comte übrigens an eine Idee heran, die später in der amerikanischen Sozialwissenschaft zur Konzeption der *survivals* geführt hat: „Unglücklicherweise werden wir bei mehr als einer Gelegenheit in den verschiedenen Teilen dieses Kurses sehen, daß selbst die fortgeschrittensten Wissenschaften heute noch gewisse durchaus merkliche Spuren dieser beiden primitiven Stadien enthalten." (Cours I, 22)

Die Reihenfolge, in der die Bereiche des Wissens positiv werden, gilt Comte als feststehend; sie beruht auf Eigenschaften der Gegenstandsfelder der Disziplinen, auf den Graden der Allgemeinheit, der Einfachheit und der gegenseitigen Abhängigkeit. Am allgemeinsten, einfachsten und von allen anderen Gegenstandsbereichen unabhängigsten ist der der Astronomie. Danach kommt die Physik, dann die Chemie und die Physiologie (die Wissenschaft von den Lebewesen bzw. die Biologie), zuletzt die künftige Soziale Physik bzw. Soziologie (Cours I, 27).

Diese Kriterien der Allgemeinheit, Einfachheit und Unabhängigkeit der Phänomene bilden zugleich eine Ordnung der Wissenschaften nach ihrer Distanz zum Menschen: Die allgemeinsten und einfachsten Phänomene (die der Astronomie) sind vom Menschen am weitesten entfernt. Sie können deshalb „in einer ruhigeren, rationaleren Geisteshaltung untersucht werden", was auch der Grund dafür ist, daß sich diese Wissenschaft schneller entwickelt hat als die dem Menschen näheren Wissenschaften (Cours I, 54f.). Dies Kriterium der Distanz zum Menschen bezeichne übrigens den vielleicht tiefsten Unterschied zwischen theologischer und positiver Philosophie: Die theologische Philosophie (auch die metaphysische) geht von der Kenntnis des Menschen aus, um die Welt zu erschließen; die positive geht von der Kenntnis der Welt aus, um den Menschen zu erschließen (Cours I, 666).

Schließlich drückt die Reihung der Grundwissenschaften auch aus, wieweit die jeweiligen Phänomenbereiche durch menschlichen Eingriff beeinflußt werden können: Die einfachsten und allgemeinsten Phänomene (die der Astronomie) sind dem menschlichen Eingriff ganz entzogen. Je komplizierter und konkreter die Gegenstände (in der Reihe der Wissenschaften) werden, um so leichter und vielfältiger können sie durch unser Einwirken verändert werden (Cours I, 454).

In der Reihe der Grundwissenschaften besteht nun bis jetzt eine Lücke: Die sozialen Phänomene, die von allen Gegenstandsbereichen am wenigsten allgemein (im Sinne von besonders), am kompliziertesten und am meisten abhängig von den anderen sind, müssen von einer selbständigen Wissenschaft behandelt werden (Cours I, 28). Noch gehört diese Wissenschaft vom Sozialen nicht zum Bereich der positiven Philosophie; theologische und metaphysische Untersuchungswege und Argumentationsweisen, die in vorgeschritteneren Wissenschaften nicht mehr benutzt werden, sind hier durchweg üblich.[64] Diese Lücke am Ende der enzyklopädischen Reihe der Wissenschaften zu schließen, also eine positive Wissenschaft von den sozialen (und politischen) Phänomenen zu entwickeln, das nimmt sich Comte vor. Wenn dieser Schritt getan sein wird, so der Gedanke, wird die positive Denkweise als umfassend-vollständige begründet sein (und wird vermöge dieser Universalität in den Übergang zum positiven Stadium aller Sozialverhältnisse münden).

Die ersten drei Bände des *Cours* befassen sich noch nicht mit der Soziologie, sondern mit den schon weiter entwickelten Wissenschaften (in der Reihenfolge des enzyklopädischen Gesetzes). Dieser Durchgang durch die (Natur-) Wissenschaften soll dazu dienen, die bislang angesammelten Erkenntnisse und Erkenntnisverfahren zu resümieren und sie als Zweige ein und desselben Stammes vorzustellen.

Dabei könne er nicht spezielle Kollegs über die einzelnen Wissenschaften geben, sondern nur nachweisen, auf welche Weise die Einzelwissenschaften mit dem System der positiven Philosophie zusammenhängen bzw. wie sich Einzelwissenschaften und positive Philosophie im allgemeinen durchdrin-

---

64) Cours I, 29. - Mill (1973, 52) widerspricht vorsichtig: Schon vor Comte war positives Denken in den Sozialwissenschaften wirksam. Montesquieu, Machiavelli, Turgot, Adam Smith, generell die politischen Ökonomen in England und Frankreich, Bentham und die von ihm beeinflußten Denker - sie alle waren sicher, daß die sozialen Phänomene Gesetzen folgen, die entdeckt werden müssen.

gen. Diesen Gedanken weitet Comte zum Vorschlag aus, eine neue Klasse von Gelehrten (von wissenschaftstheoretisch arbeitenden Generalisten, würden wir heute sagen) solle herangebildet werden. Ihre Aufgabe wird darin bestehen, die nachteiligen Folgen der Arbeitsteilung in den Wissenschaften zu überwinden, indem sie die Disziplinen in ihrer Entwicklung beobachten und deren gemeinsame Prinzipien und Methoden herausarbeiten, damit die Spezialisten besser an allgemeine Entwicklungen des Denkens und Forschens anknüpfen können (Cours I, 31f.).

Die Mathematik stellt Comte zwar an die Spitze der enzyklopädischen Ordnung, aber erst am Ende der zweiten Lektion, nachdem er zuvor fünf Grundwissenschaften (Astronomie, Physik, Chemie, Physiologie, *physique sociale*) bestimmt hat (Cours I, 58 und 64). Wiewohl Comte selbst Mathematiker ist, spricht er ihr die Leitfunktion ab. Sie habe nur instrumentelle Bedeutung für die Wissenschaften, weil sie keinen eigenen Gegenstand hat, im Grunde nicht von der Wirklichkeit handelt (vgl. Pickering 1993, 217).

Daraus folgt eine Grenze der Mathematisierbarkeit der anderen Wissenschaften: Diejenigen, die es - wie soziale Physik und Biologie - mit hochkomplexen und in sich variablen Gegenständen zu tun haben, können nicht mathematisiert werden im Sinne der Darstellbarkeit durch mathematische Gesetze (Cours I, 79f.). Den Grund dafür sieht Comte jedoch nicht in einer unterschiedlichen Natur der Gegenstände von sozialer Physik und Biologie einerseits, von Astronomie, Physik und Chemie andererseits; das wäre eine irreführende Annahme. Sondern allein die Vielzahl der Bedingungen, die bei biologischen und sozialen Phänomenen mitwirken, sowie ihre dadurch gegebene Variabilität, ja Unregelmäßigkeit bedingen die Grenze der Mathematisierbarkeit.

Die Wahrscheinlichkeitsrechnung weist Comte als irrational zurück - mindestens als Analysemittel außerhalb der Mathematik. Für bestimmte numerische Probleme mag sie geeignet sein;

werde sie aber in den Wissenschaften vom Sozialen und vom Leben (Cours I, 724) eingesetzt oder zu einem philosophischen Konzept verallgemeinert, so führe sie in die Irre; sie sei ungeeignet, die Wirklichkeit zu erklären und unser Handeln anzuleiten. Bei der Untersuchung sozialer (und biologischer) Phänomene könne die Wahrscheinlichkeitstheorie nicht verwendet werden, weil die Mathematik prinzipiell nicht anwendbar ist auf Lebewesen und soziale Prozesse. Durch ihre Hintergrundsannahmen unterstelle die Wahrscheinlichkeitstheorie, daß nicht Gesetze im strikten Sinne des Wortes die Phänomene regieren.[65] Beim Handeln führe uns die Wahrscheinlichkeitstheorie irre, weil "unwahrscheinliche" Ereignisse und Bedingungen übersehen würden (Cours I, 435, Fußn.).

Die Astronomie ist in der Reihe der Grundwissenschaften die erste Naturwissenschaft im eigentlichen Sinne. Sie hat sich als einzige ganz von theologischen und metaphysischen Denkweisen freigemacht (Cours I, 300). Und sie hat am meisten zur Widerlegung der Vorstellung von den letzten Ursachen beigetragen; sie hat u.a. bewiesen, daß sich die Erde um die Sonne dreht, und nicht umgekehrt (Cours I, 311). Dies war deshalb so außerordentlich wichtig, weil die theologische Philosophie auf der Unterstellung beruhte, daß die Erde für den Menschen geschaffen worden ist.[66]

An dieser Stelle vergleicht Comte die orientierende Leistung von Religion und Wissenschaft für das menschliche Leben allgemein: Gewiß habe die Entdeckung von der Bewegung der Erde nicht nur der Theologie, sondern auch der menschlichen Eitelkeit einen schweren Schlag versetzt, indem sie die An-

---

65) Rede 1966, 39. Zugespitzt (Synthèse, XXI): Die Absurdität des Wahrscheinlichkeitskalküls brauche nicht dargelegt zu werden, weil es ja offensichtlich der Universalität einer gesetzmäßig strukturierten Ordnung widerspricht.

66) "... beseitigt man diese Annahme, so stürzen alle übernatürlichen Lehren zusammen", heißt es schon in: Comte 1820, 15.

nahme, das Universum sei für den Menschen bestimmt, zurückwies. Aber die positive Wissenschaft hat nicht nur diese Doktrin zerstört, sondern sie durch eine neue, den menschlichen Bedürfnissen sogar angemessenere Konzeption ersetzt: „An Stelle der phantastischen und entnervenden Idee eines Universums, das für den Menschen gemacht ist, setzen wir die realistische und belebende Konzeption des Menschen, der mittels positiver Ausübung seiner Intelligenz die wahren allgemeinen Gesetze der Welt entdeckt, um damit zu ihrer Veränderung innerhalb gewisser Grenzen zu seinen Gunsten zu gelangen, durch eine angemessen kombinierte Anwendung seiner Aktivität, trotz der Hindernisse seiner Lage."[67]

Die charakteristische Leistung der Astronomie besteht in der Vorhersage von Konstellationen der Himmelskörper; insofern hat sie den Grundsatz aller Wissenschaft am reinsten verwirklicht, die Voraussicht aufgrund von Gesetzmäßigkeiten.[68] Die einzige Methode der Astronomie ist die Beobachtung. Comtes Behandlung dieser Methode in der 20. Lektion des *Cours* ist sehr klar, kann geradezu als „eine Epistemologie der Beobachtung" gelten, so die Herausgeber des *Cours* (I, 315, Anm.).

Anders als die Astronomie sei die Physik noch in metaphysischen Vorstellungen befangen (Cours I, 442). Hier sei die Denkweise gängig, allgemeine Kräfte als Ursachen hinter den Phänomenen anzunehmen bzw. Eigenschaften oder Zustände

---

67) Cours I, 361. Ähnlich am Ende der 27. Lektion des *Cours* (I, 440): Die Astronomie habe „den rationalen Begriff vom Menschen" möglich gemacht, „der höchsten Intelligenz unter den Arten, die ihm bekannt sind, die zu ihrem Vorteil innerhalb gewisser feststehender Grenzen das System der Erscheinungen verändert, an dem sie teilhat, als Ergebnis einer überlegten Ausübung ihrer Aktivität, frei ist von allem bedrückendem Schrecken und einzig auf die exakte Erkenntnis der Naturgesetze gerichtet."
68) Cours I, 308. „Sehen um vorherzusehen: das ist das dauernde Unterscheidungsmerkmal der wahren Wissenschaft ..." (Soziologie III, 614). Ebenso Saint-Simon in seiner ersten Schrift 1802/1803 (Gouhier 1936, 232).

der Phänomene zu allgemeinen Kräften zu stilisieren, z.B. die
Vorstellung von „Wärme" als Kraft außerhalb warmer Körper,
von „Licht" unabhängig von leuchtenden, von „Elektrizität" getrennt von elektrischen Körpern. Auch sei in der Physik noch
ein falscher Gebrauch von Hypothesen insofern üblich, als beobachtbare Phänomene auf nicht beobachtbare allgemeine
Kräfte - etwa Äther- und Fluidumvorstellungen - zurückgeführt
werden. Comte bestimmt als erster oder als einer der ersten in
der Geschichte der Wissenschaftstheorie,[69] was Hypothesen
sind: Hypothesen als Erkenntnismittel sind vorläufige Annahmen, die nur solche Aussagen enthalten dürfen, die früher oder
später durch Erfahrung bzw. durch Ableitung verifiziert werden
können. Vermutungen, die sich auf etwas richten, was der Beobachtung bzw. der Ableitung entzogen ist, sind keine Hypothesen; sie sind schädlich, weil sie unlösbare Probleme auf-
werfen und Diskussionen ohne Ende in Gang setzen (Cours I,
457).

Der Hauptbeitrag, den die Physik zur wissenschaftlichen
Methodenlehre erbracht hat, ist das Experiment (Cours I, 455).

Die Gegenstände der Physik sind durch menschliches Tun
veränderbar. Wie die Astronomie durch exakte Vorhersage der
Bewegungen der Himmelskörper dazu beigetragen hat, die
theologischen Vorstellungen von Willenskräften in bzw. hinter
den Himmelskörpern zu überwinden, kann der Aufweis geziel-
ter Veränderung der natürlichen Bedingungen entsprechende
Ergebnisse haben. Als Beispiel führt Comte Franklins Blitzab-
leiter an: „Die Entdeckung dieser Möglichkeit, den Blitz abzuleiten, hat so in der Tat den gleichen Einfluß auf den Umsturz
der theologischen Vorurteile gehabt wie, im anderen Falle, die
genaue Vorhersicht der Wiederkehr der Kometen." (Cours I,
454)

Bei der Chemie stützt sich Comte weithin auf die Lehrmei-
nung von Berthollet, einem früheren Professor an der *école*

---

69) So von Kempski (1974, XXX) unter Berufung auf Peirce

polytechnique (vgl. Pickering 1993, 582). Von allen Wissenschaften vom Anorganischen sei die Chemie am wenigstens entwickelt.

Die Biologie (bzw. Physiologie) behandelt Comte auf hohem Kenntnisstand.[70] Er hatte 1829 bis 1832 de Blainvilles „Cours de physiologie générale et comparée" an der *Faculté des sciences* gehört[71] und war dadurch mit den neuesten Ergebnissen und Konzepten der Biologie gut vertraut.

Anders als Astronomie, Physik und Chemie verfährt die Biologie nicht „analytisch"; sie kann keinen Teil des Organismus für sich begreifen, sondern muß vom Vorrang des Ganzen vor den Teilen ausgehen. Darin bildet die Biologie eine Voraussetzung für die in der enzyklopädischen Reihe folgende Wissenschaft vom Sozialen, die ebenso vorgehen müsse.

Das Experiment kann in der Biologie kaum eingesetzt werden, weil dabei die Lebewesen beschädigt werden, die es zu untersuchen gilt. Aber durch eine dem Experiment nachgebildete Methode kann beobachtet werden, wie sich pathologische Zustände von normalen unterscheiden und wie erstere zustandekommen. Beim Menschen können die Krankheiten als Abweichungen vom Normalzustand beobachtet und gewissermaßen als „natürliche Experimente" betrachtet werden - vorausgesetzt, daß man den Normalzustand gut kennt (Cours I, 695ff.).

Am besten geeignet zur Untersuchung von Lebewesen ist die vergleichende Methode. Der Bezug auf fundamentale Gemeinsamkeiten einer Gruppe von Lebewesen erlaubt es, die verschiedenen Merkmale der verschiedenen Lebewesen auf-

---

70) Heilbron (1995, 246) meint sogar: „Comte was one of the leading nineteenth-century theorists of biology in France. It is indicative of this role that Comte was instrumental in spreading the very word «biology»."

71) So Comtes eigene Angabe (Cours I, 665, Fußn.). De Blainville (1777-1850), Physiologe und Anatom, war Comte lange Jahre hindurch ein väterlicher Berater und Freund.

einander zuzuordnen. So nur gelange man zu die Diversität der Lebewesen übergreifenden Gesichtspunkten und könne Merkmalskonstellationen bei einem einzelnen Lebewesen durch Vergleich mit denen bei anderen erschließen (Cours I, 698ff.). Als zweiten Anwendungsbereich hat die vergleichende Methode in der Wissenschaft vom Leben den Vergleich verschiedener Entwicklungsphasen eines Lebewesens.

Seinen Begriff von Leben entwickelt Comte aus einer Kritik am Lebensbegriff von Bichat: Leben ist diesem zufolge der Zusammenhang jener Funktionen, die dem Tod widerstehen. Mit einem solchen Verständnis vom Leben werde der Tod zur notwendigen Konsequenz des Lebens erklärt, das Leben erhalte als Hauptzweck den Kampf gegen den Tod (Cours I, 675f.; vgl. Lévy-Bruhl 1905, 202f.). Eine allgemeine Idee des Lebens dürfe nicht nur die in einem Lebewesen wirkenden Funktionen berücksichtigen, die ihm die Aufrechterhaltung des Zustandes Leben ermöglichen, sondern müsse die äußeren Bedingungen mitdenken, die ihm das gestatten. Leben überhaupt könne nur als eine „Übereinstimmung zwischen dem Lebewesen und dem ihm entsprechenden *Milieu*" verstanden werden bzw. als eine „notwendige Wechselbeziehung zweier unentbehrlicher Elemente, eines geeigneten Organismus und eines passenden Milieus." (Cours I, 676 und 682) Die höheren Lebewesen einschließlich des Menschen sind wegen ihrer organischen Spezialisiertheit einerseits besonders stark auf günstige Lebensbedingungen angewiesen, andererseits können sie diese zu ihren Gunsten aktiv verändern. Hier stellt sich also das Verhältnis von Lebewesen und Milieu komplizierter dar; die grundsätzliche Beziehung zwischen beiden ist aber auch hier gegeben (Cours I, 678). Durch diese Überlegungen ist Comte zu einem - wie man heute sagen würde - ökologischen Gesichtspunkt vorgestoßen (vgl. Pickering 1993, 591) und hat den Milieubegriff soweit verallgemeinert, daß er später von der Geschichts- und Sozialwissenschaft übernommen werden konnte.

Einführung der Soziologie

Die Einführung der Wissenschaft vom Sozialen kündigt Comte als tiefgreifende Neuerung des Denkens an: Es handele sich darum, „ein ganzes System wissenschaftlicher Vorstellungen zu schaffen, das kein früherer Philosoph auch nur angedeutet, und dessen Möglichkeit nicht einmal je klar geahnt worden war." (Soziologie I, 2)

In den Frühschriften heißt die Wissenschaft, um die es hier geht, „politique", „science politique", „politique positive", „physique sociale" oder „science sociale." Bis in die ersten Lektionen des *Cours* hinein bleibt es bei „physique sociale". Es ist evident, was diese Namensgebung signalisieren soll: daß die neue Wissenschaft vom Sozialen auf demselben Niveau wie die zuvor behandelten Naturwissenschaften stehen soll.[72] Den Begriff Soziologie verwendet Comte zum ersten Mal im 4. Band des *Cours* (1838 erschienen). In einer Fußnote erläutert er die Neuprägung: „Ich glaube von jetzt ab dieses neue Wort wagen zu dürfen, das meinem bereits eingeführten Ausdrucke *soziale Physik* völlig gleichkommt, um mit einem einzigen Namen diesen Ergänzungsteil der Naturphilosophie bezeichnen zu können ..." (Soziologie I, 184f. und Fußn. 1) Diese Umbenennung der Wissenschaft vom Sozialen hat keinen systematischen, sondern einen begriffstaktischen Grund: Der Belgier Quetelet (seinen Namen erwähnt Comte nicht) hatte 1835 ein Buch mit dem Titel „Physique sociale" veröffentlicht, hatte also den von Comte bislang benutzten Begriff okkupiert, und dies für einen

---

72) Vgl. Enthoven 1975, 2. Im Brief vom 16.7. 1824 an Jefferson heißt es, sein Werk habe zum Ziel, „der Politik den Charakter der physikalischen Wissenschaft aufzuprägen und folglich das Studium der sozialen Phänomene der Methode zu unterwerfen, die heute so gücklich auf alle anderen Klassen von Phänomenen angewandt wird." (Corr.gen.I, 99). An seinen Schulfreund Valat schreibt er am 8.9. 1824: „Ich glaube, daß ich durch die Tatsachen selbst plausibel machen kann, daß es für die Entwicklung der menschlichen Gattung ebenso bestimmte Gesetze gibt wie für den Fall eines Steines." (Corr.gen.I, 127.)

ganz anderen, mit den Gedanken von Comte unvereinbaren sozialwissenschaftlichen Denkansatz (es handele sich, so Comte, „im höchsten Falle um einfache Statistik"). Dadurch sei der Name Sozialphysik „sozusagen verdorben worden".[73] Um davon die Rezeption der eigenen Gedanken in der Öffentlichkeit lösen zu können, wählt Comte jetzt den Namen Soziologie. Die Soziologie vermeidet alle nutzlosen Fragen nach dem Wesen und der eigentlichen Natur der sozialen Phänomene und stützt sich durchweg auf Beobachtungen. Sie untersucht jedes soziale Phänomen in zwei Perspektiven: im Hinblick auf seine „Harmonie mit den gleichzeitigen Erscheinungen" und im Hinblick auf seine „Verkettung mit dem vorhergehenden und nachfolgenden Entwicklungszustande der Menschheit." (Soziologie I, 297) Das eine ist die Perspektive der sozialen Statik, die die einzelnen Phänomene als aufeinander abgestimmte Elemente des größeren sozialen Lebenszusammenhangs betrachtet, das andere die der sozialen Dynamik, die die Phänomene als durch Vergangenheit und Gegenwart in die Zukunft hinein miteinander verkettet und in Abfolgen geordnet untersucht.

Als erklärt sollen einzelne Phänomene gelten, wenn der Nachweis ihres Zusammenhangs mit dem Ganzen des gegenwärtigen sozialen Lebens oder mit dem Ganzen der bisherigen geschichtlichen Entwicklung erbracht ist. Indem die Soziologie solche Zusammenhänge zum Ganzen der Gesellschaft bzw. der Zivilisationsentwicklung aufweist, zeigt sie, „wie die Masse des Menschengeschlechtes, in der Gegenwart, in der Vergangenheit und selbst in der Zukunft, in jeder Hinsicht und immer mehr, sei es örtlich oder zeitlich, eine ungeheure und ewige soziale Einheit bildet, deren verschiedene individuelle oder nationale Organe, unaufhörlich durch eine innige und allumfas-

---

73) Soziologie I, 5, Fußn.1. Quetelet gehörte ab 1831 mindestens zeitweise der Gruppe der Saint-Simonisten an (Bock 1980, 78, Fußn. 31; vgl. Pickering 1993, 605, Fußn. 2).

sende Solidarität verbunden, jedes auf seine Art und in einem
bestimmten Maße zur fundamentalen Entwicklung der Menschheit unvermeidlich beitragen ...", und trägt so zur Entwicklung
des „sozialen Bewußtseins" bei (Soziologie I, 297).

Die Soziologie ist die Erfüllung der Wissenschaftsentwick-
lung, sie ruht auf allen zuvor entwickelten Disziplinen auf. In ihr
vervollständigt sich die enzyklopäische Ordnung der Wissenschaften, sie ist ihre Krönung; durch sie wird die positive Philosophie wahrhaft universell (im Hinblick auf die Phänomenbereiche), durch ihr Hinzukommen wird die positive Philosophie
als Gesamtsystem allererst konstituiert. In der Soziologie kommen alle Methoden zusammen und werden nebeneinander
eingesetzt, die von den vorangegangenen Grundwissenschaften entwickelt worden sind. So fließen in der Soziologie alle
Erkennntniswege des positiven Denkens zusammen.

Ausgangspunkt der Soziologie ist: Auch das Soziale ist von
Gesetzmäßigkeiten bestimmt. Bislang habe in der Sozialwissenschaft (bzw. der Politik) die Annahme von der unbegrenzten
Gestaltbarkeit des Sozialen (bzw. Politischen) - durch Ver-
fassungen und Gesetze, durch Herrscher und Gesetzgeber -
gegolten. Dieser Irrtum habe ehedem in allen Wissenschaften
bestanden und ging ursprünglich auf die Täuschung im theologischen Stadium zurück, die Menschen könnten (mit Hilfe
übernatürlicher Wesen usw.) die Welt unbegrenzt beeinflussen
(Soziologie I, 220f.). Wie auch immer: Seit der Antike neigen
Staatsmänner und Staatslehrer dazu, „die sozialen Erscheinungen für unbegrenzt und willkürlich modifizierbar zu halten
..."[74] Wer dem politischen Handeln einen derart weiten Einfluß

---

74) Soziologie I, 223. Der große Irrtum der antiken Gesetzgeber und Philosophen habe darin bestanden, daß sie den Gang der Zivilisation als ihren
Absichten unterworfen sahen, statt ihre Absichten dem Gang der Zivilisation
als unterworfen zu sehen. Weil sie am Anfang der Zivilisation standen,
konnten sie noch nicht sehen, „daß diese Entwicklung unabhängig von uns
verläuft." (Comte 1820, 24, Fußn. 1)

zuschreibt, leugnet die Wirkung soziologischer Gesetze
(Soziologie I, 292), leugnet jegliche Eigenbewegung, jegliche
Eigengesetzlichkeit im Sozialen bzw. Politischen. Die Menschen und ihre sozialen Beziehungen erscheinen als beliebig
gestaltbar durch die Hand der Gesetzgeber, der Staatsmänner,
der Reformatoren, der Revolutionäre und der Tyrannen.

Comte hat hier einen entschiedenen Standpunkt: Die großen
Eingriffsversuche in die Geschichte können am (gesetzmäßigen) Gang der Dinge wenig oder nichts ändern. Es liege
auf der Hand, „daß in der tatsächlichen Entwicklung der sozialen Evolution die spontanen, schließlich durch den allmählichen Gang der Ereignisse herbeigeführten Modifikationen gewöhnlich viel größer sind, als die hervorragendsten Reformatoren im voraus sich vorzustellen gewagt hatten ..."
(Soziologie I, 422) Politisch-geschichtliches Handeln führt nur
dann zu bleibenden Ergebnissen, wenn es in die gleiche Richtung wirkt, wie die Bewegung der Zivilisation von sich aus
geht.[75] Umgekehrt haben zunächst für bedeutend gehaltene
politische Führer keine Spur ihrer Intervention hinterlassen,
„weil sie vor allem entgegengesetzt zur allgemeinen Bewegung
der gleichzeitigen Zivilisation geleitet wurde, wie dies die un-
abweisbaren Beispiele von Julian, Philipp II., Bonaparte usw.
beweisen." (Soziologie I, 292f.) Auch Handlungen, die der Bewegung der Zivilisation sehr weit vorausgreifen, bleiben ohne
dauerhafte Wirkung (Comte 1822, 95). Die Soziologie weist
mittels ihrer theoretischen Konzepte „auf immer jene ehrgeizi-
gen Täuschungen bezüglich der unumschränkten Einwirkung
des Menschen auf die Zivilisation" zurück.[76] Die Zivilisation

---

75) Comte 1822, 94. Für Comte ist „selbst der bedeutende Mann ... nur
glückliches Werkzeug", merkt von Kempski (1974, XXIII) an.
76) Soziologie I, 295. Entschieden heißt es in der Frühschrift von 1820: „...
das oberste Gesetz des Fortschritts des menschlichen Geistes reißt alles
mit und beherrscht es; die Menschen sind für es nur Instrumente. Obwohl
diese Kraft von uns stammt, steht es ebensowenig in unserer Macht, sich
ihrem Einfluß zu entziehen oder ihre Wirkung zu beherrschen, wie es un-

folgt ihrem eigenen Entwicklungsgang, der allenfalls im Hinblick auf die Geschwindigkeit verändert werden kann, sonst
aber eine Eigenbewegung ist.

Von hieraus wird die Bedeutung der Voraussicht klar: Die Voraussicht gestattet Übereinstimmung des Handelns mit dem Gang
der Dinge, den diese von sich aus gehen (vgl. von Kempski 1974,
XXIII). Zunächst kommt es darauf an, die Gesetze, die diese Eigenbewegung regulieren, zu erkennen. Dann kann man mit Hilfe
dieser Kenntnis die weitere Entwicklung beeinflussen und etwa
starke Erschütterungen (Revolutionen usw.) unter Umständen
vermeiden oder doch wenigstens entsprechende Krisen abkürzen
helfen (Soziologie I, 295f.), kann Schwingungen in der Bewegung
der Zivilisation vermindern.

Weshalb ist die Soziologie bis jetzt in theologisch-metaphysischen Denkweisen befangen, weshalb ist sie noch in einem
Zustand, wie ihn die Astrologie für die Astronomie oder die Alchi-
mie für die Chemie darstellten? Dies führt Comte nicht auf wis-
senschaftsgeschichtliche Bedingungen, sondern auf solche des
Gegenstandsfeldes zurück: „Wegen ihrer größeren Kompliziert-
heit und nebenbei wegen ihrer innigeren Verknüpfung mit der Gesamtheit der menschlichen Leidenschaften ..." ist das Denken
über politische und soziale Sachverhalte noch kaum positiv geworden (Soziologie I, 215). Erst die Herausbildung „des sozialen
Zustandes bei einem ansehnlichen Teile des Menschengeschlechtes", erst die Entstehung von Gesellschaft im eigentlichen
Sinne bei den zivilisierten Völkern hat es gestattet, die entsprechende Wissenschaft entstehen zu lassen. Man könne „das gegenwärtige Jahrhundert als das zur definitiven Bildung der Sozialwissenschaft notwendige Zeitalter bezeichnen ..., die bisher im
wesentlichen unmöglich war."[77] Schließlich hat die Französische

---

möglich ist, nach unserem Belieben die primitive Triebkraft zu verändern,
die unseren Planeten um die Sonne kreisen läßt." (Comte 1820, 24)
77) Soziologie I, 166f. Nur im Nachhinein, nicht a priori konnte man zur
Einsicht gelangen, daß die Zivilisation ihren eigenen Gesetzen folgt (Comte
1820, 24, Fußn.1).

Revolution den Gegenstand der Sozialwissenschaft bloßgelegt.
Sie hat das politische System, das zuvor als Lenker allen gesellschaftlichen Geschehens erschien, so radikal in Frage gestellt,
daß darunter der „Grundbegriff des Fortschrittes" sichtbar wurde,
die unterhalb der politischen Ordnung vor sich gehende Bewegung des Sozialen (Soziologie I, 168). Die jetzt mögliche Wahr-
nehmung des Gegenstandes Gesellschaft erlaubt zugleich den
Rückblick auf seine Entwicklung in der Menschheitsgeschichte.
Was ist der Gegenstand der Soziologie? Die sozialen Phänomene - das sagt ja wenig. Genau besehen ist es die ganze
Menschheitsgeschichte, insofern das Verständnis von ihr zum
Verständnis der Gegenwart notwendig ist.[78] Diese Verpflichtung
der Soziologie zur Analyse der Gesamtentwicklung des menschlichen Geistes enthält eine von Comte nicht bemerkte denklogische
Problematik: Die Notwendigkeit der Soziologie und ihre die Wis-
senschaftsentwicklung krönende Bedeutung ergibt sich aus dem
Dreistadiengesetz; zugleich ist das Dreistadiengesetz das wichtigste Gesetz der Soziologie![79]

Comte sieht es als seine Aufgabe an, die Soziologie als positive Wissenschaft zu begründen, dadurch die enzyklopädische Reihe der Wissenschaften zu vervollständigen sowie die
positive Philosophie universell zu machen, so daß sie für einen
jeden Gegenstandsbereich tauglich ist (und deshalb im positiven Stadium leitend sein wird). Durch die Lösung dieser Aufgabe glaubt er, die gesamte Entwicklung des menschlichen
Geistes entscheidend voranbringen zu können. In der ersten
Lektion des *Cours* heißt es: „Heute, wo der menschliche Geist
die Physik der Himmelskörper begründet hat, die Physik der
Dinge der Erde (unter mechanischem wie chemischem Ge-

---

78) „... die Soziologie besteht wesentlich aus der umfassenden Untersuchung der menschlichen Intelligenz " - im Sinne eines Gesamtüberblicks
über die menschliche Evolution (Système III, 48).
79) Vgl. hierzu Pickering 1993, 564, die auf ein schon von Lévy-Bruhl
(1900, 44) vorgebrachtes Argument zurückgeht, sowie Plé 1996, 241f.

sichtspunkt), die organische Physik sowohl der Pflanzen wie
der Tiere, muß er das System der Beobachtungswissenschaf-
ten abschließen, indem er die *soziale Physik* begründet. Das ist
heute in mehreren herausragenden Beziehungen das größte
und drängendste Erfordernis unserer Intelligenz: Dies ist, ich
wage es zu sagen, das Hauptziel dieses Kurses, sein speziel-
les Ziel." (Cours I, 29) Gewiß, er weist einschränkend daraufhin, daß es ihm im *Cours* nicht vollständig gelingen werde, der
physique sociale den gleichen Grad der Perfektion zu geben,
wie ihn die älteren Disziplinen haben; aber es werde möglich
sein, diesem Feld unserer Erkenntnisse einen positiven Grund-
charakter aufzuprägen. Und sicher dachte er, daß ihm das
durch den *Cours* gelungen ist.

Die Soziologie ist in der enzyklopädischen Reihe der
Grundwissenschaften die letzte auch deshalb, weil sie bei der
Untersuchung ihres Gegenstandsfeldes die Kenntnisse der
vorangehenden Wissenschaften berücksichtigen muß.

Die anorganischen Wissenschaften müssen von der Soziologie zu Rate gezogen werden, wenn das äußere Milieu erfaßt
werden soll, in dem soziale Systeme bestehen (Soziologie I,
360f.). Veränderungen in den astronomischen Bedingungen
würden zu tiefgreifenden Veränderungen im sozialen Leben
der Menschen führen, sollte sich z.B. der Rhythmus von Tag
und Nacht verschieben, der vielen sozialen Regeln und Einrichtungen zugrundeliegt. Auf die anorganischen Wissenschaften ist die Soziologie noch aus einem zweiten Grunde
angewiesen: Eine zentrale Dimension der geschichtlichen Entwicklung ist die immer erfolgreichere und umfangreichere Einwirkung des Menschen auf die äußere Welt. Das Fortschreiten
dieser Einwirkung auf die Natur hängt ab von den Kenntnissen
der wirklichen Gesetze der unorganischen Natur. Die Soziologie ist also auf die Geschichte von Naturwissenschaft und
Technik angewiesen (Soziologie I, 368f.).

Am wichtigsten ist das Verhältnis der Soziologie zur Biologie. Die natürliche Ausstattung des menschlichen Organismus

nach seinen körperlichen, intellektuellen und moralischen Merkmalen bleibt auf allen Stufen der Entwicklung des Sozialen im wesentlichen gleich (Soziologie I, 350). So kann die Biologie als Korrekturmittel für die Soziologie genutzt werden, um z.b. übertriebene Erwartungen an die künftige Entwicklung aus der Kenntnis der gleichbleibenden natürlichen Grundausstattung des Menschen zurückzuweisen.[80]

Die Biologie muß ihrerseits die Untersuchung der Gesetzmäßigkeiten, nach denen sich das Soziale bei den Menschen heraus- und fortentwickelt hat, der Soziologie überlassen (Cours I, 681). Diejenigen, die die geschichtlich-sozialen Phänomene von der Biologie her untersuchen wollen und der Soziologie keine Selbständigkeit zugestehen, verfallen oft in den Fehler, aus einer vorübergehenden sozialen Konstellation auf die Natur des Menschen zu schließen, also veränderliche Merkmale als unveränderliche anzusehen. Die Biologie dürfte noch zuständig sein für die Herauslösung der Menschheit aus dem Tierreich, für den anfangs sehr langsamen Beginn der sozialen Entwicklung also. Würde man aber versuchen, die weitere Entwicklung bis zur heutigen Zivilisation mithilfe der Biologie zu begreifen, übersähe man das Wichtigste, nämlich die „Haupterscheinung der Soziologie, diejenige, welche allem Anscheine nach ihre wissenschaftliche Originalität begründet, d.h. den allmählichen und fortgesetzten Einfluß der menschlichen Generationen aufeinander ..." (Soziologie I, 353) Von dem menschheitsgeschichtlich frühen Zeitpunkt an, zu dem der Einfluß der einen Generation auf die jeweils nächste (durch Sozialisation und Transmission) die Hauptursache für die Entwicklungen des Sozialen werden, ist die soziologische Untersuchung zuständig.

---

80) Comte nennt die Hoffnung auf eine stark verlängerte Lebensdauer des Menschen, die z.B. Condorcet ausgesprochen hat, als Beispiel (Soziologie I, 351).

Kritik der Politischen Ökonomie

Wer eine neue Wissenschaft vom Sozialen vorschlägt, muß begründen, daß diese nicht aus der Politischen Ökonomie heraus entwickelt werden kann. Umso mehr muß dies Comte tun, der sich in seiner Jugend mit dieser Wissenschaft befaßt hat und der während seiner Zusammenarbeit mit Saint-Simon davon ausgegangen ist, daß nur eine Reform der Politischen Ökonomie nötig sei, um den Gegenstandsbereich des Sozialen wissenschaftlich bearbeitbar zu machen.[81] In der 47. Lektion des *Cours* erklärt er, daß er der Politischen Ökonomie als Vorbild für die Sozialwissenschaft nicht folgen kann. Im Gegenteil müsse er „eine philosophische Schöpfung ... versuchen, die bisher noch niemals angebahnt, ja sogar von keinem meiner Vorgänger richtig erfaßt worden ist." (Soziologie I, 194) Damit löst er sich von der Vorstellung, eine *physique sociale* im Sinne einer von Adam Smith herkommenden verbesserten politischen Ökonomie sei die Lösung.

Die Politischen Ökonomen seien mit den positiven Wissenschaften nicht vertraut und in ihrem Denken metaphysisch geprägt. Insbesondere untersuchten sie die Wirtschaftsphänomene getrennt von den anderen sozialen Erscheinungen.[82] Die Annahme der Politischen Ökonomie, der Mensch verhalte sich primär kalkulierend bzw. sei in den meisten Fällen zu angemessenen Kalkülen in der Lage, hält Comte für falsch - „ ... die Frivolität dieser metaphysischen Theorien, die den Menschen

---

81) Seinem Schulfreund Valat rät er im Brief vom 15.5. 1818 dringend, statt Rousseau besser die Politische Ökonomie, also Smith und Say, zu studieren (Corr.gen.I, 37f.). Ähnlich im Brief vom 15.6. 1818 (Corr.gen.I, 42) und im Brief vom 28.9. 1819 (Corr.gen.I, 65): „... ich interessiere mich sehr für die Verbreitung dieser schönen Wissenschaft."
82) Nur eine Ausnahme will Comte gelten lassen: die „lichtvollen Analysen" von A. Smith (Soziologie I, 195).

als wesentlich kalkulierendes Wesen vorstellen, getrieben allein vom persönlichen Interesse."[83]

Sein Haupteinwand richtet sich gegen die Idee der Ökonomen vom *laissez-faire*, vor allem gegen eine Verallgemeinerung dieser Idee auf alle gesellschaftlichen Prozesse: „Der allgemeine Geist der politischen Ökonomie" führe „dazu, das notwendige Fehlen jeder Art regelnder Intervention zum universellen Dogma zu erheben", führe in der Konsequenz „zu nichts Geringerem als zur methodischen Abschaffung jeder wirklichen Regierung ..." (Soziologie I, 200f.) Comte befürchtet, daß die Antwort auf alle gesellschaftlichen Gestaltungsfragen das *laissez-faire* sein könnte. Es sei falsch anzunehmen, die in der industriellen Gesellschaft wirkenden Beziehungen führten von selbst zu einer angemessenen Ordnung (Comte 1826, 210, Fußn. 2). So vorteilhaft auch bisher die Entwicklung der Industrie gewirkt hat, so ist doch die von ihr geprägte Gesellschaftsform gewissermaßen noch nicht fertig, hat das Industrielle zwar Teilbereiche durchdrungen, nicht aber eine Gesamtgestalt des sozialen Lebens hervorgebracht. Zwar sind in der Industriegesellschaft die Interessen der Individuen und Gruppen besser miteinander vereinbar als sie es z.B. im militärischen System waren. Aber Gegensätze werden bleiben, insbesondere der Gegensatz zwischen den *chefs* und den Arbeitern, der durch Interessenannäherung nicht ausgeglichen werden kann. Allein die neu zu konstituierende spirituelle Macht wird in der Lage sein, zwischen den beiden feindlichen Klassen zu vermitteln und sie durch moralische Beratung in ihre Grenzen zu verweisen. Ähnliches gelte für das Verhältnis von Bauern und Fabrikanten sowie Bankiers. Wenn man solche Interessengegensätze sich selbst überläßt, entstehe daraus bald manifester Konflikt. Ohne moralisch-spirituelle Leitung der Gesellschaft würde sich unter industriellen Bedingungen ein „Des-

---

83) Comte 1828, 210f. Ähnlich wie Marx, so Gurvitch (1957, 8), lehnt Comte also das Modell des *homo oeconomicus* ab.

potismus des Stärkeren" durchsetzen.[84] Comtes Befürchtung entstammt also nicht einer anderen Auffassung von den Wirtschaftsprozessen, sie ist tiefer: „... der entscheidende Vorwurf, den Comte gegen die klassische Nationalökonomie erhebt, ist ihr mangelndes Krisenbewußtsein und zugleich ihre mangelnde Einsicht in die Notwendigkeit neuer Autoritätsbegründung zur Krisenbannung." (König 1975, 199)

Insgesamt ist Comtes Auseinandersetzung mit der Politischen Ökonomie nicht besonders gründlich. Manche Kommentatoren meinen, er habe nur wenig Kenntnisse von diesem Bereich gehabt; wichtige Autoren (z.B. Ricardo und Sismondi) zitiere er nie (Cours II, 93, Fußn.d.Hrsg.; ähnlich Negt 1964, 30f.; von Hayek 1979, 253f.). Einen prinzipiellen Einwand formuliert Littré (1863, 674f.) mit der Frage, ob nicht, ganz gleich, welche Fehler die Politische Ökonomie bislang begangen habe, ihr Gegenstandsbereich notwendigerweise in die positive Philosophie gehöre und in die Soziologie einbezogen werden müsse.

Kritik der Psychologie

Die Psychologie lehnt Comte als selbständige Wissenschaft ab. Die psychischen Vorgänge gelten ihm (im Blickwinkel der Statik) als so unmittelbar an körperlich-nervliche gebunden, daß sie am besten mittels der Gehirnphysiologie untersucht werden.[85] Wendet man den Blickwinkel der Dynamik auf die Untersuchungen der intellektuellen und der anderen psychi-

---

84) Comte 1826, 209ff. Die Saint-Simonisten betonen in ihrer Kritik des *laissez faire* vor allem die destruktiven Folgen der Konkurrenz und befürworten eine durch die großen Banken geplante und gesteuerte Wirtschaftsordnung (Lehre 1962, 43ff., 117, 123).

85) Mit der Phrenologie Galls hatte er sich schon früh befaßt und in ihr eine großartige Grundlegung für den Zusammenhang von seelischen und physiologischen Vorgängen gesehen. Vgl. Brief vom 8.9. 1824 an Valat (Corr.gen.I, 124f.)

schen Vorgänge an, so sei es geboten, „den wirklichen Gang des menschlichen Geistes in seiner Ausübung" zu untersuchen, also das geschichtliche Werden des menschlichen Geistes sowie sein Vorgehen in wissenschaftlichen Forschungen (Cours I, 33). Von beiden Blickwinkeln her sieht Comte für die Psychologie, die sich weder um die Physiologie der intellektuellen Organe kümmert noch die Geschichte der Prozeduren beobachtet, die die wissenschaftlichen Untersuchungen dirigieren, keinen Platz.

Besonders scharf kritisiert er jene Psychologie, die sich auf Introspektion stützt: Die Konstitution einer Psychologie unabhängig von der Physiologie sei unmöglich; die Begründung einer Psychologie aus der Beobachtung innerer Tatsachen heraus sei ausgeschlossen. Weil Beobachter und beobachteter innerer Vorgang identisch sind, beruht die Methode der Introspektion auf einem Widerspruch. Vor allem seine intellektuellen Funktionen kann der Mensch nicht selbst beobachten; man könne nicht gleichzeitig denken und das Denken beobachten.[86] Mit dieser Kritik ist Comte ein Vorläufer des Behaviorismus des 20. Jahrhunderts (so Pickering 1993, 603). Im übrigen steht heute fest, daß Comte die Gehirnphysiologie seiner Zeit (und deren Hauptvertreter Gall) in ihrer Leistungsmöglichkeit stark überschätzt hat.[87]

---

86) Comte 1828, 218ff.; Cours I, 33f. Mill (1973, 63) folgt Comte in dieser Frage nicht: Wie könne man andere beobachten, wenn man nicht aufgrund von Selbstbeobachtung wisse, was die Zeichen bedeuten? - Auch in anderen Sachgebieten besteht Comte auf der Trennung von Handeln und Beobachten: Wer die Politik verstehen will, müsse sich von ihr fernhalten: „... wie könnte man gleichzeitig Schauspieler und Zuschauer sein?" (Comte 1819, 1)

87) So bereits Mill (1973, 65): Welches Mittel des Studiums der geistigen und moralischen Funktionen empfiehlt Comte statt der Introspektion? „We are almost ashamed to say, that it is Phrenology!" Zu Comtes Rezeption von Gall vgl. Pickering 1993, 303ff.

Ein weiteres Argument führt Comte gegen die Psychologie ins Feld: Die Untersuchung des Menschen als denkendem Wesen, das vor allem kalkuliere und entscheide, gehe in die Irre. Der Mensch sei, das zeige schon die Alltagserfahrung, hauptsächlich durch Gefühle und Leidenschaften bestimmt, die seinen intellektuellen Tätigkeiten überhaupt erst Motiv und Richtung geben. Unausgesprochen wendet er sich damit gegen die Unterstellung der Aufklärung, daß der Mensch ein Vernunft- und Verstandeswesen sei (vgl. Pickering 1993, 598). Gegen eine aus der Aufklärung kommende Psychologie bringt Comte auch vor, daß das „Ich" als Einheitsprinzip des Menschen („unité du moi") eine Fiktion sei, eine bloße Fortsetzung des alten Seelenbegriffs. Einheit sei der einzelne Mensch nur körperlich; die geistig-seelischen Prozesse hingegen müßten in ihren gegensätzlichen und auseinanderstrebenden Tendenzen immer wieder neu in ein instabiles Gleichgewicht gebracht werden. Die positive Wissenschaft habe erkannt, „daß die menschliche Natur, weit davon entfernt, einheitlich zu sein, in Wirklichkeit überaus vielschichtig ist, d.h. in ihrer Aufmerksamkeit fast immer von mehreren, sehr unterschiedlichen und ganz unabhängigen Kräften in verschiedene Richtungen gerichtet, zwischen denen sich ein Gleichgewicht nur mühsam herstellt, wenn, wie das bei der Mehrzahl der zivilisierten Menschen der Fall ist, keine von ihnen hinreichend ausgeprägt ist, um über die anderen spontan eine große Vorherrschaft zu gewinnen." Nur aus der (im Regelfalle) fortgesetzten Harmonie der verschiedenen Funktionen entstehe die Vorstellung vom Ich als Bild einheitlicher Steuerung (Cours I, 857f.). Diese Überlegung kommt uns heute nach der Kritik des Subjekts und der Identität in den letzten Jahrzehnten bekannt vor.

Einige Autoren sehen bei Comte keine prinzipielle Negierung der Psychologie. König z.B. meint, daß Comte „die Psychologie für einen Anhang der Soziologie hielt, der erst dann entwickelt werden könnte, wenn die Soziologie das positive Stadium erreicht haben würde." (König 1978, 46; ebenso schon

König 1968, 203) Einen Beleg dafür legt König aber nicht vor. Auch könnte man behaupten, daß Comte - im Rahmen seiner Soziologie - eine Sozialpsychologie erarbeitet hat, also eine Psychologie der kollektiven seelischen Vorgänge. So schreibt Ducassé, Comte habe trotz aller Zurückweisung der Introspektion grundlegende Entwürfe für eine positive Psychologie erarbeitet. Comtes Soziologie versteht dieser Kommentator als „... im Grunde historische Psychologie des Kollektivsubjekts" (Ducassé 1939b, 236; ähnlich Fetscher 1966, XXXIII).

Anmerkung zur Geschichtswissenschaft

Wissenschaftsgeschichtlich sieht Comte einen bedeutenden Anfang der Geschichtswissenschaft bei Bossuet, wenn auch noch durch theologische Philosophie beschränkt. Bis heute hätten die einschlägigen Werke „noch immer einen wesentlich literarischen oder beschreibenden Charakter" (Soziologie I, 206), sie stoßen nach seiner Meinung nicht zu den Gesetzen vor, die den Gang der menschlichen Zivilisation bestimmen.[88]

Heißt das, daß Comte seine Soziologie (das Dreistadiengesetz insbesondere) als die wahre Geschichtswissenschaft ansieht? Offenbar ja. Denn er wendet sich gegen die „sinnlose Scheidung, die man zwischen Geschichte und Politik zu erhalten sich bemüht ... denn es ist klar, daß die Geschichtswissenschaft, richtig aufgefaßt, und die politische Wissenschaft, rationell behandelt, im allgemeinen mit Notwendigkeit zusammenfallen ..." (Soziologie I, 207) Richtig aufgefaßt heißt: Suche nach den Gesetzen in der geschichtlichen Entwicklung statt deskriptivem Interesse an besonderen Ereigniskonstellationen. Erst nach Ausarbeitung der allgemeinen Gesetzmäßigkeiten gesellschaftlicher Entwicklung durch die Soziologie werde es überhaupt möglich sein, die Einzelkenntnisse aus der Ge-

---

88) Comte 1822, 134. Ähnlich bereits Saint-Simon in *Travail sur la gravitation universelle* von 1813 (Auszug in Dautry 1957, 116).

schichte der Gesellschaften angemessen zu ordnen und zu interpretieren, also z.B. die Geschichte dieser oder jener Gesellschaft zu verfassen (Soziologie II, 12).

Was das Hinzukommen der Soziologie bewirkt

Ihre Systematik und ihre gesellschaftliche Wirksamkeit gewinnen die Wissenschaften erst durch das Hinzukommen der Wissenschaft vom Sozialen. Indem der Phänomenbereich des Sozialen der positiven Wissenschaft unterworfen wird, kann sich die positive Philosophie als eine alle Gegenstandsbereiche umfassende konstituieren. Durch diese Universalität erreicht sie die Geltungsmöglichkeiten der theologischen Philosophie, ja übersteigt diese. All dies läßt erwarten, daß die Vereinheitlichung der Denkweisen zum Ende der revolutionären Epoche und zur Heraufkunft der neuen spirituellen Macht beitragen wird.

Durchs Hinzukommen der Soziologie verändert sich die innere Konstellation der Wissenschaften: Die Soziologie ist nunmehr die wichtigste, alle anderen Wissenschaften werden sich ihr unterordnen (Soziologie III, 545ff.). Die im enzyklopädischen Gesetz gegebene Reihung der Wissenschaften dreht sich um.

Comte vergleicht dazu Mathematik und Soziologie als mögliche Führungswissenschaften: Erstens werden die Soziologen, weil sie in allen ihrer Wissenschaft vorausgehenden Disziplinen auch ausgebildet sind, die Mathematiker aber nur in Mathematik, letzteren überlegen sein. Zweitens findet der relative Gesichtspunkt des positiven Denkens in der Soziologie und ihren historischen Untersuchungen weit besseren Ausdruck als in den zur Verabsolutierung neigenden mathematischen Studien (Soziologie III, 551f.). Drittens: Der Mathematik mangelt es im Vergleich zur Soziologie an Universalität. Sie kann die biologischen, vor allem aber die sozialen und moralischen Phänomene nicht angemessen untersuchen - und hat seit Descartes darauf verzichtet, das zu versuchen (Soziologie III, 555f.).

Viertens und am wichtigsten: Weil die Soziologie den sozialen Gesichtspunkt („point de vue humain", heißt es in der 58. Lektion) enthält, die Relationierung hin zu den Aufgaben und Fragen der Menschheit, den „subjektiven Standpunkt", kurz: weil sie in der Lage ist, das Wissen aus allen Gegenstandsfeldern so zu systematisieren, daß es sich im Hinblick auf die Lebensbedürfnisse der Menschen und der Menschheit ordnet.[89]

Dieser letzte Aspekt der Überlegenheit der Soziologie (der im Spätwerk als „point de vue social" und als „subjektive Synthese" zentral ist) paßt schlecht zu anderen Überlegungen im *Cours*: In der 40. Lektion hatte es geheißen, daß der Weg der Erkenntnis vom Menschen hin zur Welt ein Merkmal aller theologischen und metaphysischen Philosophie sei, das Merkmal der positiven Philosophie aber umgekehrt der Erkenntnisweg von der Welt zum Menschen. Indem Comte jetzt als Systematisierungsmöglichkeit allen Wissens die Hinordnung auf die Lebensbedürfnisse der Menschheit („point de vue humain") nennt, durchbricht er jene Grunddifferenz. Überhaupt wird der Gedanke erst in der 58. Lektion des *Cours* vorgebracht - der Leser dürfte sich wundern, meint Arnaud.[90]

Durchs Hinzukommen der Soziologie und durch die Komplettierung der positiven Philosophie wird sich die fundamentale Neuordnung der Gesellschaft ergeben: „Wenn diese zweifache Arbeit hinreichend vorangekommen sein wird, wird sich der Sieg der positiven Philosophie spontan einstellen und die Ordnung in der Gesellschaft wiederherstellen." (Cours I,

---

89) Rede 1966, 103. Comtes „point de vue humain" bezeichnet Sombart (1955, 100) zufolge „den Durchbruch jenes autonomen menschlichen Selbstbewußtseins, in dem sich ein neues Wissen um die Geschichte einerseits und ein überlegenes Wissen vom Reich der Natur andererseits vereinigt haben, um von einem reinen Diesseitigkeitsstandpunkt aus die endgültige Abdankung der Götter zu deklarieren. Humanismus im Sinne Comtes (und Saint-Simons) ist integraler A-theismus."
90) Arnaud 1973, 147. Comte weiß selbst, daß er einen neuen Gesichtspunkt einführt; Soziologie III, 563.

39) Es ist dies nicht so zu verstehen, daß sich die neue Sozialordnung schlagartig herstellen wird; sondern durch die endlich
erreichte Universalität der positiven Philosophie entfällt der
Krisenherd, ist der Krankheitskeim der europäischen Gesellschaften beseitigt. Weil dann das Feld der Erkenntnis abschließend bestellt sein wird, wird gewissermaßen die Gesellschaft zur Vernunft ihrer selbst kommen.[91]

Von der künftigen „philosophischen Vorherrschaft des soziologischen Geistes" erwartet Comte vor allem eine grundlegende Reform der gesellschaftlichen Moral: Die auf das Ganze
gerichtete, universelle Perspektive der Soziologie und die Her-
aushebung des Gesellschaftlichen als des Lebensraums der
Menschen werde eine in Pflichtbewußtsein begründete Moral
wieder ermöglichen (Soziologie III, 721f.).

Soziale Statik und soziale Dynamik

Soziale Statik und soziale Dynamik sind die beiden Arbeitsfel-
der der Soziologie. Die Unterscheidung übernimmt Comte aus
der Biologie, von de Blainville; jedes Lebewesen könne unter
diesen beiden Gesichtspunkten untersucht werden, „als in der
Lage, tätig zu sein, und als wirklich tätig." (Cours I, 33) Der eine Blickwinkel ist der anatomische, der die Gebildestruktur eines Lebewesens, der andere der des Biologen bzw. Physiologen, der die Lebensprozesse untersucht.[92]

Im *Cours* sind dem Leser Statik und Dynamik schon bei den
Wissenschaften begegnet, die vor Biologie und Soziologie be-

---

91) Vgl. Gurvitch 1957, 14. Durkheim habe dies Programm später weitergeführt, so Tenbruck (1984, 117).
92) Vgl. von Hayek 1979, 248f.; Pickering 1993, 561. An diesen Übernahmen aus der Biologie setzt Adornos (1972, 223) Kritik an: „Soziologie aber
... hat es allein mit dem lebendigen Zusammenhang von Menschen zu tun
und mit seinen Derivaten, den geronnenen sozialen Formen. Diese sind aus
den Beziehungen der Menschen abzuleiten, nicht als «Anatomie» zu hy-
postatisieren. Die von Comte urgierte statische Schicht entbehrt jeglicher
Selbständigkeit."

handelt werden; Statik und Dynamik verweisen auf zwei fundamentale Zustandsformen der Außenwelt, auf „Dasein" und „Bewegung". Von hier „... ergibt sich für jede wirkliche Wissenschaft eine Grundunterscheidung von statischer und dynamischer Beurteilung eines jeden beliebigen Gegenstandes." (Rede 1966, 43) Für die Soziologie heißt das: Untersuchung eines Gegenstandes im Hinblick auf die Existenzbedingungen des Sozialen oder im Hinblick auf die Bewegungen der Elemente des Sozialen, also: „Theorie des Daseins und derjenigen der Bewegung" (Soziologie I, 264), „Studium der Harmonien" und Studium der „Successionen" (Soziologie I, 516).

Nebenbei macht Comte darauf aufmerksam, daß die wissenschaftlichen Begriffe Statik und Dynamik ihre Entsprechung in den politischen Begriffen Ordnung und Fortschritt haben, was er als Beleg für die Übereinstimmung von Wissenschaft und „öffentlicher Vernunft" betrachtet (Soziologie I, 233f.).

Soziale Statik

Die soziale Statik will das Soziale so untersuchen, als ob es nur Gerüst und Struktur wäre. Die Sozialformen will sie „daraufhin prüfen, was ihre fundamentale Struktur notwendigerweise zu allen Zeiten und an allen Orten Gemeinsames zeigt ..."[93]

Der Grundgedanke der sozialen Statik ist, daß alle Teile eines sozialen Systems aufeinander zugeordnet und in ihren Wirkungen und Gegenwirkungen abgestimmt sind. Diesen grundlegenden Zusammenhalt nennt Comte den „unvermeidlichen universellen Consensus ..., der alle beliebigen Erscheinungen der lebenden Körper kennzeichnet, und den das soziale Leben notwendig im höchsten Grade offenbart." (Soziologie I, 236) Es handelt sich um die „natürliche Harmonie", die

---

93) Soziologie I, 427. Die Statik hat die Aufgabe, „... die menschliche Ordnung zunächst so zu studieren, als ob sie sich nicht bewegte. So beurteilen wir ihre verschiedenen Grundgesetze, die notwendigerweise allen Zeiten und allen Orten gemeinsam sind." (Système II, 3)

die Teile mit dem Ganzen verbindet, die Sitten, Ideen, politischen Einrichtungen usw. mit dem jeweiligen Stande der zivilisatorischen Entwicklung. Auch in Zeiten des Umsturzes bleibe diese Harmonie wirksam, wenn auch schwächer als sonst, „denn sie könnte nur durch die völlige Auflösung des sozialen Organismus ganz verschwinden, dessen Hauptattribut sie bildet." (Soziologie I, 245.) Hin und wieder benutzt Comte dafür auch den Begriff einer „grundlegenden Solidarität" aller Teile einer Gesellschaft.

Methodologisch ergibt sich daraus der Grundsatz, die Elemente des sozialen Systems nicht isoliert, sondern in ihrem vielseitigen Wirkungszusammenhang zu betrachten. „Von welchem sozialen Elemente man ausgehen mag, jedermann wird mittels einer nützlichen wissenschaftlichen Bemühung leicht erkennen können, daß es mehr oder weniger direkt immer mit der Gesamtheit aller übrigen, selbst derjenigen, die zuerst am unabhängigsten scheinen, tatsächlich zusammenhängt."[94] Anders als die Wissenschaften vom Anorganischen geht die Soziologie nicht von der Untersuchung des Einfachen zu der des Zusammengesetzten vor; in jenen Wissenschaften sind die Teile meist bekannter als das Ganze. In den organischen Wissenschaften und besonders in der Soziologie verhält es sich umgekehrt: Hier ist das Ganze (der Mensch in der Biologie, die Gesellschaft in der Soziologie) bekannter als seine Elemente (Soziologie I, 261). Die Soziologie, so Comte, muß die isolierte Untersuchung von Einzelaspekten ganz vermeiden, sie muß von der Untersuchung des sozialen Ganzen zu der der Teile herabsteigen.

---

94) Soziologie I, 238. Im Spätwerk wird daraus die Möglichkeit des Altruismus als bewußter moralischer Haltung abgeleitet: „... in jeder wirklichen Gesellschaft handelt ein jeder gewohnheitsmäßig nicht für sich, sondern für andere, obwohl er nicht immer ein würdiges Gefühl von seiner wahren Aufgabe hat." (Système II, 44)

Versteht man Consensus bzw. Solidarität nicht in erster Linie als willentlich-bewußte Zustimmung, dann kann man sagen: Das ist der Gedanke, den der Funktionalismus in der Ethnologie und der Struktur-Funktionalismus in der Soziologie zu Ende gedacht und methodologisch radikalisiert haben. Auch die Systemtheorie kann zu den Nachfahren dieses Gedankens gezählt werden. Verallgemeinert doch schon Comte Consensus zu einer allgemeinen Dimension von Systemen überhaupt (also auch außerhalb des Sozialen): „Man kann in der Tat sagen, daß überall, wo irgend ein System besteht, hinfort auch eine gewisse Solidarität bestehen muß." (Soziologie I, 254)

Bei der Erörterung der sozialen Statik im einzelnen unterscheidet Comte Ebenen der Sozialorganisation. Diese Aufgliederung ist im Gesamtwerk nicht einheitlich. Im *Cours* heißen die Ebenen Individuum, Familie, Gesellschaft (Soziologie I, 392f.), an anderer Stelle Familie, Gemeinde (cité), Vaterland bzw. Nation oder Familie, Klassen bzw. Kasten, Gemeinde (Système II, 293). Weil Comtes Überlegungen im Grundsatz gleich bleiben, können diese Modifikationen hier vernachlässigt werden.

Auf der Ebene des Individuums behandelt Comte die natürliche Ausstattung des Menschen fürs soziale Leben. Er wendet sich gegen Theorien, die einzelnen Menschen hätten sich aus Nutzenerwägungen zusammengetan bzw. einen Gesellschaftsvertrag miteinander abgeschlossen. Diese Theorien nehmen die Existenz von Individuen *vor* dem sozialen Zustande an. Comte behauptet dagegen einen „fundamentalen Hang des Menschen zur Vergesellschaftung", einen „unwiderstehlichen sozialen Hang der Menschennatur." (Soziologie I, 393) Es sei nicht notwendig, Besonderheiten der menschlichen Natur (etwa die lange Dauer der zu beschützenden Kindheit) als Anlässe für die soziale Lebensform heranzuziehen. Gegen die These, die Menschen seien zur Erreichung eines persönlichen Nutzens den sozialen Zustand eingegangen, wendet Comte ein, daß die Gesellschaftlichkeit gerade in der frühen

Menschheitsgeschichte für den einzelnen kaum Vorteile hatte;
noch bei den unteren Klassen der heutigen Gesellschaften sei
das so.

Ein impliziter Einwand gegen Nutzens- und Vertragstheorien
ist die Feststellung, daß in der Grundausstattung des Menschen die Gefühle weitaus stärker sind als die intellektuellen
Fähigkeiten.[95] Dazu komme, daß der Mensch nicht nur überhaupt geringe Ausdauer habe und zur Trägheit und Faulheit
neige, sondern daß dies im besonderen Maße für die intellektuellen Arbeiten gelte.

Ein impliziter Einwand gegen Nutzens- und Vertragstheorien
ist auch Comtes Feststellung, daß das menschliche Triebleben
nicht nur egoistische Kräfte enthalte, sondern auch die Fähigkeiten zu Empathie, Mitleid und Mitfreude. Die egoistischen
Triebe haben jedoch „ein unabweisbares Übergewicht über die
edelsten, unmittelbar die Vergesellschaftung betreffenden Neigungen ..." (Soziologie I, 401) und verfügen über mehr Energie.
So wäre, weil ja die schwächeren Triebe sie stützen und erhalten, die soziale Lebensform der Menschen dauerhaft riskiert, wenn nicht auch die egoistischen Strebungen sekundär
eine soziale Bedeutung hätten: Sie geben der individuellen
Tatkraft im sozialen Leben Ziele vor (Soziologie I, 402f.).

Dieser Versuch Comtes, die soziale Lebensform aus der
natürlichen Grundausstattung des Menschen abzuleiten, wirkt
einigermaßen spekulativ. Als einziges Beweismittel zieht er die
Phrenologie von Gall heran. Sein Einspruch gegen die Vertragstheorien ist andererseits ideengeschichtlich notwendig,
um soziologischem Denken überhaupt das Terrain zu sichern.
Denn vom Gedanken des Gesellschaftsvertrages her ist Soziologie unmöglich, mindestens unnötig.

---

95) Soziologie I, 396. Im Verlaufe der Zivilisationsentwicklung habe die
Intelligenz (durch Übung) an Kraft gegenüber dem Gefühlsleben hinzuge-
wonnen (Soziologie I, 400).

Nicht Individuen bilden die Grundelemente des Sozialen, sondern Familien. Die Familie ist Grundbegriff, weil sie „von Natur
den wahren notwendigen Keim der mannigfachen wesentlichen
Anlagen zeigt, die den sozialen Organismus kennzeichnen."
Deutlicher noch: Bei der Familie hat „die Natur alle wesentlichen Kosten der Institution bestritten ..." (Soziologie I, 408f.)

Comte übersieht nicht die „mehr oder weniger einschnei-
denden Modifikationen" der Familie in der geschichtlichen Entwicklung, von der ursprünglichen Polygamie zur Monogamie,
von der auch die Sklaven umgreifenden Familie zu der, die nur
die direkte Verwandtschaft des Ehepaares umfaßt (Soziologie
I, 410f.). Mit besonderem Nachdruck bedenkt er die förderli-
chen Bedingungen für die monogame (moderne) Familie; eher
der Feudalismus als der Katholizismus, der in der Ehe nur ein
Zugeständnis an unsere sündhafte Natur sah, habe eine solche Förderung erbracht.[96] Mit künftigen „Modifikationen" der
Familie rechnet er übrigens durchaus (allerdings nicht mit einem Verfall dieser Institution).

Mit dem Begriff „Modifikationen" für die verschiedenen Familienformen in der Geschichte teilt Comte - unausgesprochen -
mit, daß es innerhalb all dieser Formen einen Kern der Institution gibt, der sich durchgehalten hat. Der aber wird nicht aufgewiesen, sondern ergibt sich nur implizit aus den folgenden
Überlegungen zur Binnenstruktur der Familie (Dominanz des
Mannes über die Frau, Dominanz der Eltern über die Kinder
usw.): Diese Grundmerkmale, die nach seiner Meinung die
moderne monogame Kernfamilie kennzeichnen, werden auch
für frühere Familienformen angenommen.

Weshalb ist die Familie die Grundeinheit des Sozialen? Zum
einen bereitet jede Familie mittels (moralischer) Erziehung ihrer

---

96) Système III, 451f. Die abendländische monogame Ehe sei die wertvoll-
ste Institution, die wir dem Mittelalter verdanken, und habe vielleicht am
meisten zur Überlegenheit der abendländischen Völker beigetragen
(Système I, 238).

Kinder die zukünftige Gesellschaft vor, zum andern erweitert
sie dadurch die gegenwärtige Gesellschaft (Système II, 183).
Die in der Familie erfahrenen und erlernten Gefühle gegenüber
den anderen Familienmitgliedern sind unverzichtbare Voraussetzungen für alle umgreifenden Formen des sozialen Lebens;
vor allem mittels der familiären Gefühle ist der Mensch in der
Lage, eine hinreichende Soziabilität zu erreichen (Soziologie I,
408). Aus der Liebe des Kindes zu seinen Eltern entsteht „das
Gefühl von der (sozialen) Kontinuität und in der Folge die Verehrung der Vorfahren ...", verallgemeinert dann die Verbindung
eines jeden neuen Menschen mit der ganzen Menschheitsgeschichte. Von der Gattenliebe im Erwachsenenalter her werde
die Gegenseitigkeit aller sozialen Bindungen bestärkt. Die Elternschaft verbindet uns mit der gesellschaftlichen Zukunft
(Système I, 95).

Die Binnenstruktur der Familie ist durch zwei Unterord-
nungsverhältnisse gekennzeichnet, durch die Unterordnung
der Frau unter den Mann und durch die der Kinder unter die
Eltern.

Die Unterordnung der Frau unter den Mann gibt Comte als
natürlich aus, weil sie zu allen Zeitaltern bestanden habe. Die
Biologie zeige „das weibliche Geschlecht besonders bei unserer Gattung, im Vergleich zum männlichen, notwendig als in
einer Art fortgesetztem Kindheitszustand befindlich ..., der es in
den wichtigsten Beziehungen mehr vom Idealtypus der Rasse
entfernt."[97] Daß die Frau dem Manne gehorchen soll, ist von
diesen Annahmen her unabweisbar. Aber die Frau hat auch
Vorzüge, sie ist dem Manne überlegen in den Bereichen Sympathie und Geselligkeit. Ihre Aufgabe in der Familie (und indi-

---

97) Soziologie I, 415. „Relative Inferiorität der Frau" in der geistigen Arbeit,
„unabweisbare organische Minderwertigkeit des weiblichen Genius" in den
schönen Künsten, „radikale Unfähigkeit des weiblichen Geschlechts" für alle
Regierungsaufgaben, selbst in der Familie, so fährt Comte fort (Soziologie I,
416f.).

rekt in der Gesellschaft) besteht also in erster Linie darin, die
„zu kalte oder zu grobe Vernunft" des Mannes zu mildern
(Soziologie I, 417f.).

Als natürlich gilt auch die Unterordnung der Kinder unter die
Eltern, die sich in der Gesellschaft als Unterordnung der jüngeren unter die ältere Generation fortsetzt (Soziologie I, 418f.).

Von der Gesellschaft ist die Familie grundverschieden: Die
Arbeitsteilung ist innerhalb der Familie nicht ausgeprägt - wegen der kleinen Zahl der Personen, die sich überhaupt spezia-
lisieren könnten, aber vor allem weil die Familie keine Vergesellschaftungsform ist, sondern „eine wirkliche Vereinigung",
bestimmt von Sympathie und „großer Innigkeit." (Soziologie I,
429f.) Wegen dieser Eigenheiten ist das Familienleben „die
ewige Schule des sozialen Lebens", ein Vorbild für eine „jede
weise soziale Ordnung" (Soziologie I, 420).

Comte versteht seine Darlegung zu den Leistungen der Familie auch als eine Verteidigung dieser Institution gegen ihre
Gegner. „Sophisten" hätten immer wieder versucht, die Ordnung der Familie zu untergraben, und zwar gewöhnlich durch
den Vorschlag, statt die Gesellschaft nach dem Vorbilde der
Familie, die Familie nach dem Vorbilde der Gesellschaft einzurichten (Soziologie I, 421). Als Institution sei die Familie auch
deshalb so gefährdet, weil sie derzeit „keine anderen intellektuellen Grundlagen hat als die religiösen Lehren ..." und also
mit diesen untergehen könnte (Soziologie I, 410). Die positive
Philosophie will deshalb eine den modernen Bedingungen angemessene Begründung der Familie vortragen und sie dadurch
sozial neu legitimieren.

„La patrie" bzw. die Nation bildet den die Familie und die
Gemeinde übergreifenden sozialen Rahmen. Im Verhältnis zur
entstehenden Menschheit als umfassendstem Rahmen bildet
das Vaterland den Rahmen, der die Universalisierung des
Ortsbezugs zur Menschheit vorbereitet.

Die größeren Sozialorganisationen können, so Comte, nur
aufgrund der Bindungskraft von gemeinsamen Vorstellungen

von der Welt und vom Menschen, die individuelle Meinungen in Grenzen halten, entstehen und zusammenhalten (Soziologie I, 493). Dazu gehört der Grundsatz von der Untergeordnetheit des Individuums unters Kollektiv bzw. die Gattung. Für den positiven Geist, so heißt es im *Discours*, „gibt es nicht den eigentlichen (individuellen) Menschen, sondern nur die Menschheit, denn unsere gesamte Entwicklung danken wir - unter welchem Gesichtspunkt man sie auch betrachten mag - der Gesellschaft. Wenn die Idee der *Gesellschaft* noch (immer) eine Abstraktion unseres Geistes zu sein scheint, so liegt das vor allem an der alten philosophischen Denkweise; denn in Wahrheit kommt der Idee des *Individuums* - wenigstens bei unserer Gattung - diese Bezeichnung zu."[98] Als Beleg für diese Position nennt Comte den gesellschaftlich-geschichtlichen Charakter der Sprache: „Derjenige, der sich von anderen unabhängig glaubte, in seinen Gefühlen, seinen Gedanken oder seinen Handlungen, könnte eine derartige Lästerung nicht einmal formulieren ohne direkten Widerspruch, denn seine Sprache gehört ihm nicht."[99] Die Sprache ist Produkt der Kooperation von vielen aufeinander folgenden Generationen; niemand könne sich aus diesem kollektiven Zusammenhang lösen.

Den Individuen traut Comte nur Auseinanderdriften und Meinungsverschiedenheiten zu. Es ist dies der Grund für seine Parteinahme für die Gesellschaft und gegen das Individuum. Bei Erörterung der revolutionären Periode des 16., 17. und 18. Jahrhunderts heißt es, daß damals gegen das theologisch-feudale System „alle anarchischen Leidenschaften" in Bewegung gesetzt worden sind, die „im menschlichen Gefühlsleben gären und die in normalen Zeiten durch die Vorherrschaft einer

---

98) Rede 1966, 155. Zum Individuum als Abstraktion vgl. auch Lévy-Bruhl 1905, 271 und passim

99) Système I, 221. Die Sprache sei „... die sozialste von allen menschlichen Institutionen" (Système II, 220), „die dauerhafte Treuhänderin der kollektiven Weisheit" (Système I, 721).

vollständigen sozialen Ordnung im Zaum gehalten werden."
(Comte 1826, 180) Entsprechend gilt das Individuum als Quelle
des Aufruhrs ("... die Persönlichkeit, aus der jegliche Revolte
entspringt"),[100] jedenfalls als konstitutionell zu haltlos, als daß
eine soziale Ordnung (oder ein philosophisches System) darauf gegründet werden könnte.

Im ganzen wirkt Comtes Bearbeitung der sozialen Statik un-
geschlossen und teilweise unausgeführt, im Vergleich zu der
der sozialen Dynamik auch weniger ideenreich - so hatte schon
Mill kommentiert.[101]

Soziale Dynamik

Soziale Dynamik ist die Untersuchung der vorwärtsschreiten-
den Bewegung der Zivilisation in der Geschichte, also die Untersuchung der historischen Sozialisation, wie wir heute sagen
würden, der Menschheit. Es ist dieser Gegenstand, der der
Soziologie Eigenständigkeit gegenüber der Biologie garantiert;
nur der Mensch wird in der Geschichte.

Diese Eigenheit der menschlichen Gattung geht auf einen
„Grundinstinkt" zurück, „der, das außerordentlich komplizierte
Resultat des notwendigen Zusammenwirkens aller unserer
natürlichen Tendenzen, den Menschen unaufhörlich dazu
drängt, seine jeweilige Lage in allen Beziehungen zu verbessern ..." (Soziologie I, 265) Die Entwicklung der Gattung in der
Geschichte ist also selbst als natürlich bedingt gedacht. Sie
besteht in der Herausarbeitung der besonderen menschlichen
Fähigkeiten im Vergleich zu den Tieren. „In diesem philosophi-

---

100) Appel, 19. Dumas (1905, 10f.) sieht dies Mißtrauen gegenüber dem
Individuum im ganzen Werk von Comte wirksam; es sei der Grund für seinen durchdringenden Ordnungs- und Regelungsdrang. Hierin liege ein Erb-
stück aus der pessimistischen jüdisch-christlichen Auffassung vom Menschen.
101) Mill 1973, 89. „Binsenwahrheiten" sieht von Hayek (1979, 249).

schen Sinne muß im Grunde die höchste Zivilisation als vollkommen übereinstimmend mit der Natur betrachtet werden ..."
(Soziologie I, 453)

Die Zivilisationsentwicklung wirke nur auf den ersten Blick
wie ein hauptsächlich „auf die Sorgen unserer materiellen Existenz" gerichteter Vorgang. Sieht man genauer hin, so werde
erkennbar, daß es sich auch und vor allem um die Entwicklung
der intellektuellen und moralischen Fähigkeiten der Menschen
handelt.[102]

Um eine solche Untersuchung durchführen zu können, bedürfe es der Annahme, daß sich der Fortschritt durch alle Geschichte der Menschheit hindurch unilinear und ununterbrochen bewegt hat. Comte weiß, daß es nicht so war: Entwicklungen starben ab; andere begannen nicht von vorn, sondern
übernahmen den Stand einer vorherigen; immer gab es mehrere Entwicklungsrichtungen nebeneinander, z.T. ohne jeden
Kontakt zueinander. Um dennoch eine unilineare und kontinuierliche Entwicklung entwerfen zu können, bedient er sich eines
Kunstgriffs, den er von Condorcet[103] übernimmt: Er unterstellt
eine unilineare und kontinuierliche Entwicklung, so als ob ein
einziges Volk die gesamte Zivilisationsgeschichte getragen
habe, und nennt die dazu nicht passenden Informationen

---

102) Soziologie I, 455ff.- Der Sinn der Menschheitsentwicklung bestehe „vor
allem darin ..., das unvermeidliche, notwendig stets grundlegende, aber
anfangs übertriebene Übergewicht des affektiven Lebens über das intellektuelle ... auf eine übrigens der Entwicklung der Gattung wie derjenigen des
Individuums wesentlich gemeinsame Art mehr und mehr zu vermindern."
(Soziologie II, 32f.)

103) Condorcet hatte sich vorgenommen, aus den Geschichten vieler Völker „die hypothetische Geschichte eines einzigen zu ziehen und ein Bild
seiner Fortschritte zu entwerfen." (Condorcet 1976, 36) Comte spricht von
der „notwendigen Hypothese eines einzigen Volkes ..., auf das in der Vorstellung alle aufeinanderfolgenden sozialen Modifikationen bezogen werden, die man in Wirklichkeit bei verschiedenen Völkern beobachtet hat."
(Soziologie I, 265) Ein ähnlicher Gedanke bei den Saint-Simonisten (Lehre
1962, 60).

„Oszillationen" oder „Störungen".[104] Erleichtert wird diese Abstraktion dadurch, daß Comte die Geschichte der Menschheit von der Geschichte des Denkens her gliedert, die in der Tat deutlichere Kontinuität aufweist als andere Dimensionen der Geschichte und die sich auch leichter als ein durch die Entdeckungen und Erfindungen einzelner Wissenschaftler hindurchgehender einheitlicher Strom vorstellen läßt (z.B. Soziologie I, 272). Solange diese Unterstellung als Kunstgriff bewußt bleibt, mag sie eine aufschlußreiche Kraft haben. Wird das jedoch vergessen oder auch nur abgeschattet - und diese Gefahr liegt mehr als nahe - , so gerät die fingierte einheitliche Menschheit mit ihrer ununterbrochenen Entwicklungsgeschichte zu einer Entität, die ihre Wirklichkeit allein einem Kunstgriff verdankt.[105]

Statt weiter über die Vervollkommnung des Menschen in der Geschichte zu streiten, so Comte, seien hiermit die Mittel bereitgestellt für einen wissenschaftlichen Entwicklungsbegriff; statt weiter über Vor- und Nachteile verschiedener Epochen usw. zu diskutieren, sei es nunmehr möglich, die „Gesetze ihrer tatsächlichen Succession zu studieren." (Soziologie I, 267) Dieser Gedanke ist im 19. Jahrhundert sehr einflußreich geworden und prägt noch die sozialgeschichtlichen Konzepte unserer Gegenwart: „Die Idee ... war, «abstrakte Geschichte» zu schreiben, «Geschichte ohne Namen von Menschen oder nicht einmal von Völkern». Die neue Wissenschaft sollte ein theoretisches Schema bieten, eine abstrakte Ordnung, in der die größeren Veränderungen in der menschlichen Zivilisation einander notwendig folgen müssen." (von Hayek 1979, 250)

Wie steht dieser Fortschrittsbegriff zur Idee von der Vervollkommnung des Menschen, vom Wachstum des Glücks im

---

104) Die Gesetze der Sukzession ließen sich umso leichter erkennen, „je größere Gesellschaften in Betracht kommen, wo die untergeordneten Störungen weniger Einfluß haben ..." (Soziologie I, 273)
105) So auch Pickering (1993, 616): „Thus, despite his criticism of metaphysical entities, Comte gave authority to a new abstraction."

Laufe der Menschheitsgeschichte? Zunächst: Ein Gleichgewicht zwischen den Fähigkeiten der Menschen und seiner Um-
gebung stelle sich immer mehr oder weniger her. Wie könne
man in diesem Sinne von einem Anwachsen des Glücks sprechen? Nur wenn man nicht von einer unbegrenzten Möglichkeit
der Vervollkommnung ausgehe (wie noch Condorcet) und im
übrigen die Verbesserungen auf die Menschheit (und nicht auf
einzelne Völker oder Sozialordnungen) beziehe, könne ernsthaft von Fortschritt in diesem Sinne gesprochen werden. Fortschritt soll also die allmähliche Verbesserung der äußeren Lebensbedingungen, der geistig-intellektuellen Kapazitäten, der
Organisationsformen des Sozialen, der moralischen Haltungen
usw. heißen - all dies im Sinne der Entfaltung der in der
menschlichen Natur gegebenen Grundausstattung (d.h. ohne
daß neue Fähigkeiten hinzukommen). Alle einzelnen Etappen
und Stadien in dieser langen Entwicklung müssen als in sich so
vollkommen gelten, „als es das entsprechende Alter der
Menschheit in Verbindung mit dem korrelativen System der
Umstände gestattete, unter deren Einfluß sich seine jeweilige
Entwicklung vollzog." Anders bleibe die Geschichte unver-
ständlich (Soziologie I, 282). Dies ist erneut eine Andeutung
des Denkens der Funktionalisten, Struktur-Funktionalisten und
auch der Systemtheoretiker: Soziale Organisationen bestehen,
weil sie in sich ein (relatives) Gleichgewicht haben und also
nicht auf ihr historisches Überholtwerden hindeuten (und deshalb auch nicht so analysiert werden können).

Wie ist dies Verständnis von Fortschritt in der Geschichte
entstanden? Dem antiken Denken habe der Gedanke ganz
gefehlt. Theorien der sozialen Ordnung stellten diese als un-
beweglich vor (Système I, 60f.; kritisch dazu: Barth 1922, 212).
Aristoteles Schrift über die Politik z.B. enthalte „weder ein Gefühl für die fortschrittlichen Tendenzen der Menschheit, noch
die geringste Einsicht in die natürlichen Gesetze der Zivilisati-

on ..."[106] Wenn überhaupt zeitlich weite Entwicklungen ins Auge gefaßt wurden, dann bestimmte der Vergleich der (unvollkommenen) Gegenwart mit einer (vollkommenen) Vorzeit das Denken (Soziologie I, 169).

Einen Ansatz, Fortschritt überhaupt zu konzipieren, entdeckt Comte im Christentum. Indem es die Überlegenheit des Neuen Gesetzes von Jesus Christus über das von Moses proklamiert hat, sei „die bis dahin unbekannte Idee eines vollkommeneren, endgültig an die Stelle eines bis zu einem bestimmten Zeitpunkte unerläßlichen, weniger vollkommenen tretenden Zustandes spontan formuliert" worden.[107] Allerdings: der Fortschritt gilt diesem Modell zufolge als bereits geschehen, wird als auf einen Zeitraum beschränkt gedacht, nicht als stetige Weiterbewegung vorgestellt (Soziologie I, 170f.). Es muß angemerkt werden, daß Comte damit nicht sehr tief in die christliche Glaubenserfahrung eindringt. Löwith meint, es könne kein Zweifel bestehen, „daß die Evangelien aus dem Vertrauen auf das eigene und gemeinsame Fortschreiten zum Jüngsten Gericht und zur Erlösung leben, nicht aber aus dem Glauben an eine bessere irdische Welt ... Was die Evangelien verkünden, sind ja keineswegs künftige Verbesserungen unserer irdischen Verhältnisse, sondern das plötzliche Kommen des Reiches Gottes, im Gegensatz zu dem Reich dieser Welt." (Löwith 1973, 106) Der „Fortschritt" der Christen zur Vollkommenheit wird als ganz unabhängig von geschichtlichen Entwicklungen welcher Art auch immer erhofft.

Die mittelalterlich-scholastische und dann auch die metaphysische Philosophie haben im wesentlichen das ontologi-

---

106) Soziologie I, 176. Hingegen würdigt Comte Aristoteles als Gründer der sozialen Statik (z.B. Système III, 310).

107) Soziologie I, 169. Der Protestantismus habe diese Leistung verdreht, indem er „den modernen Völkern den rückständigsten und gefährlichsten Teil der Heiligen Schriften, d.h. diejenigen, welche das jüdische Altertum betreffen, besonders als Wegweiser zu empfehlen sucht." (Soziologie I, 169f., Fußn.1)

sche Denken der griechischen Philosophie weitergeführt, haben nicht zu einem Verständnis von Fortschritt (im Sinne von „fortgesetztem Vorwärtsschreiten in Richtung auf ein bestimmtes Ziel") gefunden (Rede 1966, 121-123). Als erster habe dann Pascal ein rationales Verständnis von Fortschritt formuliert: „«Die ganze Folge der Menschen während der langen Reihe der Jahrhunderte muß wie ein einziger Mensch betrachtet werden, welcher immer fortlebt und ununterbrochen lernt.»" (zitiert in: Soziologie I, 171) Spätere Vertiefungen, insbesondere angeregt durch die Französische Revolution, kamen hinzu. Aber erst die positive Philosophie kann den Gedanken vollenden, „indem sie auf politischem, genau wie auf wissenschaftlichem Gebiete, die gesamte Folge der früheren Umbildungen der Menschheit als die notwendige und ununterbrochene Evolution einer unvermeidlichen und spontanen Entwicklung darstellt, deren endliche Richtung und allgemeiner Verlauf durch reine Naturgesetze genau bestimmt sind." (Soziologie I, 173)

Inzwischen könnten alle beobachten, daß sich das Soziale dauernd verändert und entwickelt, und zwar weil die Bewegung während des individuellen Lebens fühlbarer geworden ist: „In einer Zeit, wo die mittlere Schnelligkeit dieses grundlegenden Fortschrittes nach der Ansicht aller merklich gesteigert erscheint ...", könne niemand die Tatsache dieser Bewegung leugnen, auch der nicht, der sie nicht schätzt (Soziologie I, 268f.). Die Gesetze der sozialen Dynamik sind in neuerer Zeit auch deshalb leichter erkennbar geworden, weil sie sich im Laufe der Geschichte konturieren konnten: Sie sind „um so unwiderstehlicher und demzufolge um so berechenbarer ..., je mehr sie sich auf eine vorgeschrittene Zivilisation beziehen, da die soziale Bewegung, zuerst vage und unbestimmt, naturgemäß um so deutlicher werden und an Festigkeit gewinnen muß, je mehr sie sich ausdehnt und in wachsender Energie alle zufälligen Einflüsse überwindet." (Soziologie I, 274) Die Gesetze sind also in gewissem Sinne im Laufe der Geschichte erst zu

Gesetzen geworden, besser: sie haben sich mit fortschreitender Zivilisation stabilisiert. Das heißt auch: Erst von der gegenwärtigen entwickelten Zivilisation aus lassen sich die (als notwendig gedachten) Wege zu ihr hin erkennnen.

Das, was die Menschen als Kinder, zu Beginn ihres sozialen Lebens vorfinden, ist das Werk aller vorausgegangenen Generationen. Sie übernehmen die Wissensbestände, die Artefakte und Werkzeuge, die Vorstellungen und Glaubensgehalte, die Gewohnheiten und Rituale, arbeiten sie im Laufe ihres Lebens zum Teil um, ergänzen und erweitern einige um neue Elemente. Entwicklung bzw. Fortschritt im Laufe der Menschheitsgeschichte ist die Kumulation der Fortschritte von einer Generation zur nächsten. Bei den ersten Generationen in der Menschheitsgeschichte war dieser soziale Prozeß noch kaum in Gang gekommen, für damals müsse man von einer „Naturgeschichte des Menschen" sprechen;[108] dann aber habe die „soziale Bewegung" begonnen, die über die lange Kette der Generationen bis in die Gegenwart der zivilisierten Völker reicht. Dieser Grundprozeß macht den Unterschied zwischen den Menschen und den ebenfalls sozial lebenden Tieren aus. Letztere stellen in jeder neuen Generation nur das neu her, was die ältere Generation schon ist: Die Löwen erziehen neue Löwen, die Ziegen neue Ziegen. Die menschliche Zivilisation aber hängt immer von der der jeweils vorausgegangenen Generation ab und bereitet zugleich die der künftigen Generation vor (Comte 1822, 126; Système I, 364).

Diese kumulierende Transmission geht durch Weitergabe von Kenntnissen, Erfahrungen, Artefakten usw. von einer Generation zu nächsten und dann wieder ergänzt, umgearbeitet und differenziert zur übernächsten vor sich. Es ist dies leicht überschaubar für den Bereich der materiellen Güter: „Eine jede Generation stellt über ihre eigenen Bedürfnisse hinaus materi-

---

108) Soziologie I, 328f. Bereits bei Condorcet (1976, 32) heißt es, daß zu Beginn der Zivilisationsentwicklung die Fortschritte sehr langsam waren.

elle Reichtümer her, dazu bestimmt, die Arbeit der kommenden
Generation zu erleichtern und ihren Unterhalt vorzubereiten."
(Système I, 370) Die Fortführung einfacher Berufstätigkeiten
durch die nächste Generation ist gleichfalls unproblematisch.
Problematischer ist die Nachfolge in spezialisierten sozialen
Funktionen: Hier gelingt die Anknüpfung an die Arbeiten des
Vorgängers nur unvollkommen „wegen der Unmöglichkeit, sich
unmittelbar auf den rechten Standpunkt und in die genaue
Richtung der früheren Arbeiten zu versetzen ..." Die Kontinuität
„... kann niemals in wirklich befriedigender Weise für die
schwierigsten und bedeutendsten Arbeiten hergestellt werden
..." (Soziologie I, 465)

    Daneben deutet Comte an, daß erworbene und eingeübte
Fortschritte vererbt werden können, und pflichtet Lamarck mit
Vorbehalten bei (Soziologie I, 279f.). Schon bei den höheren
Tieren finde man diesen Weg, bei den Menschen gebe es in
dieser Beziehung die besten Möglichkeiten (Système I, 609).
Allerdings hat diese Überlegung keinen großen Stellenwert in
Comtes Schriften und wird auch nicht zum hauptsächlichen
Weg der Transmission in Beziehung gesetzt.

    Im Verhältnis zu diesen Übermittlungsprozessen zwischen
jeweils aufeinanderfolgenden Generationen sei das Dreistadiengesetz nur ein grober Entwurf, der noch der detaillierten
Ausarbeitung bedarf: „Die letzte Vervollkommung der Wissenschaft, die vermutlich niemals vollständig erreicht werden wird,
wird in theoretischer Hinsicht darin bestehen, die Verkettung
der Fortschritte von Beginn an, von einer Generation zur nächsten begreiflich zu machen, sowohl für den gesamten So-
zialkörper wie für jede einzelne Wissenschaft, jede Kunst und
einen jeden Teil der politischen Organisation ..."[109] Comte for-

---

109) Comte 1822, 136. Ähnlich Comte 1825, 150: Die Aufgabe der sozialen
Physik ist die Erklärung der Entwicklung der Menschheit als Folge von
Transformationen von Generation zu Generation von einem Niveau, das
kaum über dem der Großaffen lag, bis zum heutigen zivilisierten Europa.

muliert damit eine Untersuchungsperspektive, die in der Soziologie unverzichtbar ist, die der Transmission von Kultur und
Sozialität von Generation zu Generation, der Sozialisation der
neuen Mitglieder der Gesellschaft.

In einer überraschenden Wendung faßt Comte diese Vorgänge als Kooperation: Er unterscheidet zwischen der Kooperation der in der Gegenwart lebenden Menschen (auch: Solidarität oder horizontale Kooperation) und einer zweiten,
wichtigeren: der Kooperation zwischen aufeinanderfolgenden
Generationen bzw. der Kooperation über die lange Kette aller
bisher lebenden Generationen hinweg (vertikale Kooperation).
„An jedem sozialen Phänomen, vor allem den modernen, haben die Vorfahren mehr Anteil als die Zeitgenossen. Die materiellen Arbeiten, die von einem weiten Zusammenklang abhängen, sind noch geeigneter, um die tiefe Wirklichkeit einer
solchen Würdigung zu bestätigen." (Système I, 364) Die vertikale Kooperation ist deshalb wichtiger als die horizontale unter
den Zeitgenossen, weil sie den Grundprozeß der Entwicklung
der Menschheit ausmacht, weil es ohne sie keine Geschichte
der Menschheit gäbe.

Daraus ergibt sich als Erfordernis, daß die Menschen von
der generationsübergreifenden Kooperation hinreichend wissen und in ihr die Voraussetzung ihres gegenwärtigen sozialen
Daseins sehen. „Der Instinkt der Soziabilität bzw. das gewohnheitsmäßige Gefühl von der Verbindung eines jeden mit allen
wäre sehr unvollkommen entwickelt, wenn sich diese Beziehung auf die Gegenwart beschränkte, wie dies bei den sozial
lebenden Tieren ist, ohne auch die Vergangenheit und sogar
die Zukunft zu umgreifen."[110] Die Menschen sollen wissen,
daß sie in einen Sozialzusammenhang hineingeboren wurden
und aus ihm heraussterben werden, der vor ihnen da war und
nach ihnen da sein wird. Sie sollen mit dem Bewußtsein von

---

110) Brief an Clotilde de Vaux vom 2.6. 1845 „Sur la commémoration
sociale" (Système I, XXXIV)

der Kontinuität des Sozialen leben, müssen wissen, daß ihre Lebensdauer nur ein Moment des Sozialzusammenhangs ist.

Zuerst der Polytheismus (durch die Apotheose) und dann der Katholizismus haben Einrichtungen ausgebildet, die diese sozialmoralische Notwendigkeit erfüllen. „Es handelt sich um die öffentlichen oder privaten Gebräuche, die durch die allgemeine Achtung vor den Greisen und die gewohnte Feier des Gedächtnisses der Vorfahren darauf abzielen, jenes fundamentale Bewußtsein der sozialen Fortdauer zu unterhalten, das allen Zeitaltern der Menschheit so unentbehrlich ist ..."[111] Durch die Seligsprechung und andere Gedächtnisfeiern hat der mittelalterliche Katholizismus ein Bewußtsein von der Zusammengehörigkeit der Zeiten und Orte befördert (Soziologie II, 330), hat er - trotz Beschränkung auf seine eigene Geschichte - Bezüge zur alten Geschichte der Juden und teilweise auch zum Römischen Kaiserreich hergestellt (Système III, 476).

Bei den modernen Völkern ist die Bindung an die Vorfahren zwar schwächer, vor allem wegen der Dominanz der schriftlichen gegenüber der mündlichen Überlieferung. Eine solche Abschwächung war auch notwendig, damit überhaupt soziale Neuerungen möglich wurden. „Aber welchen Grad der soziale Fortschritt auch je erreichen mag, es wird doch stets von hoher Bedeutung sein, daß sich der Mensch nicht für von gestern halte, und daß die Gesamtheit der Einrichtungen und Sitten beständig dahin tendiere, seine Erinnerungen der gesamten Vergangenheit mit seinen Hoffnungen auf irgend eine Zukunft durch ein entsprechendes System von intellektuellen und materiellen Zeichen zu verknüpfen." (Soziologie I, 423) Denn das Bewußtsein davon, in der langen Kette zu stehen, die aus der frühen Menschheitsgeschichte kommt und in die Zukunft gerichtet ist, ist eine Bestandsbedingung jeder Gesellschaft.

---

111) Soziologie II, 160. Ahnenkult und Verehrung der Alten hängen zusammen, denn die Alten sind die „lebenden Personifikationen des Vergangenheit." (Système III, 234f.)

Das positive Regime wird diese Aufgabe, die Vorfahren ehrend zu erinnern, „auf alle Zeiten und alle Orte ... ausdehnen können," weil allein die positive Philosophie die Menschheitsentwicklung als Ganze überschaut und einen jeden Beitrag zu ihr zu würdigen weiß (Soziologie II, 331). Allein die positive Philosophie nimmt „die Geschichte zur wissenschaftlichen Hauptgrundlage", faßt die Menschen aller Zeiten und Orte als „Mitarbeiter" an der sozialen Evolution auf, will den Fortschritt in Zusammenhang bringen mit „der Gesamtheit der tatsächlichen früheren Ereignisse ..." (Soziologie I, 424) Darin wird eine wichtige Erziehungsmöglichkeit der künftigen spirituellen Macht liegen, nämlich alle Menschen nach Erziehung und Bildung in der Kindheit während ihres ganzen weiteren Lebens an die moralischen Grundsätze des sozialen Miteinanders zu erinnern (Soziologie III, 459).

Die Methoden der Soziologie

Für die Soziologie ist, wie für die anderen Wissenschaften, die Orientierung an den Tatsachen verpflichtend: Als Grundregel gilt, „daß keine Behauptung, die nicht genau auf die einfache Aussage einer besonderen oder allgemeinen Tatsache zurückführbar ist, einen wirklichen und verständlichen Sinn enthalten kann." (Rede 1966, 27) Damit ist zwar noch nicht geklärt, was besondere und allgemeine Tatsachen sind - Comte klärt das übrigens an keiner Stelle; aber fest steht, daß die Soziologie nicht spekulieren darf, daß sie sich auf Wirklichkeit beziehen muß.

Aus dieser Verpflichtung der Soziologie auf ihren Gegenstandsbereich folgt, daß jede Mathematisierung sinnlos und irreführend wäre. Scharf kritisiert Comte die Versuche, die Sozialwissenschaft durch Benutzung des Wahrscheinlichkeitskalküls zu einer positiven Wissenschaft zu machen. Wahrscheinlichkeit in diesem Sinne sei eine „absurde Doktrin" (Soziologie I, 374ff.), die dem Versuch, Gesetzmäßigkeiten des Sozialen zu finden, geradezu entgegenwirke.

Wie die Biologie verwendet die Soziologie nebeneinander drei Hauptmethoden: die Beobachtung, das Experiment, die vergleichende Methode.

Was die Beobachtung angeht, so ermuntert Comte zu Unbefangenheit. Durch die Metaphysik seien die Schwierigkeiten, soziale Phänomene zu beobachten, oft übertrieben worden bis hin „zur dogmatischen Leugnung jeder eigentlichen Gewißheit der sozialen Beobachtungen, selbst der unmittelbaren ..." (Soziologie I, 300) Allerdings sind Beobachtungen nur sinnvoll, wenn sie unter theoretischen Aspekten gemacht werden. Es sei vom wissenschaftlichen Standpunkte „klar, daß jede isolierte, völlig empirische Beobachtung wesentlich müßig und sogar von Grund aus unzuverlässig ist. Die Wissenschaft kann sich nur solcher bedienen, die sich wenigstens hypothetisch an irgend ein Gesetz knüpfen. Eine solche Verbindung ist es, die den charakteristischen Hauptunterschied zwischen den Beobachtungen der Gelehrten und denjenigen der Laien bildet ..." (Soziologie I, 304f.) Das ist eine Absage an die Induktion auch im Arbeitsbereich der Soziologie. Theorien sind nicht nur das Ergebnis von systematisierten Beobachtungen, sondern haben auch die Fähigkeit, neue Beobachtungen zu ermöglichen; je besser die bestehende Theorie, umso besser können bislang nicht erforschte Tatsachen eingeordnet werden.

Theorie sichert auch gegen mangelnde Distanz im Forschungsprozeß: Weil uns die sozialen Phänomene so vertraut erscheinen, neigen wir dazu, sie „vom natürlichen Standpunkte" aus zu beobachten. „Man beobachtet in der Regel nur gut, wenn man sich außerhalb stellt ..." Auch der Einfluß der „Leidenschaft", die bei der Befassung mit sozialen Phänomenen stark sei und zu mehr oder weniger großer „Sinnestäuschung" führe, könne nur durch „die innige und vertraute Beschäftigung mit den positiven Theorien hinlänglich verhindert oder zerstreut werden ..." (Soziologie I, 307, Fußn.1) Die Gefahr, daß die Orientierung an Theorie die zu beobachtenden Tatsachen nur verzerrt (zur Bestätigung theoretischer Vorurteile) in den Blick kommen läßt, sieht Comte, hält sie aber für kontrollierbar, vor allem durch gegenseitige Überprüfung in der Wissenschaftlergemeinschaft.

Beim Experiment unterscheidet Comte zwischen direktem und indirektem; in der Soziologie sei das erstere aus praktischen und moralischen Gründen selten möglich. Zudem sind im sozialen Feld Ausgangsbedingungen und Wirkungen der Intervention nicht ausreichend voneinander isolierbar (Soziologie I, 312f.). Aber es gebe wie in der Biologie ein Äquivalent für das direkte Experiment, nämlich die Beobachtung von pathologischen Fällen, von sozialen Krankheitserscheinungen. Störungen der „grundlegenden Gesetze der Harmonie wie der Verkettung im sozialen Zustande ... bedeuten für den sozialen Organismus genau das Analogon der eigentlichen Krankheiten des Einzelorganismus ..." (Soziologie I, 313f.) Gehe man nun davon aus, daß die Grundgesetze des Sozialen in pathologischen Zuständen nicht grundlegend verändert oder aufgehoben, sondern nur modifiziert sind, „... so kann man mit der entsprechenden Vorsicht aus der wissenschaftlichen Analyse der Störungen vernünftigerweise auf die positive Theorie der normalen Existenz schließen." (Soziologie I, 316)

In diesen Überlegungen, die in der Soziologie bis heute immer wieder aufgegriffen werden (meist durch Vermittlung Durkheims), stecken mehrere Annahmen. Erstens: Das Soziale kennt gesunde und kranke Zustände bzw. Erscheinungen; darin ist es dem Gegenstandsbereich der Biologie gleich. Zweitens handelt es sich bei den pathologischen Zuständen nicht um eine ganz andere Existenzform des Sozialen oder um seine vollständige Aufhebung, sondern um eine (zeitweise) Modifikation. Comte übernimmt diesen Gedanken von Broussais, der ihn für den Bereich der geistigen Störungen vorgebracht hatte (Soziologie I, 315f.). Es ist nicht klar, ob Comte damit die Möglichkeit eines vollständigen Zerfalls des Sozialen ausschließen will. Jedenfalls aber legt diese Position nahe, die Bereiche des Nicht-Normalen auch als Manifestationen des

Sozialen zu betrachten (dies tut die Soziologie unserer Gegenwart sehr konsequent). Drittens: Das Gesunde, das Normale enthüllt sich am leichtesten von seinen pathologischen Modifikationen her.

Auch die dritte, die vergleichende Methode entwickelt Comte aus der Biologie. Was soll womit verglichen werden? Zunächst geht es um den Vergleich der menschlichen Sozialformen mit denen der höheren Tiere. Der ist bislang durch die verachtungsvolle Haltung der theologischen wie der metaphysischen Philosophie gegenüber den Tieren behindert worden. Allerdings wird sich dieser Vergleich auf die soziale Statik beschränken müssen, weil die höheren Tiere soziale Dynamik (geschichtlichen Fortschritt) nicht kennen. Immerhin werde er zeigen können, wie „vollkommen natürlich" die wichtigsten menschlichen Sozialformen (z.B. die Familie) sind, denn es gibt sie bei den höheren Tieren ebenfalls (Soziologie I, 318f.).

Zweitens können die sozialen Zustände von Völkern verglichen werden, die (relativ) unabhängig voneinander gleichzeitig bestehen. Weil die Entwicklungen der verschiedenen Völker nicht in der gleichen Geschwindigkeit vor sich gingen, kann man (mit gewissen Einschränkungen) auf der Erde nebeneinander Manifestationen der verschiedensten Stadien der Menschheitsgeschichte feststellen (Soziologie I, 322f.). Die ganze Menschheitsgeschichte ist unterm Blickwinkel des (völkerkundlichen) Vergleichs Gegenwart, an der Gegenwart kann die Menschheitsgeschichte abgelesen werden.

Drittens - von Comte nur kurz angedeutet - könne das gleiche Vorgehen auf Ungleichzeitigkeiten innerhalb einer Nation angewendet werden, auf die „sehr ungleichmäßig der Gegenwart angehörigen Klassen": „Die Hauptstadt der zivilisierten Welt umschließt heute mehr oder weniger getreue Repräsentanten fast aller früheren Grade der sozialen Entwicklung, namentlich in intellektueller Beziehung." (Soziologie I, 323, Fußn.1)

Die wichtigste Form der vergleichenden Methode ist nach
Comte aber die historische Methode; sie wird künftig den Kern
der Soziologie bilden und nach entsprechender Ausarbeitung
neben Beobachtung, Experiment, Vergleich die „vierte fundamentale Beobachtungsmethode bilden" (Soziologie I, 384), also
den Beitrag der Soziologie zur allgemeinen wissenschaftlichen
Methodenlehre ausmachen.

Die historische Methode besteht in der vergleichenden Betrachtung der aufeinanderfolgenden sozialen Zustände in der
Menschheitsgeschichte und einer entsprechenden Beurteilung
der Fort- oder Rückentwicklung einzelner Merkmale sowie
menschlicher Anlagen (Soziologie I, 334f.). Hierbei soll gedankenexperimentell verfahren werden: Aus der Kenntnis gegebe-
ner Bedingungen in einem bestimmten Entwicklungsstadium
soll die daraus folgende geschichtliche Konstellation abgeleitet, gedankenexperimentell prognostiziert werden.[112]

Wie sonst rät Comte von der Untersuchung einzelner Phänomene bzw. Phänomenbereiche strikt ab; unangemessen sei-
en z.B. eine Geschichte der Mathematik im Italien des 17.
Jahrhunderts oder eine politische Geschichte ohne Rücksicht
auf die anderen Bereiche des Sozialen. Weil die einzelnen sozialen Erscheinungen in der geschichtlichen Kette ihrer Vor-
formen stehen, mit der Entwicklung aller anderen und mit der
Gesamtevolution verknüpft sind, hält Comte Aussagen über
isolierte Gegenstände für irreführend. Einzeluntersuchungen
sind nur möglich, wenn zunächst der hauptsächliche Entwick-
lungsweg identifiziert worden ist (Soziologie I, 329). Daraus
ergibt sich u.a., daß die Untersuchung nur der Gegenwart und
der jüngsten Vergangenheit zu einseitigen bzw. falschen Ergebnissen führen würde. Die Gegenwart muß mit der Vergan-

---

112) Dies Verfahren hält Comte für eine notwendige Übung für Voraussagen, die die Zukunft betreffen: Man lerne „in jeder beliebigen Wissenschaft
die Zukunft nur dann rationell voraussagen ..., wenn man in gewisser Weise
die Vergangenheit vorausgesagt hat ..." (Soziologie I, 336).

genheit, und zwar mit der ganzen Vergangenheit, verglichen werden.[113] Immer soll die gesamte Geschichte Bezugspunkt der Forschungen sein.

Comte erwartet von der historischen Methode, daß sie die Barriere überwinden wird, die die Metaphysik vor jede gründliche Erforschung der Vergangenheit gelegt hat, und so die Geschichte wieder in ihre Rechte einsetzt, „als erste unerläßliche Grundlage der Gesamtheit der verständigen sozialen Forschungen zu dienen." (Soziologie I, 342) Auch wird die historische Methode für die Arbeiten in allen Wissenschaften eine erhebliche Rationalisierung erbringen: Ist erst einmal eine Geschichte der Wissenschaften im Sinne einer Theorie der Abfolge von Entdeckungen usw. erarbeitet, so wird es zukünftig möglich sein, den wissenschaftlichen Forschergeist zu lenken, erreichbare neue Entdeckungen usw. vorherzusagen und die Wahl der Untersuchungsfragen selbst nach wissenschaftlichen Kriterien zu planen (Soziologie I, 385f.).

Daneben sieht Comte eine gesellschaftspraktische Bedeutung der historischen Methode: Sie trägt dazu bei, das soziale Bewußtsein von der „notwendigen Verkettung der verschiedenen menschlichen Ereignisse", auch mit solchen in entfernter Vergangenheit, zu entwickeln. „Der feinen Bemerkung Condorcets gemäß kann jetzt kein aufgeklärter Mensch z.B. an die Schlachten von Marathon und Salamis denken, ohne alsbald deren wichtige Folgen für die heutigen Geschicke der Menschheit zu erkennen." (Soziologie I, 333) Die historische Methode wird also über ihre Erkenntnisleistung hinaus bewirken, daß

---

113) „Streng isoliert, würde die Beobachtung der Gegenwart eine sehr machtvolle Ursache politischer Täuschungen werden, indem sie dazu verleitete, die Hauptursachen unaufhörlich mit den Nebensachen zu verwechseln, lärmende ephemere Kundgebungen über die grundlegenden Tendenzen stellen, die meistens wenig hervortreten, und vor allem Mächte, Einrichtungen und Lehren als aufsteigend anzusehen, die im Gegenteil im Verfall begriffen sind." (Soziologie I, 337)

sich die Menschen aller Zeiten und Räume als Teile eines gemeinsamen Vorgangs erkennen.

Insgesamt hat Comte recht undeutlich gelassen, wie die historische Methode arbeitet, und auch nicht gezeigt, wie der soziologische Forschungsprozeß im einzelnen vor sich geht, insbesondere nicht, wie Resultate überprüft werden können.[114]
Unklar bleibt auch, wodurch sich diese historische Methode
von dem unterscheidet, was die Geschichtswissenschaft darunter versteht (so von Hayek 1979, 253; vgl. von Kempski
1974, XXXff.).

Weil die Soziologie noch sehr jung aus, aber auch aus prinzipiellen Erwägungen verlangt Comte, daß nur diejenigen Soziologie betreiben sollen, die zuvor eine Ausbildung in allen,
dem enzyklopädischen Gesetz zufolge älteren (Natur-) Wissenschaften erhalten haben. Hierbei soll die Reihenfolge ein-
gehalten werden, in der die Grundwissenschaften geordnet
sind, damit nicht falsche Denkgewohnheiten in die Soziologie
übernommen werden (Soziologie I, 372). Comte ist selbst
skeptisch, ob diese Regel akzeptiert werden wird. Denn sie
stehe im Gegensatz „zu einem der ausgeprägtesten Charakter-
züge unserer politischen Sitten, nämlich der von der metaphysischen Politik an jedermann gerichteten, sowohl für unsern
Stolz wie für unsere Trägheit so wohltuenden Aufforderung,
ohne irgendwelche rationelle Vorbereitung die verschiedenen
sozialen Fragen zu behandeln und sie dabei wenigstens impli-
cite als Gegenstände der bloßen Inspiration anzusehen."
(Soziologie I, 378)

Ideologie und Relativismus

Die Logik des Dreistadiengesetzes beruht auf der Annahme,
daß auch die theologische und die metaphysische Philosophie
samt ihrer Unterformen zu ihrer Zeit angemessene Orientie-

---

114) Diesen Einwand bringt Mill (1973, 54ff.).

rungen über die Welt geliefert und die kognitive Integration von
Menschen und Gruppen zu größeren Sozialformen ermöglicht
haben. Darin steckt der Gedanke, daß es Entsprechungen gibt
zwischen den grundlegenden Denkweisen und den Etappen
der zivilisatorischen Entwicklung, die notwendig auftreten. Mit
Recht nennt Massing dies Denken „Relationismus" (Massing
1976, 32f.), während Comte selbst „relativ" bevorzugt: Die
Denk- und Wissensformen, die Institutionen usw. müssen als
auf den Entwicklungsstand der Zivilisation hin relationiert gesehen werden.

Das sind Grundideen einer Wissenssoziologie bzw. Ideologienlehre. Von Comte nicht systematisch durchdacht, finden
sich so bei ihm Skizzen eines Begriffs von Ideologie,[115] zunächst ganz vorläufig verstanden als Passung bzw. Nichtpas-
sung zwischen geistigen und gesellschaftlichen Phänomenen
im engeren Sinne:

Wie schon Condorcet stellt Comte die Frage, weshalb die
Erkenntnis vom wirklichen Verhältnis der Himmelskörper zur
Erde, die der griechischen Antike schon bekannt war, erst 15
Jahrhunderte später durch Kepler aufgenommen wurde und
sich dann breit durchsetzte. Es bleibe dafür nur die Erklärung,
daß diese Erkenntnis für die antike Tendenz zum Monotheismus (von der griechischen Philosophie zum Christentum) ohne
Wert war (Système III, 326ff.). Und: Wenn Entdeckungen bzw.
Lösungen in der Geometrie so spät auftraten, so liegt dies nicht
daran, daß sie früher nicht gemacht werden konnten, sondern
daran, daß kein sozialer Bedarf nach ihnen bestand (Synthèse,
270ff.). Gedanken und Gedankensysteme sind also mit den
sozialen Zuständen einer Epoche, einer geschichtlichen Phase
verknüpft. Mindestens sieht Comte so etwas wie den Geist einer Epoche, der den Horizont auch der großen Naturforscher
und Philosophen beschränkt. Auch Descartes und Newton sei-

---

115) Comte komme dadurch nahe an Kernpunkte des späteren historischen
Materialismus, so Arnaud (1973, 179).

en an ihr Jahrhundert gebunden gewesen,[116] auch Aristoteles war derart von seiner Zeit bestimmt, daß er sich keine Gesellschaftsform vorstellen konnte, die nicht auf Sklaverei beruhte.[117]

Dazu sind Anschauungen und Ideen oft weit über ihre Zeit hinaus wirksam und behindern die Durchsetzung neuer Einsichten. Die Gedankensysteme (ebenso wie die Sitten und die Einrichtungen) haben eine Neigung zur Fortdauer auch in nicht mehr passenden Konstellationen, wenn sie erst einmal allgemein geworden sind.[118] Es geht dies darauf zurück, daß die Menschen grundlegend auf Orientierung durch leitende Gedanken angewiesen sind und an einer veralteten Systematik des Denkens festhalten, solange keine neue aufgetreten ist.

Wie kann dann überhaupt ein neues Gedankensystem, etwa beim Übergang vom theologischen zum metapyhsischen oder beim jetzt anstehenden Übergang zum positiven entstehen? Nur unter besonderen Bedingungen: Der Entwurf eines völlig neuen politischen Systems (Comte denkt gewiß auch an den eigenen) müßte unter normalen Bedingungen unmöglich sein. „Deshalb bildet die weit vorgeschrittene Zerstörung des früheren politischen Systems ... offenbar eine unerläßliche Einleitung, ohne die weder die hervorragendsten Geister das eigentliche charakteristische Wesen des neuen Systems, das durch

---

116) Cours I,, 530f. Vgl. auch Système II, 384f.: „Die ganze Entwicklung einer jeden Intelligenz wird offensichtlich bestimmt durch den Ort und die Epoche, in denen sie sich verwirklicht."
117) Cours II, 25. In Comte 1822 (50) heißt es: „Ob man will oder nicht, man ist Kind seines Zeitalters. Jene Köpfe, die von sich glauben, daß sie am meisten gegen den Gang der Zivilisation ankämpfen, gehorchen ohne ihr Wissen seinem unwiderstehlichen Einfluß und wirken selbst daran mit, ihm beizustehen." Einen Idealisten wird man Comte also nicht nennen können.
118) Soziologie I, 243. Ähnlich schon Condorcet (1976, 37): „... denn die Menschen behalten die Vorurteile ihrer Kindheit, ihres Landes und ihrer Zeit noch lange, nachdem sie alle Wahrheiten erkannt haben, die zu ihrer Zerstörung notwendig sind."

den vorwiegenden Anblick der alten Organisation tief verhüllt ist, deutlich wahrnehmen könnten, noch endlich, angenommen, diese erste Schwierigkeit sei überwunden, die öffentliche Vernunft sich hinreichend mit dieser neuen Schöpfung vertraut machen könnte, um deren stufenweise Verwirklichung durch ihre unvermeidliche Mitwirkung zu unterstützen." (Soziologie I, 28f.) Es sind Bedingungen in der geschichtlich-sozialen Konstellation, die ganz neue Denkformen ermöglichen. Abgesehen davon, daß Comte durch diesen Gedankengang legitimieren kann, weshalb gerade ihm und gerade in seiner Zeit der Entwurf eines neuen Menschheitsstadiums gelingen kann, wo doch sonst der Geist in den Grenzen seiner Zeit lebt - der Grundgedanke jeder Ideologienlehre und Wissenssoziologie ist damit ausgesprochen: Neues Denken wird geschichtlich-sozial möglich gemacht.

Sehr nahe kommt Comte einem soziologischen Ideologiebegriff auch bei seinem Lob für die Forscher, die die Bewegung der Erde unter den Himmelskörpern erforscht haben. Nur gestützt auf die Kraft der positiven Wissenschaft sei es ihnen gelungen, binnen zweier Jahrhunderten bei allen zivilisierten Menschen eine Doktrin zu zerstören, die so alt war wie unsere Intelligenz, „unmittelbar begründet auf einem sehr drastischen und sehr volkstümlichen Anschein, innerlich verbunden mit dem ganzen System der herrschenden Meinungen und folglich mit den allgemeinen Interessen der größten existierenden Gewalten ..." (Cours I, 360) Weil Gedankensysteme mit den Grundorientierungen ihrer Epoche und den darin dominierenden sozialen Mächten verknüpft sind, können sich neue Gedanken, auch wenn sie wissenschaftlich als zutreffend erwiesen sind, erst durchsetzen, wenn die alten Gedankensysteme und die alten Mächte ihre Kraft verloren haben (Système III, 564).

Zwischen der inneren Struktur der Gedankensysteme und den sozialen Mächten besteht also nicht notwendigerweise eine logische Beziehung. In einer Frühschrift faßt Comte das Verhältnis von geistiger und von gesellschaftlich-zivilisatorischer Entwicklung in diesem Sinne einer relativ offenen Wechselwirkung allgemein (führt diesen Ansatz an anderer Stelle jedoch nicht fort): „Die allgemeine Einsicht, daß die Kultur unseres Denkens nur in der Gesellschaft und nur durch die Gesellschaft möglich ist, genügt nicht; darüber hinaus muß man anerkennen, daß die Natur und das Ausmaß der sozialen Beziehungen in einer jeden Epoche die Eigenart und die Schnelligkeit unserer geistigen Fortschritte bestimmen (wie umgekehrt)." (Comte 1825, 143)

Die positive Philosophie bekämpfe theologische Auffassungen nicht; Behauptungen, die durch Beobachtung weder belegt noch widerlegt werden können, brauchten nicht bekämpft zu werden. „Zweifellos hat niemand jemals die Nichtexistenz Apollos, Minervas usw. logisch bewiesen, noch die der orientalischen Feen oder der verschiedenen poetischen Schöpfungen; was den Menschengeist keineswegs daran gehindert hat, unwiderruflich die alten Glaubenssätze aufzugeben, als sie endlich aufgehört hatten, seiner Gesamtlage zu entsprechen." (Rede 1966, 89) Glaubenssysteme bzw. Anschauungen von der Welt und vom Menschen werden nicht durch andere - und seien sie auch besser begründet - widerlegt, sondern sie werden durch die geschichtliche Veränderung der „Gesamtlage" des „Menschengeistes" überholt. Daraus ergibt sich für Comte die Zuversicht, die positive Philosophie werde ohne Dogmenstreit mit der Theologie gewinnen - schließlich sieht er die neue „Gesamtlage" voraus (Comte 1822, 33f.) Diese Zuversicht und diese Annahme von der notwendigen Entwicklung des Menschengeistes gründet sich auf den Gedanken, daß ebendiese Entwicklung ohne Absicht, ja ohne Wissen der Menschen vor sich geht.

Arbeitsteilung, Herrschaft und industrielle Gesellschaft

Aristoteles hat Comte zufolge das Grundprinzip einer jeden kollektiven Organisation aufgedeckt, nämlich die Gleichzeitigkeit von Teilung der Funktionen und Kombination der Anstrengungen („Teilung der Aufgaben und Kombination der Kräfte"). Dies Prinzip

sei kein allein ökonomisches: Nimmt man eine weitere Blickweise
ein, gelangt man dazu, „nicht allein die Individuen und die Klassen, sondern in vielen Beziehungen auch die verschiedenen Völker so anzusehen, als wenn sie gleichzeitig in einer eigentümli-
chen, genau bestimmten Weise und in einem besonderen, genau
bestimmten Grade an einem ungeheuren und gemeinsamen Werke teilnähmen, dessen unvermeidliche, allmähliche Entwicklung
überdies auch die gegenwärtigen Mitarbeiter mit der Reihe ihrer
etwaigen Vorgänger und selbst mit derjenigen ihrer verschiedenen
Nachfolger verknüpft." (Soziologie I, 436)

Der Sozialzusammenhang kann als Organismus betrachtet
werden, weil das Gleichgewicht von Arbeitsteilung und Kräfte-
vereinigung ihn dauerhaft erhält und zugleich erweitert. Der soziale Organismus beruht auf dem Zusammenstimmen einer großen Menge von unabhängigen Individuen, „die gleichwohl alle,
trotz der größeren oder geringeren, zwiespältigen Verschiedenheiten ihrer Talente und insbesondere ihrer Charaktere, unaufhörlich geneigt sind, durch eine Unzahl verschiedener Mittel zu ein
und derselben allgemeinen Entwicklung beizutragen, ohne sich
für gewöhnlich darüber verständigt zu haben, ja sogar meist ohne
daß die Mehrzahl von ihnen es weiß, die nur ihren persönlichen
Trieben zu gehorchen meinen." (Soziologie I, 427f.) Anders als
die Familie wird die Gesellschaft nicht durch Sympathie zusammengehalten, dazu wäre dies Gefühl nicht stark genug. Der Verstand der meisten Menschen reicht nicht hin, „sich einen von den
zu ausgedehnten, zu weitverzweigten und zu fremdartigen Beziehungen ihrer eigenen Beschäftigungen genügend klaren Begriff
zu bilden, daß daraus ein wirklich sympathischer Antrieb entsprin-
gen könnte, der einer dauernden Wirkung fähig wäre." (Soziologie
I, 430f.)

Die verschiedenen Arbeiten werden den Individuen bzw.
Kollektiven am besten so zugeteilt, daß ein jedes mit den Tätigkeiten befaßt wird, zu denen es am besten geeignet ist, sei
es wegen seiner natürlichen Dispositionen, wegen seiner Erziehung oder wegen der besonderen Umstände, in denen es

sich befindet (Comte 1826, 199). Dabei handele es sich jedoch um ein Idealziel der sozialen Ordnung, das wohl niemals ganz erfüllt werden kann.[119] Dennoch: Falsche Zuordnungen von Individuen zu sozialen Aufgaben führen für die einzelnen wie für die Gesellschaft zu großen Verlusten (Comte 1826, 212). Weil die Vererbung von Fähigkeiten und Berufen in der Gegenwart weniger wirksam als früher ist, geschieht die Zuweisung von Individuen an soziale Funktionen gewissermaßen flüssiger, stärker nach Fähigkeiten und aufgrund von außerhäuslicher Erziehung und Bildung (Comte 1826, 212). Künftig werden sich die sozialem Klassen immer weniger danach zusammensetzen, welche Positionen die Eltern der einzelnen eingenommen haben (Soziologie III, 492f.). Entsprechende Maßnahmen (u.a. Abschaffung des Erbrechts) werden dabei helfen.

Die Arbeitsteilung hat auch problematische Folgen: Sie verstärkt „individuelle Abweichungen" und spezialistische Intelligenzen, sie zentriert das Denken der Einzelnen auf den Bereich seiner besonderen Tätigkeit und Verantwortung, erinnert ihn an sein „Privatinteresse, dessen wahren Zusammenhang mit dem öffentlichen Interesse er nur sehr undeutlich wahrnimmt"; sie bringt Sonderinteressen von Gruppen hervor, entfernt Berufsgruppen im Denken und Selbstverständnis voneinander (Soziologie I, 439f.). Es ist die Aufgabe der staatlichen Regierung, diesen auseinanderstrebenden, der Möglichkeit nach destruktiven Spezialisierungen Einhalt zu gebieten; die neu einzurichtende spirituelle Gewalt wird in die gleiche Richtung wirken.

Gesellschaft läßt sich Comte zufolge ohne „gouvernement", also ohne politische Leitung nicht denken. Die Stabilität jeglicher Vergesellschaftung könne auf Dauer nur durch eine teils dirigierende, teils unterdrückende Instanz gesichert werden,

---

119) Soziologie I, 437. Optimistischer sind hier die Saint-Simonisten (Lehre 1962, 180).

weil sonst die Elemente und Teilgruppen sich ihrer Natur folgend auseinanderentwickeln (Soziologie I, 441).

Die Ausdifferenzierung von Regierungsfunktionen steht im
Einklang mit Dispositionen unserer Natur: Manche Menschen
haben eine Neigung zum Befehlen, andere zum Gehorchen.[120]
Letztere Neigung sei bei den meisten Menschen vorhanden.
„Wie unmäßig der allgemeine Durst nach Herrschaft heutzutage infolge unserer intellektuellen Anarchie auch sein mag, es
gibt doch ohne Zweifel niemanden, der bei einer geheimen und
gewissenhaften persönlichen Prüfung nicht oft mehr oder weniger tief empfunden hätte, wie süß es ist zu gehorchen, wenn
wir das in unseren Tage fast unmögliche Glück verwirklichen
können, durch weise und würdige Führer von der drückenden
Verantwortlichkeit einer allgemeinen Leitung unseres Handelns
angemessen befreit zu werden ..."[121] So sei gewährleistet, daß
individuelle Neigungen und soziale Ordnung (grundsätzlich) in
Einklang miteinander sind.

Diese integrierende Macht kann zwei Formen annehmen:
Gewalt oder (unter modernen Bedingungen) Beeinflussung
durch Reichtum, durch Regulierung der Meinungen, Wünsche
und Tendenzen mittels moralischer Autorität (Comte 1826,
193f.). Damit eine Bevölkerung nicht mehr durch Gewalt (sowie
im spirituellen Bereich durch verbindliche Glaubenssätze) regiert werden kann, müssen sich industrielle und wissenschaftliche Fähigkeiten entwickelt haben. Die Franzosen z.B. brauchen nicht mehr durch Kommando regiert werden, jegliche
Gewaltherrschaft wäre hier kontraproduktiv. „Zur Aufrechter-

---

120) Allerdings sei der „gewöhnliche Hang zum Befehlen" noch keine
Grundlage für die Befähigung zum Regieren. Das könne man an den Frau-
en sehen, „die die Herrschaft im allgemeinen so leidenschaftlich lieben ...",
die aber wegen einer geringer entwickelten Vernunft oder auch wegen ihrer
höheren „Reizbarkeit" ungeeignet seien für Regierungsaufgaben (Soziologie
I, 449).
121) Soziologie I, 450. An dieser Stelle fühlt sich von Hayek (1979, 258) an
geistige Wegbereiter des Nationalsozialismus (Spengler, Sombart) erinnert.

haltung der Ordnung genügt es, daß die Angelegenheiten des gemeinsamen Interesses verwaltet werden."[122]

Die jahrhundertelange Revolte gegen jede Autorität beruht nach Comte auf einer falschen Vorstellung von der Natur des Menschen: Allgemeinen Gesetzen der menschlichen Natur zufolge sei die Unterwerfung angemessener und nobler als die Revolte (Système II, 400). Im positiven Stadium werde jedermann die Notwendigkeit von Führung anerkennen, niemand wird sich degradiert fühlen durch gewohnheitsmäßige Folgsamkeit.

Vorbereitet und unterstützt wird solche Hinnahme der Führung dadurch werden, daß die positive Philosophie „hinsichtlich der unheilbaren politischen Übel" eine „weise Entsagung" verbreiten helfen wird. Umstände im politischen Bereich, die nicht zu ändern sind, müssen als unabänderliche akzeptiert werden. Die metaphysische Politik war zu solcher „Entsagung" unfähig, weil sie „das politische Handeln als notwendig unbegrenzt auffaßt", also jeglichen Umstand für prinzipiell veränderbar hielt. Die „religiöse und namentlich die christliche Entsagung" ist „in Wahrheit ... nichts anderes als ein kluges Abwarten, das die gegenwärtigen Leiden im Hinblick auf eine künftige unaussprechliche Seligkeit ertragen läßt." (Soziologie I, 139f.) Abhilfe ist nur erreichbar durch den Nachweis der positiven Philosophie, daß (manche) soziale Mißstände unabänderlich sind, weil sie nach Art von Naturgesetzen geregelt sind.

Gegen die hier mögliche Schlußfolgerung, die positive Philosophie empfehle Quietismus oder gar Fatalismus, wendet sich Comte: Im Gegenteil müsse man sich die künftige Gesellschaft als durch Aktivität, Initiative und vielfältige Interventionen in die sozialen Gegebenheiten charakterisiert vorstellen. „Untersagt" sein wird nur jene Anstrengung, die „mit Sicherheit

---

122) Comte 1820, 36. Comte gesteht auch der Bevölkerung von England und des nördlichen Deutschland die Voraussetzungen zu, um allein durch die industrielle Planung regiert zu werden (Comte 1820, 37).

nur auf einen unnützen Kräfteverbrauch hinauslaufen könnte,
gemäß der gleichen fundamentalen Sparsamkeit, wie sie gegenüber allen anderen Naturerscheinungen besteht ..."
(Soziologie I, 252)

In den dem *Cours* vorausgehenden Schriften hatte Comte
noch eine weniger resigniert-realistische Haltung eingenommen: Die Herrschaft über Menschen werde im positiven Stadium abgelöst durch die Beherrschung der Natur bzw. die Verwaltung von Sachen: „Die Herrschaft über die Dinge ersetzt
diejenige über die Menschen." (Comte 1822, 102) Die Neigung
zum Herrschen ist der menschlichen Natur zwar eigentümlich,
so lautet dieser Gedankengang, sie wird aber durch den Gang
der Zivilisation abgemildert und abgelenkt - die wissenschaft-
lich-industrielle Beherrschung der Natur bietet seit einigen
Jahrhunderten ein Ersatzfeld. Die industrielle Kooperationsform
werde jegliche „Beherrschung" überflüssig machen und allein
„Leitung" verlangen, es werde keine andere Ungleichheit mehr
geben als die der Fähigkeiten (Comte 1820, 39). In den späteren Arbeiten dann tritt der Gedanke nicht mehr so hoffnungs-
froh auf, sondern wird geradezu die ewige Notwendigkeit von
Herrschaft betont; offenbar stand Comte in der Beurteilung von
Herrschaft zunächst noch Saint-Simons Gedankenwelt nahe.

Die industrielle Gesellschaft ist nicht nur der nächste Schritt
der Gesellschaftsentwicklung, sie ist die Krönung der Menschheitsentwicklung. Comte ist sicher, daß diese Gesellschaftsform sich in Europa durchsetzen und der ganzen Welt als Vorbild dienen wird.[123] Solche Wertschätzung der industriellen

---

123) Comtes (und Saint-Simons) Urteil, die industrielle Gesellschaft sei die
Krönung der Menschheitsgeschichte, ist in der Soziologie heute Mehrheits-
meinung. - Voegelin (1975, 113) erkennt die hohe Wertschätzung für das
industrielle System, für Wissenschaft und Technologie wieder in Kommunismus, Faschismus, Nationalsozialismus und „Progressivismus", so verschieden ihre Lösungsvorschläge auch sonst sein mögen: „This is the factor
through which the modern political mass movements are the heirs of the
progressivism and positivism of Saint-Simon and Comte."

Gesellschaft beruht auf mehreren Überlegungen zur zivilisie-
renden Wirkung der industriellen Tätigkeit: Die Industrie macht
den Krieg unnötig, sie ist prinzipiell friedlich. Zivilisierend wirkt
die industrielle Arbeit auch dadurch, daß die Intelligenz durch
sie dauernd gefordert und geübt wird - im Unterschied zu früheren Produktionsweisen. Moralisch wirkt die industrielle Tätigkeit
insofern, als sie einem jedem deutlich macht, wie sehr die Beiträge der Vielen aufeinander angewiesen sind und also einem
gemeinsamem Gut dienen. Dies gilt im Prinzip auch für das
Verhältnis der Völker, die miteinander durch wirtschaftliche Beziehungen verbunden sind (vgl. Fisichella 1965, 141f.).

Künftig wird ein jeder in seinem Berufe und außerhalb (die
hergebrachte Unterscheidung zwischen „privat" und „öffentlich"
solle entfallen) „als ein wirklicher öffentlicher Funktionär angesehen werden, insoweit seine besondere Tätigkeit zur allgemeinen Wirtschaft zufolge eines regelmäßigen Endzweckes
beiträgt, dessen Nutzen allgemein empfunden wird ..."[124] Mit
„öffentlich" ist nicht „staatlich" gemeint, wie wir es heute gewohnt sind, sondern „mit gesellschaftlichen Aufgaben befaßt"
(so Fisichella 1965, 194, Fußn. 27). Künftig werden auch diejenigen, die in einfachen Berufstätigkeiten arbeiten, dies in dem
Gefühl der „Würde" tun, einen unerläßlichen Beitrag zur „ge-
meinschaftlichen Haushaltung" zu erbringen (Soziologie III,
471).

Bei den derzeitigen Reibungen und Störungen im industriellen Bereich handele es sich nicht um Strukturmerkmale der
Industrie, sondern um Folgen einer mangelhaften Erziehung

---

124) Soziologie III, 468f. Die Vorstellung von „privaten" Berufen usw. gehe
darauf zurück, daß die industriellen Tätigkeiten bislang nicht harmonisch in
das gesamte politisch-gesellschaftliche Regime eingefügt werden konnten.
Negts (1964, 56) Auffassung, die einzige Aufgabe des „öffentlichen Funk-
tionärs" werde darin bestehen, „die Apparatur der positiven Ordnung nach
den Weisungen einer Elite gewissenhaft zu verwalten", ist wohl eine retro-
spektive, auf der Erfahrung mit dem Totalitarismus des 20. Jahrhunderts
beruhende Interpretation.

(Système II, 398ff.). Solche Folgen machen sich besonders in den Feldern bemerkbar, die (moralisch) unzureichend geregelt sind, vor allem beim Gebrauch von Eigentum bzw. Reichtum. Hätten Obere wie Untere ein angemessenes Gefühl von ihrer Stellung und ihren Aufgaben, so würde die im Berufs- und Wirtschaftsleben notwendige Disziplin nicht als Unterdrückung erfahren werden. Denn warum soll die prinzipiell friedliche industrielle Gesellschaft nicht mit weniger Störungen auskommen können als die kriegerisch-militärische Daseinsweise ehedem?

Die Kapitalien sollen bei denen konzentriert sein, die zur Verwaltung der Reichtümer der Gesellschaft bestimmt sind. Sie sind Treuhänder, sind „Verwahrer des öffentlichen Kapitals".[125] Sie bilden jedoch keine erbliche Herrschaftsgruppe: Das Vermögen soll nicht routinemäßig an die Söhne weitergegeben werden. Denn die Verwalter der Reichtümer werden (wie alle anderen Berufstätigen) das Recht haben, ihre Nachfolger gegen Ende ihrer Berufslaufbahn selbst auszusuchen, werden also ihren Nachfolger auch aus einer ganz anderen Familie oder Klasse bestimmen können (Système II, 407f.). Auf diese Weise soll die Weitergabe des Besitzes von allen partikularen Interessen (Erbrecht!) freigemacht und eine angemessene Lösung der Nachfolgeproblematik möglich werden.

Heute sehen die meisten ihre Berufsarbeit (einschließlich der der Ansammlung von Kapitalien) als Quelle persönlicher Einkünfte an, wiewohl sie doch - vermittels der Arbeitsteilung - im wesentlichen auf andere bzw. die Gesellschaft hin geschieht. Das rührt daher, daß die Zeit der Sklaverei noch nicht weit zurückliegt und daß aus jener Epoche stammende Grund-

---

125) Soziologie III, 500. Mill (1973, 162) merkt an: „M. Comte`s conception of the relation of capital to society is essentially that of Socialists, but he would bring about by education and opinion, what they aim at effecting by positive institution." Vgl. auch von Hayek (1979, 257), der eine Parallele zum preußischen Sozialismus zieht, sowie Negt (1964, 39), der eine Nähe zur modernen katholischen Soziallehre erkennt.

einstellungen noch weiterwirken, sowie aus schädlichen Einflüssen der metaphysischen Philosophie (Système II, 159). Aus alldem ergibt sich, daß Comte nichts von einer Revolution der unteren Klassen hält und sehr skeptisch ist, ob die Lage der unteren Klassen anders als durch sozialmoralische Mittel verbessert werden kann.

Die revolutionäre Politik hingegen beschränke sich „wesentlich darauf, die Schwierigkeit zu verschieben, indem sie den lebhaftesten Ambitionen im Volke künstlich einen mehr oder weniger großen Ausweg eröffnet ...", d.h. einigen wenigen den sozialen Aufstieg bietet bzw. verspricht. Dadurch werde die Lage der Mehrheit der unteren Klassen nicht verbessert. Schlimmer noch: Wenn „... man maßlose Wünsche weckt, deren allgemeine Erfüllung unmöglich ist, und die nur zu natürliche Tendenz zu universeller Aufhebung aller Standesunterschiede noch verstärkt ...", so belastet man jeglichen Ansatz zu einer gesellschaftlichen Neuordnung mit einem unlösbaren Problem (Soziologie I, 147f.).

Im Grunde gilt Comte das Proletarierschicksal als unausweichlich, „da die große Masse unseres Geschlechts nach einem unüberwindlichen Schicksale offenbar dazu bestimmt ist, sich auf immer aus Menschen zusammenzusetzen, die auf mehr oder weniger unsichere Art von den wechselnden Früchten einer täglichen Arbeit leben ... „ (Soziologie I, 148f.). Wenn aber die Erfüllung der grundlegenden Bedürfnisse der unteren Klassen erreicht sein wird, so werden diese den Vorteil haben, daß sie für die Leitung des Unternehmens, der Wirtschaft usw. nicht verantwortlich sind, also in einer „glücklichen Sorglosigkeit" leben können (Soziologie III, 488). Das Volk interessiert sich kaum für den Wechsel von Ministern und auch wenig für die Ausübung der sogenannten politischen Rechte. „Allen in angemessener Weise Arbeit und Erziehung zu sichern, wird ... immer der einzige wesentliche Zweck der Volkspolitik im ei-

gentlichen Sinne sein ...“[126] Nachdem die positive Philosophie
den Nachweis erbracht habe, daß die großen Kapitalien im Interesse des industriellen Fortschritts bei den Leitern der Wirtschaft und der Unternehmen konzentriert sein müssen, werden
die unteren Klassen nicht länger der „sozialen Ruhestörung“
verfallen, wozu sie bisher „Gaukler und Utopisten“ verleiten.
Sie werden einsehen, „daß es für die Interessen des Volkes
wenig bedeutet, in wessen Händen sich das Kapital für gewöhnlich befindet, vorausgesetzt, daß seine normale Verwen-
dung der sozialen Masse notwendig von Nutzen ist.“
(Soziologie III, 499)

Zeitdiagnose und Ausblick aufs positive Stadium

Seine Gegenwart sieht Comte durch ein auswegloses Hin und Her
zwischen Fortschrittlern und Rückschrittlern, zwischen theologischer und metaphysischer Philosophie bzw. Politik charakterisiert.
Er verweigert jede Parteinahme im Kampf dieser Parteien, die
einander vorwerfen, die Krise der Gegenwart verursacht zu haben, und stellt von vornherein fest, daß beide an dieser Krise
schuld sind. Eine Überwindung der Krise kann nur erreicht werden, indem beide Lehren und ihr Widerstreit überwunden werden.[127]

---

126) Soziologie III, 506f. Das Volk interessiere sich für die Art und Weise,
wie die Macht gebraucht wird, aber nicht besonders dafür, wie sie errungen
wird (Rede 1966, 189).

127) In einem eindrucksvollen (wenn auch sozialtechnischen) Bild hat er
das 1822 (Comte 1822, 59) als Aufgabe bezeichnet: „Die Bestimmung der
zur Reife gekommenen Gesellschaft ist es nicht, für alle Zeiten das alte,
ärmliche und baufällige Haus zu bewohnen, das sie in ihrer Kindheit erbaut
hatte, wie sich das die Könige denken; auch nicht auf ewig ohne Obdach zu
leben, nachdem sie es verlassen hat, wie sich das das Volk denkt; sondern
sich mit Hilfe der erlangten Erfahrungen und mit allen angehäuften Materia-
lien ein Gebäude zu erbauen, das für ihre Bedürfnisse und Genüsse am
besten geeignet ist.“

Diejenigen, die für die Ordnung eintreten, beziehen ihre Grundgedanken aus dem theologischen System des Mittelalters. Diejenigen, die für den Fortschritt eintreten, beziehen ihre Prinzipien aus der metaphysischen Philosophie, die aus dem Protestantismus entstanden ist (Soziologie I, 10f.).Vor allem die theologische Politik ist heute in sich gebrochen; seit zwei Jahrhunderten, beginnend mit der Politik der Jesuiten, läßt sie die geistige Befreiung der Gebildeten zu unter der Bedingung, daß die einfache Bevölkerung unaufgeklärt bleibt. Solche „kollektive Scheinheiligkeit" haben auch der „protestantische Geist" und die metaphysische Philosophie gefördert. Dieser Gedanke, daß das Volk auf Religion angewiesen sei, nicht aber die Gebildeten, trage dazu bei, „alle Quellen der menschlichen Moral zu verderben, indem sie dieselbe notwendig auf einen ständigen Zustand der Unwahrheit, ja der Verachtung der Höhergestellten gegenüber den niedriger Gestellten beruhen läßt." (Rede 1966, 141-143)

Beide Lehren tragen zur Zerstörung des politischen Systems bei. Weil im Verfall begriffen (die rückschrittliche Lehre) bzw. zur Reorganisation nicht in der Lage (die fortschrittliche Lehre), leiten sie beide nicht zu politischen Handlungen aus Überzeugung an. Beide lassen als tägliches Hilfsmittel der Politik nur „einen mehr oder weniger unmittelbaren Appell an rein persönliche Interessen" zu; Comte nennt solche Politik des Appells an den Egoismus der Regierten „Korruption".[128] Allerdings könne man diese Entwicklung nicht nur den Regierenden zur Last legen, denn: „In ihren täglichen Wechselbeziehungen betrachten die Individuen nur mehr die durch das Privatinteresse bestimmten Arten des Zusammenwirkens als wirklich dauerhaft

---

128) Soziologie I, 100f. Er versteht darunter nicht nur Käuflichkeit, sondern alle Methoden, „mittels derer man in den Fragen des öffentlichen Interesses den Motiven des Privatinteresses das Übergewicht zu geben versucht" - also auch die Aufstachelung des Ehrgeizes durch Vergabe von Auszeichnungen usw. (Soziologie I, 104)

und erfolgreich ..." (Soziologie I, 102) Kein Wunder also, wenn
die Regierenden mit entsprechenden politischen Mitteln arbeiten!

Den Bürgerkriegsparteien Frankreichs schlägt Comte die
Denkmöglichkeit vor, daß beide Parteien versöhnt werden können - allerdings nicht ohne dabei ihre Denk- und Handlungsweisen zu ändern.[129] Dieser Vorschlag steckt in seinem Argument, in der industriellen Gesellschaft seien Ordnung und
Fortschritt als Grundbewegungen des Sozialen aufeinander
angewiesen. „Es kann sich keinerlei gesellschaftliche Ordnung
mehr aufbauen oder namentlich dauern, wenn sie sich nicht
vollkommen mit dem Fortschritt verträgt; kein großer Fortschritt
kann sich tatsächlich vollziehen, wenn er nicht schließlich auf
die offenbare Befestigung der Ordnung abzielt." (Soziologie I,
7)

Alle Philosophien vor der positiven konnten sich Ordnung
nur als unbeweglichen Zustand des Sozialen vorstellen (Système I, 104) und, so wird man ergänzen können, Fortschritt
nur als ordnungsfeindliche Bewegung. Erst der Positivismus
verbindet Fortschritt und Ordnung angemessen: „... der Fortschritt stellt nur ... die Entwicklung der Ordnung dar" (Système
I, 63). Das ist ein für die Soziologie bis heute wichtiger Gedanke: Die Gesellschaft ist geordnet und entwickelt sich zugleich
gerichtet. Lassen wir dahingestellt, ob die einschlägigen Konzepte der neueren Soziologie (z.B. sozialer Wandel oder gesellschaftliche Evolution) dem Problem gerecht werden - Comte
trägt die Einsicht pointiert vor.

---

129) Die Saint-Simonisten hatten einen ähnlichen Gedanken: Die Gesellschaft sei heute in „zwei Kriegslager" geteilt, in die „nicht sehr zahlreichen
Verteidiger der religiösen und politischen Organisation des Mittelalters" und
in die „Anhänger der neuen Ideen", die am Umsturz des alten Gebäudes
mitgearbeitet haben. Die neue Religion Saint-Simons werde den Frieden
bringen und die Versöhnung (Lehre 1962, 34).

Allerdings gelingt ihm kein begrifflicher Vorschlag für diesen Doppelcharakter des Sozialen. Daß der Fortschritt nur die Entwicklung der Ordnung sei, ist ein schönes Aperçu, aber kein Konzept. Comte bleibt bei der Forderung stehen, daß die „Begriffe der Ordnung und des Fortschrittes in der sozialen Physik ebenso streng untrennbar sein müssen, wie es in der Biologie die Begriffe Organisation und Leben sind ..." (Soziologie I, 8) Aber diese ihre Untrennbarkeit weist er gerade nicht auf, den Aufweis erschwert er eher im Gegenteil durch den Dualismus von Statik und Dynamik.

Sowohl die theologische wie die metaphysische Politik denken (und handeln) „absolut", d.h. sie glauben zu wissen, wie die beste Regierungsform aussieht und mit welchen Mitteln man sie erreichen kann. Dagegen wendet Comte ein, daß es beste Regierungsformen nicht gibt, sondern nur solche, die dem Stand der Zivilisation mehr oder weniger angemessen sind; Institutionen, die für den einen Zustand geeignet sind, sind es für einen anderen nicht.[130] Ebenso verhalte es sich mit den institutionellen Mitteln; sie gelten in theologischer wie metaphysischer Politik als universell anwendbar, unabhängig vom Entwicklungsstand der Zivilisation. Worauf also wird positive Politik beruhen? Die Beobachtung wird die Imagination abgelöst haben; die Abhängigkeit der institutionellen Mittel und der sozialen Organisation vom Stand der Zivilisation wird anerkannt sein; die Einsicht in die Gesetzmäßigkeit, die die Entwicklung der Zivilisation leitet, wird leiten (Comte 1822, 84ff.).

Der Zustand von Gesellschaft und Politik ist krisenhaft, der normale Zustand muß gezielt erreicht werden, er wird sich nicht von selbst ergeben.

---

130) Z.B. ist die Sklaverei heute eine Monströsität, war aber ehedem eine nützliche Einrichtung, weil sie den Starken daran hinderte, den Schwachen umzubringen (Comte 1822, 101). Eine ähnliche Meinung vom Fortschritt, den die antike Sklaverei bedeutete, bei den Saint-Simonisten (Lehre 1962, 58 und 88).

Der Übergang ins positive Zeitalter wird sich auf keinen Fall durch eine Revolution vollziehen - Revolution ist für Comte immer ein Ausdruck von Unordnung und Ziellosigkeit.[131]

Der Übergang in den Normalzustand der Gesellschaft wird sich auch nicht durch eine neue Verfassung erreichen lassen. In den Versuchen, durch Verfassungsentwürfe und generell durch Pläne zur Verbesserung der politischen und sozialen Institutionen eine Überwindung der Krise zu erreichen, erkennt er eine „materielle" Art der Betrachtung der Problematik, materiell in dem Sinne, daß nicht der das politische und soziale Leben fundierende Geist bedacht wird. Statt zunächst den Geist einer Regierungsform zu bestimmen, hat man sich genaueste Gedanken über die Zusammensetzung einzelner Versammlungen usw. gemacht (Comte 1826, 187f.). Bei solchen Debatten über die angemessene Verfassung (ohne vorherige Bestimmung der richtigen Soziallehre) handele es sich um eine Ablenkung der „Kräfte des Menschengeistes auf kindische Fragen politischer Formen" (Soziologie I, 111).

Was vonnöten ist, ist der geistig-intellektuelle Eingriff ins Geschehen, nämlich die Vollendung der positiven Philosophie. Sie wird die Grundlage der künftigen Gemeinschaftlichkeit des sozialen Lebens bilden. „Der allmähliche Verlauf der modernen Evolution hat nunmehr in dem positiven Geiste die alleinige endgültige Grundlage einer wahren intellektuellen Gemeinschaft gezeigt, die einer Geschlossenheit und einer Ausdehnung fähig ist, für die die Vergangenheit keinen richtigen Maßstab liefern kann." (Soziologie III, 629) Bislang habe die positive Philosophie das hilflose Neben- und Gegeneinander von theologischer und metaphysischer Philosophie nur kritisch beobachtet. Nun aber müsse sie auf den Kampfplatz treten und ihre Fähigkeit ausspielen, jenes universale Ideensystem zu

---

131) Das stammt aus katholisch-traditionalistischer Denktradition. Vgl. Fisichella 1965, 183, Fußn.1, und 184, Fußn.3

erarbeiten, das die kognitive (und moralische) Synthesis einer erneuerten Gesellschaft bilden wird.[132]

Bei den Überlegungen, wie das Sozialleben im positiven Stadium aussehen soll und wird, knüpft Comte an Bauprinzipien des katholischen Mittelalters an: Er hält es für eine Grundvoraussetzung geordneten Soziallebens, daß zwei Gewalten bzw. Mächte nebeneinander die Gesellschaft regieren und regulieren, eine weltlich-politische und eine spirituell-moralische.[133] Eine Gesellschaft ohne spirituelle Gewalt wäre monströs.

Alle Varianten der kritisch-metaphysischen Philosophie stimmten darin überein, daß es keine spirituelle Macht mehr geben bzw. daß sie der weltlichen Macht unterstellt sein solle. Hierbei handele es sich um den „Grundirrtum" der kritisch-metaphysischen Lehre, der jeglicher sozialer Reorganisation im Wege steht (Soziologie II, 495ff.). Dieser Irrtum gehe vor allem auf den Haß des Protestantismus auf das Mittelalter zurück, sowie auf seine Vorlieben fürs Urchristentum und für die Theokratie des Alten Testaments.

Der Übergang der weltlichen Herrschaft in die Hand der Industriellen, allgemein die Durchsetzung der industriellen Organisationsform läßt viele glauben, daß in der industriellen Gesellschaft keine spirituelle Leitung notwendig sei (oder nur als sekundäre Regulationsinstanz). Dem widerspricht Comte

---

132) Cours I, 39. In späteren Schriften ist Comte viel skeptischer, ob die positiv arbeitenden Wissenschaftler den Positivismus begrüßen und unterstützen werden. Wegen ihrer wissenschaftlichen Spezialisierung werde der positive Geist nur auf ein kleines Feld angewendet, alles übrige bleibe der theologisch-metaphysischen Denkweise überlassen. Als allgemeine Idee werde der positive Geist gerade von den positiven Wissenschaftlern abgelehnt (Rede 1966, 163-165).

133) Zu seinem Verständnis von „weltlich" und „geistlich" gibt er an, er werde diesen beiden Begriffen „immer genau die regelrechte Bestimmung bewahren ..., der sie die katholische Philosophie seit Jahrhunderten geweiht hat." (Soziologie I, 517, Fußn.1)

scharf: Auch und gerade unter industriellen Verhältnissen sei eine geistliche Gewalt vonnöten (Comte 1826, 208). Was das Mittelalter so sinnreich institutionalisiert hatte, dürfe nicht ohne schwerwiegende Folgen für das gesellschaftliche Leben in der Moderne verworfen werden. Insbesondere eine Errungenschaft des Mittelalters muß wieder aufgenommen und endgültig institutionalisiert werden: der Schutz einer universellen Moral vor politisch-wirtschaftlicher Partikularität, der Schutz der „auf die innersten und allgemeinsten Bedürfnisse der Menschheit bezüglichen unveränderlichen Gesetze gegen die von den untergeordnetsten Sonderinteressen herrührenden wechselnden Eingebungen ..." (Soziologie III, 426)

Die industrielle Gesellschaft sei nicht von sich aus auf Harmonie angelegt, sondern enthalte Reibungsflächen, Konfliktebenen und Anlässe für Unzufriedenheit. Vor allem wird es wahrscheinlich nie vollständig gelingen, daß jedem die Position in der gesellschaftlichen Aufgabenteilung zugewiesen wird, die seiner Eignung angemessen ist. Auch werden wahrscheinlich die Individuen die gleichen Lebensbedingungen erwarten, wie sie andere haben. Selbst wenn also die Zuordnung der Individuen zu den sozialen Aufgaben gelingt, bleibt das Problem, daß sie ihre Lebensbedingungen mit denen anderer vergleichen und neidisch werden. Deshalb müsse von Kindheit an zur Unterordnung der eigenen Interessen unter das gemeinsame Interesse erzogen werden, deshalb ist soziale Moral notwendig (Comte 1826, 205f.).

Schließlich wird allein die spirituelle Gewalt in der Lage sein, die Beziehungen zwischen den Nationen zu regeln und auch die weltliche Vereinigung der europäischen Völker vorzubereiten (Comte 1826, 195f.). Die Annahme, die industrielle Wirtschaftsweise werde die Völker von sich aus einander näherbringen, sei falsch. Dem industriellen Egoismus der Nationen und der entsprechende Rivalität kann allein die spirituellmoralische Gewalt Grenzen setzen; sie allein kann die Völker zu einem Handeln veranlassen, das nicht nur den eigenen Interessen entspricht.

Comte bezeichnet diese Idee von den zwei Gewalten als Eigenheit seiner Philosophie.[134] Die Aufgaben der spirituellen Macht werden ausschließlich solche der Beratung und der Erziehung sein. Die Aufgaben der Regierung werden allein bei der weltlichen Macht liegen, bei den Industriellen und den Bankiers. Die weltliche Macht soll ihrerseits nur beratenden Einfluß haben im Zuständigkeitsbereich der spirituellen, in der Erziehung also vor allem. Beide zusammen haben die allgemeine Aufgabe, die problematischen Folgen der Arbeitsteilung (Zersplitterung und Zerfall der Gesellschaft) abzufangen.

Die Möglichkeiten der spirituellen Gewalt, ohne Machtmittel durch Erziehung, Beratung, Überzeugung usw. für die soziale Harmonie zu wirken, schätzt Comte als umfassend ein.[135] Im positiven Stadium wird der Aufgabenbereich der spirituellen Gewalt anwachsen, der der weltlichen kleiner werden; denn nur noch das, was nicht mithilfe von Beratung und Erziehung reguliert werden kann, wird mithilfe von Gewalt und Befehl durchgesetzt werden müssen (Comte 1826, 202f.). Zudem wird eine Aufgabe der spirituellen Gewalt darin bestehen, die Industriellen durch Beeinflussung zu verantwortungsvollen „öffentlichen Funktionären" zu machen (Système I, 373), ihre derzeitige Macht also einzuschränken.

---

134) Système I, 76. Pickering (1993, 139) vermutet, daß es sich beim Konzept der spirituellen Macht um eine Umformung eines Gedankens aus Comtes früher liberaler Phase handelt, daß nämlich die Presse die Regierung beaufsichtigen und den Interessen der Bürger dienen solle.

135) Es ist insofern merkwürdig, daß Comte noch nie als Stammvater einer gesellschaftlichen „Umerziehung" benannt wurde. Immerhin überlegt Fisichella (1965, 281, Fußn.58), ob Comte nicht als erster Theoretiker der Propaganda und der ideologischen Indoktrination in der Massengesellschaft angesehen werden kann.

Zwei Hauptstützen wird die spirituelle Macht finden: die Frauen
und die Proletarier. Die Frauen haben von Beginn der Menschheitsgeschichte an durch das Gefühl die weltliche Herrschaft
(der Männer) modifiziert und gemildert (Soziologie II, 125). Die
Frauen haben die Erinnerung ans katholische Mittelalter und
die von dort stammenden Traditionen am ehesten bewahrt
(Appel, 61). Die Proletarier sind von ihrer Lebenslage her auf
die neue Gesellschaft vorbereitet. Sie benötigen Arbeit, Erziehung und die Erfüllung anderer grundlegender Bedürfnisse; sie
erwarten, daß ihre Klasse endlich in die moderne Gesellschaft
integriert wird (Système I Préface, 20). Ihre Forderungen können, wenn es gelingt, die darin liegenden Anteile von Neid und
Haß abzubauen, als Schubkraft für die soziale Neuordnung
wirken. Aus der Theologie haben sie sich weitgehend gelöst,
die Metaphysik hatte relativ wenig Einfluß auf sie. „Keine andere heutige Klasse kann durch den instinktiven Einfluß ihrer natürlichen Stellung so wie das Volk vorbereitet werden, direkt
auf die endgültige Regeneration zuzugehen."[136] Einige Formulierungen Comtes zur „grundlegenden Koalition von Philosophen und Proletariern" (Système I, 4) sind Programmgedanken
von Marx sehr nahe, z.B. „Man kann so erkennen, daß die
Volksmasse ganz ohne besondere Wesensart ist und allein die
allgemeinen Züge der Menschheit entwickelt ..." (Système IV,
81f.) Im positiven Regime werden die Proletarier im Widerstreit
von weltlicher und spiritueller Gewalt meist auf der Seite der

---

136) Soziologie III, 507. Das Bündnis von spiritueller Gewalt und Volk hat
auch eine taktische Seite: „Zunächst ist die einsichtsvolle andauernde Verteidigung der Volksinteressen gegenüber den oberen Klassen allein imstande, in den Augen dieser der philosophischen Tätigkeit, die bis dahin der
blinden Verachtung der Staatsmänner ausgesetzt ist, direkt eine ernste Bedeutung zu verschaffen." (Soziologie III, 504) Frei übersetzt: Die positive
Philosophie wird erst dann von der oberen Klasse ernstgenommen, wenn
sie mit dem Volke drohen kann. - In seinen letzten Schriften wendet sich
Comte enttäuscht vom Proletariat ab und den „conservateurs" zu.

letzteren stehen, weil diese sie moralisch schützt, weil sie Ungerechtigkeit und Unterdrückung anprangert. Wie soll das Gleichgewicht zwischen beiden Mächten garantiert werden? Ein Übergriff der weltlichen Macht in die Kompetenzen der spirituellen sei nicht zu befürchten, weil ja die Frauen und die Proletarier Bündnisgenossen der spirituellen sind. Die Befürchtung, eines Tages könnte ein auf die Wissenschaften gestützter Despotismus entstehen, hält Comte für absurd; eine solche Möglichkeit wäre mit dem positiven Denken unverträglich (Comte 1820, 42).

Es liegt nahe, Comtes Idee von den beiden Mächten als hilflose Reminiszenz ans katholische Mittelalter zu lesen, so absonderlich mutet sie heute auf den ersten Blick an. Aber damit täte man dem Gedanken Unrecht. Denn die Fragen, wie die Menschen geistig in Bewegung gesetzt werden, wie ihre Meinungen und Einstellungen beeinflußt werden können, von welchen Werten und Idealen her eine Industriegesellschaft reguliert werden kann, woher die moralischen Maßstäbe der Wirtschaftsführer kommen sollen, haben ja politisch und wissenschaftlich nach Comte außerordentliche Bedeutung gewonnen und haben sie noch heute. Comte verherrlicht das Mittelalter auch keineswegs, er sieht durchaus die Folgen, die aus den Machtkämpfen zwischen Fürsten und Papst entstanden sind. Nicht der katholische Glauben, nicht die Weltauffassung der mittelalterlichen Kirche, nicht das Gebaren der kirchlichen Macht finden Comtes Anerkennung, sondern allein die sozialen Organisations- und Orientierungsleistungen, die die Kirche vollbracht hat. Es ist das Bauprinzip der mittelalterlichen Gesellschaft, das er neu modellieren will; es bilde bis jetzt „das politische Meisterwerk der menschlichen Weisheit ..." (Soziologie III, 403)

Den entscheidenden Unterschied der neu einzurichtenden spirituellen Macht zu der des Mittelalters sieht er darin, daß sie auf positiv-wissenschaftlicher Grundlage stehen wird und also ihre Kenntnisse und Orientierungen wird demonstrieren und nachweisen können - anders als die auf Informationen aus anderer Quelle angewiesene theologische Philosophie.[137] So verstanden, wird der Übergang ins positive Stadium das katholische Mittelalter auf höherem und glücklicherem Niveau fortsetzen, ja „wieder aufnehmen" (Soziologie II, 364).

Daß der Übergang ins positive Stadium und die Wiederherstellung einer spirituellen Macht einer der jetzt im Widerstreit mit anderen stehenden Klasse nützen werden, hält Comte für ausgeschlossen. Denn die neue spirituelle Macht wird nicht aus einer bestehenden Klasse entstehen, sondern auf „einer völlig neuen Klasse beruhen, die keiner der bestehenden gleicht, und ursprünglich aus Gliedern zusammengesetzt" sein, „die, ihrer eigenen individuellen Neigung folgend, parteilos aus allen beliebigen Rangstufen der heutigen Gesellschaft" kommen werden (Soziologie III, 423). Nicht eine bestehende Sozialgruppe, sondern eine Gesinnungsgemeinschaft, ein weltanschaulicher Bund oder eine Partei werden die neue spirituelle Gewalt bilden.

Die neue spirituelle Macht wird auf Zustimmung stoßen, weil ihr Gedankensystem wissenschaftlich begründet und nachweisbar ist. Die einfachen Menschen werden dieser Macht auf die gleiche Weise glauben, wie sie heute schon den Wissenschaftlern glauben (ohne deren Experimente und Analysen nachzuvollziehen).

Unterstützung wird die positive Philosophie und die durch sie angeleitete Neuordnung beim Volke auch deshalb finden, weil es weiß, daß sich dadurch seine eigene soziale Lage bessern wird. Von der theologischen Philosophie, vor allem wegen der illusionären Hoffnungen auf ein alle Übel der Welt ausgleichendes Leben nach dem Tode, sind Fortschritte im Hinblick auf die Lebenslage des Volkes unterschätzt oder vertagt worden (Rede 1966, 193).

---

137) Vgl. Fisichella 1965, 266f., der darauf verweist, daß sich ähnliche Begründungen bei Saint-Simon finden.

Die positive Philosophie wird auch deshalb beim Volke akzeptiert werden, weil die neue spirituelle Gewalt diejenigen sozialen Klassen und Gruppen beschützen wird, die normalerweise Opfer von Unterdrückung und Benachteiligung werden. Auch hierin wird die neue Gewalt ans katholische Mittelalter anknüpfen, denn damals hatte sich der Klerus besonders dem Schutz des Volkes gegen die Feudalherren gewidmet; erst seit Ende des Mittelalters ist er auf die Seite der Fürsten bzw. des König übergegangen und rückschrittlich geworden (Soziologie III, 494f.).

Schließlich vertraut Comte für die Durchsetzung der positiven Philosophie auf eine Grundbedingung des menschlichen Geistes, nämlich auf die Neigung, in Gewißheiten zu denken. Der „Dogmatismus" sei der Normalzustand der menschlichen Intelligenz. „Denn der Skeptizismus ist nur ein krisenhafter Zustand, das unvermeidbare Resultat des intellektuellen Interregnums, der notwendigerweise jedes Mal auftaucht, wenn der menschliche Geist aufgefordert ist, die Weltanschauung zu wechseln, und zur selben Zeit unverzichtbares Mittel, verwendet entweder vom Individuum oder von der Gattung, um den Übergang von einem Dogmatismus zu einem anderen zu ermöglichen, was die einzige wesentliche Nützlichkeit des Zweifels ausmacht." (Comte 1826, 204) Von einer demokratischen Lösung, ganz gleich in welcher Variante, hält Comte nichts. Die Demokratie, das ist für ihn „die brutale Herrschaft der Menge" (Système III, 586).

Ist damit eine Experto- oder Technokratie, wie wir heute sagen, angezielt?[138] Offenbar ja, aber so, daß die Prinzipien der Experten dem praktisch-technischen Denken der Beherrschten homolog sind: Die positive Philosophie habe - anders als die metaphysische - ein unkompliziertes Verhältnis zum gesunden Menschenverstand. Künftig werden positive Philosophie und

---

138) „Praktisch läuft dieses System auf eine autoritäre Bürokratie durch Experten hinaus", meint Barth (1956, 133).

Vernunft des Alltagslebens mehr und mehr ineinander übergehen: Die positive Philosophie, die „überall die Erforschung der
tatsächlichen Gesetze an Stelle derjenigen der wesentlichen
Ursachen setzt, verbindet die höchsten Spekulationen innig mit
den einfachsten populären Begriffen, so daß sie endlich, von der
einzigen Ungleichheit des Grades abgesehen, durch und durch
identisch werden; infolgedessen ist der kontemplativen Klasse
eine hochmütige Isolierung von der tätigen Masse für gewöhnlich
nicht mehr gestattet. Denn auf diese Art begreift fortan ein jeder,
daß es sich auf beiden Seiten um durchaus gleiche Fragen handelt, die sich schließlich auf die nämlichen Gegenstände beziehen, auf gleiche Weise behandelt worden, und immer allen richtig
vorbereiteten Intelligenzen zugänglich sind, ohne irgendeine my-
steriöse Einführung zu verlangen." (Soziologie III, 597) Praktisch-
technisches Denken, das auf die Frage nach letzten Ursachen
und eigentlichem Sinn verzichtet, wird zur Weltherrschaft gelangen.

Die von der Metaphysik bislang behaupteten Rechte des Menschen (im Bereich der Politik) müssen durch Pflichten ersetzt werden. Das Wort Recht müsse aus der Sprache der Politik ausge-
schieden werden, so wie das Wort Ursache aus der Philosophie
(Système I, 361). Das soll nicht heißen, daß der einzelne schutz-
los sein wird: „Die angemessenen individuellen Garantien resultie-
ren allein aus dieser universellen Reziprozität von Verpflichtungen, die das moralische Äquivalent der früheren Rechte wieder
hervorbringt ..." (Système I, 361) Aber grundsätzlich kann der Positivismus von seinem sozialen Gesichtspunkt her die Vorstellung
von Rechten nicht zulassen, die auf der Individualität beruhen.
„Wir werden geboren, beladen mit Verpflichtungen gegenüber der
ganzen Gattung, gegen unsere Vorfahren und unsere Zeitgenossen ... Auf welches menschliche Fundament könnte sich also die
Idee des *Rechts* gründen, die vernünftigerweise eine vorherige
Leistung unterstellte?" (Catéchisme, 299)

Umso weniger wird es im positiven Stadium das zur Selbst-
auflösung der Gesellschaft führende Recht auf freie Prüfung

(samt Gewissens- und Meinungsfreiheit) geben. Dies Recht hatte Comtes Urteil zufolge nur eine geschichtlich begrenzte Funktion - als Kampfmittel gegen die theologische Philosophie und die feudale Sozialordnung. Unter normalen und stabilen Sozialverhältnissen, wie sie im positiven Stadium erreicht sein werden, gibt es keinen Grund, daß sich alle Mitglieder der Gesellschaft zu allen Fragen selbständig eine Meinung bilden. „Immer zu prüfen, ohne sich zu entscheiden, würde im Privatleben fast als Narretei gelten."[139]

Die Bearbeitung der sozialen Fragen muß künftig wenigen vorbehalten sein, die angemessen darauf vorbereitet sind, also den Sozialwissenschaftlern. Als krank muß ein Zustand gelten, „... wo alle Individuen, mag ihre Einsicht noch so tief stehen, und trotzdem sie oft jeder angemessenen Vorbereitung gänzlich ermangeln, täglich durch die stärksten Anregungen dazu herausgefordert werden, die wichtigsten politischen Fragen mit der beklagenswertesten Leichtfertigkeit, ohne irgendwelchen Führer und ohne sich im geringsten im Zaume halten zu lassen, zu entscheiden!" (Soziologie I, 87) Die Gesellschaft, so könnte man sagen, hat normalerweise Wichtigeres zu tun, als eine permanente Diskussionsgruppe zu sein: „Weder der Einzelmensch noch die Gattung sind dazu bestimmt, ihr Leben durch eine unfruchtbare diskutierfreudige Aktivität zu verbrauchen, indem sie dauernd die Haltung erörtern, die sie einnehmen müssen. Vor allem zum *Handeln* ist die Gesamtheit des menschlichen Geschlechts berufen, mit der Ausnahme eines geringen Teils, der durch seine Natur hauptsächlich der Kontemplation gewidmet ist." (Comte 1826, 204) So wird eine Klas-

---

139) Soziologie I, 40. „Welche intellektuelle Entwicklung man bei der Masse der Menschen auch jemals voraussetzen mag, offenbar wird die soziale Ordnung doch notwendig stets unvereinbar bleiben mit der dauernden Freiheit jedes einzelnen, ohne die vorherige Erfüllung jedweder vernünftigen Bedingung jeden Tag aufs neue die Grundlagen der Gesellschaft selbst in Frage stellen kann [sic]..." (Soziologie I, 43)

se von Menschen notwendig, die den anderen die allgemeinen Regeln des Verhaltens (und der Orientierung) vorgibt.

In einer Gesellschaft im Normalzustand beschränkt sich der Einzelne darauf, die praktische Regel für den besonderen Fall aus dem System der moralischen und Glaubensvorstellungen abzuleiten; in Zweifelsfällen kann die spirituelle Macht um Rat gefragt werden. Jedoch Veränderungen im Glaubenssystem vorzunehmen, das steht allein der spirituellen Macht zu. „Es gibt in der Astronomie, in der Physik, in der Chemie und selbst in der Physiologie keine Gewissensfreiheit in dem Sinne, den jeder für verkehrt halten würde, nämlich nicht vertrauensvoll an die Prinzipien zu glauben, die in diesen Wissenschaften von den kompetenten Männern festgestellt worden sind."[140]

Diesen Gedanken vom Vertrauen, das den Naturwissenschaftlern entgegengebracht wird, verallgemeinert Comte zu einer Grundbedingung des Sozialen: Ohne Vertrauen ist das soziale Leben unmöglich. „Keinerlei Vereinigung, hätte sie auch nur eine besondere und zeitweilige Bestimmung, und wäre sie auch nur auf eine sehr kleine Personenzahl beschränkt, könnte in Wirklichkeit ohne ein gewisses Maß wechselseitigen, intellektuellen wie moralischen, Vertrauens zwischen ihren verschiedenen Mitgliedern bestehen, deren jedes einzelne das fortgesetzte Bedürfnis nach einer Menge Kenntnisse empfindet, bei deren Entstehung es unbeteiligt bleiben muß, und die es so nur im Vertrauen auf andere anerkennen kann." (Soziologie I, 43) Allgemein: Ohne Vertrauen könnte Arbeitsteilung nicht funktionieren, diese beruht geradezu auf Vertrauen in Gruppen und Einrichtungen, die man oft nicht einmal kennt.

Eine Einschränkung der Freiheit der Gedanken und der Meinung also ist für das Gelingen der sozialen Reorganisation von zentraler Bedeutung; die Menschen können „nicht endgültig vereinigt werden ..., ohne daß die Mehrzahl unter ihnen freiwillig auf ihr absolutes Recht individueller Prüfung von Ge-

---

140) Soziologie I, 36f., Fußn.1 (Selbstzitat aus Comte 1822)

genständen verzichtleistete, die über ihre wahre Fassungskraft
soweit hinausgehen, und deren Wesen gleichwohl gebieteri-
scher als in irgend einem anderen Falle eine wirkliche und
dauernde Übereinstimmung erfordert." (Soziologie I, 42) Politisch drückt sich in den Überlegungen Comtes zum Übergang
ins positive Stadium eine Absage an den Liberalismus aus; der
wird nach seiner Meinung die zukünftige Gesellschaft nicht
leiten können.[141]

Weil im positiven Stadium die Menschen nicht mehr an ein
Leben nach dem Tode glauben und deshalb die Einhaltung
moralischer Regeln und die Bereitschaft zur Kooperation nicht
mehr durch Drohungen bzw. Versprechungen im Hinblick aufs
Jenseits gesichert werden können, muß die Erwartbarkeit und
Angemessenheit des Verhaltens mit Hilfe rein irdischer Mittel
erreicht werden.

Ein wichtiges Mittel ist das Verbot des Selbstmordes. Der
mittelalterliche Katholizismus habe hier - anders als die Antike
- eine großartige Vorarbeit erbracht, indem er „diesen anti-
sozialen Brauch" verdammte. „Je mehr das zukünftige Leben
von seiner moralischen Wirksamkeit notwendig verliert, um so
wichtiger ist es offenbar, daß alle Individuen so viel als möglich
in unwiderstehlicher Weise an das reale Leben gekettet werden, ohne seinen schmerzlichen Konsequenzen durch eine
unerwartete Katastrophe ausweichen zu können, die jedem die
gefährliche Möglichkeit läßt, die unumgängliche Rückwirkung,
welche die Gesellschaft auf ihn auszuüben gedacht, nach seinem Belieben zu vernichten ..."[142] Der Selbstmord stellt die

---

141) Vgl. Pickering 1993, 608. Ob man deshalb Comte (neben Toennies
und Durkheim) zu einem intellektuellen Vorbereiter des Faschismus (so
Ranulf 1939) machen kann?
142) Soziologie II, 323. Im Spätwerk bekommt dies Argument eine religiöse
Farbe: „Denn wir dürfen noch weniger willkürlich über unser Leben als über
unser Glück oder unsere Talente verfügen; denn es ist für die Humanité,
von der wir es erhalten, höchst wertvoll." (Catéchisme, 282) Vgl. Fuchs
1969, 209

Funktionsfähigkeit der sozialen Kontrolle in Frage, weil er allen als Möglichkeit zurhand ist, sich ihr zu entziehen. Die Menschen müssen ans Leben geradezu gekettet werden, damit die gesellschaftlichen Sanktionsrnöglichkeiten (nach Ausfall der religiösen) wirksam sein können. Die Gesellschaft soll die einzige Welt der Menschen sein.

Zentral für die Funktionsweise des künftigen positiven Regimes wird die Geltung einer sozialen Moral sein, die weniger in speziellen Geboten bzw. Regeln gründet, als in dem Bewußtsein, im Zusammenhang mit der Menschheit insgesamt, in Solidarität mit allen Epochen und allen Orten sein Leben verantwortlich zu führen.

Eine solche soziale Moral hervorzubringen, dazu waren weder der theologische noch der metaphysischen Geist in der Lage. Der theologische Geist war es nicht, weil er - trotz Nächstenliebe und Geschwisterlichkeit der Gläubigen - das Endziel des Lebens in der Erlangung des persönlichen Lebens in einer anderen Welt vorstellte; unterhalb der katholischen Nächstenliebe also wirkte ein aufs Jenseits bezogener Egoismus. „Die Religion ... konnte im Grunde nur vorübergehend verbundene Individuen zugestehen, die alle von einem rein persönlichen Endzweck in Anspruch genommen sind, und deren nutzlose schließliche Vereinigung, unklar in den Himmel verlegt, der menschlichen Einbildungskraft in Ermangelung irgendeines faßbaren Zieles nur ein durchaus fruchtloses Vorbild bieten konnte."[143] Die Metaphysik war nicht in der Lage, eine bindende Sozialmoral hervorzubringen, weil sie den Egoismus der Individuen offen rechtfertigte (Soziologie II, 529).

Im positiven Stadium werden sich weitreichende Möglichkeiten ergeben, das System der Bildung neu zu organisieren.

---

143) Soziologie III, 743. Im theologischen Denken vom ewigen Heil der Person komme die Gesellschaft allein als Mittel bzw. Bedingung vor, jedenfalls habe sie keine kollektive Aufgabe (Brief an Clotilde de Vaux „über das soziale Gedächtnis an die Toten" vom 2.6. 1845, in: Système I, XXXVI)

Die Bildung in Europa sei nach wie vor wesentlich theologisch, metaphysisch und literarisch; deshalb sei eine „positive Erziehung und Bildung, in Übereinstimmung mit dem Geist unserer Epoche und den Bedürfnissen der modernen Zivilisation angepaßt" nötig (Cours I, 35).

Der wichtigste Vorschlag ist hier: Die (Natur-) Wissenschaften müssen nacheinander, und zwar in der Reihenfolge des enzyklopädischen Gesetzes studiert werden. Ohne Astronomie studiert zu haben, könne man nicht recht Physiker werden. Ohne Astronomie und Physik studiert zu haben, könne man nicht recht Chemiker werden. „Das ist noch offensichtlicher für jene Köpfe, die sich dem positiven Studium der sozialen Phänomene widmen wollen, ohne zuvor eine allgemeine Kenntnis von der Astronomie, der Physik, der Chemie und der Physiologie erlangt zu haben." (Cours I, 61)

Erstens werde durch eine solche wissenschaftliche Ausbildung gewährleistet, daß der Zusammenhang der Gegenstandsfelder der Wissenschaften (die komplizierteren und konkreteren sind von den allgemeineren und einfacheren abhängig) die Ausbildung bestimmt. Heute hätten die meisten Gebildeten ihr Studium nicht mit dem (sachlichen) Anfang begonnen, künftig werden sie die Möglichkeit haben, in der wissenschaftlichen Ausbildung „die allgemeine Geschichte des positiven Geistes zu wiederholen" (Rede 1966, 211).

Zweitens könne ein Verständnis von der positiven Methode als dem einigenden Band der Wissenschaften nur erworben werden, wenn man diese in mehr als einer Wissenschaft kennenlernt. Wie könne man beim Studium der kompliziertesten Phänomene, also der sozialen, zu vernünftigen Ergebnissen gelangen, „ohne zuvor durch Untersuchung der einfachsten Phänomene verstanden zu haben, was ein Gesetz ist, was beobachten heißt, was ein positiver Begriff ist, und selbst was eine Schlußfolgerung ist?" (Cours I, 62)

Drittens könne man den nachteiligen Folgen der wissenschaftlichen Spezialisierung entgegenwirken, wenn die Einzelwissenschaften als Zweige eines Stammes dargestellt, wenn die ihnen gemeinsamen Denkweisen und Grundmethoden gelehrt werden (Cours I, 36).

Viertens folgt aus dem enzyklopädischen Gesetz die Art der Darstellung der Wissenschaften: Weil sie jetzt alle positiv sind, können sie systematisch („dogmatisch", sagt Comte) und nicht historisch gelehrt werden. Denn es ist ein Zeichen der Reife einer Wissenschaft, wenn sie nicht mehr historisch (also durch Rückgriff auf erste, zweite und dritte Entdeckungen etc.) unterrichtet werden muß. Z.B. bestand die Ausbildung eines antiken Geometrikers im Studium einer kleinen Anzahl von Originalschriften, „während ein moderner Geometriker seine Ausbildung im Gegenteil gewöhnlich beendet hat, ohne eine einzige Originalschrift gelesen zu haben, außer solche über die allerneuesten Entdeckungen, die man nur auf diese Weise kennenlernen kann." (Cours I, 51)

Wenn erst eine Bildung auf der Grundlage der Sukzession der Wissenschaften verwirklicht sein wird, so sei damit „eine echte geistige Disziplin geschaffen, die imstande ist, derartige Diskussionen von Grund auf zu verbessern, die fortan vernünftigerweise einer großen Anzahl von schlecht veranlagten oder schlecht vorgebildeten Intelligenzen untersagt bleiben." (Rede 1966, 121) Deutlicher: Nur noch diejenigen werden an den öffentlichen und wissenschaftlichen Debatten teilnehmen (können), die alle Wissenschaften in der Reihenfolge des enzyklopädischen Gesetzes studiert haben.

Indem dann die Moral ganz von theologischen Vorstellungen gereinigt und durch die positive Philosophie systematisiert sein wird, wird sie zentrale Dimension von Erziehung und Bildung werden können. „In der allgemeinen Anordnung einer solchen Erziehung werden gesunde Gewohnheiten, unter dem Einfluß richtiger, im voraus gebildeter Urteile sorgfältig gepflegt, von Kindheit an zur wirksamen Entwicklung des sozialen Instinktes und des Pflichtgefühles bestimmt sein ..." (Soziologie III, 449) Wie im Mittelalter werde die spirituelle Macht die grundlegenden Züge dieser Erziehung bei den Völkern Europas auf gleiche Weise vertreten und so zu ihrer Einigung beitragen. Für den Übergang ins positive Stadium, in dem Meinungs- und Gedankenfreiheit nicht gegeben sein werden, sieht Comte vor, daß die Entscheidung darüber in einer intensiven, europaweiten öffentlichen Debatte getroffen wird. Warum diese Paradoxie? Weil die „rechtmäßige Herrschaft" der Grundprinzipien der neuen Ordnung, die das Recht der Prüfung später stark einschränken werden, „nur von der freiwilligen Zustimmung herrühren kann, durch die sie das Publikum am Schlusse der freiesten Diskussion bestätigen wird." (Soziologie I, 38f.)

Der Vorschlag des Positivismus zur Neuordnung werde gewiß Anhänger unter allen heute bestehenden Parteien und Richtungen gewinnen: Bei der katholischen Priesterschaft könnte sich unter bestimmten Voraussetzungen Zustimmung zur positiven Philosophie ergeben. Die Wissenschaftler und Künstler könnten der Lehre zuneigen, weil ihnen - nach einer „allgemeinen Reformation der Absichten und Gefühle" - die „geistliche Regierung der Menschheit" zugedacht ist. Die Literaten und Juristen könnten eine Chance darin sehen, mit Hilfe ihrer Talente zur Verbreitung und Festigung der positiven Philosophie beizutragen. Die Industriellen könnten dem Vorschlag zustimmen, weil ihr „künftiger weltlicher Vorrang" gutgeheißen und sie „gegen die schweren Zusammenstöße mit dem Volke" geschützt sein werden. Das Proletariat, das Volk wird aus oben dargelegten Gründen auf der Seite der positiven Philosophie sein (Soziologie III, 518ff.). Zunächst allerdings werden alle Klassen und Gruppen in der positiven Philosophie Nachteile sehen und die Nötigung, sich innerlich und moralisch zu verändern; sie werden sich also kollektiv nicht zur Unterstützung bereitfinden. Deshalb werde die positive Philosophie „... lange Zeit nur ... persönliche Anhänger finden, die unparteiisch aus allen sozialen Rängen hervorgehen." Aber das sei schließlich bei der revolutionären Schule des 18. Jahrhunderts auch nicht anders gewesen, schließe also den Erfolg nicht aus (Soziologie III, 521).

Comte rechnet damit, daß sich der Übergang ins positive Stadium zuerst in Frankreich, danach in England, Deutschland, Italien und Spanien ergeben wird. Die Zeitplanung ist genau bis aufs Jahr: Drei Phasen werde es brauchen, eine erste von sieben, eine zweite von fünf, eine dritte von 21 Jahren (Système IV, 445). 33 Jahre wird der Übergang also insgesamt dauern - 33 Jahre sind die Zeitspanne, die Comte an anderer Stelle als normale Dauer einer Generation ansieht. Von 1854 (*Système IV*) bzw. 1855 (*Appel aux conservateurs*) aus gerechnet, wird also 1887 bzw. 1888 das positive Stadium erreicht sein.[144]

Auch die Vorstellungen von den notwendigen Maßnahmen sind sehr präzise. In der zweiten Phase z.B. wird die französische Armee abgeschafft werden zugunsten einer Gendarmerie mit Sicherheitsaufgaben nur im Inneren (Système IV, 415). Als Zeichen seiner friedlichen Absichten wird Frankreich Algerien an die Araber zurückgeben, Korsika in die Unabhängigkeit entlassen, alle Kolonien freigeben (Système IV, 419 und 471). Neue Hochschulen werden eingerichtet werden, die *écoles positives*. Ihre Schüler werden drei Jahre lang in strenger Internatssituation lernen, damit eine Elite-Jugend inmitten von Skeptizismus und Korruption entsteht (Système IV, 424ff.). In der dritten Phase des Übergangs wird ein Triumvirat (bestehend aus den drei bedeutendsten Bankiers bzw. Industriellen) die weltliche Macht übernehmen (Système 445f.); die Trikolore wird durch die Flagge der Positivisten ersetzt werden, um das Ende der revolutionären Epoche des Abendlandes an-

---

144) 1855 wiederum, darauf macht Voegelin (1975, 161) aufmerksam, ist 66 Jahre (also zwei Generationen) nach Ausbruch der Französischen Revolution. „This is the first time in Western history that a man has arrogated to himself personally the place of Christ as the epochal figure which divides the ages."

zukündigen.[145] Die spirituelle Gewalt wird in dieser Phase vor allem den Kommunismus und Anarchismus bekämpfen (Système IV, 475f.).

Frankreich gilt in diesen Planungen als die Nation im Zentrum. Im Zuge des Übergangs werden sich die fünf Völker, die im Mittelalter durch die Kirche zusammengehalten wurden (Frankreich, Italien, Spanien, England und Deutschland), zu einem neuen Abendland, verbunden durch den Positivismus, zusammenschließen (Appel, XXII). Paris wird die spirituelle Hauptstadt und der Sitz des Hohen Priesters des neu begründeten Okzidents sein.[146]

Drei Wurzeln dieser Europa-Idee von Comte sind erkennbar: die mittelalterliche Einheit der Christenheit, der politische Kosmopolitismus der Französischen Revolution, die Pläne Kaiser Napoleons zur Einigung Europas in der Konfrontation mit Rußland (Gouhier 1941, 21ff.).

Die französische Gesellschaft hat in Comtes Plänen eine besondere Bedeutung. Weil sich die Krise in Frankreich (in der Revolution) so zugespitzt hat, hat es die besten Voraussetzungen zur Genesung. In zweiter Linie ist Italien, wiewohl ihm die nationale Einheit fehlt, für die positive Neuordnung vorbereitet. Der „militärische Geist" sei hier „gründlicher erloschen als überall anderswo", die industrielle Entwicklung sei beachtlich (Soziologie III, 527ff.). In der Rangfolge kommt dann Deutschland. Obwohl hier die metaphysische Philosophie am meisten Einfluß hat, die Nationalstaatlichkeit fehlt und auch die Lösung

---

145) Système IV, 459. Die Fahne wird eine Frau von etwa dreißig Jahren abbilden, die ein Kind in den Armen hält; dazu der positivistische Wahlspruch: „Die Liebe als Prinzip, die Ordnung als Grundlage und der Fortschritt als Ziel." (Système I, 387f.)

146) Appel, 120. Voegelin (1975, 167) hält diese Gedanken (führende Rolle von Frankreich bzw. Paris) für eine spezielle Obsession Comtes. Sie stamme aus der Revolutions- bzw. der napoleonischen Zeit: Alle Völker sollten frei und aufgeklärt leben, aber das Niveau, nach dem sie das tun sollten, war durch Frankreich vorgegeben.

vom feudal-militärischen Geist noch unzureichend gelungen ist, sei der deutsche Kulturkreis doch besser auf den Übergang ins positive Stadium vorbereitet als England und Spanien (Soziologie III, 529ff.). England besetzt die zweitletzte Position in der Rangfolge der Vorbereitetheit für den Übergang: Das Vorherrschen der Aristokratie und ihres militärischen Geistes, die anglikanische Kirchenorganisation, „Hochmut" und „Habsucht" als Nationalcharakter führt Comte als Gründe dafür an, wiewohl die industrielle Entwicklung weiter als anderswo fortgeschritten sei (Soziologie III, 531ff.). Spanien schließlich ordnet Comte an letzter Position ein wegen der engen Verbindung von Regierungssystem und rückschrittlich-katholischem Geist.[147]

Im Spätwerk legt Comte Pläne für eine Zerlegung der großen Nationalstaaten vor (für ein „Europa der Regionen", würden wir heute sagen): Damit das Vaterland seine Vermittlungsrolle hin zur Menschheit erfüllen kann, müsse es übersichtlicher und kleiner sein als die gegenwärtigen Nationalstaaten, anders könne die Kooperation der Familien und Gemeinden nicht erfahrbar werden (Appel, 53). Alle großen Nationalstaaten sollen in kleinere unabhängige politische Einheiten aufgelöst werden mit ungefähr drei Millionen Einwohnern, etwa von der Größe der Toskana, Belgiens oder Siziliens.[148]

In Frankreich wird ein erster Schritt zur Rücknahme der Zentralisierung des Landes auf Paris hin die Einrichtung von 17 Provinzregierungen („intendances") sein, von denen jede mehrere Departments zusammenfassen wird; daraus werden schließlich selbständige Republiken entstehen.[149] Umgekehrt

---

147) Soziologie III, 533f. Im Spätwerk ändert Comte die Reihenfolge in: Frankreich, Italien, Spanien, England, Deutschland - wegen der protestantisch-metaphysischen Traditionen der beiden letzten (Système IV, 481ff.).
148) Système IV, 305. Aus welcher Denktradition stammt diese Idee Comtes, aus dem katholischen Traditionalismus? Eine entsprechende Andeutung bei Fisichella 1965, 225, Fußn.116
149) Système IV, 461f. Helvetius hatte Frankreich als Föderativstaat von 30 möglichst gleich großen Republiken geplant, um jeden zentralistischen

sollen jene Nationen, die wie Deutschland und Italien nicht
über einen Nationalstaat verfügen, das Streben danach aufgeben. Solche Veränderungen werden dann auch den Bürgersinn
der Frauen entwickeln und auf lange Sicht hin „das Vaterland
ins Mutterland verwandeln." (Appel, 53) Am Ende werde die
„abendländische Republik" aus 60 unabhängigen Republiken
mit eigenen weltlichen Regierungen bestehen, ohne übergreifenden Herrscher, zusammengehalten allein durch die spirituelle Gewalt (Catéchisme, 320f.).

Zur Lösung der Sprachproblematik werden die Kinder die
hauptsächlichen europäischen Sprachen erlernen. Als Regel
gilt: Die Sprachen der jeweils ans eigene Land angrenzenden
Länder lernen! Die französischen Kinder werden also alle vier
anderen abendländischen Hauptsprachen lernen (Système I,
174). Später werde sich eine gemeinsame Sprache Europas
(und, nach Ausdehnung des positiven Regimes auf die ganze
Welt, eine Weltsprache) ergeben, und zwar vom Italienischen
her: Diese Sprache sei durch Poesie und Musik kultivierter als
die anderen europäischen und habe zudem nie versucht, sich
durch Zwang auszubreiten (Système IV, 482).

Für künftige Zeit rechnet Comte mit einer Zusammenfassung
aller Völker, Religionen und Staaten der Welt unter positivisti-
scher Organisation. Die positive Wissenschaft werde die Wissenschaft der ganzen Menschheit werden. Anders als die Religionen sei sie in der Lage, eine geistige und moralische
Gemeinschaft aller Menschen zu fundieren (Soziologie III,
754). Bislang habe es nur Versuche gegeben, den im Vergleich
zur europäischen „Elite der Menschheit" zurückgebliebenen
Zivilisationen das eigene Gesellschaftsmodell aufzudrängen.
Erst die positive Philosophie wird wegen ihres relativierenden

---

Despotismus zu verhindern (Joël 1928, I, 599). Voegelin (1975, 167f.) hält
Comtes Vorschlag - irrtümlich - für eine Wiederaufnahme des Programms
der Revolution, die Provinzen Frankreichs zu zerschlagen und Departe-
ments als administrative Einheiten der Zentralregierung zu bilden.

Denkansatzes angemessene und brüderliche Lösungen vorschlagen können, wie die Einheit der Menschheit zivilisatorisch
erreicht werden kann (Soziologie III, 522ff.). Voraussetzung für
eine solche Einwirkung der europäischen Völker auf die anderen Völker und Rassen der Welt ist aber, daß die Reorganisation in Europa gelingt.

4. Erweiterungen im Spätwerk, Ausbau zur Religion

Veränderungen gegenüber dem Cours

Im *Système* tritt Comte nicht mehr als Begründer der Soziologie, sondern als Begründer der Religion der *Humanité* und als Hohepriester einer Glaubensgemeinschaft auf. Die theoretische Arbeit des *Cours* will ihm fast wie eine Episode erscheinen: Sein Resultat sei rein intellektuell geblieben. Jetzt soll *le coeur*, das Herz, das Gefühlsleben, die Liebe dominieren.[1] Was dem Positivismus bis jetzt fehle, sei eine umfassende Systematisierung aller Aspekte der menschlichen Existenz; es komme darauf an, im Gefühlsleben die Basis des sozialen Lebens zu erkennen und von ihm her die anderen Bereiche des menschlichen Daseins (also Verstand und Aktivität) systematisch zu fassen.[2]

Diese Dominanz des Gefühls über das Denken begründet Comte aus der Krise seit Ende des Mittelalters heraus: Das Gefühlsleben sei gewissermaßen weniger angekränkelt durch die revolutionären Verstörungen als das Denken, deshalb müßten die Anstrengungen zur sozialen Reorganisation auf es setzen.[3] Daneben nennt er eine früher schon skizzierte anthropologische Begründung: Es ist das Gefühlsleben (und die aus ihm entstehende Soziabilität), das unsere Handlungen und Gedanken grundlegend bestimmt. Dem Denken wird eine dienende Rolle im Individuum und in der Gesellschaft zugewiesen. Macht es sich los von dieser nachgeordneten Rolle, so verfällt es in unerfüllbare und dünkelhafte Ansprüche. Erst wenn Ge-

---

1) *Système* I, 3f. Im *Cours* habe er nur die systematische Grundlage für seine „mission sociale" gelegt, bemerkt er gegen die Auffassung von Mill, er verlasse jetzt die methodologischen Prinzipien des *Cours* (6. Jahresrundschreiben vom 15.1.1855, in: Appel, XXV).
2) *Système* I, 8ff. Eine ähnliche, wenngleich weniger ausgearbeitete Position bei den Saint-Simonisten (Lehre 1962, 170ff.).
3) 6. Jahresrundschreiben vom 15.1.1855, in: Appel, XXVIIf.

fühl und Zuneigung unsere Gedanken und Handlungen leiten, können wir persönlich zu moralischer Integrität finden. Das soziale Leben erhalten Zuneigung und Liebe aufrecht, nicht die egoistischen Neigungen (Système I, 14ff.).

Comte glaubt also nicht mehr, daß die positive Philosophie als Wissenschaftslehre und als wissenschaftliches Weltbild ins neue Stadium des Denkens und der Sozialorganisation führen kann. Mindestens muß eine tiefere Kraft als die Intellektualität angesprochen werden, damit die neue gesellschaftliche Synthesis gelingen kann - das Gefühlsleben.

Auch das Spätwerk hat als Basisbezug die Beendigung der Revolution durch eine spirituelle Reorganisation. Die Verknüpfung von wissenschaftlich-philosophischer Doktrin und politisch-gesellschaftlicher Neuorganisation ändert sich im Verhältnis zu den früheren Schriften in der Akzentuierung (Nachordnung des positiven Denkens), nicht im Grundsatz: „Keine andere Philosophie kann die unabweisbare Frage in Angriff nehmen, die die Elite der Menschheit von jetzt ab allen geistlichen Führern stellt: neu gestalten ohne Gott noch König, allein unter der normalen, öffentlichen wie privaten Vorherrschaft des sozialen Gefühls, angemessen unterstützt durch das positive Denken und die auf die Wirklichkeit gerichtete Aktivität." (Système I, 126f.) Der Hauptunterschied zum *Cours* ist, daß Comte sich jetzt endgültig in der Rolle dessen sieht, der durch sein Denken die Epoche der Wirren abschließt, der die guten Traditionen der Revolution aufnimmt und in ein neues Gesellschaftsstadium überführt.

Die Idee von der Ordnung aller anderen Wissenschaften auf die Soziologie hin wird pointiert wieder aufgenommen; so könne der „véritable point de vue humain" in jeglicher Forschung, könne der Bezug aller wissenschaftlichen Arbeit aufs *Grand-Etre* gesichert werden (Système I, 542f.). Dann werden zwei Neuerungen eingeführt:

Erstens tritt zu den sechs Wissenschaften des enzyklopädischen Gesetzes als siebente und oberste die Moral (Système II, 432ff.). Die Begründung der Soziologie im *Cours* habe zwar eine feste Grundlage gegeben; jedoch sei diese für die spirituelle Reorganisation der Gesellschaft nicht ausreichend, die Moral müsse die Oberherrschaft über die anderen Wissenschaften erhalten (Système IV, 530). Als Wissenschaft ist die Moral, Arnaud (1973, 204) zufolge, soviel wie Anthropologie. Zweitens: Anders als im *Cours* werden nun Mathematik, Astronomie, Physik und Chemie zu einer Wissenschaft vom Unorganischen (*cosmologie*) zusammengefaßt (Système I, 437f.).

Stehen in den früheren Schriften manch abschätzige Bemerkungen übers weibliche Geschlecht, so schwelgt Comte im Spätwerk in einer Verehrung der Frau als des moralisch überlegenen Geschlechts. Die Frauen gelten als die engsten und wirksamsten Bündnispartner der positiven Philosophie beim Übergang zum neuen Regime und bei seiner Ausgestaltung.[4] In den bisherigen Revolutionen sei das entscheidende Element einer wahrhaft menschlichen Ordnung noch nicht ins Spiel gekommen: „Die weibliche Revolution" (Catéchisme, 32).

Von Natur aus seien die Frauen im Unterschied zu den Männern durch eine Dominanz des Gemeinschaftssinns über die persönlichen Interessen ausgezeichnet. Allerdings übertreffe der Mann die Frau im Denken und beim Handeln und sei deshalb, trotz seiner moralischen Defizite, zum Regieren berufen (Système I, 210).

Das Verhältnis der Ehegatten bilde das von weltlicher und spiritueller Gewalt ab. Um ihren moralischen Einfluß auf den Ehemann (und die Kinder) ausüben zu können, muß die Frau - ebenso wie die spirituelle Gewalt - auf alle Teilhabe am Aufgabenbereich der anderen Gewalt verzichten, d.h. ein ganz häus-

---

4) Kapitel IV von Système I liest sich wie ein Bündnisangebot des Philosophen an die Frauen (ähnlich wie Kapitel III als ein solches an die Proletarier). Dabei handele es sich, so Ducassé (1939b, 325ff.), um den Versuch, den noch ungeschöpften seelischen Reichtum der beiden bislang unterdrückten Gruppen (Frauen und Proletarier) wirksam werden zu lassen.

liches Leben führen.[5] Der Mann ist verpflichtet, die Frau zu ernähren (ebenso wie die „tätige Klasse" die „denkende Klasse" ernähren müsse); dies sei ein Naturgesetz unserer Gattung, das mit der Evolution immer klarer hervortrete (Système I, 248).

Wohl weil Comte den Sexualtrieb vor allem beim Manne vermutet (dagegen die Zärtlichkeit bei der Frau), spricht er sich für eine Einschränkung der Sexualität in der Ehe aus (Catéchisme, 288). An einigen Stellen hofft er fürs positive Stadium sogar, daß dann die Sexualität in der Ehe („brutale Provokationen") mehr oder weniger ausgelöscht sein wird; sie störe das häusliche und das öffentliche Leben und müsse unterdrückt werden (Système IV, 286f.). Die Priester werden die Frauen vor „der Tyrannei der Ehemänner und der Undankbarkeit der Söhne" beschützen und die männlichen Familienmitglieder auf die moralische Überlegenheit der Frau und ihre soziale Funktion hinweisen (Catéchisme, 297). Die Frauen wiederum werden durch ihren Gemeinschaftssinn die Priesterschaft unterstützen.

Das Grand-Etre

Zentrum des Handelns, Denkens, Fühlens und der Verehrung soll Comtes Religionsidee zufolge die *Humanité* sein. Dies Wesen *Humanité* stehe gerade vor seiner endgültigen Formierung. Es heißt auch „nouveau Grand-Etre". Es wird sich zeigen, daß wir *Humanité* (jetzt immer großgeschrieben) nicht einfach mit Menschheit übersetzen können.

Das *Grand-Etre* ist ein Organismus, hat eine Umwelt und wirkt auf diese ein, um seine materielle Existenz zu erhalten und zu erweitern (Système I, 370). Anders als die meisten Organismen, die die Biologie untersucht, besteht dieser Organismus aus selbständigen Elementen (Individuen bzw. Kollekti-

---

5) Système I, 247. Comte ist sicher, daß es eine Tendenz der Zivilisation ist, für die Frauen ein häusliches Leben vorzusehen (Système I, 211).

ven), er ist „aus Wesen zusammengesetzt, die für sich existieren können, aber mehr oder weniger freiwillig zu einem gemeinsamen Ziel beitragen." (Système II, 293) Ein permanenter
Ausgleich zwischen der Selbständigkeit der Elemente und ihrem Zusammenwirken im Hinblick auf gemeinsame Ziele macht
den Lebensprozeß des *Grand-Etre* aus (Système II, 266).

Vom *Grand-Etre* hängt nahezu alles ab, es ist der
„unmittelbare Motor einer jeden individuellen wie kollektiven
Existenz" (Catéchisme, 59) „Alles an uns gehört so der Humanité an; denn alles haben wir von ihr, Leben, Glück, Talent,
Ausbildung, Zärtlichkeit, Energie usw." (Catéchisme, 277)

Handelt es sich um die Gesellschaft oder die Menschheit als
Gesamtwesen? Damit wären zwei Gedanken nicht erfaßt: Das
Grand-Etre bilden auch Menschen, die früher gelebt haben,
sowie solche, die künftig leben werden. Und: Nicht alle Menschen der Vergangenheit, Gegenwart und Zukunft sind inbe-
griffen, sondern nur „die achtenswerten" (Système I, 398), diejenigen also, die an der die Generationen übergreifenden
Kooperation mitgearbeitet haben. „Wiewohl alle notwendigerweise als Kinder der Humanité geboren werden, werden nicht
alle ihre Diener, und viele verbleiben im Zustand der Parasiten,
der nur während ihrer Erziehung entschuldbar war."[6]

Das *Grand-Etre* hat sich seit den ersten Schritten der Zivilisation entwickelt. Indem im Fetischismus das Familienleben
entstand, wurde das Leben des Individuums an ein überdau-
erndes und zusammengesetzes Wesen, die Familie, geknüpft.
In der theokratischen Phase ist die Kaste als größere Einheit
hinzugekommen, in der polytheistisch-militärischen Antike das
Vaterland (Système III, 249). Im Mittelalter ist das Abendland
als übergreifender Rahmen entstanden, wodurch der Übergang
zur Menschheit möglich gemacht wurde (Appel, 24ff.). Jetzt ist

---

6) Catéchisme, 68. Insofern ist Mills (1973, 134) Auffassung, das *Grand-
Etre* sei das Insgesamt der „human race" in Vergangenheit, Gegenwart und
Zukunft, sehr ungenau.

das *Grand-Etre* dabei, seine vorbereitende Entwicklung zu beenden (Système III, 620); es wird seiner selbst bewußt und wird
sich von jetzt an systematisch entwickeln (Système IV, 33).

Was ist der Gottheit *Humanité* und dem christlichen Gott
gemeinsam, was unterscheidet sie? Einerseits werden beide
auf gleiche Ebene gestellt, der christliche Gott gilt gewissermaßen als Vorläufer.[7] Andererseits ist das *Grand-Etre* ganz
verschieden vom Gott der Theologen: Weder ist es absolut
noch unbegreiflich. „Man wird es nur würdig besingen, lieben
und ihm dienen auf der Grundlage einer hinreichenden Kenntnis der verschiedenen Naturgesetze, die seine Existenz bestimmen, die die komplizierteste ist, die wir uns vorstellen können." (Système I, 333) Im Unterschied zu Gott ist das *Grand-
Etre* in Entwicklung begriffen. „Es dehnt sich aus und bildet
sich mehr und mehr aus durch die kontinuierliche Abfolge der
menschlichen Generationen." (Système I, 335) Das *Grand-Etre*
ist nicht allmächtig: „Der wachsende Kampf der Humanité gegen die Gesamtheit der Schicksalsbedingungen, die sie bestimmen, bietet dem Gefühl wie dem Geist ein schöneres
Schauspiel, als die notwendigerweise kapriziöse Allmacht seines theologischen Vorgängers." (Catéchisme, 59) Es hat keinen Sinn (und wäre moralisch nicht wertvoll), vom *Grand-Etre*
etwas zu erbitten. „Wir beten zum wahren Etre-Suprême nur,
um ihm unsere ernsthafte Dankbarkeit zu bezeugen wegen
seiner jetzigen wie früheren Wohltaten, die uns seine künftigen
Fortschritte anzeigen." (Système I, 353) Im Unterschied zur
egoistischen Erlösungshoffnung des christlichen Glaubens
bietet die Verehrung des *Grand-Etre* wirkliche, d.h. sozial vermittelte Integrität der Person: „... die volle Hingabe des Menschen an den dauerhaften Dienst an der Humanité gewährt

---

7) Der Gott des Mittelalters habe den Gläubigen ein „antizipiertes Bild der
Humanité" geboten, in der Fleischwerdung Gottes (und im Abendmahl) sei
die Einheit von Anbetendem und angebetetem Wesen vorbereitet worden
(Système III, 455).

dem Individuum jene Charakterfestigkeit und Würde, die es vergeblich in himmlischer Isolierung gesucht hatte." (Appel, 40) Wer also ist das *Grand-Etre*? Voegelin (1975, 166) sieht bei Comte „a transformation of God into an open field of social relations, both intellectual and affective." Das wäre zu grob interpretiert. Man sollte nicht übersehen, daß die „Parasiten" von der *Humanité* ausgeschlossen sind. Sie ist nicht identisch mit der Gattung, sondern enthält moralisch-politische Ausschlußkriterien. Gewissermaßen nur die „wahren" Menschen sind Menschen. Nicht die Gattung Menschheit wird vergöttlicht, sondern ein (sozial-) moralischer Entwurf von der Menschheit.

Comte ist hier sehr konsequent. Er schlägt vor, statt der „unwürdigen" Menschen, die nicht Teile der *Humanité* werden, Nutz- und Haustiere, die altruistisch leben, ins *Grand-Etre* aufzunehmen. „Man zögert überhaupt nicht, jene Pferde, Hunde, Rinder usw. als achtbarer anzusehen als gewisse Menschen." (Catéchisme, 69) Mit der endgültigen Herausbildung des *Grand-Etre* werde ein Bündnis der Menschheit mit all jenen Tieren entstehen, deren Lebensführung solche Brüderlichkeit rechtfertigt. Dies Bündnis zwischen Menschheit und den „gelehrigen Gattungen" stellt sich Comte als eine riesige „Liga" oder „Koalition" vor, in der das *Grand-Etre* die Führung haben und die die Ausbeutung der Erde betreiben wird. Jene Tierarten, die sich der Führung des *Grand-Etre* nicht unterwerfen oder die allgemein den Menschen gefährlich sind, werden im Laufe der Zeit ausgerottet werden (Système I, 615f.). Die Liga der Menschheit mit den assimilierbaren Tierrassen, „jene ausgedehnte Biokratie", werde weitreichende Wirkungen auf die allgemeinen Lebensumstände der beteiligten Arten (im Sinne von Besserung und Vervollkommnung) haben, über die derzeit noch keine Aussagen getroffen werden können.[8]

Als Problem sieht Comte, daß das *Grand-Etre* keine perso-
nale Repräsentation zu haben scheint (anders als Gott und die
Götter), also nicht leicht vorgestellt und angesprochen werden
kann. Als Lösung nennt er erstens, daß alle bedeutenden Menschen der Geschichte Personifikationen des *Grand-Etre* sind;
indem sie verehrt werden, wird das *Grand-Etre* verehrt. Zweitens stehen die Frauen dem *Grand-Etre* näher als die Männer,
sie sind „Wesen, die zwischen der Humanité und den Männern
vermitteln." (Système II, 62f.) Drittens stellt sich Comte das
Grand-Etre als weiblich vor - als „unvergleichliche Göttin"
(Catéchisme, 75).

In den Tempeln wird das *Grand-Etre* als Frau von etwa 30
Jahren mit ihrem Sohn auf dem Arm, also in eben der Haltung
versinnbildlicht, in der die Mutter Gottes dargestellt wird. Und in
der Tat gilt ihm die Marienverehrung seit dem 12. Jahrhundert
als Vorform (Système I, 355) - wohl auch, weil in Maria ein
Mensch verehrt wurde und nicht Gott, eine Frau und nicht ein
Mann.

Schließlich scheint in der neuen Göttin auch das Bild von
Clotilde de Vaux auf. Comte erwartet ja, daß seine Verehrung
für die verstorbene Freundin von den Anhängern des Positivismus respektiert und auch geteilt werden wird.

Altruismus

Comte ist überzeugt, daß die industrielle Gesellschaft eine
verbindliche Moral braucht. Diese Moral soll und wird „sozial"
sein, nämlich altruistisch.[9] Sie müsse dabei mithelfen, daß
nach und nach das Gemeinschaftsgefühl die Oberhand über
die Ichbezogenheit gewinnt (Catéchisme, 49).

---

8) Système I, 618. Immerhin rechnet Comte (Système I, 625f.) damit, daß
sich die höheren Tiere zu einer Art Polytheismus entwickeln werden, demzufolge die Menschen die Urheber aller Dinge sind.
9) Altruismus ist eine Wortschöpfung von Comte, schreibt Mill (1973, 139).

In der Zivilisationsgeschichte sieht Comte Vorbedingungen für diese altruistische Moral, die Geschichte bestehe in gewisser Weise in einer stetigen Verminderung der auf die eigene Person gerichteten Neigungen (sieht man ab von den kurzfristig in entgegengesetzte Richtung gehenden Tendenzen in Zeiten der Anarchie). Solche Vorbedingungen sieht Comte nicht im christlichen Glauben. Bei aller Heiligung der Nächstenliebe sei der Christ an seinem eigenen Seelenheil interessiert, habe er gerade in der Nächstenliebe ein egoistisches Verhältnis zu den anderen. Die Liebe zu Gott schließe die Liebe der Menschen untereinander mehr oder weniger aus (Système I, 226).

Ein Grundbild für Altruismus sieht Comte in der Gattenliebe. Gewiß entstamme das Gattengefühl beim Manne stark dem sexuellen Instinkt, es werde jedoch durch das liebende Herz der Frau geadelt und konsolidiert. „Keine andere freiwillige Verbindung bringt eine ähnliche Fülle an Vertrauen und Hingabe mit sich. Dies ist so die einzige Quelle, bei der wir das wahre menschliche Glück ganz genießen können, das vor allem darin besteht, für den anderen zu leben." (Système I, 235f.) Die Gattenliebe ist die Grundlage der universellen Liebe, der Liebe zur Menschheit.

In zweiter Linie könne die ritterliche Lebensform des Feudalismus vorbildhaft wirken: Den Wahlspruch „Tue deine Pflicht, komme was wolle" nimmt Comte als Beleg für eine Tendenz zum Altruismus im Mittelalter. Eine solche Moral sei frei von Rücksichten aufs eigene Seelenheil. „In einer Ordnung, die bereits auf der öffentlichen Meinung gründete, in der jeder eher im anderen als im Himmel weiterzuleben hoffte, konnte die Gewißheit ewigen Leidens nicht die Erfüllung einer sozialen Verpflichtung aufhalten." (Système III, 456)

Comtes Begründung für eine Neukonstitution von Moral bemüht nicht moralphilosophische Argumente, sondern soziologische: Die Moral werde sozial benötigt. „Nur die wohlwollenden Gefühle können uns miteinander verbinden, niemals hat das (persönliche) Interesse stabile Beziehungen geschaffen, nicht einmal solche von kleiner Ausdehnung." (Système II, 72) Der Vorschlag wirkt so brüchig: Ein unbedingter Altruismus wird verlangt mit Begründungen, die auf „das Gefühl für die Pflicht", für „den Sinn für das Ganze" verweisen (Rede 1966, 147), die sozialtechnisch gebaut sind.

Es werde nicht gelingen, allen Individuen die Sinnhaftigkeit der sittlichen Regeln aufzuweisen. Das sei auch nicht nötig, hier reiche gewohnheitsmäßiges Handeln durchaus (Rede 1966, 145-147). Immerhin soll der Altruismus auch durch sozialen Druck unterstützt werden: Als Grundregel fürs öffentliche Leben soll gelten: *sein Leben transparent führen* (ein kalvinistisches Motiv bei Comte?). Das Privatleben derer, die im öffentlichen Leben tätig sind, muß von allen beurteilbar sein. „... indem der Positivismus das Gefühl fürs Allgemeine würdig ordnet, wird er immer die gewissenhafte Beurteilung der persönlichen und häuslichen Lebensführung geltend machen, als beste Garantie für das soziale Verhalten." (Catéchisme, 301f.) Denen, die sich an die Vorschrift, transparent zu leben, nicht halten, werde der Verdacht entgegenschlagen, sie wollten ihr Leben nicht altruistisch führen (Système IV, 312).

Insofern ruht dieser Altruismus auf Comtes Anschauung vom Verhältnis Individuum und Gesellschaft auf, die auf radikale Weise allein der Gesellschaft Bedeutung, ja Wirklichkeit zugesteht. Die Liebe zu den Menschen ist vor allem eine Liebe zur Menschheit (vgl. Massing 1976, 35). Erst insofern, als das Individuum Teil der Menschheit ist und als solcher lebt, ist es selbst heilig.

Priesteramt und Kultus

Die Aufgaben und die Organisation der neuen Priesterschaft denkt sich Comte genauestens aus, er macht sich u.a. Gedanken über die Amtstracht des Hohenpriesters (Système IV, 256f.).

Ob die Priester Soziologen sein werden (so sollte, zufolge des *Cours*, die spirituelle Gewalt hauptsächlich zusammengesetzt sein) oder ob ihre Aufgaben diejenigen der Soziologie übergreifen, wird nicht ganz deutlich. Die meisten Stellen deuten auf ein soziologisches Priesteramt; so spricht Comte z.B. von der neuen Religion als „soziologischer Religion" (Système I, 573).

Die Priester müssen aller Teilhabe an weltlicher Macht und an Reichtümern entsagen. Sie sollen von der „tätigen Klasse" ernährt werden und werden nicht viel mehr Geld haben als die Proletarier, damit die Ernsthaftigkeit ihrer Ratschläge niemals in Zweifel gerät (Système I, 376).

Drei Grade des Priesteramtes wird es geben: Aspiranten ab 28 Jahren, Vikare ab 35 Jahren, Priester ab 42 Jahren. Den Bürgern wird es freigestellt sein zu heiraten, nicht aber den Priestern; bei ihnen muß der heilsame Einfluß der Frauen auf jeden Fall gewährleistet sein.[10]

Die Gemeinschaft der Priester (bzw. Philosophen) wird abendländisch sein. Deshalb werden sie öfter ihren Wohnsitz zwischen den Nationen (Frankreich, Spanien, Italien, Deutschland, England) wechseln. Comte veranschlagt, daß rund 20 000 Priester für die spirituellen Bedürfnisse dieser fünf Völker ausreichen werden (Système I, 253).

Die Leitung aller Priester im Abendland wird der „Hohepriester der Humanité" haben, der in der spirituellen Hauptstadt Paris residiert und selbst auch für Frankreich zuständig ist. Vier Stellvertreter werden jeweils die italienische, spanische, germanische und britannische Kirche leiten (Catéchisme, 275). Der Hohepriester wird in eigener Verantwortung zum Priesteramt ernennen und aus ihm entlassen.

---

10) Catéchisme, 272f. Das katholische Zölibat sei zwar geeignet gewesen, die (theokratische) Erblichkeit des Priesterberufs abzuschaffen, habe aber den moralischen Aufgaben des Erwachsenenalters entgegen gestanden (Système III, 461). Im *Cours* war Comte noch unsicher gewesen, ob die Mitglieder der neuen spirituellen Gewalt zölibatär leben sollten (Soziologie II, 263f.).

Für den kultischen Bereich schreibt Comte die Regeln detailliert vor.[11] Sie gelten vor allem für den Mann; Tageslauf, Jahr und Lebenslauf der Frauen sind weniger strikt geregelt. Dies hängt damit zusammen, daß Comte nur dem Manne Berufsarbeit und öffentliches Wirken zugesteht, von der Frau aber erwartet, daß sie sich auf häusliche Aufgaben und auf die moralische Beratung des Mannes konzentriert.

Drei Ebenen des Kults sind vorgesehen: persönlich, häuslich, öffentlich.

Der persönliche Kult besteht hauptsächlich in der Verehrung der Frau durch den Mann. Seine Mutter, seine Ehefrau, seine Tochter, gegebenenfalls seine Schwester wird der Mann regelmäßig verehren, indem er sich in der Wohnung zurückzieht und entsprechende Worte spricht. Wiewohl es die Frau weniger nötig habe, sich auf diese Weise moralisch zu entwickeln, könne sie einen entsprechenden Kult (für ihre Mutter, ihren Ehemann, ihren Sohn o.ä.) praktizieren (Appel, 42f.).

Auch der häusliche bzw. familiäre Kult soll zugleich heiligen und disziplinieren, d.h. die Familie als elementare Einheit des Sozialen an die Humanité binden (Appel, 44). Dies geschieht dadurch, daß die Frau die religiöse Aufgabe erhält, den Manne zum Diener an der *Humanité* zu erziehen (deren Personifikation sie ja ist).

Die Ehescheidung wird im Grunde ausgeschlossen sein. Nur wenn die Ehe unauflöslich sei, könne sie ihre Ziele erreichen. Ausgeschlossen werden soll auch eine neue Eheschließung nach dem Tode des Gatten oder der Gattin - „ewige Witwenschaft" (Catéchisme, 31), durchgesetzt nicht durch Rechtsvor-

---

11) Die Abschnitte über den Kult zeigten „the extra-ordinary heigh to which he carries the mania for regulation by which Frenchmen are distinguished among Europeans, and M. Comte among Frenchmen. It is this which throws an irresistible air of ridicule over the whole subject." (Mill 1973, 153) Schon Saint-Simon hatte es eilig gehabt, der neuen spirituellen Macht konkrete Gestalt zu geben, und hierfür pittoreske Entwürfe vorgelegt (vgl. Gouhier 1936, 309).

schrift, sondern durch Sitte. Das Dasein als Witwer oder Witwe, der bzw. die mit der Erinnerung an den Toten lebt, gilt Comte im Grunde als die wahre Ehe. Erst in der Verehrung für den Toten erfüllt sich die liebende Zuwendung zum Ehegatten (und die Hinwendung zur *Humanité*), erst jetzt sind die die Sympathie der Ehegatten störenden sexuellen Impulse unwirksam (Système I, 239).

Zum häuslichen Kult gehören neun Sakramente; sie dienen dazu, „alle aufeinanderfolgenden Phasen des privaten Lebens zu weihen, indem eine jede mit dem öffentlichen Leben verknüpft wird" (Catéchisme, 116), entwerfen also eine Normalbiographie. Sie sollen das gegenwärtige Leben als Folge von Vorbereitungsschritten gliedern, die uns zur Inkorporation ins *Grand-Etre* führen (vorausgesetzt, wir haben ihm angemessen gedient).[12] Weil die Mädchen auf ein Dasein im Hause vorbereitet werden sollen, sind mindestens die Sakramente der Berufseinführung, der Reifeerklärung und des Rückzugs aus dem Beruf nur für die Männer vorgesehen.

Das erste Sakrament (*présentation*): Vater und Mutter gehen mit dem neu geborenen Kind zum Priester, der ihnen das feierliche Versprechen abnimmt, es für den Dienst an der Göttin *Humanité* zu erziehen. Aus dem katholischen Kult adaptiert Comte dazu die Einrichtung der Paten: Sie übernehmen den Schutz des Kindes vor allem in spiritueller Hinsicht (Catéchisme, 116f.).

Mit 14 Jahren kommt der Junge in die systematische Erziehung durch den Priester; bis dann wurde er von der Mutter im Hause erzogen. *Initiation* heißt dies Sakrament (Catéchisme, 117). Die Mädchen sollen die gleiche Erziehung durch die gleichen Lehrer erhalten, jedoch nicht in der Schule, sondern im

---

12) Système IV, 123. Für die von Comte entworfenen Sakramente gibt es eine Vorlage in der Revolutionszeit, und zwar in einem Antrag eines Deputierten im Jahre 1792 (Gouhier 1933, 6).

Tempel oder im Salon, damit vorzeitige Kontakte zwischen den Geschlechtern vermieden werden (Système I, 251).

Mit 21 Jahren wird die systematische Erziehung abgeschlossen, das Sakrament der *admission* steht an, das die Zulassung zum Dienst an der *Humanité* (also zur Berufsarbeit usw.) ausspricht, aber den Berufsweg noch nicht festlegt (Catéchisme, 117f.). Mit 28 Jahren erfolgt die feierliche Einführung in den eigentlichen Berufsweg, und zwar auch für die niedrigen Berufe - *destination*.

Für die Männer ab 28 Jahren, für die Frauen schon ab 21 Jahren kommt dann das Sakrament der Eheschließung (Catéchisme, 119).

Mit 42 Jahren erfolgt bei den Männern das Sakrament der Reifeerklärung (*maturité*): Bis dahin habe das Leben Vorbereitungscharakter gehabt und auch Abweichungen zugelassen. Was von jetzt an getan oder unterlassen wird, entscheidet über die spätere Aufnahme ins *Grand-Etre* und also übers Weiterleben nach dem Tode (Catéchisme, 129f. und 216f.). Von jetzt an wird das Leben gelebt im Horizont der späteren Prüfung, ob es unter dem Grundsatz „vivre pour autrui" geführt wurde (vgl. Lévy-Bruhl 1905, 389ff.).

Mit 63 Jahren steht das Sakrament des Rückzugs aus dem Berufsleben an (*retraite*). Jeder Mann hat schon sieben Jahre vorher nach einem geeigneten Nachfolger in seiner Funktion gesucht und designiert diesen nun (vorbehaltlich der Zustimmung seines Vorgesetzten).[13]

Die *transformation* direkt nach dem Tode: Der Priester würdigt die Lebensführung des Gestorbenen als ganze, verspricht

---

13) Catéchisme, 121. Comte nennt dies Prinzip „soziokratische Vererbung" - im Unterschied zur Nachfolge durch Geburt bzw. Erbrecht. In dieser Regel sieht er eine große Chance, die Kontinuität im Berufsleben optimal zu sichern. Er hält diese Form übrigens auch für viel geeigneter (geeigneter als Vererbung) für die Weitergabe von Reichtümern (Catéchisme, 310).

aber noch nicht endgültig die Aufnahme ins *Grand-Etre* (Catéchisme, 122).

Sieben Jahre nach dem Tode erfolgt das wichtigste Sakrament,
die *incorporation*. Der Priester entscheidet in einem feierlichen
Urteilsspruch über das weitere Geschick eines jeden. Hat er entschieden, daß der Tote Teil der *Humanité* werden soll, so leitet er
die Überführung der Leiche zu ihrem Grab im geheiligten Wald, in
dem die Gräber der Toten, die das Weiterleben verdient haben,
den Tempel der *Humanité* umgeben.[14] Hat der Priester entschieden, daß der Tote unwürdig gelebt hat, so werden seine Reste in
der Wüste der Verdammten verscharrt, dort, wohin auch die Hin-
gerichteten hinkommen, die Selbstmörder und die Toten aus Duellen (Catéchisme, 122f.). Die Selbstmörder und die Toten aus
Duellen werden deshalb wie Mörder behandelt, weil sie über ein
der *Humanité* geweihtes Leben (ihr eigenes) disponiert haben
(Système IV, 287). Dies letzte Sakrament sichert den Sinn aller
vorherigen und bindet den einzelnen endgültig an die *Humanité*.
Es handelt sich um eines der wichtigsten Mittel der Priesterschaft,
Einfluß auf die Lebenden auszuüben.[15]

Der öffentliche Kult besteht aus einem Festzyklus über das
Jahr hinweg.[16] Feiern der Ordnung werden die soziale Statik
thematisieren und den „Instinkt der Solidarität" unterstützen,

---

14) Es ist nicht klar, ob dies Sakrament für Männer und Frauen gelten soll
(vgl. Système IV, 113).

15) Système IV, 335. Hier wird deutlich, wie sehr sich diese Sakramente
von den katholischen unterscheiden: Nicht Gott, sondern der Priester teilt
das Leben nach dem Tode zu. - Der Psychologe Hall (1915, 582f.) hat einen
ähnlichen Gedanken vorgebracht: Zur Steigerung der ethischen Kultur möge ein „court of the dead" eingerichtet werden, der sich mit jedem einzelnen
Leben beschäftigt und die „good lessons" und „meanings" aufbewahrt. „The
fear of death, instead of wasting itself in abortive ways, would be set to work
for the normalisation of lives."

16) Tableau und Erläuterung der 13 Monate und ihrer Feste in: Catéchisme,
131 und 137ff.

Feiern des Fortschritts werden die Kontinuität der Menschheitsentwicklung verdeutlichen (Système I, 342).

Die wichtigste Feier der Ordnung ist der *Humanité* gewidmet und wird das Jahr im ganzen Okzident eröffnen. Für den gleichen Monat sind drei weitere Feste vorgesehen, die den niederen Formen der Assoziation gewidmet sind: Nation, Provinz, *cité*. Zu Beginn jeweils der folgenden Monate werden die vier familiären Beziehungen gefeiert: *Ehe, Elternschaft, Kindschaft, Geschwisterlichkeit* (Système I, 343). Die dynamischen Feiern werden vor allem die hervorragenden Menschen aus den verschiedenen Phasen der Menschheitsentwicklung glorifizieren.[17] Jährliche Erinnerungsfeiern werden Cäsar, Paulus und Karl dem Großen gewidmet sein, die die menschliche Entwicklung am meisten gefördert haben.[18] Aber auch die großen Etappen dieser Entwicklung werden Themen von Festen sein (Fetischismus, Polytheismus, Monotheismus), schließlich wird es auch „das Fest der Zukunft" geben (Système I, 344).

Durch welche Gefühlslage werden diese Feste gekennzeichnet sein? Weder durch religiöses Aufwallen noch durch Inbrunst: „Der vorherrschende Ausdruck wird immer der einer ernsten Würdigung sein, bewegt von tiefer Dankbarkeit, ohne Mysterium und ohne Gefühlsüberschwang." (Système I, 346) So werde ein System von Feiern übers Jahr hinweg entstehen, im ganzen Abendland begangen, das der Entwicklung von Moral, Liebe und Zusammenarbeit dienen werde, und zwar auch, weil es unter Mitarbeit von Künstlern gestaltet wird. Das ganze

---

17) s. den positivistischen Kalender, der das Jahr unter diesem Gesichtspunkt strukturiert.

18) Système I, 103. Karl der Große heißt bei Comte Charlemagne und gilt unverhohlen als französischer Herrscher. Die Völkerwanderung nennt Comte - übereinstimmend mit dem französischen Geschichtsbild bis heute - „die germanischen Invasionen" (Système III, 469) und bemerkt nicht, daß Charlemagne aus eben jenem germanischen Stamm kommt, der Gallien erobert hat.

soziale Leben im positiven Stadium wird so ein festliches Leben sein (Système I, 394).

In dieser festlichen Ordnung des ganzen Daseins wird keine Aufforderung zum Quietismus liegen, sondern im Gegenteil die zu dauernder Aktivität, um die materiellen Seiten unserer Existenz und unserer Natur zu verbessern (Système I, 394f.). Auch dies unterscheidet das *Grand-Etre* von Gott, der nicht auf irgendeinen Dienst der Menschen angewiesen war, wodurch quietistische Strömungen immer wieder stark werden konnten (Système I, 362). Das *Grand-Etre* braucht die Kooperation der Einzelnen und der Gruppen und deren Konsens, um sich erhalten und entwickeln zu können. Es braucht die Leistungen und Wissen kumulierende Zusammenarbeit zwischen den aufeinander folgenden Generationen.

Ein Leben nach dem Tode

Diese letzte Bestimmung radikalisiert Comte bis zu einer nicht-christlichen Konzeption von Leben nach dem Tode: Die (meisten) Menschen (nicht die von der Inkorporation ausgeschlossenen, zu den Einschränkungen s. unten) durchleben zwei Existenzweisen nacheinander: zuerst eine objektive, aber vorübergehende Existenzweise (das Leben zwischen Geburt und Tod), in der sie dem *Grand-Etre* direkt dienen und das von den Vorfahren Ererbte verbessert an die junge Generation weitergeben; danach eine subjektive, der Möglichkeit nach ewige Existenzweise (nach ihrem Tode), in der sich ihr Dienst am *Grand-Etre* durch die Resultate verlängert, die sie den Nachkommen hinterlassen. Im Hinblick auf die „subjektive Existenz" ist das Leben zwischen Geburt und Tod „eine Prüfung, dazu bestimmt, sich jener abschließenden Inkorporation würdig zu erweisen, die normalerweise nur nach Vollendung der objektiven Existenz erlangt werden kann."[19] Die subjektive Existenzweise der Menschen nach ihrem Tode sei die eigentliche; nur in seinem zweiten Leben werde man im eigentlichen Sinne Organ des *Grand-Etre*.[20]

Dies Weiterleben nach dem Tode ist weder körperlich oder auf andere Weise materiell, noch wird es durch eine Seele, einen Geist o.ä. getragen. Sondern die Toten „leben" allein vermittels der Lebenden, die sie in sich aufnehmen, sich ihrer liebend bzw. achtungsvoll erinnern, ihre Werke, Taten und Leistungen schätzen bzw. weiterführen. Comte faßt die Aufnahme der Toten durch die Lebenden nicht als bloßes Gedenken, sondern als geistig-seelisches Weiterleben. In uns Lebenden werden die verdienstvollen Taten und Werke der Toten lebendig gehalten, können die Toten weiter „lieben" und weiter „denken" (Catéchisme, 94).

Wie kommen die Toten in die Lebenden hinein? Comte glaubt ja gewiß nicht an Besessenheit. Er verwendet hierfür, und zwar ohne die Bedeutungsunterschiede klar zu bestimmen, meist „Identifikation" und „Inkorporation", daneben „Evokation" für die gezielte Vergegenwärtigung eines Toten, den man selbst kannte.[21] Das Resultat der Hereinnahme eines Toten in einen Lebenden ist die „Bewahrung", der Erhalt der intellektuellen, emotionalen und moralischen Essenz eines Toten.

Die in uns aufgenommenen Toten leben nicht als mit Willen begabte, aktive Personen. Nur die Ergebnisse ihres geistigen und emotionalen Lebens, nicht aber ihre Fähigkeiten oder ihr Persönlichkeitszentrum können von Lebenden aufgenommen

---

19) Système II, 60. Bei dieser Vorstellung vom Leben als einer Prüfung sehe man, merkt Lévy-Bruhl (1905, 392f.) an, wie stark bei Comte die christliche Religion nachwirke. Vgl. auch Fuchs-Heinritz 1995, 57.

20) Solche Unterordnung des wirklichen Lebens unter eine künftige Existenzweise hatte Comte im *Cours* (Soziologie III, 744) noch scharf kritisiert.

21) Für die „Evokation" nennt Comte auch einige meditationsähnliche Regeln, darunter die, nach Möglichkeit nur an die guten Eigenschaften usw. zu denken (Catéchisme, 91ff.).

werden (Système IV, 101ff.). Ihre „rein intellektuelle und affektive ... Existenzweise" besteht ganz aus Vorstellungen und Bil-
dern, die die Toten in uns auslösen, wenn wir sie in unserem
Innern anrufen; diese Vorstellungen und Bilder sind weniger
klar und weniger kräftig als ein lebender Mensch.[22] Bei jeder
Hereinnahme eines Toten in einen Lebenden vollzieht sich eine Idealisierung: Die Werke und Leistungen des Toten werden
ohne Unvollkommenheiten und Nebensächlichkeiten erinnert,
im Zentrum der Hereinnahme stehen die für die weitere Entwicklung der *Humanité* brauchbaren (Système IV, 103 und
107).

Vorbedingung für die Aufnahme eines (oder mehrerer) Toten
durch einen Lebenden ist, daß letzterer ausreichende Passung
und ausreichende Kapazität aufweist. Viele subjektive Existenzen
können in einem Lebenden ihren Sitz nehmen und seine objektive
Existenz leiten. Umgekehrt kann ein und dieselbe subjektive Existenz in mehreren Lebenden ihren Sitz nehmen. „Homer, Aristoteles, Dante, Descartes usw. werden nie aufhören in einem jeden
Gehirn weiterzuleben, das fähig ist, sie aufzunehmen, um hier
Ergebnisse zu erzeugen, die oft denen in ihrem eigenen objektiven Leben überlegen sind." (Système IV, 105f.; vgl. Lévy-Bruhl
1905, 392f.) Über die Generationen und die Jahrhunderte hinweg
vervielfachen sich die Identifikationen mit einem herausragenden
Toten: immer mehr Tote versammeln sich in einem Lebenden,
immer mehr Sitze bei verschiedenen Lebenden nimmt ein Toter
ein.

Der Gesamtvorgang der Identifikation mit den Leistungen
der Toten und des Erhalts (auch der Weiterentwicklung) ihrer

---

22) Für die Zukunft will Comte eine Änderung nicht ausschließen: Weil Bilder und Vorstellungen bei geistig Kranken oft kräftiger sind als Eindrücke
von wirklichen Menschen, kann eine Kultivierung des Umgangs mit den
Toten eventuell zu heute kaum vorstellbaren Verbesserungen führen
(Catéchisme, 88). Comte hat vom Tode Clotildes an täglich die Vergegenwärtigung der Toten geübt und war möglicherweise zu halluzinatorischen
Erfahrungen gelangt (vgl. Dumas 1905, 216f.).

Leistungen dadurch ist „der beste Vorzug der Menschheit."
(Système IV, 102) Auch wenn Comte die Verbindungslinie nicht
zieht - hier handelt es sich um einen Grundmechanismus der
Transmission von den Vorfahren zu den Heutigen, anders als
bei der Transmission von einer Generation zur nächsten jedoch
nicht Schritt für Schritt, sondern auch über weite Sprünge durch
die Kette der Generationen.

Den Unterschied zur christlichen Vorstellung vom Leben
nach dem Tode sieht Comte darin, daß es hier um eine
„subjektive", nicht um eine „objektive" Unsterblichkeit gehe;
letztere sei eine bloße Chimäre (Système II, 362; vgl. Lévy-
Bruhl 1905, 391f.). Sein neues „System des sozialen Geden-
kens der Toten" werde eine realistische Antwort auf unser na-
türliches Bedürfnis, „unsere Existenz zu verewigen", bilden
(Système I, 346), werde einen gültigen Ersatz für die haltlosen
Hoffnungen aus religiöser Zeit bieten. Andererseits hat das
theologische Stadium Voraussetzungen für den Umgang mit
den Toten erbracht; insbesondere hat es die Menschen daran
gewöhnt, ideale Wesen zu denken, die mit unserem Schicksal
zu tun haben (Système IV, 24).

Auch andere Voraussetzungen werden bei der Durchsetzung der Vorstellung von der „subjektiven Existenz" hilfreich
sein, so die kollektiven Existenzformen (Familie, Gemeinwe-
sen, Vaterland), deren Horizont die Lebenszeit der einzelnen
überschreitet. Eine Verehrung der Vorfahren ist in Teilberei-
chen der Gesellschaft (beim Adel vor allem) längst üblich: „Die
sehr kultivierten Menschen sind schon gewohnt, mit ihren herausragenden Vorfahren des Mittelalters und selbst der Antike
zu leben, fast so, wie sie es mit abwesenden Freunden machen
würden." (Système I, 261) Die Erinnerung an bedeutende Gestalten der Geschichte ist im öffentlichen Leben institutionalisiert; diese Einrichtung müsse aufs Privatleben von jedermann
ausgedehnt werden. Vieles spreche also dafür, daß die Menschen zu Gefühlen, die keinen objektiven Anhalt haben, in der
Lage sind.

Wie sind die Andeutungen zu verstehen, daß die subjektive Existenzweise der objektiven gegenüber Vorzüge habe? Hier gelangt Comte zur Vorstellung, der Tod reinige unsere Natur von den gröberen Eigenschaften, die ihr im Leben zwischen Geburt und Tod anhaften (vor allem von der Sexualität). Deswegen bedeute es für den persönlichen Kult des Mannes auch keinen Nachteil, wenn seine Frau stirbt; im Gegenteil könne nun die Anbetungsbeziehung reiner und tiefer fortgesetzt werden.[23] Was von uns nach unserem Tode weiterlebt, das ist der Kern unseres Menschseins: „In den anderen überleben bildet eine sehr reale Existenzweise, weil sich so im Grunde unsere beste Seite verwirklicht." (Système I, 346) Bezogen auf den Sozialzusammenhang bedeutet das: Sozialität gelingt nie ganz bei den Lebenden, sondern erst bei den Toten: „Die Seele kann erst in der subjektiven Existenz vorherrschen, die, außer im Falle von seltenen Mißbilligungen, ganz den sozial verbindenden Funktionen gehört, nachdem die rein persönlichen Phänomene unwiderruflich aufgehört haben."[24] Das bedeutet, daß das *Grand-Etre* vor allem aus Toten besteht und daß es seine Kraft vor allem aus dem zweiten, dem subjektiven Leben der Menschen bezieht.

Comte will die in dieser Lehre vom Leben nach dem Tode liegenden sozialmoralischen Möglichkeiten nutzen. Wenn die Individuen die eitlen Hoffnungen auf ein Fortleben im Jenseits aufgeben, wenn sie sich den Leistungen der Vorfahren persönlich verpflichtet fühlen, wenn sie mit bedeutenden Vorfahren „leben", wenn sie sich am erwartbaren Urteil der Nachkommen orientieren, wenn sie ihre Lebenszeit als Moment in einer die

---

23) Système I, 261. Der autobiographische Ton ist nicht zu überhören.
24) Système IV, 36. - Das klingt verstiegen, ist aber so weit nicht von anderen Ideen im Felde der Sozialwissenschaften entfernt: Auch der radikale Gesellschaftskritiker (erst recht der Revolutionär) hält Sozialität unter gegenwärtigen Bedingungen für unerfüllbar und schreibt deshalb die Generationen der Lebenden ab.

Menschheitsgeschichte umfassenden Entwicklung erleben, so -
das ist Comtes Annahme - werden sie überzeugt und kraftvoll
für die weitere Entwicklung des Sozialzusammenhangs wirken
und allen Egoismus aufgeben. Denn die Möglichkeit der Verewigung als Teil des *Grand-Etre* steht einem jeden, gleich welchen Standes, ständig vor Augen. Nachdrücklich will dieser
Entwurf die Kräfte und Hoffnungen der Menschen aufs Dies-
seits lenken: „Indem wir von jetzt an gezwungen sind, alle unsere Wünsche und alle unsere Anstrengungen auf die reale
Existenz zu konzentrieren, spüren wir immer mehr, wie sehr wir
darauf alle unsere Ressourcen der Einbildungskraft, des Verstandes, des Gefühls und der Aktivität verwenden müssen."[25]
   Es ist schwer zu sagen, ob Comte mit der Annahme recht
hat, daß die Verewigung im sozialen Gedächtnis die Kraft haben kann, die Lebensführung aller derart weitreichend an sozialmoralischen Maßstäben zu orientieren. Das liegt zunächst
daran, daß sein Vorschlag nicht verwirklicht worden ist, wir haben also kein systematisch durchgeführtes Beispiel zur Hand.
Und dann fällt die Beurteilung auch deshalb schwer, weil einschlägige Forschungen nicht vorliegen.
   Worin besteht dies Leben nach dem Tode aus der Perspektive der einzelnen? Im Nachruhm und in der Nützlichkeit unserer Beiträge fürs soziale Leben kommender Generationen. Die
herausragenden Toten wirken insoweit weiter, als wir ihre Ge-
dichte lesen, ihre Philosophien studieren, ihre mathematischen
Beweise erlernen, ihre Kunstwerke bewundern, uns an ihren
Taten begeistern und uns von ihrem Unglück anrühren lassen.
Für die anderen gilt entsprechend: „Nicht sterben, das bedeutet
nicht, anderswohin zu gehen, in ein Paradies oder eine Hölle:
es bedeutet, in der Erinnerung oder in den Arbeiten der Lebenden weiterzuleben, vielleicht anonym, aber doch notwendig wie

---

25) Système I, 347. Ähnlich Rede (1966, 157): „Da das Individuum sein
Leben nur durch die Gattung zu verlängern vermag, wird es so dazu geführt, sich möglichst vollständig in sie einzugliedern ..."

der versteckte Stein in der Tempelsäule." Insofern ist die Verehrung der *Humanité* ein Totenkult (Gouhier 1965, 211f.).

Daraus, daß das *Grand-Etre* seine Kraft vor allem von den Toten bezieht, folgert Comte drei überraschende Schlüsse: 1. Die Toten beherrschen die Lebenden. 2. Die Herrschaft der Toten über die Lebenden garantiert, daß das *Grand-Etre* seinen Weg unbeeindruckt von Absichten der Lebenden, die in andere Richtungen weisen mögen, geht. 3. Deshalb ermöglicht die Herrschaft der Toten über die Lebenden die Soziologie, denn sie sichert die Gesetzmäßigkeit ihres Gegenstandes.

1. „... die Lebenden werden immer - und immer mehr - von den Toten beherrscht" (Système II, 61). Die Toten beherrschten die Lebenden nicht von Beginn der Menschheitsgeschichte an (damals konnte nur wenig Tradition weitergegeben werden), inzwischen herrschen sie aber wegen ihrer Zahl (als Organe des *Grand-Etre*) und wegen der Dauer ihres Einflusses über die Generationen hinweg. Vereinfacht: Jede neue Generation hat weniger Einfluß auf die Gesamtentwicklung der Menschheit, weil zuvor schon soviel festgelegt worden ist. Je weiter die Geschichte voranschreitet, desto weniger Möglichkeit zum verändernden Eingriff. Bonapartes Wirkung war geringer als die Attilas, Friedrichs des Großen war geringer als die Alexanders, Caesars oder Karls des Großen (Système II, 464).

Schon seit frühen Zeiten haben die Lebenden die Herrschaft der Vorfahren gespürt, aber nicht verstanden, woher die Beschränkungen ihres Handelns kommen. Sie suchten nach der lenkenden Kraft und haben diese abzubilden versucht, indem sie die „menschliche Wesensform" auf wirkliche und auch auf fiktive Wesen übertragen haben (Système III, 621) - die Gottesvorstellung dürfte hier entstanden sein. Die antike Theokratie jedenfalls habe unausgesprochen gewußt, daß die Toten die Lebenden regieren; das Regime der Kasten (das ja darin besteht, daß die Lebenden den Status ihrer Vorfahren innehaben) und der aufwendige Begräbniskult seien hierfür Belege (Système II, 465).

2. Weil die Herrschaft der Toten über die Lebenden inzwischen derart angewachsen sind, haben letztere wenig Einfluß auf den weiteren Weg des *Grand-Etre*. Die Bewegungsform der sozialen Entwicklung bzw. der Zivilisation hat inzwischen eine Beständigkeit erreicht, die geradezu als Eigengesetzlichkeit[26] verstanden werden muß. Mögen die Lebenden anstellen, was immer sie wollen, die aus der Vergangenheit herkommenden Traditionen werden stärker sein. Kein Zweifel, hier hat Comte auch seine Gegenwart vor Augen und seinen Versuch, das Zeitalter der Revolution zu beenden - durch ein Bündnis mit den Toten: „Selbst der Aufstand fast der ganzen objektiven Bevölkerung gegen die Gesamtheit der subjektiven Impulse würde die menschliche Evolution nicht hindern, ihren Weg weiter zu gehen." (Système II, 61) Mögen die Tyrannen (Bonaparte?) noch sosehr an unbegrenzte Möglichkeiten glauben, die sozialen Verhältnisse durch absichtliche Eingriffe zu gestalten - der positivistische Hohepriester wird ihnen entgegnen können: *„Der Mensch denkt und die Humanité lenkt."* (Système II, 455)

Durch diesen Gedanken spricht Comte eine Relativierung der politischen Ereignisse seit der Französischen Revolution aus: Wie radikal, lautstark, entschieden, gewaltsam und gewalttätig auch immer die Versuche waren, Staat und Gesellschaft anders einzurichten oder umgekehrt an frühere Verhältnisse durch Restauration anzuknüpfen - sie haben den Gang der sozialen Entwicklung in der Tiefe nicht ändern können. Unterhalb dieses gewalt- und wortreichen Ereigniszusammenhangs folgte die Zivilisation unbeirrbar ihrer eigenen Bewegungsform.

---

26) Zur Vorstellung von der „sozialen Eigengesetzlichkeit", die unterm Eindruck der industriellen Revolution entsteht, vgl. Klages (1972, 68f.). Daß die gegenwärtige Sozialwelt das Werk der Toten ist und von den Lebenden nur partiell verändert werden kann, wird in vielen soziologischen Konzepten unterstellt, z.B.: Produktivkräfte und Produktionsverhältnisse, Kapitalismus, Industrialisierung, Modernisierung, Zivilisationsprozeß, Gesellschaftsstrukturen, soziales System.

Absichtliche Brüche mit der Kontinuität der Generationen der Vorfahren, Revolten gegen die Toten habe es insbesondere seit dem Christentum gegeben: Der Katholizismus hat sich von den vorherigen Kulturkreisen abzuschneiden versucht und so getan, als ob die griechisch-römische Vergangenheit nie existiert hätte (Catéchisme, 360f.). Die beginnende Neuzeit wollte das katholische Mittelalter nicht als ihre Vorgeschichte akzeptieren, sondern wandte sich dessen Vorgeschichte, der Antike zu (Système III, 515f.). Der Protestantismus distanzierte sich aus anderen Gründen ebenfalls scharf vom Mittelalter. Der Deismus schließlich und mehr noch die Strömungen in der Französischen Revolution wollten sich von allen Vorfahren lösen und jede Vergangenheit abschütteln (Appel, 29f.).

Insgesamt: Der Versuch, sich dem Einfluß der Vorfahren zu entziehen, bildet das hauptsächliche Symptom der modernen Entfremdung (Système II, 363). Es wird zu den Hauptleistungen der positiven Religion gehören, daß die Kontinuität der Vorfahrengenerationen als Entwicklung der Menschheit wieder verstanden und entsprechend verehrt werden wird (Appel, 30).

3. Gegen die Herrschaft der Vorfahren werden alle Aufstände der Lebenden im ganzen erfolglos bleiben. Zu stark ist der inzwischen kumulierte Einfluß der vorangegangenen Generationen, als daß absichtliche Kursänderungen viel bewirken könnten. Für Comte liegt hier eine Quelle des Vertrauens, daß die Dinge schon den richtigen Weg gehen werden. Die Kraft von den Vorfahren her „reguliert mehr und mehr das Ganze der menschlichen Entwicklung, indem sie sie bald besser berechenbar macht als den Lauf vieler Sterne." (Système II, 363)

Daraus ergibt sich ein wichtiger, wenn nicht der zentrale Grund, weshalb die Soziologie zuverlässige Voraussagen machen kann; die wachsende Dominanz der Toten über die Lebenden ist die „Hauptquelle der gesunden soziologischen Erklärungen ..." (Système II, 464) Mit vollständigem Kurswechsel oder gestaltbaren tabula-rasa-Situationen muß beim Prozeß der Zivilisation nicht gerechnet werden. Hat die Soziologie die

Vergangenheit analysiert und darin die Bewegungsgesetze identifiziert, die durch die Gegenwart hindurch in die Zukunft wirken, so kann sie ihrer Voraussagen sicher sein. Insofern garantieren die Toten, daß die sozialen Gegebenheiten Gesetzmäßigkeiten unterliegen; insofern macht die Herrschaft der Toten über die Lebenden die Soziologie als positive Wissenschaft möglich.[27]

Positivistischer Kalender und positivistische Bibliothek

Als Mittel der Verehrung der Vorfahren und ihrer Leistungen für die Entwicklung der Menschheit entwickelt Comte einen neuen Kalender, den „positivistischen Kalender".[28] Er besteht aus dreizehn Monaten à 28 Tagen, d.h. vier Wochen. Dazu kommt pro Jahr ein zusätzlicher Tag *(das universelle Fest der Toten)* und in Schaltjahren ein weiterer Zusatztag *(allgemeines Fest der Heiligen Frauen)*. Die Monate und Tage sind nach großen Toten benannt. Der erste Monat z.B. heißt Moses und ist der alten Theokratie gewidmet. Der Montag der ersten Woche heißt Prometheus, der Dienstag Herkules, der Mittwoch Orpheus. Der zehnte Monat ist heißt Shakespeare und ist dem modernen Drama gewidmet. Der Freitag seiner ersten Woche heißt Lessing, der Samstag Goethe, der Sonntag Calderon. Der elfte Monat ist der modernen Philosophie gewidmet und heißt Descartes, der zwölfte der modernen Politik und heißt Friedrich (der Große), der dreizehnte der modernen Wissenschaft (Bichat).

Dieser Kalender soll dazu beitragen, daß nach und nach die Kontinuität der Menschheitsgeschichte wieder allen zu Be-

---

27) Vgl. Brief an den Senator Vieillard vom 4.2. 1852 (in: Système II, XXXI): „... weil die Zukunft, die wir vorbereiten wollen, wesentlich aus einer Vergangenheit resultiert, die wir niemals verändern können."
28) Auf die Nähe von Comtes positivistischem Kalender zum Kalender der Französischen Revolution, der bis 1806 galt, verweist Gouhier (1933, 6, auch 10).

wußtsein kommt.[29] Mit einigen Veränderungen hat Comte diesen Kalender mehrfach veröffentlicht, zuerst 1849, zuletzt 1855
(z.B. Catéchisme, 336a). In seinen Briefen, Jahresrundschreiben usw. datiert Comte immer mithilfe dieses Kalenders, fügt
jedoch meist die hergebrachte Datierung hinzu, z.B.: „Paris, le
lundi 22 Charlemagne 67 (9 juillet 1855)"[30].

Comte entwirft einen Kanon der Bücher, die vor allem gelesen werden sollen: „Positivistische Bibliothek für das 19. Jahrhundert. 150 Bände" (abgedruckt in: Catéchisme, 37ff.). Dieser
Kanon ist auch restriktiv gemeint: Es handele sich um jene
Schriften, die es wert seien zu überleben. Die Priesterschaft
soll mit gutem Beispiel vorangehen und einen eingeschränkten
Gebrauch vom gedruckten Wort machen, das von der modernen Anarchie sosehr mißbraucht worden sei. Comte berichtet
(1854) von sich, daß er seit sieben Jahren jeden Morgen ein
Kapitel d'A Kempis lese und jeden Abend einen Gesang von
Dante; dabei gewinne er immer wieder neue intellektuelle und
moralische Anregungen (Système IV, 405f.). Ein paar mehr als
hundert Bücher müßten für Laien wie für Priester künftig ausreichen. Davon werden zehn Bände der gesamten Philosophie
gewidmet sein und zwanzig der Poesie. Für die große Masse
der jetzt im Umlauf befindlichen Schriften, die das Denken nur
verwirrten, sieht Comte die systematische Vernichtung vor.[31]

Der subjektive Standpunkt

Daß das Denken der Gefühlswelt untergeordnet werden soll,
heißt auch: begrenzt und beschnitten. Nicht mehr grenzenlos
frei soll der Bereich der wissenschaftlichen Fragen und Unter-

---

29) Appel, 116. Es handelt sich um eine Art Heiligenverzeichnis, meint Dumas (1905, 228f.).
30) Beilage im Appel, 114-115. Dieser Montag heißt übrigens Sainte-
Clotilde.
31) Système IV, 269f. Dieser Plan empört Mill (1973, 179f.): „When mankind have enlisted under his banner, they must burn their ships."

suchungen sein. Man kann, Arnaud (1973, 177 und 182) folgend, Überlegungen in den letzten Lektionen des *Cours*, insbesondere der 58., als erste Formulierungen dieses Gedankens ansehen („point de vue humain").

In mehreren Anläufen versucht Comte, die künftigen Grenzen des wissenschaftlichen Forschens zu beschreiben: Das Denkens müsse dem „subjektiven Prinzip" folgen,[32] sich seiner Nützlichkeit für die Menschheit versichern, dürfe sich nicht in nutzlosen Untersuchungen und ausgreifenden Spekulationen verlieren. „Das Universum darf nicht für sich, sondern für den Menschen oder besser für die Menschheit untersucht werden. Jede andere Absicht wäre im Grunde ebensowenig rationell wie moralisch." (Système I, 36)

Dieser „subjektive Standpunkt" sei wegen Grundbedingungen des Denkens sinnvoll: Die äußere Welt werde nie in vollständiger Genauigkeit wissenschaftlich erfaßt sein, immer werde es der Erkenntnis um einen angemessenen Grad der Annäherung an die Wirklichkeit gehen, was übrigens mit unseren Bedürfnissen durchaus verträglich sei (Système III, 22). Die Astronomie z.B. würde immer sehr unvollkommen bleiben, würde man von ihr vollständige Kenntnis des Universums verlangen und ihr Wissen nicht auf den Menschen beziehen; „denn all unsere realen Forschungen sind hier notwendig auf unsere Welt beschränkt, die doch nur einen winzigen Bestandteil des Universums ausmacht, dessen Erforschung uns ihrem Wesen nach versagt ist." (Rede 1966, 53) Weil also das Denken nie eine „objektive" Synthese zustandebringen wird - die Gesetze der Welt sind zu zahlreich und zu unübersichtlich - , bleibt als Ordnungsgesichtspunkt allein der der Bedürfnisse der Menschheit, die „subjektive" Synthese also.

Unsere Begriffe sind „nicht bloß individuelle, sondern auch und in erster Linie soziale Phänomene ..., da sie ja in der Tat

---

32) Mit „subjektiv" ist nicht der Bezug aufs Individuum gemeint, sondern der auf die Interessen der Menschheit.

aus einer kontinuierlichen und kollektiven Entwicklung hervor-
gegangen sind, deren sämtliche Elemente und Phasen wesentlich zusammenhängen." Sie sind Momente der Zivilisationsentwicklung und insofern veränderliche Werkzeuge der Erkenntnis, die niemals zu Absolutheit gelangen können, sondern
brauchbar im Hinblick auf die jeweiligen gesellschaftlichen Bedürfnisse sind (Rede 1966, 31). Hier gelange Comte bis zum
Grundgedanken der modernen Wissenssoziologie, meint Fetscher (1966, 228, Anm. 12): „Diese Bezogenheit der jeweiligen
Erkenntnis erinnert bereits an die These von der Perspektivität
der Weltbilder, wie sie z.b. die Wissenssoziologie Karl Mann-
heims aufgestellt hat."

Die jungfräuliche Geburt

Eine besonders weitgehende Erwartung hegt Comte im Bereich
von Sexualität und Fortpflanzung: Er hofft darauf, daß eine
jungfräuliche Geburt möglich sein wird.

Der Mann trägt nur ein Geringes zur Entstehung neuer Menschen bei, die Frau hingegen fast alles. Es sei denkbar, daß
der Beitrag des Mannes durch andere Mittel ersetzt werden
kann, so daß die Frau weitgehend unabhängig von der männlichen Zeugung wird (Système IV, 68). Diese Möglichkeit nennt
er „die Utopie der jungfräulichen Mutter" (Système IV, 240f.).
Selbst wenn diese Utopie nicht oder nicht so bald verwirklich
werden wird, bilde sie doch einen Zielpunkt der positiven Religion von außerordentlicher Kraft, das Denken und Handeln in
Gang zu setzen.[33] Sie stehe auf gleicher Ebene wie die Eucha-
ristie des Christentums: Beide Institutionen stellten Synthesen
der jeweiligen Religionen von größter Bedeutung dar (Système
IV, 279). Die „Göttin" *Humanité* sei in ihrer Geschichte stets
nach Art der Jungfrauengeburt fruchtbar gewesen: „Denn das

---

33) Système IV, 276. Vgl. die kalte Zurückweisung dieser „subjektiven
Kombination" bei Littré (1863, 584ff.).

Grand-Etre realisiert die weibliche Utopie, indem es sich ohne jede Hilfe, die seiner Konstitution fremd wäre, befruchtet ... So also verwirklicht der Positivismus die Utopie des Mittelalters, indem er alle Glieder der großen Familie als von einer Mutter ohne Gatten abstammend vorstellt."[34]

Aus der Jungfrauengeburt ergeben sich Konsequenzen: Die Sexualität wird unnötig. Mann und Frau werden ihre Ehe in dauerhafter Keuschheit führen. Beim Manne werde das den sexuellen Mißbrauch der Frau verhindern; der Frau, bei der sexuelle Interessen gering ausgeprägt seien, werde Keuschheit kaum schwerfallen. Sie wird innerhalb der Ehe ihre Emanzipation erreichen, die eheliche Beziehung wird gereinigt sein (Système IV, 277).

Keuschheit in der Ehe und Jungfrauengeburt werden eine gesellschaftliche Neuordnung der Fortpflanzung gestatten. Die Familie ist der Ort der wichtigsten Produktion, nämlich der von Nachkommen; gerade für sie gebe es bislang kaum geeignete Vorstellungen und Institutionen. Der Beginn eines neuen menschlichen Lebens sei dem brutalem Rausch und der Verantwortungslosigkeit überlassen. Auch wegen der Vererbung von Krankheiten sei es notwendig, nicht nur die Zahl, sondern auch die Qualität der Nachkommenschaft gesellschaftlich zu regeln. Ein Problem besteht jedoch darin, dies zu erreichen, ohne staatlich-politisch in die Ehe einzugreifen. Zwei Lösungen stehen der positiven Religion hier zu Gebote: die weibliche Utopie (sie sei radikal, aber hypothetisch) und die keusche Ehe (sie sei wirklich, aber in der Wirkung unzureichend). Die erste Lösung werde immer nur den besten Frauen vorbehalten bleiben, „weil ihre ganz und gar moralische Natur das dauernde Zusammenwirken höchster Sensibilität und äußerster Reinheit verlangt." Die Keuschheit in der Ehe wird also allgemein gelten müssen. Nur geeignete Ehepaare werden zur Fortpflanzung

---

34) Système IV, 413. Ob hier eine Anregung für Luhmanns soziale Selbstschöpfung als Autopoiesis liegt?

zugelassen werden, im übrigen könne eine erweiterte Praxis der Adoption den Wunsch nach Kindern erfüllen (Système IV, 320).

Dieser Ideenkomplex Comtes war und ist natürlich eine Einladung zur Polemik für diejenigen, die Comte für verrückt halten und seine Gedanken ganz ablehnen. Schon im Prozeß, den Comtes Frau wegen des Testaments angestrengt hatte, hat ihr Anwalt diesen Punkt als Beleg für Comtes geistige Störungen vorgebracht.

Ideen zur Erziehung

Synchronisiert mit den Sakramenten und der Idee, das Leben solle nach Siebenjahresphasen eingeteilt sein, entwickelt Comte seine Vorstellungen von der Erziehung. Dreimal sieben Jahre werden der Vorbereitung aufs Erwachsenenleben gewidmet sein (Système IV, 261).

Bis ungefähr zur Pubertät, also dem Alter von 14 Jahren, wird das Kind zu Hause von der Mutter erzogen werden. Bis zur zweiten Zahnung (also etwa bis zum Alter von sieben Jahren) wird sich die Belehrung nur auf die Sachverhalte beziehen, die die spontane Aufmerksamkeit des Kindes finden. Jegliche Übungen, auch Schreiben und Lesen seien unangemessen. Denn die Philosophie des Kindes sei in dieser Altersphase der Fetischismus, sie soll in ihrem Ablauf nicht durch unnötige Interventionen gestört werden. In der zweiten Siebenjahresphase denke das Kind polytheistisch. Die Erziehung der Mutter kann nun systematischer werden, soll aber nur in den schönen Künsten (Poesie, Musik und Zeichenkunst) erfolgen. Damit die poetische Überlieferung verstanden werden kann, ist ein Erlernen der hauptsächlichen abendländischen Sprachen notwendig. „Unsere positivistischen Sitten europäisieren" (Système I, 173f.) ist das Ziel.

Die dritten sieben Jahre wird das Kind unter der Leitung des Priesters erzogen werden. Der Aufbau der Studien soll dem enzyklopädischen Gesetz folgen und mit den moralischen Entwicklungsschritten des jungen Menschen abgestimmt sein: Zunächst Mathematik (Metaphysik), dann Physik und Chemie (Deismus bis Atheismus), schließlich (Positivismus) Biologie und vor allem Soziologie (Système I, 175ff.).

Kritik des Kommunismus

Im *Cours* waren die Kommunisten nicht erwähnt worden, wiewohl öfter von Utopisten, Gauklern, Anarchisten, Ruhestörern usw. die Rede ist. Im Spätwerk setzt sich Comte mit ihnen auseinander.

Comte kritisiert, daß der Kommunismus alle sozialen Übel in der Verteilung und im Gebrauch der Reichtümer sieht, wo doch mit vielen anderen menschlichen Kräften, vor allem den intellektuellen, ebenso schlecht umgegangen wird. Überhaupt seien die kommunistischen Forderungen zur Lösung der sozialen Frage irregeführt: Die Konzentration der Reichtümer in der Industrie dürfe auf keinen Fall rückgängig gemacht werden, sie ist ein Hauptquell des Wohlergehens der ganzen Gesellschaft. Wenn die Leitung der Betriebe an eine verantwortungslose Gemeinschaftlichkeit gebunden wäre, würde die Dynamik der modernen Industrie gehemmt, die ja den Proletariern durchaus von Vorteil ist (Système I, 159). Wenn aber die Unternehmer „öffentliche Funktionäre" und dem moralischen Einfluß der spirituellen Macht unterstellt sind, werde die Unterordnung im Betrieb nicht mehr als störender Faktor angesehen, sondern als funktionale Notwendigkeit hingenommen werden.[35]

Wie andere Bewegungen auch übersehe der Kommunismus die Notwendigkeit einer unabhängigen spirituellen Macht (indem er die Hauptziele ökonomisch-institutionell auffaßt und im übrigen Politik mit moralischer Orientierung vermischt).

---

35) Vgl. Fisichella 1965, 248f. Comte (Rede, 185) beklagt auch allgemein „die bereits allzu ausgeprägte verhängnisvolle Tendenz zur allgemeinen Aufhebung der Klassenunterschiede ..."

Nicht politische, sondern moralische Mittel werden zur Reorganisation des sozialen Lebens führen (Système I, 157).

Zum Kern seiner Kritik gelangt Comte mit dem Argument, der Kommunismus wolle die Individualitäten gleichmachen. Hierin übersehe er ein Grundgesetz des sozialen Lebens, daß nämlich sowohl das Zusammenspiel als auch die Unabhängigkeit der Einzelnen notwendig sei. Eine Betonung allein des Zusammenspiels der Einzelnen „... würde zur Zerstörung aller wirklichen Aktivität und sogar jeder wahrhaften Würde führen, indem jede Verantwortung unterdrückt würde" (Système I, 158). Zudem sei der Kommunismus trotz seiner Betonung von Solidarität inkonsequent, weil er diese nur auf die Zeitgenossen beziehe, nicht aber auf die Generationen von Vorfahren. Der Kommunismus strebe, ähnlich wie andere Erneuerungssekten, eine Gesellschaft „ohne Vorfahren" an (Système I, 160), eine Gesellschaft, die ihre Wurzeln nicht kennt und ihre aus der Vergangenheit kommenden Kräfte.

Zu den taktischen Maßnahmen allerdings, die die an der sozialen Reorganisation interessierten Staatsmänner schon jetzt einsetzen könnten, um das positive Stadium bald zu erreichen, zählt Comte auch eine Kooperation mit den Kommunisten. Sie seien dem Sozialen weitaus aufgeschlossener als die individualistischen Liberalen und Intellektuellen (Appel, 99ff.); hartnäckig, wenn auch mit irregeleiteten Gedanken haben sie die Frage nach der sozialen Reorganisation gestellt. Die Kommunisten erscheinen Comte also nicht als unheilbar.

Einigung der Welt

Über die früher schon entworfene Einigung Europas hinaus skizziert Comte im Spätwerk die Einigung aller Völker und Religionen auf der Welt unter dem Banner des Positivismus. Die Grundbedingung für den positiven Zustand aller Völker sei bereits gegeben: „Ein Frieden ohnegleichen ... und die entschiedene Tendenz der modernen Völker, abschließend eine riesige Familie zu bilden, deren praktische Aktivität darin besteht, die

Erde im stetigen Dienste der Humanité auszubeuten."
(Système II, 133)

Zunächst sollen Rußland, Polen und Griechenland einbezogen werden, danach die monotheistischen Mohammedaner der Türkei und Persiens, schließlich die Polytheisten in Indien. Es wird dann die gelbe Rasse folgen, die unter monotheistischem Einfluß steht (China, Tartarei, Japan, Malaysien), schließlich die schwarze Rasse, die fetischistisch denkt (Système I, 391f.).

Die Zeit, die für diesen Einigungsvorgang notwendig sein wird, veranschlagt Comte unterschiedlich: An einer Stelle nennt er zweihundert Jahre (Système I, 391f.), an anderer Stelle drei Generationen - weil Völker in drei Epochen des Dreistadiengesetzes zu bekehren sind, Monotheisten, Polytheisten, Fetischisten (Catéchisme, 322f.); an einer dritten Stelle rechnet er damit, die weltlichen und spirituellen „chefs" auf der ganzen Welt binnen einer Generation zur neuen Religion bekehren zu können; die Bekehrung der Völker könne ja nachfolgen.[36]

Sein Optimismus im Hinblick auf die baldige Konversion aller Völker zum Positivismus führt Comte übrigens zu einer Revision des Dreistadiengesetzes: Er muß jetzt annehmen, daß der Fetischismus rasch in den Positivismus übergeleitet werden kann, und behauptet, daß in der (kollektiven wie individuellen) menschlichen Entwicklung nur der Fetischismus eine unvermeidbare Stufe sei; die beiden anderen Phasen des religiösen Regimes (Polytheismus und Monotheismus) könnten bei einer systematisch geplanten Entwicklung übersprungen werden (Catéchisme, 327).

Aufwertung des Fetischismus

In seinen späten Schriften gelangt Comte zu einer zuvor nicht sichtbaren Hochschätzung des Fetischismus. Fetischismus und

---

36) Système IV, 503. Z.B. geht Comte davon aus, daß sich die indischen Brahmanen dem positiven Glauben anschließen werden, weil darin die von ihnen erträumte Universalität verwirklicht ist (Système IV, 514).

Positivismus seien durch „eine grundlegende Affinität" miteinander verbunden (Système III, 112); der Fetischismus soll geradezu in den Positivismus inkorporiert werden (Appel, 38; vgl.
Laffitte 1890, 391ff.). Diese Wendung ist überraschend auch,
weil sie einhergeht mit einer (unausgesprochenen) Abkehr von
der im Dreistadiengesetz formulierten Entwicklungsreihe. Der
Theologismus (also Polytheismus und Monotheismus) wird als
Übergangsstadium zwischen Fetischismus und Positivismus
aufgefaßt, das wegen der Ausdehnung der Vergesellschaftung
notwendig war, aber im intellektuellen Bereich eine Verirrung
bildete (Système III, 90f.).

Die Möglichkeit zur Verbindung von Fetischismus und Positivismus sieht Comte darin, daß der Fetischismus ein lebendi-
ges Gefühl für die Heiligkeit aller Wesen und Gegebenheiten
gehabt hat (und insofern eine diesseitige Religiosität). Während der Fetischismus spontan alle natürlichen Wesen beseel-
le, mache sie der theologische Geist zu passiven Gegenständen von übernatürlichen Kräften (Système III, 81f.). Letztere
Vorstellung sei von der Wahrheit weiter entfernt als die
Grundannahme des Fetischismus. Fetischismus wie Positivismus sei denklogisch gemeinsam, daß der Zusammenhang der
Wesen und Dinge in der Vorstellung aus einem menschlichen
Blickwinkel erreicht wird (im Theologismus dagegen durch die
übernatürliche Macht imaginärer Wesen), wenn auch auf verschiedene Weise: Der Fetischismus unterstellt den Wesen und
Dingen die gleichen Fähigkeiten und Eigenschaften, wie sie
der Mensch hat; der Positivismus bezieht alles auf den sozialen Lebenszusammenhang (Système III, 120).

Auf den ersten Blick wirkt der Fetischismus im Hinblick auf
die praktische Veränderung der äußeren Welt als hinderlich,
weil er sie ja anbetet. Jedoch müsse man bedenken, daß die
Anbetungsbeziehungen von Individuum zu Individuum, von
Familiengruppe zu Familiengruppe usw. je speziell auf ein Tier,
eine Pflanze gerichtet waren, also die Intervention in die äuße-

re Welt (durch Arbeit, Technik usw.) nicht wirklich ausschlossen (Système III, 102f.).

Auch moralisch sei der Fetischismus dem Polytheismus (und dem Monotheismus) überlegen: Indem er den Menschen den Tieren und den Pflanzen annähert, stärkt er unsere Sympathie zu den anderen Lebewesen und fördert dadurch unsere besten Gefühle (Système III, 87). Auf naive Weise habe der Fetischismus mit seiner Vorstellung von der Verwandtschaft aller lebenden Wesen die Konzeption des Positivismus von „der Lebensordnung unter der Leitung der Humanité, die nach und nach die materielle Ordnung modifiziert, die sie derzeit bestimmt", vorweggenommen (Système III, 139). Der Positivismus werde auch das poetische Verhältnis zur Welt, das der Fetischismus entwickelt hat, wieder aufnehmen. Auf die Kraft des Fetischismus gehe es zurück, wenn der Gedanke von der Höherbedeutung des Gefühls trotz aller sophistischen Bemühungen immer volkstümlich geblieben ist (Système III, 119f.).

Nur die Kraft des Fetischismus, die soziale Ordnung über Familiengruppen und Stämme hinaus auszudehnen, ist gering. Es rührt dies aus der Vielfalt der fetischistischen Glaubensvorstellungen, aus dem Fehlen einer spirituellen Autorität und der schwachen Ausbildung der militärischen Autorität (Système III, 98f.). Die dauernden Kämpfe mit anderen Gruppen blieben in diesem Sinne funktionslos, führten nicht zur Zusammenfassung von Territorien, zur Bildung größerer sozialer Einheiten.

Ein Ergebnis von Comtes neuen Überlegungen zum Fetischismus ist der Gedanke, die Erde als Lebensraum der *Humanité* zu verehren - als *Grand Fétiche*.[37] An einigen Stellen schlägt Comte sogar vor, sich die Naturkräfte nach Art lebender Wesen vorzustellen. Man werde niemals nachweisen kön-

---

37) Eine erste Formulierung („die Erde idealisieren") in: Appel, 39. Vgl. die sarkastischen Bemerkungen dazu bei Mill (1973, 193f.), aber auch Comtes (Soziologie II, 30) frühere Kritik an „jener moderneren Vergleichung der Erde mit einem unermeßlich großen, lebendigen Tiere ..."

nen, daß ein Körper nicht fühlt oder daß er die Handlungen nicht will, die von ihm ausgehen; also hindert nichts daran, auch den kleinsten Molekülen Gefühl und Handlungsfähigkeit (nicht jedoch Denken) zuzugestehen.

Gesichtspunkte zu Comtes Menschheitsreligion

Ganz überraschen kann Comtes Wende zur Religion nicht: Von Anfang an hat er von der Notwendigkeit einer neuen spirituellen Macht gesprochen. Mehrfach hat er seine Lehre mit der des frühen Christentums verglichen, mindestens implizit.[38] Von der Bedeutung seiner Gedanken ist Comte seit seinen Frühschriften unbedingt überzeugt; er stellt sie in gewisser Hinsicht auf gleiche Ebene wie das Evangelium (z.B. Corr.gen.I, 92). Manche Formulierung in den Frühschriften und im *Cours* hat die religiöse Fassung des Menschheitsbegriffs vorweggenommen. Die dem *Cours* zugrundeliegende Idee vom Fortschritt der Menschheit hin zum positiven Stadium hat, so Löwith (1973, 148), lange vor ihrer ausdrücklich religiösen Fassung religiöse Züge: wegen ihrer Abgeleitetheit aus dem christlichen heilsgeschichtlichen Modell, wegen der Hoffnung auf Vervollkommnung. „Die christliche Geschichtsdeutung richtet ihren Blick auf die Zukunft als den zeitlichen Horizont eines bestimmten Zieles und einer letzten Erfüllung. Alle modernen Versuche, die Geschichte als ein sinnvoll gerichtetes, wenn auch nie abgeschlossenes Fortschreiten auf eine inner-

---

38) Z.B. im Brief vom 30.3. 1825 an Valat (Corr.gen.I, 156): „Wir befinden uns in einer Situation, die der der letzten Zeit des Heidentums sehr ähnlich ist, als die alte Lehre aufgehört hatte, die Köpfe zu regieren, ohne daß die neue schon ausreichend Festigkeit gewonnen hätte, um sie in dieser Hauptfunktion mit Nutzen zu ersetzen ...“ Übrigens weist Durkheim (1971, 207ff.) für Saint-Simon nach, daß auch dieser nicht erst im Spätwerk, sondern in seinem ganzen Denken mit religiösen Fragen befaßt war und niemals einen Widerspruch zwischen positiver Philosophie und Religion gesehen hat.

weltliche Erfüllung hin darzustellen, gründen in diesem theologischen, heilsgeschichtlichen Schema."[39]

Dennoch ist die Veränderung deutlich: Comte traut jetzt nicht mehr der positiven Philosophie bzw. Wissenschaft, sondern nur dem Positivismus als Religion die Kraft zur Neuordnung und zur stabilen Integration der Gesellschaft zu; er setzt nicht mehr auf die kühle Untersuchung des Sozialen und auf den rationalen Nachweis der Gesellschaftlichkeit allen Denkens und Handelns, sondern vor allem auf die moralisch-emotionale Überhöhung des Bandes, das die Gesellschaft zusammenhält (Altruismus), auf die religiöse Verehrung der Gesellschaft als Göttin, auf die Verpflichtung des Individuums zur Förderung des Kollektivlebens. Der wissenschaftliche Nachweis der Bindekraft des sozialen Lebens scheint ihm nicht mehr auszureichen zur Herstellung und Sicherung einer Gesellschaftsordnung ohne Krisen; diese Bindekraft muß auch moralisch gewollt, emotional verehrt und religiös überhöht werden. Das, was im sozialen Leben wirkt, soll auch gewollt und angestrebt werden - das ist Comtes Grundgedanke im Spätwerk.

Seine Menschheitsreligion stellt Comte in die Tradition der großen Denker des Katholizismus (Système I, 350f.). Daneben nennt er entsprechende Entwürfe in der Französischen Revolution: Nur die Dantonianer hätten den Versuch unternommen, eine wahre Religion zu begründen, indem sie aufhörten, die äußere Welt anzubeten und eine Verehrung der „menschlichen Wesensform" begannen (Système III, 601). Sie hätten die Aufgabe richtig erkannt: „... an die Stelle der übernatürlichen Glaubensformen einen beweisbaren Glauben setzen." (Système III, 610) Gouhier (1933, 7ff.) meint hierzu, daß Comtes Religion der Menschheit als Wiederaufnahme von entspre-

---

39) Die „Irreligion des Fortschritts", so Löwith (1973, 108) bei Besprechung von Voltaire, sei „eine Art Religion, die von dem christlichen Glauben an ein künftiges Ziel abgeleitet ist, obgleich sie an die Stelle eines bestimmten und überweltlichen *eschaton* ein unbestimmtes und innerweltliches setzt."

chenden Konstruktionen in den Revolutionsjahren aufgefaßt werden müsse. Die Kulte der Revolutionszeit seien keineswegs belächeltes Beiwerk eines nur politischen Vorgangs gewesen, die Revolution habe in sich religiösen Züge getragen:[40] Glaube an die Erreichbarkeit einer idealen Lebensordnung der Menschen, Glaube an die Allmacht der *raison*, an ein neues Verhältnis von politischen und moralischen Einrichtungen, an eine allgemeine geistige Erneuerung. Ähnlich Voegelins Beurteilung (1975, 170ff.): Die Französische Revolution gelte bis heute irrtümlicherweise als anti-religiös; in ihr habe es eine starke Strömung hin zu einer totalitären Theokratie gegeben (Verehrung der *raison* durch die Dantonianer, Kult des *Etre Suprême* unter Robespierre, *Culte décadaire* als Staatsreligion unterm Direktorium sowie die Theophilanthropie). Der Wille zu einer künstlich geschaffenen Religion ohne transzendenten Gott begleitete die Revolution.

Inwiefern ist Comtes Religion überhaupt Religion? Kann es eine Religion geben, die wissenschaftlich begründet ist, kann es einen Glauben geben, der nachweisbar ist? Gut, es ist ein göttliches Wesen vorgesehen, die Menschheit. Aber es ist göttlich in einem anderen Sinne als der christliche Gott oder als frühere Götter; denn es lebt nicht jenseits der Welt der Menschen. So katholisch manches an Comtes Religion auch wirken mag, - seine Religion ist nicht christlich. Eine Anbetung bzw. Vergöttlichung von Wesen, die zur Welt gehören, ist fürs Christentum undenkbar.[41] Es handelt sich also um eine innerweltliche Religion.[42]

---

40) Ebenso Charlton (1963, 5): Saint-Simons, Comtes und anderer Religionsentwürfe haben zu Vorläufern die religiosen Kulte der Revolutionsjahre. „Against this background, Saint-Simons «Temple of Newton» or Comte's «Positivist Calendar», for instance, look rather less improbable and artificial than they might appear to us at first sight."

41) Vgl. hierzu Voegelin 1975, 157. „Dieses armselige Gemächte der menschlichen Selbstanbetung" - so Löwiths (1973, 86) Urteil.

42) „Religiöser Rationalismus" sagt Plé (1996, 447) vielleicht treffender.

Handelt es sich deshalb um eine „atheistische Religion", so wie man z.b. Weltanschauung und Kult der Freidenker in der Arbeiterbewegung als atheistische Religion bezeichnen könnte? Comte distanziert sich vom Atheismus; der Atheismus stehe dem metaphysischen Denken nahe, weil er nach anderen Lösungen der theologischen Probleme sucht, als die Theologie sie gegeben hat (z.b. Theorien über die Entstehung des Universums, über die Entstehung der Arten), statt radikal alle unlösbaren Fragen aufzugeben (Système I, 46f.).

Trotz aller Anknüpfung an den katholischen Kult also steht für Comte fest, daß die Menschen allein auf der Welt sind, daß über ihnen kein liebender oder zürnender Herr wacht, daß die Erde keine Schöpfung für den Menschen ist. Sein Denken ist auch und gerade im religiösen Spätwerk radikal weltlich.[43] Für die Zuversicht, die die Religionen möglich machten, für die Gefühle, beschützt, begleitet und geleitet zu werden, für die Begegnung mit einem höheren Wesen usw. sucht Comte nach Ersatz in der Liebe zur Menschheit, in der Arbeit für die Nachkommen, in der Hoffnung auf Weiterleben in der Erinnerung der anderen.

Wie ernst ist Comtes Religion zu nehmen? Es liegt die Annahme nahe, daß es sich um eine Konstruktion handelt, um eine gezielt erfundene und propagierte funktionale Alternative zur hergebrachten christlichen Religion - so eine Beurteilung von Lukes (1985, 474), Saint-Simon und Comte gemeinsam betreffend. Denn die Vorschläge zur Menschheitsreligion begründet Comte oft mit ihrer sozialmoralischen Zweckmäßigkeit oder mit ihrer Chance, auf in früheren Epochen ausgeprägte Glaubens- und Denkmuster aufbauen zu können.[44]

---

43) Vgl. seine Deutung von den Wirkungen der Entdeckung, daß die Erde nicht das Zentrum der Himmelskörper ist (Cours I, 360ff.). Zur Diesseitigkeit seines Denkens vgl. auch Sombart (1955, 100f.).
44) Weshalb wir künftig auch mit den noch nicht Geborenen „Umgang" werden haben können, wird z.B. so begründet (Système I, 261f.): „Eine Vielzahl

Auch ein anderer Zusammenhang spricht für den konstruierten Charakter von Comtes Religion: Als Religionsstifter sieht er sich vor einer ähnlichen Aufgabe wie Paulus.[45] Seine Darstellung, wie Paulus erfolgreich den europäischen Monotheismus gegründet hat, will zeigen, daß dieser Jesus Christus, die Offenbarung und die heiligen Bücher der Juden als charismatisches Beiwerk nutzte, um seinen Religions- und Kirchenentwurf durchsetzen zu können.[46] Deshalb werde der neue Glaube zu Unrecht Christentum genannt; es handele sich um eine überlegte Gründung durch Paulus. Diese Hervorhebung der überlegt konstruierten Religionsgründung durch Paulus - es kommt hier nicht darauf an, ob die Darstellung richtig ist - wirft ein Licht darauf, wie Comte seine Religion durchsetzen will: als konstruiert-systematische Gründung. Eine Religion, so sieht Comte Paulus' Leistung, wird gegründet durch jemanden, der Dogma, Kult und Kirchenorganisation entwirft und für hinreichende Aura dieses Entwurfs sorgt.

Wie versucht Comte, seiner Religions- und Kirchengründung eine Aura zu geben? Auf eine göttliche Offenbarung beruft er sich nicht, wie sollte er auch, wo er doch eine innerweltliche Religion begründen will. Aber eine „Heilige" nennt er als ausschlaggebend für seinen Weg zur Religionsstiftung: Clotilde de

---

von Beispielen belegt uns die Fähigkeit des menschlichen Herzens zu Gefühlen ohne jede objektive Grundlage, wenn nur idealen Charakters. Die bekannten Visionen des Polytheisten, die mystischen Gefühle des Monotheisten zeigen (für die Vergangenheit) eine natürliche Tendenz an, die man in der Zukunft nutzen muß, indem man ihr - zufolge einer besseren allgemeinen Philosophie - eine wirklichkeitsbezogenere und edlere Bestimmung gibt."

45) Im Brief an den Senator Vieillard vom 28.2. 1852 (in: Système II, XXXI) beschreibt er seinen Übergang vom Philosophen und Wissenschaftler des *Cours* zum Religionsgründer des *Système* so: „... der Karriere des Aristoteles mußte also die des heiligen Paulus folgen ..."

46) Système III, 409f. Schon Saint-Simon sah in Paulus (und nicht in Jesus Christus) den eigentlichen Gründer der christlichen Religion; vgl. Pickering (1993, 75).

Vaux. Ihren Einfluß auf seine intellektuelle und moralische Entwicklung nennt er eine „engelhafte Inspiration" oder „eine private engelhafte Anregung." (Système III, 618). Die liebende und leidende junge Frau und seine unerfüllte und anrührende Begegnung mit ihr scheint Comte als den Stoff anzusehen, mit dem seine Religionsgründung Strahlkraft erlangen kann. Die Offenbarung, die sie ihm und seinem Denken ermöglichte, stammt nicht aus einer anderen Welt, sondern aus dieser. Die, seiner Darstellung zufolge, uneigennützige und über sexuelle Interessen erhabene Liebe beider gilt als das Urbild für jenes Band, das einmal alle Menschen umschlingen soll, für das *vivre pour autrui*. Deshalb wird Clotilde de Vaux kultisch verehrt, als Sinnbild der „Göttin" Menschheit angebetet. Deshalb wird das von Thomas a Kempis zum christlichen Gott gesprochene „Amem te plus quam me, nec me nisi propter te!" im positivistischen Kult jetzt an die Jungfrau-Mutter gerichtet.[47]

Die Grundidee von Comtes Religionsgründung ist: Der als bevorstehend gedachte Untergang des Christentums „bedeutet nicht das Ende der Religion, sofern es nur gelingt, sich der moralischen Strukturen wissenschaftlich zu bemächtigen." (von Kempski 1974, XXXIV) Eine Implikation dieser Idee ist, daß der Kern jeglicher Religion ein sozialer ist: Religion hält Gesellschaft durch gemeinsame Vorstellungen und Regeln zusammen. Sie ist Synthese, verstanden nicht nur als begrifflich-intellektuelle Zusammenführung, sondern auch als soziale Zusammenführung der Individuen (so Catéchisme, 44f.). Unter Religion, so bestimmt Comte an einer Stelle grundsätzlich, will er einen Zustand vollständiger Harmonie der einzelnen, ange-

---

47) Ähnlich Voegelin (1975, 155): „The place of God has been taken by social entities (by family, country and mankind) and more particularly by woman as the integrating, harmonizing principle. Woman in general and Clotilde concretely as the representative of the principle has become the unifying power for the soul of man; hence the cult of Clotilde is an essential part of the Comtean religious foundation." - „Für Comte ist Clotilde die perfekte Offenbarung der *Humanité* ..." Ducassé 1939a (196, Fußn. 2)

messen koordinierten Elemente verstehen, und dies auf kollektiver (sozialer) wie individueller (seelischer) Ebene.[48]

Dies ist eine durch und durch soziologische Perspektive: Die Soziologie der Religion sieht ab von der Wahrheit eines Glaubens, von der Notwendigkeit eines Kultes usw. und fragt stattdessen nach deren sozialen Funktionen. Eine jede soziologische Befassung mit Religion neigt dazu, den Kern ihres Gegenstandes zu ignorieren - die Offenbarung, die Wahrheit des Glaubens, die Gewißheit vom Sinn des Kultes. Noch einmal wird die Konstruiertheit von Comtes Religionsentwurf sichtbar.

---

48) „Die Religion bildet so für die Seele einen normalen Konsensus, der dem der Gesundheit in Beziehung zum Körper genau entspricht." (Système II, 8)

5. Vorläufer und Zeitgenossen

Comte hat viele Überlegungen von anderen übernommen, das verschweigt er nicht. Hume, Kant, Condorcet, de Maistre, Bichat und Gall nennt er als Vorgänger, einen Schritt weiter zurück die Begründer der modernen Wissenschaft Bacon, Descartes und Leibniz, weiter zurück Thomas von Aquin, Roger Bacon und Dante, schließlich Aristoteles (Catéchisme, 10). In der *Synthèse* beansprucht er Descartes und Leibniz als hauptsächliche Vorläufer (XVIII). Am nachdrücklichsten und oft mit dem Zusatz, er sei der direkte Vorgänger gewesen, wird Condorcet angeführt. Natürlich kann man die häufige Nennung von Vorläufern als Versuch lesen, das Gewicht des eigenen Denkens zu erhöhen; Comte ordnet sich selbst in das höchste Niveau der abendländischen Geistesgeschichte ein.

Rousseau erfährt eine ungünstige Beurteilung, gilt als Hauptvertreter der metaphysischen Theorie der Politik - Vertrag am Beginn der Zivilisation; Menschenrechte (Comte 1822, 78f.). Er sei - im Vergleich zu Montesquieu - „ein bloßer Sophist" (Soziologie I, 184) und habe keine eigenständige Denkleistung erbracht. Indem er den Naturzustand idealisierte, habe er die Zivilisation als Entartung aufgefaßt. Dieses Denkmuster stammt, so Comte, von der Lehre vom Sündenfall ab. Die Vorstellung vom Beginn der Zivilisation als Vertreibung aus dem Paradies habe sich in die „Hypothese eines chimärischen Naturzustandes" gewandelt, „der dem sozialen Zustand überlegen gewesen, und von dem uns der Fortschritt der Zivilisation täglich mehr entferne." (Soziologie I, 241) Der Gedanke sei in sich widersprüchlich: „Und heißt das nicht in Wirklichkeit, wenn schon in höchst fortschrittlicher Absicht, systematisch einen universellen Rückschritt organisieren?" (Soziologie I, 54)

Sind schon die von Comte angeführten Autoren zahlreich, so müßten noch einige hinzugenommen werden, die er nicht erwähnt, wollte man allen Wurzeln seines Denkens nachspüren.

Zur Erfüllung dieser Aufgabe müßte wohl die Geistesgeschichte der ganzen Epoche geschrieben werden.[1]

Montesquieu (1689-1755)

1817 hat sich Comte mit Montesquieus Schriften befaßt, besonders *De l´esprit des lois* beeindruckte ihn. Von hier erhielt er „... the idea that society could be examined scientifically." (Pickering 1993, 46f.)

Montesquieus Leistung habe darin bestanden, die politisch-sozialen Erscheinungen als Naturgesetzen unterworfen zu betrachten; er habe als erster versucht, die Politik als Tatsachenwissenschaft zu betreiben. „Wie weit müßte man seinem Jahrhundert voraus sein, um zu einer Zeit, wo die hervorragendsten Geister ... noch an die absolute und unbegrenzte Macht von Gesetzgebern glaubten, die mit einer für die willkürliche Änderung des Gesellschaftszustandes hinreichenden Autorität ausgerüstet wären ..." (Soziologie I, 179) In der Durchführung seiner Studien habe Montesquieu diesen Gesichtspunkt jedoch nicht durchgehalten.

Montesquieus Sympathie für die Staatsform Englands kritisiert Comte scharf. In allen Werkphasen weist er den Gedanken zurück, Frankreich und andere Länder sollten den parlamentarischen Konstitutionalismus übernehmen.

Voltaire (1694-1778)

Voltaire ist der erste, der die Geschichte aus weltlicher Sicht ordnen und auf das christlich-heilsgeschichtliche Modell verzichten will. Er ersetzt die göttliche Vorsehung in der Menschheitsgeschichte durch die Idee vom Fortschritt. Das Problem,

---

1) Ein entsprechender Überblick, so Voegelin (1975, 75), wäre schwierig „because of the volume of tradition that crystallized in the system of Comte and it would have to encompass an appreciable sector of the intellectual history of a century."

daß eine bloße Vollständigkeit der Geschichtsbetrachtung keine Alternative zur christlichen Heilsgeschichte wäre (weil ohne
Sinn), löst er dadurch, daß die Aufmerksamkeit nicht auf historische Details gerichtet werden soll, sondern auf die Geschichte des menschlichen Geistes als einer durchgehenden
allgemeinen Entwicklung.[2]

Comte hält wenig von Voltaire und deutet an, die meisten
seiner Gedanken stammten von früheren Denkern, u.a. von
Hobbes und Spinoza (Soziologie II, 545ff.).

Helvetius (1715-1771)

Helvetius weist die Aufgabe, die Menschen zum Guten zu bewegen, der Erziehung bzw. der Herstellung von sozialen Situa-
tionen zu, die dazu geeignet sind, die Befolgung von moralischen Regeln herauszufordern (vgl. Voegelin 1975, 50f.).
Moral muß gewissermaßen aus dem sozialen Raum auf den
Menschen wirken, weil sein inneres Verhältnis zu Gott und seinen Geboten überwunden werden soll. Allerdings muß irgend-
jemand wissen, was das Gute ist, um es durch Erziehung und
geeignete soziale Bedingungen erreichen zu können; so legt
sich der Philosoph selbst den Mantel des Gesellschaftserzie-
hers um und nimmt konsequenterweise zwei Sorten von Menschen an: die Erzieher und die zu Erziehenden, die Sozialtech-
niker und ihre Objekte.[3]

Comtes Moralkonzeption und die Aufgabenbestimmung der
spirituellen Gewalt folgen diesem Grundgedanken, jedoch mit

---

2) „The *esprit humain* and its changes have become the object of general
history. The transcendental pneuma of Christ is replaced by the intramundane spirit of man ..." (Voegelin 1975, 10)
3) Voegelin (1975, 51) macht darauf aufmerksam, daß uns heute diese
Konzeption vertraut ist, weil wir dauernd so behandelt werden bzw. handeln.
Bei Helvetius könne man lesen, „that the analyst-legislator arrogates to himself the possession of the substance of good in society while denying it to
the rest of mankind." Darin sei der Totalitarismus des 20. Jahrhunderts angelegt (a.a.O., 69f.).

Einschränkungen: Helvetius' Annahme, daß die Menschen durch einen Gesetzgeber nach Belieben erziehbar seien, weist er zurück. Darin stecke ein abstraktes Bild von der Gesellschaft, das statische bzw. dynamische Gesetzmäßigkeiten vernachlässige (Soziologie II, 548).

D`Alembert (1717-1783)

In der Einleitung zur Enzyklopädie (1751) hat d'Alembert die Möglichkeit entworfen, vom (natur-) wissenschaftlichen Standpunkt aus das vorhandene Wissen über die Welt und den Menschen zu ordnen, damit künftige Generationen diesen Bestand erweitern können. Diese Konzeption hat Comte beeinflußt, bis hinein in die darin implizierte Fortschrittsidee - die Zukunft als Ausarbeitung der Gegenwart, d.h. schon die Gegenwart befindet sich auf dem richtigen Weg (vgl. Voegelin 1975, 75f. und 86ff.).

Als Vorläufer von Comte (und Saint-Simon) kann d'Alembert auch insofern gelten, als er zwar die christliche Religion auf eine Anbetung Gottes und die Nächstenliebe reduzieren will (Jesus gilt als eine Art Philosoph), aber einen Kult für notwendig erachtet.

Kant (1724-1804)

D'Eichthal schrieb Comte aus Deutschland, daß Kants Philosophie erhebliche Ähnlichkeit mit seiner aufweise, und bezeichnete Kants Abhandlung „Idee zu einer allgemeinen Geschichte in weltbürgerlicher Absicht" überrascht als „die Skizze Ihres Werkes".[4] Als auch sein Freund Valat Übereinstimmungen zwischen seiner Lehre und der von Kant entdeckt, widerspricht Comte scharf: Mag sein, daß die Lehre Kants einige bedeutende Gedanken enthält; aber was den allgemeinen Geist des Philosophierens angehe und vor allem die Methode, so beste-

---

4) Brief d'Eichthals an Comte vom 22.8. 1824, in: Corr.gen.I, 389f.

he ein „absoluter Widerspruch". Die Philosophie Kant sei reine Metaphysik.[5]

Erst als Comte die Abhandlung „Idee zu einer allgemeinen Geschichte in weltbürgerlicher Absicht", die d'Eichthal für ihn übersetzt hat, gründlich gelesen hat, ändert er sein Urteil über Kant - mindestens im Hinblick auf dessen Geschichtsphilosophie. Er ist begeistert vom Grundgedanken einer einheitlichen und wissenschaftlich begreifbaren Menschheitsgeschichte und sieht - mit gemischten Gefühlen - daneben seinen eigenen Ansatz.[6] Hätte er diese Abhandlung sechs oder sieben Jahre früher gekannt, so schreibt er an d'Eichthal, hätte ihm das viel Mühe erspart. Comte fragt sich, worin seine eigene Leistung gegenüber Kants Schrift besteht: er sieht sie in erster Linie in der Entdeckung des Drei-Stadien-Gesetzes.[7]

D'Eichthal schickt Comte dann Auszüge aus Kants Kritik der reinen Vernunft in Übersetzung. Auch dies Werk muß tiefen Eindruck auf Comte gemacht haben, wenn man bedenkt, an wievielen Stellen er es anspricht (so Pickering 1993, 294ff.). Beeindruckt ist Comte in erster Linie von Kants Versuchen, die Grenzen der Vernunft anzugeben und die zugleich inneren und äußeren Momente beim Erkennen zu identifizieren. In späteren Schriften hält er Kant vor, in der Analyse des Erkenntnisprozesses von einem isolierten Bewußtsein ausgegangen zu sein, statt die sozialen und kollektiven Quellen des Erkennens zu berücksichtigen (z.B. Soziologie III, 617). Insgesamt aber scheint Comte Kants kritischen Grundgedanken nicht recht verstanden zu haben. Anders wäre sein erkenntnistheoretischer Realismus, der an einigen Stellen bis zu dem Bild geht, daß das Bewußtsein ein Spiegel der Wirklichkeit sei, kaum zu verstehen.

---

5) Brief an Valat vom 3.11. 1824, Corr.gen.I, 132
6) „In fact, his reading of Kant was almost a humiliating experience." Pickering 1993, 291. Vgl. hierzu auch Negt (1964, 139, Anm. 85).
7) Brief vom 10.12. 1824 an d'Eichthal, Corr.gen.I, 143.

Turgot (1727-1781)

An Turgots Schriften zur Geschichte der Menschheit könne man, so Löwith, den Übergang vom christlich-heilsgeschichtlichen Modell zu dem des Fortschritts gut erkennen: Aus dem Willen Gottes bzw. aus der göttlichen Vorsehung, die den Menschen unerkannt bleiben, wird eine Bewegungstendenz in der Geschichte, der Fortschritt (vgl. Löwith 1973, 97f.). Dazu braucht es einen Begriff von Menschheit: Bei Pflanzen und Tieren reproduziert sich die Art immer wieder gleich, nur bei den Menschen gibt es eine die Generationen übergreifende Struktur, nämlich die kumulative Weitergabe des Entwicklungsstandes der jeweils vorausgehenden Generation (vgl. Littré 1863, 45). In der Geschichte finde sich dieser kumulative Prozeß dauernd unterbrochen und verschoben, jedenfalls nicht geradlinig. Soll die Menschheitsgeschichte dennoch einen Sinn haben, so kann der Fortschritt nur einer Tendenz oder Substanz zugeschrieben werden, die selbst nicht beobachtbar ist, die keine empirische Daseinsweise im engeren Sinne hat. Turgot nennt dies „die totale Masse" der Menschheit (vgl. Voegelin 1975, 92f.). Damit gelingt es Turgot, dem rein weltlich aufgefaßten Auf und Ab der Geschichte einen Sinn, eine Fortschrittsbewegung zu unterlegen. Voegelin sieht hierin die Grundidee für Comtes *Humanité*.

Turgot hat erste Formulierungen des Drei-Stadien-Gesetzes verfaßt.[8] Zu Beginn der Menschheitsgeschichte habe nichts näher gelegen, als die Erfahrungen aus Interaktionen, die die Menschen hatten, der außermenschlichen Welt zu unterstellen, also anzunehmen, auch die Bewegungen der Phänomene seien von (allerdings unbekannten) Intelligenzen beabsichtigt und gesteuert. Auf diese erste, per Analogie denkende Phase folge eine zweite kritisch-philosophische, die von Kräften, Essenzen

---

8) Gouhier 1936, 49. Ebenso bereits Littré 1863, 46f, Barth 1922, 210; vgl. auch Fetscher 1966, XXV

usw. ausgeht, die wie Wesenheiten gedacht sind. Erst in einer dritten Phase sei korrekte Beobachtung und Überprüfung anhand von Erfahrung üblich.

Ob Turgot Einfluß auf Comtes Denken hatte, das zu beantworten bedürfte werkgeschichtlicher Untersuchungen. Im *Cours* erwähnt Comte Turgot nur als „berühmten Minister" (Soziologie III, 256). Die einen sehen bei Turgot das Dreistadiengesetz vollständig ausgebildet; Comte habe wenig hinzugefügt (so Voegelin 1975, 90 und 114; von Hayek 1979, 145f.). Andere bringen vor, Turgots einschlägige Schriften seien Comte wahrscheinlich nicht bekannt geworden (Littré 1863, 39f.; Gouhier 1941, 401; Marvin 1965, 105). Erst Comte habe die Idee von den Stadien zur Ausarbeitung der Menschheitsgeschichte genutzt, bei Turgot sei die Idee bloße Idee geblieben.

Condorcet (1743-1794)

Mit Condorcet hat sich Comte seit 1817 beschäftigt (vgl. Pickering 1993, 46). Nach dem Bruch mit Saint-Simon nennt er ihn dann „meinen unmitelbaren Vorgänger"[9], möglicherweise um keinen Gedanken daran aufkommen zu lassen, er sei Schüler von Saint-Simon.[10]

In seiner *Esquisse d'un tableau historique des progrès de l'esprit humain* stellte Condorcet die Menschheitsgeschichte - unterbrochen durchs dunkle und abergläubische Mittelalter - als Fortschritt hin zu allseitiger Vervollkommung des Menschen dar. Betrachte man die Entwicklung der Fähigkeiten größerer Gruppen von Generation zu Generation, „... so ergibt sich daraus die Darstellung der Fortschritte des menschlichen Gei-

---

9) Brief an d'Eichthal vom 5.8. 1824, Corr.gen.I, 106
10) So Pickering (1993, 240): „He even called Condorcet his «spiritual father» as if to block out the memory of «le père Simon»." Vgl. die „Persönliche Vorbemerkung" zu: Soziologie III, IV, Fußn. 1. Hingegen sieht Heilbron (1995, 226) eine Anregung von Condorcet her, die früher ist als die von Saint-Simon.

stes." (Condorcet 1976, 31) Damit der Fortschritt als gesetzmäßiger Prozeß vorgestellt werden kann, muß die Untersuchung von geschichtlichen Details, Teilprozessen, Nebenlinien absehen und nur den Gang großer Kollektive bzw. des Menschengeschlechts insgesamt betrachten[11] - eine ähnliche Abstraktion wird notwendig wie bei Turgot. Das, was durch die Menschheitsgeschichte fortschreitet, sind nicht die Völker, die Kulturen, die Gesellschaften, sondern etwas, das durch sie hindurchzieht wie ein „Licht" (vgl. Condorcet 1976, 35).

Hat man die Fortschrittsbewegung, die aus der Vergangenheit kommt und gesetzmäßig verläuft, analysiert, warum sollte es dann nicht möglich sein, zukünftige Entwicklungen vorauszusagen und auf diese Weise den weiteren Fortschritt zu beschleunigen? Im Hinblick auf die Ergebnisse solcher Voraussagen ist Condorcet sehr optimistisch: Der Vervollkommnung der menschlichen Fähigkeiten sei keine Grenze durch die Natur gesetzt. Die künftigen Fortschritte können „schneller oder langsamer erfolgen; doch niemals werden es Rückschritte sein, wenigstens solange die Erde ihren Platz im System des Universums behält ..." (Condorcet 1976, 31)

Dies ist eine Geschichtsauffassung, in der Gott keinen Platz mehr hat, keinen Platz mehr haben soll.

Dem kann Comte im Grundsatz zustimmen (wenn er auch nicht, wie Condorcet, die Geschichtswissenschaft für die geeignete Disziplin hält). Durch Condorcet sei „zum erstenmal der wirklich ursprüngliche wissenschaftliche Begriff des sozialen Fortschrittes der Menschheit endlich deutlich und förmlich mit der ganzen Allmacht eingeführt worden ..."[12] Zustimmen kann

---

11) Vgl. von Hayek (1979, 148): „Die Idee von Naturgesetzen der geschichtlichen Entwicklung und die kollektivistische Betrachtung der Geschichte war geboren ..."
12) Soziologie I, 185; entsprechend schon Comte 1822, 109. Littré (1863, 72) weist korrigierend daraufhin, daß zuvor schon Kant diese Gedanken vorgebracht hatte.

Comte auch dem Gedanken, daß eine angemessene Analyse der Vergangenheit Voraussagen der Zukunft ermöglicht. „Alle Wissenschaft hat Voraussicht zum Ziel. Denn die allgemeine Anwendung gesicherter Gesetze zufolge der Beobachtung der Phänomene bedeutet, ihre Abfolge vorauszusehen." (Comte 1822, 118)

Comte hält Condorcet zwei Fehler vor:

1. Daß er eine durchgehende Fortschrittsbewegung bis zur Gegenwart sieht, aber vom jetzt erreichten Stand der Vernunft her die früheren Epochen aburteilt. Das sei sachlich widersinnig, methodisch falsch und nicht gerecht gegenüber den früheren Epochen (vgl. Littré 1863, 71). Schließlich müsse man, statt wie Condorcet in der Vergangenheit eine Reihe von Monstrositäten zu sehen, die je gegebenen geschichtlich-sozialen Bedingungen einer Staatsform usw. in Rechnung stellen. Am besten gehe man von der Annahme aus, daß eine jede Gesellschaft so gut regiert wurde, wie es der Stand der Dinge gestattete. Methodisch müsse erreicht werden, daß die Vergangenheit untersucht, aber weder verurteilt noch bewundert wird. Dazu gelingt Comte 1822 ein bis heute gültiger Satz: „Bewunderung wie Mißbilligung der Phänomene müssen mit gleichem Ernst aus aller positiven Wissenschaft verbannt werden..." (Comte 1822, 114)

2. Daß Condorcet phantastische Hoffnungen in die Vervollkommnungsfähigkeit des Menschen setzt (Soziologie I, 187f.). Condorcet hielt es z.B. für möglich, daß der Fortschritt zu einer Hinauszögerung, wenn nicht Abschaffung des Todes führen wird.[13]

Einen dritten Vorwurf erhebt Comte, ohne Condorcet zu nennen: Dieser hatte weitreichende Möglichkeiten gesehen, das Wahrscheinlichkeitskalkül auch im Hinblick auf Voraussa-

---

13) Condorcet 1976, 219f. Hier handele es sich um den Traum von einer Menschheit, „... marching towards wisdom and immortality like gods ...", merkt Voegelin (1975, 134) an.

ge und Entscheidungstheorie anzuwenden (vgl. von Hayek 1979, 147f.). In allen Werkphasen kritisiert Comte die Wahrscheinlichkeitstheorie als irreführend und absurd.

Herder (1744-1803)

Auszugsweise Übersetzungen aus Herders Werken bekommt Comte 1824 von seinem Freund d'Eichthal aus Deutschland zugesandt (vgl. Pickering 1993, 279ff.). D'Eichthal versucht, Herder so darzustellen, daß Comte in den Werken des Deutschen eine Unterstützung für seine Thesen erblicken kann. So betonen d'Eichthals Auszüge Herders Ideen zu einer wissenschaftlich begründeten Geschichte der Menschheit, übergehen aber seine religiösen Gedanken, seine Gegnerschaft zur französischen Aufklärung und zu Condorcet sowie sein Konzept von der Eigenbedeutung einzelner geschichtlicher Epochen und Völker. Stattdessen werden Stellen herausgehoben, in denen Herder Comtes Gedanken von einer unilinearen (und teleologischen) Entwicklungsrichtung in der Geschichte nahekommt. Auch Herders Idee von Humanität als Moment und Ergebnis der Geschichte betont d'Eichthal.

Comte erkennt in Herder einen Vertreter der historischen Schule deutschen Denkens, die anders als Kant und der Kantianismus auf jegliches Spekulieren übers Absolute verzichtet.[14] Für die Durchsetzung der positiven Philosophie in Deutschland werde man sich auf diese Schule stützen können.

Abgesehen davon, daß sich Comte in seinen Gedankenrichtungen durch d'Eichthals Material unterstützt sehen konnte, hat er vermutlich Herders Menschheitsvorstellung aufgegriffen und zum wichtigsten und obersten Wirklichkeitsbereich gemacht.[15]

---

14) Vgl. Brief vom 5.8. 1824 an d'Eichthal, Corr.gen.I, 105f.
15) So Pickering 1993, 285f. Die Autorin vermutet sogar eine Inspiration für Comtes Menschheitsreligion.

de Maistre (1753-1821)

Ab 1824 spricht Comte anerkennend über die Werke von de Maistre, eines Wortführers des katholischen Traditionalismus, besonders über die Schrift „Du Pape", wenn er auch keinen Zweifel daran läßt, daß die politische Grundhaltung von de Maistre zeitwidrig und also zur Niederlage verdammt sei.

Als ein Staatsphilosoph der Restauration vertrat de Maistre den Gedanken, daß es in der Gesellschaft unbedingt einer religiösen Autorität mit abschließendem Entscheidungsrecht in Glaubensfragen bedürfe, damit die Einheit und Legitimität der Sozialordnung und des Staates auf Dauer garantiert werden können (vgl. Barth 1956, 117ff.; Pickering 1993, 262ff.). De Maistre bildete für Comte die Condorcet ergänzende Anregung: Indem er die Bedeutung des Mittelalters für die europäische Entwicklung betonte, führte er aus der Sackgasse heraus, in die Condorcets Fortschrittsbegriff tendierte, nämlich eine Entwicklung der Menschheit zu konstatieren und gleichzeitig alle früheren Entwicklungsstadien als Irrwege zurückzuweisen.[16]

Dabei interessiert sich Comte nicht für die Theologie des Mittelalters, sondern einzig und allein für seine Organisationsprinzipien. Diese sind, und das übernimmt Comte vor allem von de Maistre, geistiger Art (Barth 1956, 125). Eine solch distanzierte Auffassung ist allerdings schon bei de Maistre selbst angelegt, der weniger am katholischen Glauben interessiert war als an dessen politisch-gesellschaftlicher Integrationsleistung.[17]

---

16) De Maistre habe den Respekt fürs Mittelalter und unsere Vorfahren wiederhergestellt (Système III, 615; vgl. Barth (1956, 109f.)

17) „In fact, Maistre was less concerned with doctrine than with politics, that is, the way religion worked as an institution supportive of the social order." (Pickering 1993, 264)

de Bonald (1754-1840)

Von de Bonald, einem restaurativen Kritiker der Französischen Revolution, übernimmt Comte den Gedanken, daß der einzelne das Gesellschaftliche immer schon vorfindet. Die Sprache ist für de Bonald dafür der wichtigste Beleg; niemand hat sie erfunden oder erarbeitet. Daß die Individuen die Gesellschaft durch Einsicht und Vertrag begründen, wirkt dann sinnlos. Im Gegenteil: Je fragloser die gesellschaftlichen Vorgaben und Denkmuster den Individuen entgegentreten (als „Dogmen"), umso besser für die Stabilität des sozialen Lebens (vgl. Bock 1980, 58f.).

Unter diesem Einfluß nennt Comte die wissenschaftliche Weltauffassung, die die christliche Religion ersetzen soll, oft „Dogma". Wahrscheinlich ist aber der Einfluß de Bonalds noch tiefer: Indem er nach der Französischen Revolution eine Wiederherstellung der früheren Autoritäten und des alten Glaubens an Gott sucht, relativiert de Bonald selbst die Gottesidee: Nicht in erster Linie deswegen, weil Gott Glaube und Gehorsam verlangt, will de Bonald die Wiederherstellung des Glaubens, sondern weil der Glaube die Wiederherstellung geordneter gesellschaftlicher Verhältnisse erlauben wird. Der Gottesbegriff soll der gesellschaftlichen Ordnung dienen, wird als Mittel und Inbegriff dieser Ordnung verstanden.[18] Ein sozialtechnisches Verständnis von Wissenschaft, Weltbild und Religion ist bei Comte dann überdeutlich.

Saint-Simon (1760-1825)

Bis heute streiten sich die Kommentatoren über die Bedeutung von Saint-Simon für Comte. Den einen gilt Saint-Simon als „Begründer der positivistischen Lehren" (so Salomon-Delatour

---

18) Eine „gesellschaftliche Funktionalisierung der Gottesidee" nennt dies Spaemann (1959, 182). Schon Saint-Simon war von dieser Instrumentalisierung der Religion beeindruckt (Pickering 1993, 73f.).

1964, 131), den anderen ist es Comte, der den Wirrkopf Saint-Simon durch sein systematisches Gedankensystem weit überragt.[19] Es gibt keine Arbeit über Comte, die nicht seine persönliche Beziehung zu Saint-Simon und die intellektuellen Wirkungen zwischen beiden berücksichtigte. Es handelt sich um ein „Pflichtthema".[20]

Natürlich ist dies Thema dadurch angeregt worden, daß Saint-Simon und Comte einige Jahre lang zusammengearbeitet haben, daß sich Comte zunächst begeistert, nach dem Bruch aber abfällig über Saint-Simon äußerte. Im Brief vom 21.5. 1824 an seinen Schulfreund Valat beschreibt er den Einfluß Saint-Simons auf sich als Richtungsweisung: „Ich schulde Saint-Simon intellektuell gewiß viel, d.h. er hat kraftvoll dazu beigetragen, mich in die philosophische Richtung zu bringen, die ich mir in ihrer Deutlichkeit heute erschaffen habe und der ich ohne Zögern mein ganzes Leben folgen werde ..."[21] Im *Cours* schildert Comte Saint-Simon als „genialen, aber sehr oberflächlichen Schriftsteller ..., dessen eigentliche weit mehr tätige als spekulative Natur sicherlich wenig philosophisch war

---

19) So in der Tendenz Littré 1863, 86f. Friedrich Engels hingegen nimmt in seinem Brief an Ferdinand Tönnies vom 24.1.1895 mit den gleichen Motiven für Saint-Simon Partei: „Ich möchte nun wetten, ... daß Comte alle seine genialen Ideen von Saint-Simon übernommen, sie aber bei der Gruppierung in der ihm persönlich eignen Art verballhornt hat; indem er sie des anhaftenden Mystizismus entkleidete, hat er sie gleichzeitig auf ein niederes Niveau herabgezogen, sie nach eignen Kräfen philiströs verarbeitet." (MEW Band 39, 395)

20) In diesem Sinne Fisichella (1965, 117). Nur Voegelin (1975, 190) hält es nicht für so wichtig zu wissen, welche Ideen auf wen zurückgehen; schließlich seien Saint-Simon und Comte nicht wegen der Originalität ihrer Gedanken in die Geschichte eingegangen (ihre Gedanken waren die ihrer Zeit), sondern wegen ihres Bewußtseins für die Krise und weil sie apokalyptische Lösungen verkörperten.

21) Corr.gen.I, 90. Diese Briefstelle benutzt Durkheim (1971, 134), um nachzuweisen, daß Comte zunächst den intellektuellen Einfluß Saint-Simons durchaus anerkannte.

und tatsächlich keine andere Haupttriebfeder zuließ als einen ungeheuren persönlichen Ehrgeiz." Von Saint-Simon habe er keine Anregungen bekommen, außer vielleicht der, die soziale Bedeutung der industriellen Entwicklung zu berücksichtigen (Soziologie III, IVff., Fußn. 1). Im *Système* fällt Saint-Simons Name nicht; Comte spricht von „der unheilvollen Verbindung meiner frühen Jugend mit einem verdorbenen Jongleur", von einem „verschwommenen und oberflächlichen Schriftsteller". Jener habe ihn verleitet, seine Einfälle zu berichten, ohne daß er dafür etwas zurückgegeben habe. Comte erklärt, „daß ich dieser Person nichts verdanke, nicht einmal die geringste Ausbildung." (Système III, XVf.) Jedoch: Daß er Saint-Simon gar nichts verdanke, ist mit Sicherheit eine nachträgliche Verbiegung, stimmt auch nicht mit seinen Briefen aus den Jahren der Freundschaft mit Saint-Simon überein.

Die gründlichen Arbeiten von Gouhier, dessen Parteinahme für Comte allerdings nicht zu übersehen ist, haben dargelegt, daß sich die intellektuellen Wege von Saint-Simon und von Comte für wenige Jahre nur verbanden, daß von einer Abhängigkeit Comtes vom Älteren in den meisten Dimensionen nicht gesprochen werden kann.

Durch Saint-Simon habe Comte einen Impuls aus der Revolution erhalten, der zugleich jakobinisch und religiös war, jakobinisch in der Auffassung von Politik und ihrer zielbewußten Vorbereitung durch Zirkel, religiös der Vorstellung nach, daß eine universalisierte wissenschaftliche Weltanschauung den Katholizismus ablösen werde (Gouhier 1933, 17f.). Dahinter stehe bei beiden eine sozialwissenschaftliche Auffassung von Religion: Religion ist die Zusammenfassung des Wissens von der Welt und den Menschen sowie der Vorstellungen vom richtigen Handeln. Gegenüber dieser Kernfunktion jeglicher Religion können Offenbarungen, Glaubensüberzeugungen, Religiosität, kultische Formen usw. vernachlässigt werden. Der Blick auf diese Kernfunktion gestattet es überhaupt nur, eine Substituierung der katholischen Religion durch die positive Wissenschaft zu erwarten und herbeiführen zu wollen.[22]

Im übrigen seien viele der Gedanken, die Saint-Simon und Comte gemeinsam sind, solche der Zeit, einer Zeit, die von den Nachwehen der großen Revolution bestimmt ist und von den Fortschritten der Wissenschaft (Gouhier 1933, 243; Gouhier 1941, 385f.). Die Hauptideen dieser Denkrichtung faßt Gouhier zu einem Typus zusammen: „Gott ist außerhalb des Wirklichen.- Die Welt ist keine Schöpfung mehr; sie ist nicht einmal mehr ein Netz von Ursachen, die aus einer ersten Ursache kommen, sondern eine Maschine von Gesetzen.- Die Überlegenheit des Menschen geht auf die Komplexität seines Organismus zurück und nicht auf die Gegenwart eines immateriellen Prinzips.- Der Verstand, der an diese perfekte Organisation gebunden ist, hat nicht die Kontemplation des Intelligiblen oder die Vereinigung mit der Gottheit zum Ziel, sondern die Eroberung des Universums zum Zwecke des größten Vorteils des Menschen.- Die Moral ist irdisch wie unser Schicksal; Industrie und Philanthropie sind die wahren Wege, um das Böse aus einer Welt ohne Sünde verschwinden zu lassen.- Die Größe der Menschheit erscheint in ihrer Geschichte; ihre Perfektibilität ist der entscheidende Beweis für ihre Überlegenheit über die anderen Gattungen.- Dieser Fortschritt drückt sich im Auftreten einer Denkweise aus, die die Dinge ohne Gott oder Seele erklärt, indem sie von exakten Beobachtungen her schließt.- Die jüngsten Fortschritte der Biologie belegen, daß diese Denkweise jetzt das Studium der menschlichen Phänomene wissenschaftlich gestalten muß.- Moral und Politik werden angewandte Wissenschaften sein, abhängig von der Wissenschaft vom Menschen.- Die Philosophie ist das Insgesamt der Wissenschaften.- Die Religion antwortet auf ein Bedürfnis nach Wissen; sie ist eine Erklärung der Welt, die keine spezifische Erfahrung

---

22) Vgl. für Saint-Simon Gouhier (1936, 303), (1941, 62), (1965, 18f.)

voraussetzt.- Der Fortschritt des Geistes führt eine allgemeine Reform der Erziehung und Bildung mit sich." (Gouhier 1941, 386)

In den Schriften Saint-Simons seien diese Ideen „eher hitzig als lichtvoll" dargelegt.[23] Und wenn sie auch bei Comte auftauchen, so spreche das dafür, daß der Anteil an den Gedanken seiner Zeit hatte und nicht dafür, daß er sie von Saint-Simon übernommen hat.[24]

Eine entgegengesetzte Einschätzung nimmt Durkheim in seiner Vorlesung über den Sozialismus und über Saint-Simon ein: Bei Beginn der Zusammenarbeit von Saint-Simon und Comte 1817 seien alle wichtigen Elemente von Saint-Simons System entwickelt gewesen, insbesondere die Idee von der positiven Philosophie und der positiven Sozialwissenschaft. Es könne keine Rede davon sein, daß Comte einen durchgreifenden Einfluß auf das Denken seines Lehrers genommen hat (Durkheim 1971, 133; ähnlich Waentig 1894, 56f.). So bedauert es Durkheim, daß Comte Saint-Simon nicht als seinen Vorläufer im Denken anerkannt habe, sondern diesem jede intellektuelle Bedeutung absprach.

Ein Unterschied im Denken von Saint-Simon und von Comte liegt von Anfang an in der Bedeutung dessen, worin sie sich treffen: positive Philosophie. Für Saint-Simon ist Philosophie die Einheit des Wissens der Menschen, die dann positiv wird, wenn sie von einer positiven Idee strukturiert wird. Für Comte hingegen haben die einzelnen Wissenschaften jeweils eine

---

23) Gouhier 1941, 386. Gouhier hat keine gute Meinung von Saint-Simons Texten, mehrfach heißt es: „sein Geschwätz" (z.B. Gouhier 1965, 19), und auch keine gute Meinung von Saint-Simons Bildung (vgl. Gouhier 1936, 322) und Intellektualität: „... Saint-Simon war eher ein Anreger als ein Schöpfer" (Gouhier 1941, 1). Hingegen stellte Durkheim (1971, 111) die Gedanken Saint-Simons als „système" vor.

24) Gouhier 1941, 386; dem folgt Fetscher (1966, XVII)

Philosophie; positive Philosophie besteht in der gelungenen Verbindung dieser Einzelphilosophien auf positivem Niveau.[25]

Ein zweiter Unterschied betrifft das Verhältnis von Wissenschaft und Politik: Anders als der enthusiastisch politisierende Saint-Simon sind nach Comte Ratschläge an die Politik und eigenes Eingreifen in sie erst möglich, wenn die Sachverhalte und die Konstitutionsbedingungen von Politik wissenschaftlich durchdrungen sind. „Thinking like an engineer, Comte insisted that one must have a conception, that is, a blueprint, of the type of social system that was needed before building it." (Pickering 1993, 105; vgl. Heilbron 1995, 227)

Der wichtigste neue Schritt Comtes gegenüber Saint-Simon ist aber, daß ersterer der Wissenschaft vom Sozialen, die Soziologie ausarbeitet. Saint-Simon hatte die sozialen und moralischen Phänomene wissenschaftssystematisch gewöhnlich der Physiologie bzw. einer zu erweiternden Physiologie zugeschlagen (Gouhier 1936, 299; König 1975, 177f.).

In welchem Verhältnis stehen Saint-Simons „neues Christentum", das er in den späten Schriften (ab 1821) vorschlägt, und Comtes Religionsgründung? Auf den ersten Blick sieht es ja so aus, als ob Comte in seinem späteren Leben auf Saint-Simons religiöse Lösungen zurückkommt (so Marvin 1965, 38). Saint-Simons Christentum ist aber eher eine Verkleidung seiner Brüderlichkeitsethik und Sozialphilosophie,[26] fast eine Taktik, um die Verwirklichung seiner Idee von der Gesellschaft als großer Werkstatt zu erleichtern. Weder ist irgendeine Anknüpfung an die christliche Offenbarung zu erkennen, noch entwickelt Saint-Simon sein „neues Christentum" in besonderer

---

25) Gouhier 1941, 179f. Vgl. auch den Brief vom 24.9. 1819 an Valat (Corr.gen.I, 59). Der Begriff positive Philosophie stamme mit großer Wahrscheinlichkeit von Saint-Simon, so Littré (1863, 83).

26) Die Moral und nicht den Kultus oder das Glaubenssystem hält Durkheim (1971, 214) für den Kern von Saint-Simons „neuem Christentum".

Tiefe.[27] Im Vergleich dazu ist Comtes Menschheitsreligion besser ausgearbeitet und dem Inhalte nach keine Anknüpfung ans Christentum, sondern ein Versuch, es durch Vergöttlichung der Gesellschaft bzw. der Menschheit zu überwinden.

Das Thema kann pragmatisch beschlossen werden: Gewiß haben sich Saint-Simon und Comte während der Jahre ihrer Zusammenarbeit und Freundschaft gegenseitig geistig beeinflußt, wie denn auch nicht! Mag auch sein, daß Comte für einige Jahre ein Schüler von Saint-Simon war. Aber auch dann, wenn nur Comte davon profitiert haben sollte, gilt: Comte ist sehr bald ein selbständiger Denker geworden, wie groß der Einfluß von Saint-Simon zu Anfang auch gewesen sein mag.

Napoleon (1769-1821)

Von Napoleons Talenten und von seiner Persönlichkeit hält Comte wenig. Er bedauert, daß die Herrschaft einem Manne zugefallen ist, „der Frankreich fast nicht kannte, einer rückständigen Zivilisation entsprossen und, unter dem heimlichen Impuls einer abergläubischen Natur, besonders beseelt war von einer unfreiwilligen Bewunderung für die alte soziale Hierarchie ..." (Soziologie III, 290).

An ihm kritisiert Comte vor allem seine rückschrittliche Politik, also das Bündnis des Kaisers mit dem Papst, im Inneren die Wiederzulassung des Katholizismus, nicht etwa aber die cäsaristischen Züge seiner Herrschaft. (Vgl. Barth 1956, 125f.) Napoleon habe zwar versucht, die revolutionäre Phase abzuschließen, dies aber mangels eines durchdachten Plans, einer leitenden Idee nicht zustande gebracht. (Vgl. Pickering 1993, 17)

Im festlichen Jahreszyklus des künftigen positivistischen Abendlandes sieht Comte einen Tag vor, an dem die beiden

---

27) Vgl. Gouhier 1941, 230f.; Fisichella 1965, 238. Durkheim (1971, 218) zufolge handelte es sich um eine Art Pantheismus.

größten Rückschrittler, die die ganze Geschichte aufweise, feierlich mißbilligt werden sollen: Julian Apostata und Napoleon.[28] Wenige Jahre später revidiert er diese Einrichtung mit der Begründung, Haßgefühle sollten nicht kultiviert werden, es sei besser, über die Betreffenden zu schweigen. (Système IV, 404f.)

Bei all diesen kritischen Bemerkungen Comtes über Napoleon springen Ähnlichkeiten beider ins Auge: die grandiosen Pläne, das ehrgeizige Wollen, das eingreifende Denken, der unbeirrbare Glaube an die eigene Sendung. Beide wollten nichts weniger als die Beendigung der Revolution, nichts weniger als die Neuorganisation der europäischen Welt, und beide waren sicher, daß dies nur durch ihre Person möglich sein werde. „Wenn die Träume des Philosophen derart grandios waren, so vielleicht deshalb, weil sie die Erinnerung an einen unglaublichen Ehrgeiz verklärten." (Gouhier 1933, 115). Weniger psychologisierend: Es könnte sein, daß Napoleons messianische Züge auf Comte als Vorbild wirkten.[29]

Wahrscheinlich hat auch Napoleons sozialtechnokratischer Umgang mit der katholischen Religion auf Comte abgefärbt: Zur Sicherung seiner Herrschaft war Napoleon ja ein Bündnis mit der Kirche eingegangen; an den Schulen sollten feste religiöse Grundsätze gelehrt werden, aber nicht, weil der katholische Glaube auf eine Offenbarung zurückgeht oder weil er der

---

28) Système I, 103. Condorcet hatte Julian übrigens recht positiv beurteilt. Condorcet 1976, 97

29) So schon Dumas (1905, 5), woran Voegelin (1975, 141) erinnert. Vor allem Comtes Forderung, die Vendôme-Säule niederzureißen, belegt nach Voegelin die ambivalente, aber starke Beziehung Comtes zu Napoleon: „... Napoleon was ... for Comte the concretization of the messiah, though a rival messiah" (Voegelin 1975, 141). Für Comte sei Napoleon „both a rival and an ideal" gewesen (Pickering 1993, 27).

richtige ist, sondern weil dadurch die geistig-moralische Einheit des Staates gestützt werden kann.[30]

Hegel (1770-1831)

Comte wird auf Hegel aufmerksam gemacht durch d'Eichthal. Der hat zwar nicht Hegels Vorlesungen in Berlin gehört, aber Notizen aus seinen Vorlesungen über die Philosophie der Geschichte gelesen (Pickering 1993, 297). Comte erhält Auszüge in Übersetzung zugesandt. Im Brief d'Eichthals vom 22.8. 1824 heißt es, es bestehe eine wunderbare Übereinstimmung zwischen Hegels und Comtes Denkresultaten, wenn auch Verschiedenheit der Prinzipien. Hegel vertrete „... in hohem Grade jene abstrakte Sichtweise von der Geschichte, von der wir soviel gesprochen haben; seine Schule ist heute auf dem Gipfel der deutschen Schule, und er ist es, dem wir uns anschließen müssen, weil in allen wesentlichen Punkten wahrhafte Übereinstimmung der Lehren besteht ..." Comtes Schrift (*opuscule fondamentale*) habe Hegel aus d'Eichthals Hand interessiert entgegengenommen.[31]

Comte hält Hegel für einen wichtigen, aber weniger bedeutenden Autor als Kant. In den Einzelheiten sei ein starkes positives Denken zu finden.[32] „Ich glaube, er ist in Deutschland der Fähigste, um die positive Philosophie voranzubringen."[33] In der Folge hat weder Comte seine Kenntnisse über Hegel vertieft, noch scheint Hegel weiter über Comte nachgedacht zu ha-

---

30) „Napoleon`s pragmatic attitude toward religion" nennt das Pickering (1983, 18f.).

31) Briefe d'Eichthals an Comte vom 22.8. 1824 und vom 4.9. 1824, Corr.gen.I, 391f. Vgl. Pickering (1993, 297f.): Hegel diskutierte Comtes Schrift mit d'Eichthal an zwei Treffen; daß seine Philosophie der Comtes ähnlich sei, wies er dabei zurück.

32) Brief an d'Eichthal vom 10.12. 1824, Corr.gen.I, 144; vgl. Arnaud 1973, 133f.

33) Brief an d'Eichthal vom 6.4. 1825, Corr.gen.I, 160

ben.[34] Durch Hegel wurde Comte nicht beeinflußt, hatte er doch seine Hauptgedanken schon 1822, also zwei Jahre vor den Nachrichten d'Eichthals aus Berlin, niedergelegt.

In der Sekundärliteratur sind oft Ähnlichkeiten von Hegel und Comte beobachtet worden - „verblüffend ist die Nähe zu Hegel", heißt es bei Massing (1976, 55) -, mindestens ein ähnliches Niveau des Denkens. So hält Löwith den *Cours* für „das einzige Werk, das Hegels Geschichtsphilosophie an Weite des Horizonts, wenn auch nicht an Tiefe des Gedankens vergleichbar ist."[35] Übereinstimmung besteht nach Löwith zwischen Hegel und Comte auch im Hinblick auf die Grundvorstellung von der Geschichte: Eine jede Epoche hatte ihren Sinn und ihr Recht im Rahmen einer menschheitlichen Gesamtentwicklung, die auf ein Endziel hinstrebt. Beide seien so dem Modell der christlichen Heilsgeschichte verpflichtet, demzufolge die Geschichte nur verstanden werden kann im Hinblick auf das erhoffte und geglaubte Ziel der Erlösung. Bis hinein ins Dreistadiengesetz sind Ähnlichkeiten sichtbar, mindestens im Hinblick auf die Dreischrittigkeit, die ja dialektischem Denken nahe steht.[36] Beiden ist ein ähnlicher sozialtheoretischer Ansatz eigen, daß nämlich die Individuen von vornherein und umfassend Teile eines Größeren sind.[37] Mehrfach auch ist eine Ähnlichkeit von Comtes Überlegungen zu Hegels List der Vernunft

---

34) Vgl. Pickering 1993, 298 und 301. Anders, aber unbegründet: Ducassé (1939b, 424, Fußn. 2): Hegel habe Comtes Werke gekannt. Gurvitch (1957, 43) behauptet wiederum, Comte erwähne Hegel an keiner Stelle und habe wahrscheinlich nicht einmal von ihm gehört.

35) Löwith 1973, 68. Grundlegend zum Verhältnis von Comte und Hegel: Negt 1964.

36) So Ducassé 1939b, 425; Sombart 1955, 95; Fetscher 1966, XL. Andere beurteilen diese Ähnlichkeit als eher oberflächlich, so von Hayek (1979, 278).

37) Vgl. Pickering 1993, 300f. Daß das Ganze Wirklichkeit habe, nicht aber die Einzelnen, nennt von Hayek (1979, 275f.) einen „gewissermaßen idealistischen Zug bei Comte". Comte wie Hegel sind scharfe Gegner jeglicher Vertragstheorien (vgl. Negt 1964, 83).

bemerkt worden (Negt 1964, 99; Fetscher 1966, XXXIV; Pickering 1993, 208).
Von Hayek macht Comte und Hegel gemeinsam verantwortlich für die „Hybris" des Kollektivismus im 20. Jahrhundert. Diese Hybris besteht für den Liberalen und methodologischen In-
dividualisten von Hayek in der Idee, man könne die „«bewußte
Lenkung» aller Kräfte der Gesellschaft" erreichen und diese
damit in eine neue, endgültige Phase der Geschichte führen
(von Hayek 1979, 284). Comte wie Hegel hätten das Ziel, die
Geschichte der Menschheit als gesetzmäßige Entwicklung aufzuweisen. Die Gesetze, die beide (unter verschiedenen Begriffen) suchen, sind solche der Entwicklung des menschlichen
Geistes im ganzen. „Sie behaupten mit anderen Worten beide,
daß unser individueller Verstand, der zu diesem Entwicklungs-
prozeß beiträgt, zugleich fähig ist, ihn als ein Ganzes zu erfassen." (von Hayek 1979, 274) Dieser Grundansatz führe dazu,
daß dem individuellen Verstand die Möglichkeit eingeräumt
wird, die (weitere) Entwicklung des menschlichen Geistes als
ganze zu kontrollieren und zu planen. Dabei übersähen Comte
wie Hegel, daß der individuelle Verstand weniger verstünde als
der menschliche Geist als ganzer.

Die Saint-Simonisten

Die Systematisierung und Verbreitung der Ideen Saint-Simons
geschieht erst nach seinem Tode durch seine Schüler bzw.
durch die, die sich seiner Lehre anschließen.[38] Die Gruppe der
Schüler und Anhänger wächst ab 1825 rasch auf einige Hundert an - Ingenieure, Künstler, Bankiers, Wissenschaftler (von
Hayek 1979, 202).

---

38) „Die wirkliche Kraft, die das europäische Denken bestimmend beeinflußt
hat," waren „die Saint-Simonisten und nicht Saint-Simon selbst." (von Hayek
1979, 199) Deutlicher noch Gouhier (1936, 346f.): Nicht Saint-Simon habe
den Saint-Simonismus begründet, sondern seine Schüler und Anhänger
nach seinem Tode.

In einer öffentlichen, von Ende 1828 bis 1830 gehaltenen Vorlesungsreihe will diese Gruppe aus den Gedanken ihres Meisters eine systematische Lehre machen. Sie antworten damit
vermutlich auf die Vorlesungsreihe von Comte, die dieser 1826
begonnen hat. Die schriftliche Fassung wird hauptsächlich von
Bazard und Enfantin, den Führern der Gruppe, zusammenge-
stellt. Sie bildet, so von Hayek, „einen der großen Marksteine
in der Geschichte des Sozialismus ...“[39]

Was die Voraussicht der Zukunft angeht, so hält diese
Schrift (wie Condorcet, Saint-Simon und Comte) die Erfor-
schung der Geschichte der Menschheit für eine notwendige
Voraussetzung (Lehre 1962, 233). Saint-Simon schreiben die
Saint-Simonisten einen ähnlichen Begriff vom Fortschritt in der
Menschheitsgeschichte zu, wie ihn Comte vorbrachte: „Die
Menschheit, hatte er [Saint-Simon] gesagt, sei ein *Kollektivwe-
sen*, das sich entwickelt. Dieses Wesen ist von Generation zu
Generation gewachsen, wie ein Mensch in der Folge der Le-
bensalter wächst, und es folgte hierbei einem physiologischen
Gesetz: dem Gesetz der fortschreitenden Entwicklung.“ (Lehre
1962, 57)

Mit Comte stimmt die „Lehre“ überein, daß die Bankiers die
oberste Form industrieller Tätigkeit ausüben, weil sie am meisten Überblick über die Wirtschaftsprozesse haben (Lehre
1962, 123ff.). Hingegen geht der Vorschlag, das Bankgewerbe
zu einer leitenden Bank zusammenzufassen, ihr die Verfü-
gungsgewalt über alle Produktionsmittel der Nation zu geben
und sie durch Kreditvergabe an die Unternehmen zur planmä-
ßigen Leitung der Gesamtwirtschaft zu befähigen, allein auf
Saint-Simon zurück (Lehre 1962, 125).

Im Zusammenhang mit Sklaverei und Leibeigenschaft
spricht dies Buch von „Ausbeutung des Menschen durch den

---

39) von Hayek 1979, 203. Der Text selbst schreibt sich eine große Rolle zu:
Die Lehre Saint-Simons habe eine Bedeutung für die Menschheit, wie sie
das Christentum für einige Völker hatte (Lehre 1962, 191).

Menschen" und sieht für die zukünftige industrielle Gesellschaft voraus, daß diese dann ersetzt sein wird durch die Beherrschung der Natur durch den Menschen. (Lehre 1962, 48, auch 58) Diesen Gedanken, wenn auch nicht so prägnant, hat auch Comte in seinen Frühschriften vorgebracht, dann aber nicht weiter verfolgt.

Die Vorlesungsreihe der Saint-Simonisten befaßt sich auch direkt mit Comte und seinen Thesen, und zwar in der 15. Sitzung am 15.7. 1829 (als „Abschweifung"). Comte wird einerseits als „Schüler Saint-Simons" bezeichnet: „Die Arbeit von *Auguste Comte*... hat manchem von uns zur Einführung in die Lehre *Saint-Simons* gedient. Wer könnte also mehr als wir ihre ganze Bedeutung ermessen?"[40] Andererseits richtet sich Kritik gegen Comtes Rationalismus: Über der Geschichte der Wissenschaft vergesse er die Geschichte des Anwachsens der Mitgefühle im Sozialen; er habe eine Vorliebe fürs rationelle Denken, wolle die Hingabe und die Imagination der Vernunft unterordnen, die Poesie der Wissenschaft, all dies im Gegensatz zu Saint-Simon. „... dieser Mensch ist ein Häresiarch, er hat seinen Meister verleugnet, er hat in seinem Meister die Menschheit verleugnet." (Lehre 1962, 250)

Im übrigen stimmen die Saint-Simonisten Comtes Dreistadien-Gesetz allgemein zu.[41] Sie bestreiten aber, daß dies Gesetz der Religion keine Zukunft mehr gebe (Lehre 1962, 241ff. und 251ff.). Bereitwillig wollen sie sich dem Spott der Religionskritiker aussetzen und verkünden, daß die von Saint-Simon begründete Religion größer als alle Religionen zuvor sein wird, daß die politische Ordnung religiösen Charakter haben wird

---

40) Lehre 1962, 249. Umgekehrt sieht Comte eigene verballhornte Gedanken bei den Saint-Simonisten; Brief an d'Eichthal vom 11.12. 1829 (Corr.gen. I, 212).
41) Dies, obwohl zuvor die ganz andere Stadienlehre von Saint-Simon (organische und kritische Stadien wechseln einander in der Geschichte ab) dargelegt worden ist (Lehre 1962, 36f.).

(Lehre 1962, 222). Die Religion werde die Gesellschaft wieder beherrschen, wenn auch auf andere Weise als bisherige Religionen: „Es sind ein neuer moralischer und ein neuer politischer Zustand, die wir verkünden; es ist also auch eine völlig neue religiöse Phase. Denn für uns sind *Religion, Politik* und *Moral* nur verschiedene Bezeichnungen für ein und dieselbe Tatsache." (Lehre 1962, 279) Die Vorlesung über Comte endet mit einem Aufruf zum Glauben an das Liebesband zwischen allen Menschen als Glauben an Gottes Willen, wie er vom großen Genie Saint-Simon verkündet worden sei.[42]

In der Folge werden die Saint-Simonisten zu einer Bewegung mit zunehmend sektenähnlicher Struktur, mit Gottesdiensten, Missionsreisen und exzentrischen Gewohnheiten, ohne allerdings ihre Anregungskraft zu verlieren. Mitglieder sind auch Adolphe Blanqui, Pierre Leroux, Cabet, LePlay und A. Quetelet (von Hayek 1979, 212). 1831 bricht die Gruppe auseinander, als einer der beiden Führer, Enfantin, die Befreiung der Frau verkündet. Bei aller Verehrung für das Weibliche verstand Enfantin darunter auch die Möglichkeit zur freien Liebe (entsprechend zeitweise die Lebenspraxis bei diesen Saint-Simonisten).[43] Später macht sich Enfantin zusammen mit Getreuen auf die Suche nach dem weiblichen Messias in Ägypten,

---

42) Lehre 1962, 259. Comte distanziert sich scharf von dieser Wendung zur Religion. In einem Leserbrief ans Organ der Saint-Simonisten, den *Globe* (in: Littré 1863, 194), schreibt er 1832: „Der wissenschaftliche Weg, den ich immer beschritten habe, seit ich mit dem Denken begonnen habe, die Arbeiten, die ich hartnäckig verfolge, um die Sozialtheorien in den Rang der physikalischen Wissenschaften zu erheben, stehen offensichtlich in radikalem und absolutem Gegensatz zu jeder Art von religiöser oder metaphysischer Tendenz." Littré (1863, 197) weist hier natürlich auf Comtes spätere Entwicklung hin.
43) Salomon-Delatour 1964, 151ff. Zu den inneren Auseinandersetzungen und Seitenentwicklungen der Saint-Simonisten vgl. Salomon-Delatour (1962, 20ff.). Comtes spätere Hochschätzung des Weiblichen hat mit dieser Wendung der Saint-Simonisten nichts zu tun, sie ist ja, wie man heute sagen würde, sexualfeindlich gestimmt.

plant dort den Suez-Kanal, erhält aber keine Unterstützung für den Plan (von Hayek 1979, 216).

Trotz ihrer wenig systematischen Lehre und ihrer zeitweise extravaganten Praktiken haben die Saint-Simonisten das Denken ganz Europas und auch seine wirtschaftliche und politische Entwicklung geprägt. Das könne man, so von Hayek (1979, 210f.), schon an den Begriffen sehen, die sie von Saint-Simon übernommen bzw. neu geprägt haben: Zentralbank, Individualismus, Positivismus, Industrialismus, Industrieller, Organisation der Arbeit. Große Anregungskraft hatte der Saint-Simonismus auf französische Künstler: George Sand, Béranger, Balzac, Victor Hugo, Eugène Sue, Berlioz. Ab Herbst 1830 interessierten sich die deutschen Literaten für den Saint-Simonismus (viele Schriften erscheinen dazu und manche Übersetzungen), vor allem Heinrich Heine, Ludwig Börne, das Junge Deutschland.[44] Fast alle französischen Sozialisten sind vom Saint-Simonismus beeinflußt worden. Die Bedeutung dieser Ideen für die deutschen Sozialisten muß ja kaum erwähnt werden. Auch auf anderen politischen Flügeln ist der Einfluß spürbar: in der Jungitalienischen Bewegung, die zur Einigung Italiens führte, bei Napoleon III., der mit einigen ehemaligen Mitgliedern der Gruppe befreundet war, in der Idee der Faschisten vom Korporationsstaat (von Hayek 1979, 229ff.). Ehemalige Mitglieder der Gruppe haben im Bankgeschäft, bei der Etablierung der französischen Eisenbahn, im Kanalbau, bei der Kolonisierung Algeriens und in anderen wirtschaftlichen Aufgabenfeldern bis weit über die Mitte des 19. Jahrhunderts hinaus bedeutende Rollen gespielt und so zur Schaffung des modernen Kapitalismus beigetragen.

---

44) von Hayek 1979, 221ff. Heinrich Heine gehörte in Paris zu den Saint-Simonisten (Grün 1845, 80, auch 117; vgl. Gurvitch 1960, 405). Schäfer (1975, I, 12) weist allerdings nach, daß schon ab 1824 Schriften der Saint-Simonisten und auch von Comte in deutscher Übersetzung greifbar waren.

Feuerbach (1804-1872)

Beziehungen zu Feuerbach sind früh bemerkt worden, so von Eugen Dühring 1869: „Die Menschheitsreligion Comtes, die mit den Vorstellungen Feuerbachs, wenigstens theoretisch, vielfach zusammenstimmt ...."[45] Wie Feuerbach sei Comte ein „«frommer Atheist»" gewesen, „der Gott als Subjekt verwarf, aber seine traditionellen menschlichen Prädikate, wie Liebe und Gerechtigkeit, beibehielt." (Löwith 1973, 87)

Bei Comte blitzt ein Gedanke auf, den Feuerbach breit ausgearbeitet hat, der von der Entstehung der Götter bzw. Gottes durch Projektion. Für den Entwicklungsbeginn des menschlichen Geistes behauptet Comte, daß die Menschen damals jene Verständnisformen, die sie aus der sozialen Interaktion und aus ihrer praktischen Einwirkung auf die Welt kannten, zum Verständnis aller Dinge und Wesen auf der Welt herangezogen haben und so hinter diesen absichtlich handelnde Wesen vermuteten. Der Geist der theologischen Philosophie bestehe darin, „die innerste Natur der Erscheinungen und ihre wesentliche Entstehungsweise zu erklären, indem sie diese soviel als möglich den durch die menschlichen Willensakte erzeugten Handlungen angleicht ..." (Soziologie I, 481) Oder: „Unsere religiösen Kontemplationen erfüllen sich absichtlich im Inneren; unsere Vorgänger hingegen strengten sich vergebens an, außen das zu sehen, was nur in ihnen selber existierte ..." (Catéchisme, 84)

Daß Feuerbach die französische Debatte, die die Saint-Simonisten und Comte trugen, kannte, ist wahrscheinlich (so von Hayek 1979, 224f.). In jedem Falle wird man nur an einen Einfluß von Comte zu Feuerbach denken, denn Comte hatte seinen Gedanken von der Übertragung von Interaktionserfah-

---

45) Dühring 1869, 492. Vgl. Max Adlers (1914, 167) Anmerkung, Feuerbachs Lehre sei „ein erster und glänzender Entwurf des positivistischen Standpunktes in der deutschen Philosophie". Ähnlich Adler 1930, 99

rungen auf die Erklärung aller Wesen und Dinge im theologischen Stadium schon in seinen Frühschriften dargelegt.

Mill (1806-1873)

1828 liest Mill Comtes *Plan des travaux scientifiques*, der ihm
durch d'Eichthal überbracht worden ist. Mill sieht in dieser
Schrift wenig Eigenständigkeit im Verhältnis zum Utilitarismus
von Bentham, hält Comte für dogmatisch und simplifizierend;
im übrigen rechnet er ihn zu den Saint-Simonisten. Wenig
später revidiert Mill sein Urteil und zeigt sich nun von Comtes
Gedanken stark beeindruckt, vor allem von der Geschichtsphilosophie, von der Diagnose der Gegenwart als einer Über-
gangsepoche und vom Vorschlag, die Gesellschaft künftig
durch eine intellektuelle Elite leiten zu lassen (Pickering 1993,
507ff.). Er übernimmt auch Comtes Arbeitshaltung, nämlich aus
unterschiedlichen Denktraditionen das Brauchbare zu nehmen
und zu einer neuen Theorie zusammenzusetzen.

Ende 1841 kommen Comte und Mill in Briefverbindung - Mill
suchte den Kontakt, um dem Autor des *Cours* seine Hochach-
tung auszudrücken und schrieb ihm in französischer Sprache,[46] beide sehen sich rasch als Freunde an. Sie versichern
sich gegenseitig der Bedeutung ihrer Überlegungen und sehen
in ihrer Zusammenarbeit den Anfang der neuen spirituellen
Macht in Europa.

Nachdem Mill 1842 den letzten Band des *Cours* gelesen hat,
ist er ganz überzeugt, daß die positive Philosophie jene sozialen Funktionen übernehmen wird, die bisher die Religion erfüllt
hat (Pickering 1993, 535f.). 1843 erscheint sein Buch „A System of Logic", in dem er Comtes Überlegungen würdigt. Die
Unterscheidung von Statik und Dynamik, das Dreistadiengesetz, die Kraft der positiven Philosophie zur gesellschaftlichen

---

46) Brief Mills an Comte vom 12.11. 1841, abgedr. in: Corr.gen. II, 345-347.
Vgl. Ostwald 1914, 132. Comte antwortet sofort, am 20.11. 1841.

Reorganisation, Comtes historische Methode, seine Trennung von weltlicher und spiritueller Macht werden von Mill zustimmend dargelegt.[47] Umgekehrt verweist Comte zur Bestätigung seines Gedankens vom „Voraussehen" als Kern der positiven Wissenschaft aufs Werk „meines hervorragenden Freundes John Stuart Mill ..." (Rede 1966, 35, Fußn.)

Nach Comtes Tod veröffentlicht Mill ein Buch über ihn, das für die Rezeption (vor allem in England) bestimmend werden sollte. Darin trennt er scharf zwischen *Cours* und *Système*: Der *Cours* sei „the principal gift which he has left to the world ...", das Spätwerk sei bei allen wertvollen Gedanken von einer ganz falschen Denkrichtung bestimmt.[48]

Im einzelnen stimmt Mill der Ordnung der abstrakten Wissenschaften im enzyklopädischen Gesetz zu (Mill 1973, 37ff.) - mit einer Korrektur: Die Mathematik könne schwerlich jemals im theologischen Stadium gewesen sein. Wahrscheinlich hat niemand jemals daran geglaubt, daß zwei und zwei vier sind, weil ein Gott es so will. Comtes Kritik an der Politischen Ökonomie kennzeichnet er als vorurteilsvoll; sein Vorwurf, die Ökonomie müsse den Zusammenhang der wirtschaftlichen mit den anderen sozialen Erscheinungen berücksichtigen, würde von jedem Politischen Ökonomen unterstützt werden (Mill 1973, 81).

Zum Dreistadiengesetz gibt Mill zu bedenken, ob nicht Fetischismus, Polytheismus und auch Metaphysik am Anfang der Menschheitsgeschichte zugleich vorhanden waren (Mill 1973, 19ff.). Er teilt nicht die durchgängige Verurteilung des Prote-

---

47) Pickering 1993, 537f. „Herr Mill ist der erste, der sich öffentlich als Anhänger der Methode der positiven Philosophie bezeichnete." (Littré 1863, X)
48) Mill 1973, 5. Comte hat diese Beurteilung gekannt: Diejenigen, die sich nur auf sein erstes Hauptwerk berufen, seien keine „vollständigen Positivisten" (Système IV, 548). Früheren Anhängern in England wirft er vor, daß sie der Notwendigkeit, ihr Leben zu verändern (und nicht nur ihr Denken), nicht folgen wollten (6. Jahresrundschreiben vom 15.1. 1855, in: Synthèse XXVIIIf.; auch 7. Jahresrundschreiben vom 15.1. 1856, in: Synthèse XXXVI).

stantismus; hier sei Comte unzureichend informiert und übersehe die Hauptleistung des Protestantismus, wegen der persönlichen Verantwortung für die Seele Bildung und Nachdenk-
lichkeit in allen, auch den unteren Klassen verbreitet zu haben
(Mill 1973, 111ff.).

Mill bemüht sich, dem Comteschen Ansatz einige Schärfen
zu nehmen, um Annahmebereitschaft auch in solchen Kreisen
zu erreichen, die den weltanschaulichen Überzeugungen von
Comte fernstehen. Comte rechnete damit, daß die Durchsetzung des Positivismus die Vorstellung von Gott verschwinden
lassen werde. Das aber sei keine notwendige Konsequenz aus
Comtes Philosophie, schwächt Mill ab: Zwar zerstöre unsere
Kraft, die Phänomene vorherzusehen und kontrolliert zu verändern, den Glauben, sie würden von einem freien Willen regiert
(Mill 1973, 48). Der Glaube an einen übernatürlichen Anfang
der Welt aber sei durchaus mit der positiven Philosophie verträglich, ebenso der Glaube, daß Gott die Welt nach festge-
legten Gesetzen regiert (Mill 1973, 13ff.).

Scharf kritisiert Mill die illiberalen Perspektiven, die im *Cours*
schon deutlich sind. Freiheit und Spontaneität der einzelnen
gehörten, so Mill, nicht in Comtes Entwurf von der Zukunft. „M.
Comte looks upon them with as great jealousy as any schola-
stic pedagogue, or ecclesiastical director of conscience."[49] Den
Vorschlag zur Neukonstitution einer spirituellen Macht lehnt
Mill ab: Die Glaubwürdigkeit der Sozialwissenschaften hinge
nicht davon ab, ob sie als eigene Gewalt organisiert sind, hierbei Überlegungen von Comte gegen ihn selbst wendend: „It is
because astronomers agree in their teaching that astronomy is
trusted, and not because there is an Academy of Sciences or a
Royal Society issuing decrees or passing resolutions." Die all-

---

49) Mill 1973, 123. Mill interpretiert Comtes Entwürfe oft psychologisch,
etwa durch Verweis auf seinen Ordnungswahn: „He cannot bear that
anything should be left unregulated: there ought to be no such thing as he-
sitation ..." (Mill 1973, 196)

gemeine Festlegung der Pflichten der Individuen, ihre Erziehung durch eine zentrale spirituelle Autorität nach dem gleichen Modell - das wäre dem Gang der Zivilisation nicht angemessen, das würde zu einem „spiritual despotism" führen.[50]

Ähnlich kritisch beurteilt Mill Comtes Moralphilosophie im Spätwerk: Hier werde kein anderes Motiv mehr zugelassen als die Moral. Sind denn wirklich Altruismus und Dominanz des Sozialen in allen Vorgängen regelmäßig notwendig? „The regimen of a blockaded town should be cheerfully submitted to when high purposes require it, but is it the ideal perfection of human existence?" (Mill 1973, 142) Mill führt diesen Rigorismus auf Comtes starken Wunsch nach Harmonie und Einheitlichkeit zurück. Comte wäre nicht damit zufrieden, daß jemand seine egoistischen zugunsten von sozialen Zielen zurückstellt, man soll von vornherein nur soziale haben! Diese Übertreibung moralischer Zwänge hält Mill übrigens nicht für katholischer Herkunft. Offenbar unbemerkt habe Comte einen Grundgedanken aus dem Protestantismus übernommen, den man klar formuliert bei den Calvinisten finde, nämlich „that every act in life should be done for the glory of God, and that whatever is not a duty is a sin." (Mill 1973, 142)

Marx (1818-1883)

Comte ist 20 Jahre früher als Marx geboren. Ab Anfang der 1840er Jahre jedoch sind beide Zeitgenossen in der wissenschaftlichen und gesellschaftspolitischen Debatte. Beide hatten die Möglichkeit, Schriften des anderen zu lesen; weil Marx des Französischen mächtig war und 1843 bis 1845 in Paris lebte, hatte er eine größere Chance, des anderen Gedanken kennenzulernen.

---

50) In dieser Idee Comtes sieht Mill (1973, 98f.) Anfänge der Irrlehren des Spätwerks. Man müsse befürchten, die Priesterschaft würde „... an elaborate system for the total suppression of all independent thought ..." organisieren (Mill 1973, 169).

Nach allen Hinweisen hat Comte nie etwas von Marx oder über Marx gelesen. Marx hat Comte erst spät gelesen. Seine Anmerkungen zu dieser Lektüre (in einem Brief an Engels 1866) fallen drastisch aus: „Ich studiere jetzt nebenbei Comte, weil die Engländer und Franzosen soviel Lärm von dem Kerl machen. Was sie daran besticht, ist das Enzyklopädische, la synthèse. Aber das ist jammervoll gegen Hegel (obgleich Comte als Mathematiker und Physiker von Profession ihm überlegen, d.h. überlegen im Detail, Hegel ist selbst hier unendlich größer im ganzen). Und dieser Scheißpositivismus erschien 1832!"[51] Saint-Simons Gedanken hingegen kennt Marx aus mehreren Begegnungen, wahrscheinlich schon sehr früh und intensiv (vgl. Gurvitch 1960).

Marx und Comte scheinen auf den ersten Blick nichts gemeinsam zu haben. Comte denkt idealistisch, mindestens in dem Sinne, daß er die Ökonomie als Basiswissenschaft ablehnt, daß er unter vielen Gesichtspunkten den Primat des Geistigen betont. Comte erblickt in der Industriegesellschaft alle Voraussetzungen für eine vernünftige und friedliche Organisation des gesellschaftlichen Lebens, Marx stellt die Widersprüchlichkeit des Kapitalismus in den Mittelpunkt seiner Analyse. Comte will das Zeitalter der Revolution beenden, Marx sieht in der Revolution die Geburtshelferin der neuen Zeit (vgl. Fetscher 1966, XLIII).

Dennoch findet sich eine überraschende Zahl von Parallelen:

---

51) Brief von Marx an Engels vom 7.7. 1866 in: Karl Marx und Friedrich Engels, Ausgewählte Briefe. Berlin 1953, 212. Über die politische Rolle des späten Comte heißt es im Entwurf zum „Bürgerkrieg in Frankreich": „Comte ist den Pariser Arbeitern bekannt als der Prophet des Kaisertums (der persönlichen *Diktatur*) in der Politik, der kapitalistischen Herrschaft in der politischen Ökonomie, der Hierarchie in allen Sphären der menschlichen Tätigkeit, sogar in der Sphäre der Wissenschaft, und als Autor eines neuen Katechismus mit einem neuen Papst und neuen Heiligen an Stelle der alten." (MEW Band 17, 555)

Zunächst ist beiden die Teleologisierung der Geschichte gemeinsam. Die bisherigen Großepochen der Menschheitsgeschichte werden als notwendige Stufen hin zur Gegenwart dargestellt, aus der eine bestimmte gesellschaftliche Zukunft entstehen werde. Gemeinsam ist beiden die damit verbundene Annahme von der Gesetzmäßigkeit, die die Entwicklung des Sozialen in der Geschichte trägt. Weder Comte noch Marx schätzen die geschichtlichen Beiträge der großen Herrscher, der Reichs- und Religionsgründer usw. hoch ein, sondern konzentrieren sich auf den Gang des Sozialen selbst. Für die gesellschaftliche Reorganisation heißt das bei beiden: Sozialreformen, utopische Entwürfe, willkürliche Umsturzversuche werden wenig ändern, weil sie nicht an den gesetzmäßigen Gang der Gesellschaft zurückgebunden sind.

Mit Marx teilt Comte, daß dem Denken keine Selbständigkeit zugestanden wird; es wird „bewußt in den Dienst eines politischen Gestaltungswillens gestellt."[52] Genauer: Comte wie Marx (jedenfalls der Marx des „Kapital") halten das wissenschaftliche Verständnis der Gesellschaft für eine zentrale Voraussetzung jeglicher Gesellschaftsveränderung.[53]

Comte wie Marx sehen, wenn auch in anderer Pointierung, einen Unterschied darin, ob man mit oder ohne Bewußtsein dem Gang der Zivilisation folgt. Die Offenlegung der Gesetze, die die Bewegung des Sozialen regulieren, durch die positive Philosophie kann, Comte zufolge, dazu beitragen, diese Bewegung in Zukunft von Erschütterungen und Überraschungen freizuhalten, also etwa gewaltsame Revolutionen ganz zu ver-

---

52) Bei Comte wie bei Marx sei die politische Praxis das eigentliche Ziel der Philosophie (Fetscher 1966, 230, Anm. 25).
53) So Hughes/Martin/Sharrock 1995, 10f. Hierin hat Fetscher (1966, XLIIf.) den Grund dafür gesehen, daß man an vielen Stellen den Eindruck gewinnt, Marx sei von Comte beeinflußt worden: „Die Ähnlichkeit erklärt sich einfach aus dem gemeinsamen Ziel, eine wissenschaftliche Politik auf Grund einer Analyse der historischen Tendenzen aufzustellen."

meiden oder doch wenigstens entsprechende Gesellschaftskrisen abzukürzen (Comte 1822, 95ff.).

Ähnlich wie Marx hat Comte keinen Zweifel daran, daß seine Theorie in der Lage ist, die bereits im Gange befindlichen gesellschaftlichen Bewegungen zu erfassen und aus ihnen Prognosen abzuleiten. An einer Stelle spricht er von dem „allgemeinen Ziel, welches die gegenwärtigen Gesellschaften instinktiv verfolgen" (Soziologie I, 63), und kommt so dem Marxschen Begriff der Tendenz nahe. Die darin steckende Paradoxie, daß nämlich diejenige Lehre, die die Gesetzmäßigkeit der Geschichte und die Notwendigkeit einer bestimmten Zukunft darlegt, selbst jedoch verbreitet und durchgesetzt werden muß, damit jene Zukunft eintreten kann, ist bei Comte und Marx ähnlich vorhanden (so Tenbruck 1984, 15).

Die Arbeiter (oft „die Massen") spielen in Comtes Überlegungen zur sozialen Reorganisation eine bedeutende Rolle, wenn sie auch nicht die geschichtlichen Handlungsträger sind wie bei Marx.[54] Aber strukturell ist der Gedanke Comtes dem von Marx ähnlich: hier das Bündnis der Proletarier mit der spirituellen Macht, dort das Bündnis des Proletariats mit der Philosophie (so Pickering 1993, 612).

Comte spricht ähnlich pathetisch wie Marx von der weltgeschichtlichen Dramatik der Zeit, in der er lebt und die er zu verstehen sucht, z.B.: „... die ungeheure soziale Umwälzung, ... inmitten deren wir leben, und von der alle früheren Revolutionen zusammen tatsächlich nur eine unerläßliche Einleitung gebildet haben." (Soziologie I, 29)

Der Grundgedanke bei Marx, daß die Gesetzmäßigkeiten der Welt entdeckt werden müssen, damit sie unseren Bedürf-

---

54) Darin sieht König (1968, 202) einen wichtigen Unterschied zwischen Saint-Simon und Comte: Saint-Simon sei durch seine Betonung der produktiven Klasse und ihrer Befreiung zu einem Vorläufer von Marx geworden, während Comte an die Veränderungswirkung einer rein geistigen Ordnung glaubte.

nissen gemäß eingerichtet werden kann, ist bei Comte an mehreren Stellen in ähnlichen Worten formuliert (im Zusammenhang mit der Beurteilung der astronomischen Entdeckungen
von den Bewegungsformen der Erde etwa).

So wäre es also zu einfach, dem Materialisten Marx einen
Idealisten Comte gegenüberzustellen, mag er auch in vielen
anderen Beziehungen sein „hauptsächlicher Antipode"
(Gurvitch 1957, 2) gewesen sein.

6. Schluß

Zu Comtes Wirkung

Die Wirkungsgeschichte von Comtes Werk in der Soziologie zu schreiben, würde eine eigene Forschungsarbeit erfordern. Es liegt dies auch daran, daß diese Wirkungen sehr verzweigt, oft indirekt und geradezu untergründig waren und sind.

Manche der Wirkungen gingen nicht vom Werk selbst, sondern von Übersetzungen und Kommentierungen aus. Manchmal wurden seine Gedanken von denen fortgeführt, die seine Schriften nicht gelesen hatten, sondern andere Autoren, die ihn offen oder heimlich rezipiert hatten. Bis heute sprechen viele von Comte, obwohl sie wenig oder nichts von ihm gelesen haben. Insbesondere das Spätwerk wurde offenbar von Soziologen fast nie gelesen. Dennoch finden sich bei den meisten jene Verurteilungen, die schon Mill 1863 gegeben hatte. Andere sprechen nicht von ihm, obwohl sie den *Cours* wahrscheinlich gelesen und sich an dieser oder jener Stelle Anregungen für die eigenen Arbeiten geholt haben.

Folgende Punkte wird man verallgemeinernd feststellen können:

1. Dogmengeschichtlich gilt Comte bis heute als wichtig und wird in jedem Einführungsbuch erwähnt, meist allerdings mit dem Hinweis, man brauche ihn nicht zu lesen, weil er hoffnungslos überholt sei. Von Comte wird so oft gesprochen, um das Sprechen über ihn als unnötig anzuzeigen. Für diese zwielichtige Rezeption hat Arnaud die schöne Formel gefunden, Comte sei heute „aus der Mode gekommen, ohne jemals in Mode gewesen zu sein." (Arnaud 1973, 16)

2. Die Soziologie hat nur den ersten Teil des Werkes aufgenommen, nicht hingegen das Spätwerk, obwohl dies durchaus soziologisch relevante Gedanken enthält. Die von Mill und Littré schon kurz nach Comtes Tod vorgenommene Unterscheidung zwischen einem hochbedeutsamen wissenschaftlichen

Hauptwerk und einem uninteressanten religiösen Spätwerk hat sich in der wissenschaftlichen und philosophischen Rezeption durchgesetzt. Nur die in der Nachfolge von Comtes Religionsgründung bis heute bestehende Bekenntnisgruppe der „Comtisten" (ehemals einflußreich vor allem in Brasilien - hier war der Comtismus zeitweise Staatsreligion) macht diese Teilung des Werks verständlicherweise nicht mit.

3. Comtes Werk hatte eine allgemeine Wirkung, nämlich die Sozialwissenschaften insgesamt von der spekulativen bzw. idealistischen Philosophie zu lösen und auf die Beobachtung der sozialen Wirklichkeit zu verpflichten. Dieser Vorschlag ist, wenn auch erst nach Comtes Tod, zum Kern einer weltweit erfolgreichen Bewegung in Philosophie, Sozialwissenschaften und im Denken generell geworden.[1] Kein Wissenschaftler zieht heute mehr erste Ursachen oder letzte Ziele heran; alle sind ausschließlich mit den Gesetzmäßigkeiten der Phänomene befaßt. Darüber hinaus ist wissenschaftliches Denken zur Leitfigur in nahezu allen Lebensbereichen geworden (so Ostwald 1914, Vf.).

4. Dennoch gilt Comte gerade nicht als Stammvater der empirisch arbeitenden Soziologie. Als der Begriff Positivismus im letzten Drittel des 19. Jahrhunderts allgemein wurde, meinte er eine Erkenntnisstrategie, die sich auf die durch die Sinne gegebenen Tatsachen verlassen will. Das war aber nicht Comtes Verständnis von positiver Philosophie: Scharf hatte er den Empirismus zurückgewiesen, hartnäckig hatte er Beobachtung und Gesetz, Empirie und Theorie verbinden wollen. Auch die Auffassung von Positivismus als bloßer Wissenschaftslehre war bei Comte nicht vorgeprägt. „Es ist ziemlich witzig, daß der Positivismus zu einer szientistischen Ideologie vom ganz objektivierten Objekt entstellt wurde, das unabhängig sei von den so-

---

1) Der Positivismus sei in der zweiten Hälfte des 19. Jahrhunderts zu einem „worldwide movement" bzw. „social movement" geworden; Morrison 1995, 24f.

zialen Praktiken und den menschlichen Gruppen sowie folglich von den Kulturen und den Ideologien selbst. Comte sagt - in seinen Worten - ausdrücklich das Gegenteil." (Serres 1975, 16). Schließlich hat Comte immer wieder hartnäckig die historische Fundierung aller soziologischen Forschung betont - und gerade die hat die empirische Sozialforschung bis heute vernachlässigt (vgl. Fletcher 1966, 24).

5. Die von Comte behauptete Fortschrittlichkeit des Positivismus wurde weithin geglaubt. Der Gedanke, daß der soziale Fortschritt auf Wirklichkeitsorientierung und Verzicht auf Spekulation in den Wissenschaften angewiesen sei, fand eine breite Gefolgschaft. Eine kräftigere Legitimation für die Arbeit und die soziale Wichtigkeit der Wissenschaftler ließ sich ja kaum erfinden!

6. Comtes Gedanke, die gesellschaftlichen Vorgänge könnten mittels der Soziologie als der Wissenschaft vom Sozialen berechenbar und - in Grenzen - planbar gemacht werden, hat sich in den Sozialwissenschaften in fast allen Strömungen durchgesetzt; mindestens verweisen Sozialwissenschaftler auf diese mögliche Leistung, wenn sie Lehrstühle und Ressourcen vom Staat verlangen. Im Grunde nur die von Max Weber und Georg Simmel her kommende Soziologie steht quer zu dieser inzwischen bis in die Politik hinein gängigen Denkform.

7. Comtes Anspruch, die von ihm begründete Soziologie werde die Krise der abendländischen Gesellschaften beheben (helfen) können, hält sich bis heute im Verständnis der Soziologie von sich selbst als „Krisenwissenschaft". Bis heute begründet die Soziologie mehr oder weniger offen ihre Existenz vor der Öffentlichkeit damit, daß kleinere wie größere Krisen des sozialen Lebens mit Hilfe des von ihr bereitgestellten Wissens behoben werden könnten (vgl. Tenbruck 1984, 42; Weiß 1990, 124f.).

8. Comtes (und Saint-Simons) Entwurf der Industriegesellschaft als der Gestalt, die die Zukunft bestimmen werde, hat sich im sozialwissenschaftlichen Denken breit durchgesetzt.

Aus dem Vorschlag, den Bankiers und Unternehmern die weltliche Herrschaft zu übergeben, könnte man sogar eine Vor-
wegnahme der Thesen von der Technokratie, von der Herrschaft der Manager (so Fisichella 1965, 332f.) und von der
Konvergenz von Kapitalismus und (ehemaligem) Staatssozia-
lismus herauslesen. In diesem Sinne heißt es bei Fletcher
(1966, 28): „Comte is clearly modern. His work is for our time."

9. Comtes Pochen auf Neuerrichtung einer spirituellen Gewalt scheint ins Leere gelaufen zu sein: Die Industriegesellschaft hat sich entfalten können ohne neuen Hohenpriester
und neuen Klerus. Aber ist sie wirklich ohne spirituell-
moralische Beratung ausgekommen? Wenn man an die zahlreichen Aufklärungs-, Bewußtseinsbildungs-, Politisierungs-
und Zivilisierungskampagnen seit dem 19. Jahrhundert denkt,
an die Pädagogisierung der gesamten Lebenswelt, an die
Dauerberatung durchs Fernsehen, an den sozialpädagogisch
und therapeutisch geprägten Zeitgeist, wird man zugeben müssen, daß spirituell-moralische Lenkung und Beratung die Industriegesellschaft durchdringt - wenn auch nicht von einem einzigen Zentrum aus, wie Comte das vorschlug.

10. Durch seine Hervorhebung der Frau und des Weiblichen
(im Spätwerk) hat Comte für die Industriegesellschaft allgemein
eine zutreffende Prognose gegeben, kaum aber durch seine
Vorstellungen, wie das Leben der Frau geordnet werden und
wie das Weibliche in der industriellen Gesellschaft wirken
sollte.

11. Comtes Aussage, die industrielle Gesellschaft werde
grundsätzlich friedlich sein, können wir heute im Rückblick auf
die Kriege und Schlächtereien des 20. Jahrhunderts und im
Blick auf unsere Gegenwart nicht glauben. Allerdings wirkt der
Gedanke stark nach: Die moderne Gesellschaft wird im soziologischen Normalverständnis immer so vorgestellt, daß sie sich
friedlich und durch sozialen Wandel in die Zukunft hinein entwickelt. Kriege gelten diesem Bild zufolge als Unterbrechungen

der „normalen" Entwicklung, sie werden von Soziologen auch kaum erforscht.

Zur Rezeption von Comtes Schriften bei späteren Soziologen einige knappe Anmerkungen (die Wirkungen in der Philosophie, der Geschichtswissenschaft, der Völkerpsychologie, der politischen Theorie usw. können hier gar nicht berücksichtigt werden):

Emile Durkheim hat Comte früh gelesen und in Bordeaux Vorlesungen über ihn und über Saint-Simon gehalten. Es ist nicht ganz klar, welcher der beiden ihn mehr inspiriert hat; Durkheim selbst preist Saint-Simon (und nicht Comte) als Begründer der positiven Philosophie.[2] Von Comte übernimmt Durkheim die scharfe Angrenzung der Soziologie von der Psychologie sowie den Gedanken, daß keine Wissenschaft auf eine ihr vorausgehende zurückgeführt werden kann, sondern nach eigenen Prinzipien und Gegenstandsbestimmungen arbeiten muß (vgl. Heilbron 1995, 265). Manche sehen bei Comte auch die Wurzel für das, was man bei Durkheim „chosisme" genannt hat, die methodologische Regel also, die sozialen Phänomene wie Dinge zu behandeln (Ducassé 1939b, 226, Fußn. 1; Massing 1976, 30). Und in der Tat hebt Comte, wenn auch begrifflich unschärfer als Durkheim nach ihm, hervor, mit welchem Zwang die sozialen Gegebenheiten auf den Menschen wirken. Auch den relativen Begriff von Normalität dürfte Durkheim von Comte übernommen haben (König 1975, 220). Jedoch hat sich Durkheim nie mit Comtes Anspruch abgefunden, die Soziologie sowohl begründet als auch (durchs

---

2) Durkheim 1971, 131-133. Das sieht Parsons später anders: „Durkheim is the spiritual heir of Comte and all the principal elements of his earlier thought are to be found foreshadowed in Comte's writings." (Parsons 1968 I, 307). Dem widerspricht wiederum Gouldner (1959): Durkheim habe sich gerade in seinem Buch über die Arbeitsteilung gegen Comte abgesetzt und in wichtigen Überlegungen an Saint-Simon angeschlossen.

Dreistadiengesetz) im Grunde schon abgeschlossen zu haben (vgl. Lukes 1985, 69).

Comtes Ideen zur Reorganisation (Doppelherrschaft von Industriellen und Wissenschaftler-Priestern) hat Durkheim nicht übernommen, sondern darauf vertraut, daß sich die Orientierungswirkungen der Soziologie in einer liberalen Gesellschaft von selbst durchsetzen werden (so Lukes 1985, 77ff.). Im übrigen zeigen sich aber auf diesem Felde viele Übereinstimmungen: Ähnlich wie Comte setzt Durkheim auf die Höherbedeutung der Gesellschaft gegenüber dem Individuum und sucht nach einem kognitiv-moralischen Konsens gerade für jene Gesellschaftsform, die dafür so wenig geschaffen zu sein scheint, die industrielle. Wie Comte weiß Durkheim, daß politische Maßnahmen allein wenig nützen. Wie Comte hält Durkheim nichts davon, die Arbeitsteilung ganz abschaffen zu wollen (wie die utopischen Sozialisten es verlangt hatten). Wie Comte ist Durkheim ganz sicher, daß die wissenschaftliche Erforschung der Gesellschaft eine zentrale Voraussetzung für jegliche Gesellschaftsreform ist. Wie Comte (und Saint-Simon) will Durkheim beitragen zur Überwindung des Krisenzustandes der Gesellschaft mit Hilfe gerade der Soziologie.

Manche Stellen bei Comte erwecken den Eindruck: Hier könnte Max Weber der Gedanke zu seiner Protestantismusthese gekommen sein![3] Zunächst ist Webers Grundgedanke, daß Religion bestimmend ist für die kollektive wie für die private Lebensführung und also an diesen aufgewiesen werden kann, bei Comte gedacht (z.B. Système II, 111f.). In seinen Diagnosen des modernen Krisenzustandes spielt zudem der Protestantismus eine herausragende Rolle, wenn auch anders getönt als später bei Weber: Comte ist ganz sicher, daß der „protestantische Geist" (Rede 1966, 141) zum Verfall der gesellschaftlichen Orientierungen geführt hat (u.a. scharfe Worte

---

3) Weber findet keine guten Worte über Comte. Der habe „banausisch" gearbeitet (Weber 1973, 417)

über die Sekten in den Vereinigten Staaten von Amerika). Darüber hinaus weist Comte die Annahme zurück, der Protestantismus sei von den nördlichen Völkern angenommen worden, weil diese geistig und industriell weiter entwickelt gewesen seien. Im Gegenteil: Im 16. Jahrhundert seien die Germanen („les Germains") im Abendland die am wenigsten entwickelte Nation gewesen. Der Erfolg der Reformation in den nördlichen Ländern ging darauf zurück, daß diese noch unter dem Einfluß des Papstes standen, während z.B. Frankreich seinen Klerus aus dieser Beziehung schon gelöst hatte (Système III, 550). Insgesamt also: Hinreichend Anlaß für einen grundsätzlichen Widerspruch, wie ihn Weber dann vorgetragen hat.[4]

Max Scheler weist das Dreistadiengesetz als Ablaufgesetz der Menschheitsgeschichte wie des menschlichen Geistes zurück, übernimmt aber die Dreigliederung der „Wissensformen" und behauptet sie als Nebeneinander. Theologisches Denken, metaphysisches und positives seien nicht historische Phasen der Wissensentwicklung, sondern grundlegende Erkenntnisformen und Geisteshaltungen des Menschen: „Die Aufgabe des Verstehens der Welt aus personalen Ursachen, die Aufgabe, die Wesens- und ewigen Ideenzusammenhänge, die im zufällig Wirklichen realisiert sind, für die schauende Vernunft einsichtig zu machen, und die Aufgabe, die Erscheinungen in einer mathematischen Symbolik eindeutig zu ordnen, zu klassifizieren ..." (Scheler 1963, 30) Die drei Erkenntnis- und Wissensformen haben in der Geschichte verschiedene Bewegungsformen: Nur die dritte, das positive Wissen, kennt Fortschritt im Sinne von Kumulation. Weiter wirft Scheler Comte ein verkürztes Verständnis von Religion als „eine primitive Naturerklärung" vor,

---

4) Arnaud (1973, 169f.) sieht die Protestantismusthese Webers bei Comte angelegt. Vgl. auch Fisichella 1965, 168, Fußn. 30, und Fetscher 1966, 237, Anm. 28.- Im Grundsatz steht Weber der Comteschen Soziologie ablehnend gegenüber. Die verstehende Soziologie ist ein Gegenprogramm zum Entwurf der Soziologie als Gesetzeswissenschaft (vgl. Tenbruck 1984, 133).

deshalb habe er die Begegnung des Menschen mit den heiligen Mächten verkannt.

Ähnlich wie für Weber drängt sich an manchen Stellen der Eindruck auf: Das muß Norbert Elias gelesen haben! Man denke an Comtes Fußnote, in der er anhand des „Schamgefühls", das die Ausscheidungsvorgänge begleitet, überlegt, ob auch das Essen und das Trinken eines Tages von ähnlichen Rücksichten umgeben sein werden (Soziologie I, 457, Fußn. 1), oder an Comtes Erörterungen der Unterwerfung des Adels unter das französische Königtum (Soziologie II, 452f.). Auch der Denkansatz von Elias - Zivilisation als in der Geschichte fortschreitende Einschränkung der grob-triebhaften Verhaltensmöglichkeiten des Menschen - ist bei Comte mehrfach formuliert.[5] An verschiedene Stellen hat Comte über Verschiebungen im seelischen Haushalt der Menschen aufgrund der Zivilisationsentwicklung nachgedacht. Langsam, aber ohne die Dominanz der Gefühle zu überwinden, nehmen die intellektuellen Kräfte im Verlauf der Geschichte zu, erstarken die sozialen Affekte gegenüber den egoistischen (z.B. Soziologie I, 455f.).

Zwei grundlegende Denkmuster: Leugnung Gottes, Unterstellung der Gesetzmäßigkeit des Sozialen

Der Grundsatz der positiven Philosophie, daß nur die Untersuchung der Gesetzmäßigkeiten der Phänomene möglich und sinnvoll sei, ist uns heute vertraut, er wirkt bescheidenrealistisch. Jedoch: Die den erkennenden Menschen zu einem gegebenen Zeitpunkt zugänglichen Phänomene für die ganze Wirklichkeit zu erklären, muß doch als restriktiv gelten. Und in der Tat finden sich bei Comte Stellen, die diesen Grundsatz als Verbot aussprechen, z.B.: Das Hauptmerkmal der positiven Philosophie sei es, „alle erhabenen Mysterien, die die theologi-

---

5) z.B. Soziologie II, 326

sche Philosophie erklärt, für die menschliche Vernunft als notwendigerweise verboten anzusehen" (Cours I, 24).

Seinen Grundsatz also begründet Comte nicht, sondern will ihn absichern, indem er andere Fragestellungen als unnütz abweist, geradezu verbietet. Eigentlich schlägt er vor, die Fragen nach dem Sinn der Welt und des Lebens sowie nach dem Wirken Gottes zu vergessen. Und dies nicht, weil er die Unwirklichkeit dieser Fragen beweisen könnte, sondern umgekehrt: Indem er die Unzugänglichkeit der Fragegegenstände für den wissenschaftlich angeleiteten Verstand feststellt, verweist er die Gegenstände in den Bereich des Unwirklichen. Die Welt der zugänglichen Erscheinungen soll uns die einzige Welt sein. Was nicht wissenschaftlich untersucht werden kann, gibt es nicht. Auch wenn wir uns an diese Denkweise inzwischen gewöhnt haben, handelt es sich nicht um einen Dogmatismus im Grundsatz, um ein „Frageverbot"?[6]

Comte hat die Soziologie nach dem Bilde der Naturwissenschaften entworfen. Die Naturwissenschaften lösen sich von den Wahrnehmungsformen und Klassifikationen, die die Menschen im sozialen Leben benutzen, und ersetzen diese durch eine davon unabhängige Ordnung der Dinge und Prozesse. Ist dies auch bei den sozialen Gegenständen möglich? Sind die sozialen Gegenstände nicht allein das, was die Menschen im sozialen Leben davon halten? Mindestens unterstellt der Versuch, die „wahre" Ordnung der sozialen Gegebenheiten und Prozesse hinter dem zu suchen, was die Menschen davon halten, eine Art „Überverstand" bei demjenigen, der zu solchem absoluten Wissen in der Lage ist, also beim Philosophen bzw.

---

6) So Voegelin 1975, 164f. Voegelin ordnet Comte in eine lange Linie von „Gefängnis-Phantasien" ein (von Helvetius und Bentham über Marx bis Lenin), die alle verlangen, Fragen nur im Bereich der Phänomene zuzulassen. Vgl. auch den Nachweis bei Plé (1996, 256 ff.), daß Comte die „Welt" (als Feld des Erkennens bzw. des Handelns der Menschen) gezielt begrenzt.

Soziologen. Dabei, so von Hayek (1979, 78ff.), handele es sich um den Versuch, „einen Gesichtspunkt zu gewinnen, wie ihn jemand hätte, der selbst kein Mensch wäre, sondern zu den Menschen in demselben Verhältnis stünde wie wir Menschen zu der Außenwelt."

Ein Teil dieses Versuchs ist der Gedanke, die Menschheitsentwicklung (als Geschichte des menschlichen Geistes) sei Gesetzen unterworfen. Wenn der menschliche Geist in der Geschichte der Menschheit bzw. der Gesellschaftsformen sich entwickelt und in dieser Entwicklung besteht, wenn er also aus einem kollektivgeschichtlichen Prozeß besteht und hervorgeht - wie kann er dann von einem individuellen Verstand (Comte!) begriffen werden? Es handelt sich von Hayek (1979, 252) zufolge um den Glauben, daß die Menschheit (vertreten zunächst durch einzelne Individuen, die die Entwicklungsgesetze verstehen) ihre eigene geistige Entwicklung, ihre Entwicklung insgesamt selbst in die Hand nehmen könne, „daß der menschliche Geist sich sozusagen an dem eigenen Schopfe aus dem Sumpf ziehen kann ..."

Der unbescheidene Anfang der Soziologie

Lassen wir die Merkwürdigkeiten beiseite, die Comtes Lebensführung und Persönlichkeit kennzeichnen, sie sind ja Material allenfalls für eine psychologische Fragestellung. Dann bleibt, daß Comte seinem Werk und seinem Leben eine außergewöhnliche Bedeutung zuspricht, nämlich die Reorganisation der Gesellschaft, die Einigung Europas, den Eintritt der ganzen Menschheit ins endgültige Stadium ihrer Geschichte bewirken zu können. Diese hohe Meinung von sich und der eigenen Aufgabe könnte auf eine frühe Identifikation mit Napoleon zurückgehen (so Gouhier 1933, 115), darauf, daß sich Comte wie Moses oder Paulus am Beginn eines neuen Zeitalters sah, als Prophet, gar als Messias (so Dumas 1905, 175f. und 247). Die wichtige Frage ist hier, was dies exzeptionelle Selbstverständnis mit der Struktur seiner Gedanken zu tun hat, insbesondere:

was es für die sachliche Begründung der Soziologie bedeutet
hat.

Religiöse Züge haben Comtes Schriften nicht erst in der
Spätphase. Auch und gerade das Dreistadiengesetz (mit der
Wegbeschreibung zum endgültigen Stadium der Menschheit)
erinnert an die christliche Heilsgeschichte. Auch Comte, der
sich frei glaubt von christlichem Denken, nimmt in seiner Geschichtsphilosophie einen eschatologischen Standpunkt ein -
ähnlich wie Hegel, Marx und andere.[7]

Ein Erlösungsversprechen, das ohne Gott auskommen will,
wie das die Aufklärung und die ihr folgenden Lehren beabsich-
tigen, muß eine spezielle Problematik lösen: Es muß zeigen,
welche Potentiale in den Menschen zur Herbeiführung der in-
nerweltlichen Erlösung taugen sowie für die Erhaltung des
neuen besseren Zustandes nach der Erlösung. Ohne Gott und
ohne von ihm gegebene Seele aber erscheinen die Menschen
als unübersichtliche und ungeordnete Bündel von Leidenschaften, Strebungen, Interessen. Soll erreicht werden, daß die
Menschen moralisch richtig handeln, so ist man entweder auf
die Naturausstattung der Menschen verwiesen (die das Gute
enthalte und die dann freigelegt werden muß) oder auf von außen kommende soziale Maßnahmen, die die Menschen zum
Guten veranlassen. Voegelin (1975, 47f.) zufolge gelten seit
Helvetius die Erziehung und die Herstellung von sozialen Umständen, die moralisch angemessenes Handeln begünstigen,
als Garantien fürs richtige Handeln der Menschen.

In diesem Gedanken einer Moralisierung der Menschen „von
außen" (durch Erziehung und durch Herstellung geeigneter
sozialer Bedingungen) stecken wichtige Implikationen: Die al-
lermeisten Menschen handeln von sich aus nicht (durchweg)
moralisch richtig und am Gemeinwohl orientiert. Es muß jemanden geben, der weiß, wie ihre Erziehung zum Guten an-

---

7) Vgl. Löwith 1973, 82f. Comte sei ein „intramundane eschatologist"
(Voegelin 1975, 145).

gelegt werden soll bzw. welche soziale Umstände moralisches Handeln stimulieren und wie diese arrangiert werden können. Indem sich der Philosoph bzw. Soziologe für den hält, der weiß, wie Erziehung zur Moral angelegt werden kann, hebt er sich von der Mehrheit der Menschen ab, die erzogen werden müssen. Von nun an zerfällt die Gesellschaft in die, die wissen, wie sie einzurichten ist, und in die, die das nicht wissen (und deren „Bewußtsein aufgeklärt werden" soll oder die man durch Sozialtechnik ruhig stellt). Voegelin glaubt, damit ein Grundmuster nachchristlichen Denkens identifiziert zu haben (wenige Führer erziehen die große Mehrheit bzw. beeinflussen sie durch gezielt gebaute soziale Bedingungen), das bis zu den Beeinflussungstechniken und zum Totalitarismus des 20. Jahrhunderts reicht.

Comte hat größtes Mißtrauen in die moralische Verläßlichkeit der Individuen und kann sich den Zusammenhalt der Gesellschaft nur als Ergebnis einer „Moralisierung von außen" vorstellen. Comte weiß genau, wie die Gesellschaft einzurichten ist, und wer das kann: Er selbst ist es, der als erster dies Wissen hat, das sich dann später auf andere ausbreiten wird. Von hieraus wird endgültig klar, weshalb er die positive Philosophie mit seiner Person, sein Werk mit seinem Leben identifiziert. Mit psychologischen Diagnosen treffen wir den Kern der Sache nicht; es handelt sich um eine innerweltliche Erlösungslehre, die die Gesellschaft in wenige (zunächst nur einen) Erzieher und viele Zöglinge einteilt. Treffend stellt Salomon-Delatour (1964, 145) fest: „Man kann die Idee der Soziologie nur verstehen, wenn man sie als Wiederherstellung eines «pouvoir spirituel» ansieht."

Die von Mill und Littré vorgenommene Teilung von Comtes Schriften in ein wissenschaftlich bedeutsames Hauptwerk und ein religiös-versponnenes Spätwerk hat sich in der Rezeption durchgesetzt. Für die Soziologie war das wichtig: Diese Aufteilung des Werkes bedeutete, daß die Soziologie den Versuch nicht weiterführte, als Religion gelten zu wollen und die Gesellschaft zu vergöttlichen. Dennoch, die Soziologie nach Comte hat sich nicht immer auf die Untersuchung der sozialen Wirklichkeit beschränkt. Sie hat nicht (immer) den Versuch aufgegeben, eine grundlegende Reorganisation der Gesellschaft zu erlangen und das definitive Stadium der Menschheitsgeschichte zu erreichen, sie verzichtet auch heute nicht (immer) auf den Ornat der neuen Priesterschaft. Aber das ist eine andere Geschichte.

Literaturverzeichnis

Adler, Max, Wegweiser. Studien zur Geistesgeschichte des Sozialismus. Stuttgart 1914

Adler, Max, Lehrbuch der Materialistischen Geschichtsauffassung (Soziologie des Marxismus). 1. Band: Allgemeine Grundlegung. Berlin 1930

Adorno, Theodor W., „Über Statik und Dynamik als soziologische Kategorien" in: Ders., Soziologische Schriften I (Gesammelte Schriften, Band 8). Frankfurt a.M.: Suhrkamp 1972, 217-237 (zuerst 1961)

Arnaud, Pierre, Le «Nouveau Dieu». Introduction à la Politique positive. Paris: Vrin 1973 (zuerst 1956)

Barth, Hans, „Auguste Comte und Joseph de Maistre", Schweizer Beiträge zur Allgemeinen Geschichte 14 (1956), 103-138

Barth, Paul, Die Philosophie der Geschichte als Soziologie. Teil I: Grundlegung und kritische Übersicht. Leipzig: 4.Aufl. Reisland 1922 (zuerst Leipzig 1897)

Bock, Michael, Soziologie als Grundlage des Wirklichkeitsverständnisses. Zur Entstehung des modernen Weltbildes. Stuttgart: Klett-Cotta 1980

Charlton, D.G., Secular Religions in France, 1815-1870. London, New York und Melbourne: Oxford University Press 1963

Comte, Auguste, „Séparation générale entre les opinions et les désirs", abgedruckt in: Ders., Système IV 1967, 1-3 (Anhang zum Vorwort), zuerst Juli 1819

Comte, Auguste, „Sommaire appréciation de l'ensemble du passé moderne", abgedruckt in: Ders., Système IV 1967, 4-46 (Anhang zum Vorwort), zuerst in: L'Organisateur, April 1820

Comte, Auguste, „Plan des travaux scientifiques nécessaires pour réorganiser la société", abgedr. in Système IV 1967,

47-136 (Anhang zum Vorwort), zuerst als „Prospectus des travaux scientifiques nécessaires pour réorganiser la société" in: Saint-Simon, Suite des travaux ayant pour objet de fonder le système industriel: Du contrat social. Paris 1822, neu gedruckt als „Système de politique positive" in: Saint-Simon, Catéchisme des industriels, Heft 3, April 1824.

Comte, Auguste, „Considérations philosophiques sur les sciences et les savants", abgedruckt in: Système IV 1967, 137-176 (zuerst in Producteur, Nr. 7-9, November 1825)

Comte, Auguste, „Considérations sur le pouvoir spirituel", abgedruckt in: Système IV 1967, 177-216 (Anhang zum Vorwort), zuerst in: Producteur, Nr. 13, 20, 21, März 1826

Comte, Auguste, „Examen du traité de Broussais sur l'irritation", abgedruckt in: Ders., Système IV 1967, 217-229 (Anhang zum Vorwort), zuerst: Journal de Paris, August 1828

Comte, Auguste, Philosophie première. Cours de philosophie positive, leçons 1 à 45. Présentation et notes par Michel Serres, François Dagognet, Allal Sinaceur. Paris: Hermann 1975. Physique sociale. Cours de philosophie positive. Leçons 46 à 60. Présentation et notes par Jean-Paul Enthoven. Paris: Hermann 1975 (zuerst Paris 1830-1842). (Lektionen 46 bis 60 ins Deutsche übersetzt) Auguste Comte, Soziologie. Eingeleitet von Heinrich Waentig. Band I: Der dogmatische Teil der Sozialphilosophie, Band II: Historischer Teil der Sozialphilosophie. Theologische und metaphysische Periode. Band III: Abschluß der Sozialphilosophie und allgemeine Folgerungen. Jena: 2.Aufl. Fischer 1923 (zuerst Jena 1907)

Comte, Auguste, Rede über den Geist des Positivismus/Discours sur l'esprit positif. Übersetzt, eingel. und hrsgg. von Iring Fetscher. Hamburg: Felix Meiner 2. Aufl. 1966 (zuerst Paris 1844)

Comte, Auguste, Système de politique positive, ou traité de sociologie, instituant la religion de l'humanité. 4 Bände. Pa-

ris: L. Mathias sowie Carilian-Goeury und Dalmont 1851,
   1852, 1853, 1854

Comte, Auguste, Catéchisme positiviste ou sommaire exposition de la religion universelle en treize entretiens systémati-
   ques entre une femme et un prêtre de l'Humanité. Paris: 3.
   Aufl. Larousse 1890 (zuerst Paris 1852)

Comte, Auguste, Appel aux conservateurs par le fondateur du
   positivisme. Paris: Dalmont 1855

Comte, Auguste, Synthèse subjective, ou système universel
   des conceptions propres à l'état normal de l'humanité.
   Band I: Système de logique positive, ou traité de philosophie mathématique. Paris: Dalmont: 1856

Comte, Auguste, Correspondance générale et Confessions.
   Hrsgg. von Paulo E. de Berrêdo und Pierre Arnaud. Archi-
   ves positivistes. Band I: 1814-1840. Paris: Mouton 1973;
   Band II: April 1841 - März 1845. 1975; Band III: April 1845 -
   April 1846. 1977

Condorcet, Jean Antoine Nicolas de, Entwurf einer historischen
   Darstellung der Fortschritte des menschlichen Geistes.
   Frankfurt am Main: Suhrkamp 1976
   Esquisse d'un tableau historique des progrès de l'esprit
   humain. Hildesheim und New York: Olms 1981

Dautry, Jean, Hrsg., Saint-Simon. Textes choisis. Paris: Editi-
   ons sociales 1950
   Saint-Simon. Ausgewählte Texte. Berlin: Rütten und Loe-
   ning 1957

Ducassé, Pierre, Essai sur les origines intuitives du positivisme. Paris: Alcan 1939a

Ducassé, Pierre, Méthode et intuition chez Auguste Comte.
   Paris: Alcan 1939b

Dühring, Eugen, Kritische Geschichte der Philosophie von ihren Anfängen bis zur Gegenwart. Berlin: L. Heimann 1869

Dumas, Georges, Psychologie de deux messies positivistes,
   Saint-Simon et Auguste Comte. Paris: Alcan 1905

Durkheim, Emile, Le Socialisme. Sa définition. Ses débuts. La doctrine Saint-Simonienne. Paris: PUF 2. Aufl. 1971 (zuerst 1928)

Enthoven, Jean-Paul, „La fin de l'utopie. Introduction aux leçons 46 à 60" in: Auguste Comte, Physique sociale. Cours de philosophie positive, leçons 46 à 60. Paris: Hermann 1975, 1-6

Fetscher, Iring, Einleitung und Anmerkungen zu: Auguste Comte, Rede über den Geist des Positivismus/Discours sur l'esprit positif. 1966

Fisichella, Domenico, Il potere nella società industriale. Saint-Simon e Comte. Neapel: Morano 1965

Fletcher, Ronald, Auguste Comte and the Making of Sociology. Auguste Comte Memorial Trust Lecture, Delivered on 4 November 1965 at The London School fo Economics and Political Science. London: The Athlone Press 1966

Fuchs, Werner, Todesbilder in der modernen Gesellschaft. Frankfurt am Main: Suhrkamp 1969

Fuchs-Heinritz, Werner, „Auguste Comte: Die Toten regieren die Lebenden" in: Klaus Feldmann und Werner Fuchs-Heinritz, Hrsg., Der Tod ist ein Problem der Lebenden. Beiträge zur Soziologie des Todes. Frankfurt am Main: Suhrkamp 1995, 19-58

Gay, Peter, Freud. Eine Biographie für unsere Zeit. Frankfurt am Main und Wien: Büchergilde 1989 (zuerst Frankfurt am Main: Fischer 1989; orig. New York: Norton 1987)

Gouhier, Henri. G., La jeunesse d'Auguste Comte et la formation du positivisme. Band I: Sous le signe de la liberté. Paris: Vrin 1933. Band II: Saint-Simon jusqu`à la restauration. Paris: Vrin 1936. Band III: Auguste Comte et Saint-Simon. Paris: Vrin 1941 (2. Aufl. 1964-1970)

Gouhier, Henri G., La vie d'Auguste Comte. Paris: 2. durchges. Aufl. Vrin 1965 (zuerst Paris: Gallimard 1931)

Gouhier, Henri G., „La vie d'Auguste Comte. Esquisse" in: Sybil de Acevedo u.a., Auguste Comte. Qui êtes-vous? Lyon: La Manufacture 1988, 53-82

Gouldner, Alvin W., „Introduction" zu: Emile Durkheim, Socialism and Saint-Simon. London: Routledge und Kegan Paul 1959, V-XXVII

Gurvitch, Georges, Auguste Comte, Karl Marx et Herbert Spencer. Trois Chapitres d'Histoire de la Sociologie. Pour le centenaire de la mort d'Auguste Comte (1857-1957). Paris: Centre de Documentation Universitaire 1957

Gurvitch, Georges, „Saint-Simon et Karl Marx", Revue Internationale de Philosophie (1960), 399-416

Hall, G. Stanley, „Thanatobia and immortality", American Journal of Psychology 26 (1915), 550-613

Hayek, Friedrich A. von, Mißbrauch und Verfall der Vernunft. Ein Fragment. Salzburg: W.Neugebauer 2.Aufl. 1979 (zuerst Frankfurt am Main: Knapp 1959)

Hawkins, Richmond Laurin, Auguste Comte and the United States (1816-1853). Harvard Studies in Romance Languages, Vol. XI. Cambridge, Mass.: Harvard University Press 1936, New York: Klaus Reprint Corporation 1966

Heilbron, Johan, The Rise of Social Theory. Cambridge: Polity Press 1995 (orig. Amsterdam 1990)

Hughes, John A., Peter J. Martin, W.W. Sharrock, Understanding Classical Sociology. Marx, Weber, Durkheim. London, Thousand Oaks, Neu Delhi: Sage 1995

Joël, Karl, Wandlungen der Weltanschauung. Eine Philosophiegeschichte als Geschichtsphilosophie. Tübingen: Mohr 1928 (Band I) und 1934 (Band II)

Kempski, Jürgen von, „Einleitung" zu: Auguste Comte, Die Soziologie. Die positive Philosophie im Auszug. Stuttgart: Kröner 2. Aufl. 1974, IX-XXXVII

Klages, Helmut, Geschichte der Soziologie. München: Juventa 2. Aufl. 1972 (zuerst 1969)

König, René, „Auguste Comte" in: David L. Sills, Hrsg., International Encyclopedia of the Social Sciences. Vol. 3. New York: Macmillan und Free Press 1968, 201-206

König, René, Kritik der historisch-existenzialistischen Soziologie. Ein Beitrag zur Begründung einer objektiven Soziologie. München: Piper 1975 (Habil.schrift 1937)

König, René, Emile Durkheim zur Diskussion. Jenseits von Dogmatismus und Skepsis. München und Wien: Hanser 1978

Laffitte, P., „Appendice" in: Auguste Comte, Catéchisme positiviste. Paris 3. Aufl. 1890, 383-402

Lepenies, Wolf, „Normalität und Anormalität. Wechselwirkungen zwischen den Wissenschaften vom Leben und den Sozialwissenschaften im 19. Jahrhundert", Kölner Zeitschrift für Soziologie und Sozialpsychologie 26 (1974,3), 492-506

Lepenies, Wolf, Die drei Kulturen. Soziologie zwischen Literatur und Wissenschaft. München und Wien 1985

Lévy-Bruhl, Lucien, La philosophie d'Auguste Comte. 2. Aufl. Paris: Alcan 1905 (zuerst 1900)

Littré, Émile, Auguste Comte et la philosophie positive. Paris: L. Hachette 1863, Reprint Westmead, England: Gregg International Publishers 1971 (3.Aufl Paris 1877)

Löwith, Karl, Weltgeschichte und Heilsgeschehen. Die theologischen Voraussetzungen der Geschichtsphilosophie. Stuttgart, Berlin, Köln, Mainz: Kohlhammer 6. Aufl. 1973 (zuerst 1953, orig. New York 1947)

Lukes, Steven, Emile Durkheim. His Life and Work. A Historical and Critical Study. Stanford, Ca.: Stanford University Press 2. Aufl. 1985 (zuerst 1973)

Marvin, Francis Sidney, Comte. The Founder of Sociology. New York: Russell und Russell 1965 (zuerst London 1936)

Marx, Karl, und Friedrich Engels, Ausgewählte Briefe. Berlin: Dietz 1953

Marx, Karl, und Friedrich Engels, Werke. Hrsg. vom Institut für
    Marxismus und Leninismus beim ZK der SED, Berlin: Dietz
    Band 17, 1973; Band 20, 1975; Band 39, 1973

Massing, Otwin, „Auguste Comte" in: Dirk Käsler, Hrsg., Klassi-
    ker des soziologischen Denkens. Erster Band: Von Comte
    bis Durkheim. München: Beck 1976, 19-61

Mill, John Stuart, Auguste Comte and Positivism. Ann Arbor:
    University of Michigan Press 4. Aufl. d. Ausg. 1973 (zuerst
    1863)

Morrison, Ken, Marx, Durkheim, Weber. Formations of Modern
    Social Thought. London, Thousand Oaks, Neu Delhi: Sage
    1995

Negt, Oskar, Strukturbeziehungen zwischen den Gesell-
    schaftslehren Comtes und Hegels. Frankfurter Beiträge zur
    Soziologie, Band 14. Frankfurt a.M.: EVA 1964

Ostwald, Wilhelm, Auguste Comte. Der Mann und sein Werk.
    Leipzig: Unesma 1914

Parsons, Talcott, The structure of social action. A Study in
    Social Theory with Special Reference to a Group of Euro-
    pean Writers. 2 Bde. New York und London: Free Press
    1968 (zuerst 1937)

Pickering, Mary, Auguste Comte. An Intellectual Biography.
    Vol. I. Cambridge: Cambridge University Press 1993

Plé, Bernhard, Die „Welt" aus den Wissenschaften. Der Positi-
    vismus in Frankreich, England und Italien von 1848 bis ins
    zweite Jahrzehnt des 20. Jahrhunderts. Eine wissensso-
    ziologische Studie. Stuttgart: Klett-Cotta 1996

Ranulf, Svend, „Scholarly Forerunners of Fascism", Ethics 50
    (1939), 16-34

Rosenmayr, Leopold, „Die Ursprünge der Lehre von drei Typen
    und Entwicklungsstadien der Menschheit. Ein Beitrag zur
    Vorgeschichte der Soziologie in Antike, Frühchristentum
    und Mittelalter" in: Joseph Höffner, Alfred Verdross, Fran-
    cesco Vito, Hrsg., Naturordnung in Gesellschaft, Staat,

Wirtschaft. Innsbruck, Wien, München: Tyrolia 1961, 244-264

Salomon-Delatour, Gottfried, Hrsg., Die Lehre Saint-Simons. Politica, Band 7. Neuwied und Berlin: Luchterhand 1962 (orig.: C. Bouglé und Elie Halévy, Hrsg., Doctrine de Saint-Simon. Exposition. Première année, 1829. Paris: Marcel Rivière 1924)

Salomon-Delatour, Gottfried, „Neue Mosaiksteine zur Geschichte des Frühsozialismus", Schmollers Jahrbuch 84 (1964, 2), 129-173

Schäfer, Rütger, Hrsg., Saint-Simonistische Texte. Abhandlungen von Saint-Simon, Bazard, Blanqui, Buchez, Carnot, Comte, Enfantin, Leroux, Rodrigues, Thierry und anderen in zeitgenössischen Übersetzungen. 2 Bände, Aalen: Scientia 1975

Scheler, Max, „Über die positivistische Geschichtsphilosophie des Wissens (Dreistadiengesetz)" in: Ders., Gesammelte Werke, Band 6. Hrsgg. von Maria Scheler. Bern und München: Francke 1963, 27-35 (zuerst Leipzig 1923)

Serres, Michel, „Introduction" in: Auguste Comte, Philosophie première. Cours de philosophie positive, leçons 1 à 45. Paris: Hermann 1975, 1-19

Sombart, Nicolaus, „Henri de Saint-Simon und Auguste Comte" in: Alfred Weber, Einführung in die Soziologie. München: Piper 1955, 81-102

Sombart, Nicolaus, Pariser Lehrjahre 1951-1954. Leçons de Sociologie. Hamburg: Hoffmann und Campe 3. Aufl. 1995 (zuerst 1994)

Tenbruck, Friedrich, H., Die unbewältigten Sozialwissenschaften, oder Die Abschaffung des Menschen. Graz, Wien, Köln: Styria 1984

Voegelin, Eric, From Enlightenment to Revolution. Durham, N.C.: Duke University Press 1975

Waentig, Heinrich, „Comte" in: Auguste Comte, Soziologie, Band I. Jena: Fischer 1923, III-XII

Weber, Max, Gesammelte Aufsätze zur Wissenschaftslehre. Hrsg. von Johannes Winckelmann. Tübingen: 4. Aufl. Mohr (Siebeck) 1973

Weiß, Johannes, „Die Soziologie und die Krise der westlichen Kultur" in: Hans Haferkamp, Sozialstruktur und Kultur. Frankfurt am Main: Suhrkamp 1990, 124-139 (zuerst Berlin 1989)

Hagener Studientexte zur Soziologie

Heinz Abels

Interaktion, Identität, Präsentation

Kleine Einführung in interpretative Theorien der Soziologie

1998. 211 S. (Hagener Studientexte zur Soziologie, Bd. 1)
Br. DM 24,80
ISBN 3-531-13183-4

Aus dem Inhalt:
George Herbert Mead - eine Einführung / Herbert Blumer - Symbolischer Interaktionismus / Alfred Schütz und die Grundlegung der phänomenologischen Soziologie / Berger und Luckmann: Die gesellschaftliche Konstruktion der Wirklichkeit / Ethnomethodologie - über Methoden des Handelns im Alltag / Erving Goffman: Techniken der Präsentation.

Über den Autor:
Dr. Heinz Abels ist Professor am Institut für Soziologie der FernUniversität/GH Wuppertal.

Die Reihe „Hagener Studientexte zur Soziologie" will eine größere Öffentlichkeit für Themen, Theorien und Perspektiven der Soziologie interessieren. Die Reihe ist dem Anspruch und der langen Erfahrung der Soziologie an der FernUniversität Hagen verpflichtet.

Der Anspruch ist, sowohl in soziologische Fragestellungen einzuführen als auch differenzierte Diskussionen zusammenzufassen. In jedem Fall soll dabei die Breite des Spektrums der soziologischen Diskussion in Deutschland und darüber hinaus repräsentiert werden.

Die meisten Studientexte sind über viele Jahre in der Lehre erprobt. Alle Studientexte sind so konzipiert, daß sie mit einer verständlichen Sprache und mit einer unaufdringlichen, aber lenkenden Didaktik zum eigenen Studium anregen und für eine wissenschaftliche Weiterbildung auch außerhalb einer Hochschule motivieren.

Änderungen vorbehalten. Stand: Juni 1998

WESTDEUTSCHER VERLAG
Abraham-Lincoln-Str. 46 · 65189 Wiesbaden
Fax (06 11) 78 78 - 400

Einführungen
in die Soziologie

Friedhelm Guttandin
Einführung in die „Protestantische Ethik" Max Webers
1998. 228 S. Br. DM 34,00
ISBN 3-531-12969-4
Diese Einführung in die „Protestantische Ethik" rekonstruiert Max Webers Fragestellung, seine Methode und Argumentationsstrategie sowie seine Antworten auf Kritiken.

ken, die Anfertigung von Exzerpten), der Archivierung gelesenen Materials und der Erstellung von Manuskripten und wissenschaftlicher Abhandlungen auch Präsentationstechniken und die Moderation von Arbeitsgruppen. Allerdings existiert zu all diesen genannten Aspekten bisher keine kompakte Einführung für Studienanfänger und Studierende im Grundstudium. Die Lücke soll mit diesem Band geschlossen werden.

Rüdiger Jacob
Wissenschaftliches Arbeiten
Eine praxisorientierte Einführung für Studierende der Sozial- und Wirtschaftswissenschaften
1997. 146 S. (wv studium, Bd. 176) Br. DM 22,80
ISBN 3-531-22176-0
Voraussetzung für ein erfolgreiches wissenschaftliches Studium ist das souveräne Beherrschen der Techniken wissenschaftlichen Arbeitens. Dazu zählen nebem dem Umgang mit wissenschaftlicher Literatur (Literaturrecherchen, Lesetechni-

Jürgen Friedrichs
Methoden empirischer Sozialforschung
15. Aufl. 1998. ca. 430 S.
(wv studium, Bd. 28) Br. DM 26,80
ISBN 3-531-22028-4
Dieses Buch ist eine Einführung in Methodologie, Methoden und Praxis der empirischen Sozialforschung. Die Methoden werden ausführlich dargestellt und an zahlreichen Beispielen aus der Forschung erläutert. Damit leitet das Buch nicht nur zur kritischen Lektüre vorhandener Untersuchungen, sondern ebenso zu eigener Forschung an.

Änderungen vorbehalten. Stand: Juni 1998

WESTDEUTSCHER VERLAG
Abraham-Lincoln-Str. 46 · 65189 Wiesbaden
Fax (06 11) 78 78 - 400